安徽师范大学中国诗学研究中心资助项目

安徽诗人研究文存

曹植研究文存

丛书主编　刘运好

本书主编　郑虹霓

黄山书社

图书在版编目(CIP)数据

安徽诗人研究文存．曹植研究文存 / 刘运好丛书主编；郑虹霓本书主编．—合肥：黄山书社，2024.4
ISBN 978-7-5737-0932-5

Ⅰ．①安… Ⅱ．①刘… ②郑… Ⅲ．①曹植（192—232）—诗歌研究 Ⅳ．①I207.22

中国国家版本馆 CIP 数据核字（2023）第 192060 号

安徽诗人研究文存·曹植研究文存
ANHUI SHIREN YANJIU WENCUN CAO ZHI YANJIU WENCUN

丛书主编 刘运好
本书主编 郑虹霓

出 品 人 葛永波
策　　划 胡传志　汤吟菲
责任编辑 常舒雅
装帧设计 观止堂_未　氓
责任印制 李　磊
出版发行 黄山书社
地　　址 安徽省合肥市蜀山区翡翠路 1118 号出版传媒广场 7 层　邮编:230071
印　　刷 安徽新华印刷股份有限公司
版　　次 2024 年 4 月第 1 版
印　　次 2024 年 4 月第 1 次印刷
开　　本 700 mm × 1000 mm　1/16
字　　数 310 千字
印　　张 24.75
书　　号 ISBN 978-7-5737-0932-5
定　　价 98.00 元

服务热线 0551-63533706
销售热线 0551-63533761
官方直营书店（https://hsss.tmall.com）

目　录

总 序

一

安徽地处江淮腹地，江淮文化是安徽历史文化的灵魂。穿越历史的隧道，我们可以发现安徽的历史文化何其辉煌！这里有著名的繁昌人字洞，通过已经发掘的石器，确认了200万年至250万年前早期的人类遗存，将人类在亚洲出现的历史至少提前了30万年，推翻了20世纪初古生物学家马修《气候和演化》所鼓噪的中亚高原是人类摇篮的结论；也有著名的蒙城尉迟寺遗址，是国内目前保存完整、规模宏大、以大汶口文化晚期为主的原始社会聚落，从发掘的实物看，当时养殖、制陶、酿酒等技术都相当发达，这证明安徽农耕文明至迟在公元前5000年左右就已经高度成熟，这在农耕文明史上意义何其重大！当人类蹒跚地走进“轴心时代”，安徽又诞生了老子、庄子，与齐鲁的孔子及西方的苏格拉底、柏拉图，古天竺的释迦牟尼，共同创造了人类文明的高光时刻。

江淮文化在空间分布上主要集中于皖北与皖南。皖北文化以春秋战国的道家为核心。以老庄为代表的皖北道家文化圈与以孔孟为代表的齐鲁儒家文化圈，遥相呼应，双峰并峙，成为耸立于世界文化之林的独特文化景观。儒道思想互补、圆融，不仅有效地化解了人与自然、人与秩序的存在悖论，而且科学地构筑了主体存在与群体聚合、生命自由与社会秩序的互相联结的辩证理论体系。儒道既深刻影响了中华民族的文化心理、自然观念、伦理秩序、政治结构的和谐共生的关系，也对整个人类处理人和自然之间、不同国家之间、强权种族之间，如何和谐相处、规避丛林法则、构建人类命运共同体，贡献了独特的理论架构。

皖南文化以宋代之后的“徽学”为核心，形成了以朱熹为翘楚的新安理学和以戴震为领袖的徽州朴学。朱子不仅将“涵养”“致知”“力行”作为行为准则，凸显修身养性的重要意义，而且以“正心”“诚意”作为修身、齐家、治国、平天下的必要条件，推崇“一心兴邦”的黜私为公的家国情怀。实际上，张载提出的“为天地立心，为生民立命，为往圣继绝学，为万世开太平”，是整个新安理学最为激荡人心的至理名言，也成为中国知识分子历史担当的宏伟理想。在理学笼罩朝野、难与争锋之时，“朴学”也悄然兴起，至清代而蔚为大观。理学谈义理，朴学重考据。从宋代的程大昌到明清之际的黄生、姚际恒，再到乾隆时期的江永、汪绂，徽州朴学成就斐然，戴震则集其大成。朴学从考据学立场出发，重新阐释了儒家“理”“天道”“性”“才”“道”“诚”“权”等一系列哲学范畴，弥合了“灭人欲，存天理”的人为对立，建构了一个情理和谐的宇宙境界和人生境界。无论从学术文化还是从人生境界上说，理学与朴学都构成互补而非对立的关系。皖北的道家和皖南的徽学是支撑“皖学”的两大核心。

二

江淮是吴楚和中原的联结点。兼有中原的理性和吴楚的浪漫，是江淮文化的基本品格。因此不唯学术理性造就了“皖学”的辉煌，浪漫情调也催生了江淮文学的繁荣。只是因为“天下文章莫大乎桐城”——“桐城派”响亮的名头，既给江淮文学戴上令人景仰的桂冠，极大地提升了江淮文学的地位，也部分转移了人们对江淮文学全面审视的视线。以安徽为核心的江淮文学岂是一个桐城派所能代表的！

遥远的历史且不说吧。在汉代，汉代淮南王刘安组织文人撰写《淮南子》，融贯诸子，漫然包容，汪洋博洽，绚丽多彩；梁孝王刘武修建梁园（菟园），孕育了枚乘、邹阳、庄忌和司马相如等一流的汉代辞赋家。如果说辞赋由梁园而鼎盛，尔后辐射京师，造就一代之文学——汉赋，大约也不算言过其实。至魏晋时期，最为辉煌的建安文学也是扎根于江淮沃野的。“三曹”是那个时代文学的标志。鲁迅在《魏晋风度及文章与药及酒之关系》一文中推崇曹操文章清峻、通脱，是“改造文章的祖师”；说曹丕的时代是一个“文学自觉”的时代，因为他以“气”为主，所以华丽、壮大；也称赞曹植“文章做得好”。建安文学不仅是“汉魏风骨”的代表，也是中国文学史发展的转关。此后的正始文学，“嵇志清峻，阮旨遥深”（《文心雕龙·明诗》）。我们常识性的误解是，正始文学以竹林七贤为代表。其实，“阮旨遥深”是曹植后期文学的直接延伸，“嵇志清峻”才是正始文学的独特风格。这一风格恰恰形成于围绕在嵇康周围的嵇喜、刘伶、郭遐叔、郭遐周及以《思旧赋》垂名的向秀等人组成的文学群体。皖籍作家是构成这一文学群体的核心。

唐宋以降，虽然没有出现李白、杜甫那样的双子星座，苏轼、辛弃疾那样的巅峰对决，但是不仅李白、辛弃疾流寓江淮，创作大量诗词，构成安徽诗路的绚丽彩虹，而且也出现了后世诗名不彰、当时声誉极隆的“五言长城”刘长卿，元白新乐府运动的积极倡导者、参与者李绅、张籍，及晚唐“诗旨未能忘救物”（杜荀鹤《自叙》）的现实主义诗人杜荀鹤。宋代则有其诗被陆游称之与欧阳修文、蔡襄书“三者鼎立，各自名家”（《梅圣俞别集》序）的梅尧臣，“文章如大海之起涛澜，泰山之腾云气，倏散倏聚，倏明倏暗”（《张于湖先生集》序）的张孝祥，以及因编撰《江西宗派图》而在文学批评史上声名鹊起的吕本中等。如果以籍贯论，宋代还出现了一位与李清照齐名的歙州词人朱淑真，其《断肠集》至今读来也令人肠断。元、明两代皖籍诗人创作呈现下降趋势，至清代而复振。除了享誉中外的桐城派，其中元代方回虽以《瀛奎律髓》闻名于世，然其诗也“格力苍坚，在江湖诸集之上”（《四库全书简明目录》卷十七），成就显然超越了宋末江湖诗派。明末清初被称为“江左三大家”之一的龚鼎孳、王夫之推崇曰“诗体整健”的钱澄之，以及清代被誉为“南施北宋”的施闰章等，都是有口皆碑的名家。有清一代无论是学术还是文学，几乎集中于江南地区，成为“徽学”的重要研究对象之一。这种现象至现代而大放异彩，仅就新文化运动的旗手陈独秀、学术成就卓著而以《尝试集》开拓新诗天地的胡适而言，就足以振聋发聩了。

面对如此辉煌的安徽文化，如何从学术原典及其学术研究的视角，进一步加以发掘、研究，就非常必要了。《安徽诗人研究文存》也由此而产生。

三

为了落实中共中央办公厅、国务院办公厅《关于实施中华优秀传统文化传承发展工程的意见》以及《安徽新时代古籍工作实施意见》，深入发掘安徽文化底蕴，深化安徽诗人研究，强化安徽文化的认同感与归属感，安徽师范大学中国诗学研究中心由胡传志教授策划，刘运好教授任总主编，约请全国知名专家、学者，组织编写了《安徽诗人研究文存》。

《安徽诗人研究文存》以皖籍诗人研究为收录对象，共收录关于曹操、曹植、嵇康、刘长卿、张籍、梅尧臣、吕本中、张孝祥、方回、钱澄之、胡适等十余人的研究论文。论文收录范围，始于1921年，迄于2021年，以中国学者研究论文为主体，也酌情收录中国学者发表于海外期刊、海外学者发表于中国期刊的论文。所选学术论文必须以问题为核心，“研究综论”“会议纪要”“文坛掌故”之类，一律不予收录；重要学术著作中具有学术论文性质的相关章节也酌情收录。收录文章必须兼顾思想性与学术性两个方面：第一，有明显意识形态问题，或背离社会主义核心价值观的论文、专著章节，一律不予收录；有特定时代标记，但并无政治倾向问题的论文、专著章节，可酌情收录。第二，收录的论文、专著章节注重以下三点：（1）创新性。所选文章必须具有学术创新的特点，观点新、材料新、视角新，或三者皆备，或必具其一。（2）示范性。所选文章必须具有学术示范意义，蕴涵丰富的学术信息以及新的学术生长点。（3）时段性。所选文章在充分注重创新性、示范性的前提下，必须从学术史的角度，兼顾论文发表时段。对于不同诗人的不同研究现状，由分册主编斟酌处理，保留编选者的学术个性。

每一诗人的研究文存独立成册，有前言、正文、主要论文（论著）索引三个部分。（1）前言，由分册主编撰写，虽各有特点，却也要斟酌以下三点：其一，从文学史视角，对所研究的诗人作简要评价；其二，从学术史视角，对历代研究成果略加评说；其三，从前瞻性视角，对所研究的诗人提出若干有学术意义的理论话题。（2）正文，即所选论文、专著章节。体例上遵循以下四点：其一，论文尊重原著，原则上不作修改、删节；论著节选必须是构成独立论文的形式。对于原文表达的语病、引文谬误、错别字等则径改。其二，论文标题一仍原著，论著节选若原文没有标题，可由分册主编增设标题；为了保持全书格式相对统一，所选论文一律不设“内容提要”“关键词”，只录全文。其三，论文注释，早期论文保留原来注释形式，但相对统一，若引古籍须标明作者、著作名称及卷数、篇名，如“《淮南子》卷一《原道训》”；若引期刊须标明期刊名、出版日期或期别，如“《燕京学报》第19期”，一律采用脚注形式。新时期以后论文，无论发表于何种期刊，注释一律采用《文学遗产》论文规范格式。其四，注明文章来源，期刊注明刊名，著作节录注明节录之章节（名称）、出版社及出版年份。（3）主要论文（论著）索引，突出“主要”，不必求全。此外，为了协调丛书各分册规模，便于读者阅读，所选篇幅控制在30万字左右。

相对于辉煌的安徽文化及其深厚的学术研究而言，《安徽诗人研究文存》仅仅是尝鼎一脔。这是一个需要不断努力、不断深化的理论命题。

出于各种原因，截至出版时，我们未能与本套丛书的全部著作权人取得联系。敬请作品的著作权人或与著作权有关的权利人与安徽师范大学中国诗学研究中心联系，以便奉上稿酬和样书。

刘运好

2023年5月

前　言

◎郑虹霓

建安时期，社会剧烈动荡，“风衰俗怨”，建安文学在诗赋文诸方面革故鼎新，以鲜明的个性引领了后世文学的发展。作为建安之杰，曹植是历代公认的文学大家，在建安文学研究中一直处于中心位置。他的文学创作在数量上与质量上都非常突出，文艺理论亦有开创之功。他不仅继承了先秦《诗经》、楚辞的优秀文学传统，还从两汉辞赋民歌中汲取营养，兼收并蓄，从内容与形式两方面丰富了诗赋，为六朝至隋唐文学开辟了道路。

百年来，建安文学研究逐渐引起学界的注意乃至重视，随着文学史学科的成熟，取得了多方面的成就。各种文学史研究著作在谈到魏晋文学的时候，都把曹植放在主要位置上进行重点论述，有关论文也颇为丰富。这些研究主要集中在以下几个方面：一是文献考证，包括对其生平与文集版本、作品系年、本事的研究；二是对曹植的评价问题，包括对其文艺思想的研究；三是诗歌研究，包括从形式上对其五言诗、四言诗的研究，从题材上对其游仙诗、赠答诗、妇女题材诗的研究；四是辞赋研究，尤其是《洛神赋》的研究；五是比较研究，包括纵向探究曹植文学渊源、对后世的影响以及横向比较，尤其是与曹丕的比较等；六是其他方面的研究，包括对其散文从章表书信等文体分类上加以研究，以及综合运用宗教学、音乐学、民俗学等学科的方法研究曹植等。下面简要回顾一下这几个方面研究的情况。

一、文献考证

首先是关于曹植生平事迹的考证。清代丁晏所撰《曹集铨评》附录有《魏陈思王年谱》，既为新创，不免粗疏。全谱仅两千余字，很多细节语焉不详。20世纪30年代，出现了多部曹植年谱，篇幅皆有扩展，如闵孝吉、梁廷灿、苏蓬仙、沈忱农、古直等都曾为曹植编订了年谱。1949年后，曹植年谱写作进入一个新阶段。先有叶柏村《曹子建年谱简编》、俞绍初《曹植年谱》，比较简短；此后，赵幼文配合其《曹植集校注》而作的年表考订翔实，澄清遗缺，内容较为充实。张可礼的《三曹年谱》用较丰富的史料，勾勒了三曹的生平事迹，借此人们也可以了解建安时期的社会形势、文学发展面貌。但论起翔实程度，这部书中的《曹植年谱》还是逊于徐公持的《曹植年谱考证》。二十世纪七八十年代，徐公持就开始对以曹植为重点的“三曹”“建安七子”的生平和创作进行清理和辨别，先后发表了《曹植诗歌的写作年代问题》（1979）、《曹植生平八考》（1980）、《建安七子论》（1981）、《曹植为曹操第几子》（1983）等论文。此后，几经删改，反复修订，出版了《曹植年谱考证》一书。该书充分吸收丁晏、朱绪曾、黄节、赵幼文、江竹虚等前贤的考证成果，亦不乏精彩独到的个人判断，并旁列大事述要和同期文人以资对比。对于难以确定系年的作品，则增设建安中后期、黄初间、太和间三个宽泛时段，或不强解，暂付阙疑。附录含历代史传、著录、版本、序跋、评述、题咏，厚重翔实，颇可参考。

除以上年谱外，俞绍初《关于曹植初次就国的问题》、顾农《曹植生平中的三个问题》、杨栩生《曹植事迹举疑》、吴朝义《围绕曹植亡女问题的考索》等文对曹植初次就国的地点、相关事件，曹植第二次获罪等问题进行了考证，就《送应氏二首》的写作年代、《洛神赋》的写作时间等前人失考或史书失载的问题举其所疑，陈其所见，从而使人们对曹植的生平有了越来越清晰的了解。

其次是对曹植文集的文献研究。包括对文集版本系统与文集注本、作品本事与写作时间的考辨等。曹植生前曾自编赋集，收录作品七十八篇，称《前录》，晚年亲自编定过全集目录。现存汉魏六朝文人别集中，曹植集传本较多，朴现圭《〈曹植集〉编纂过程与四种宋版之分析》一文据现存各种曹植集及相关资料，找出了四种宋本《曹子建集》十卷本存在的记录。国家图书馆的刘明在《曹植集研究三题》一文中指出，现存宋本《曹子建文集》是讨论曹植集传本系统的重要实物文本，属《旧唐志》著录的二十卷本系统，祖于曹魏秘阁编本。而两《唐志》著录的三十卷本曹植集，属曹植自编全集本系统。《四库》本间接提供了另一“宋本”曹植集的存在，从而构成相对完整的版本流传系谱。

赵幼文《曹植集校注》在丁晏《曹集铨评》基础上，广采异文，详加注释，从而使曹集第一次有了全校全注本，但亦未完善。为此，梁春胜、杨苏宜等或辑补佚文、考察篇题异同，或商榷注释。至于曹植作品本事的探究，比较集中于《白马篇》《野田黄雀行》等乐府诗。舒大清认为《白马篇》是曹植以其兄长曹彰的一次镇压乌桓部落叛乱的辉煌胜利为原型本事的，王京州则发现《白马篇》的描写与王粲《英雄记》及《后汉书·公孙瓒传》的相关记载高度契合，其中王粲《英雄记》很可能是《白马篇》取用公孙瓒本事的史源。对于作品写作时间，张亚新认为《泰山梁甫行》应是曹植前期所作，韩格平认为《送应氏二首》应作于建安六年至八年，这些研究都为促进对曹植集的进一步整理做了有益尝试。

此外，一些从文献考证入手研究《文选》及其注的论文也与曹植有关。如刘志伟、刘峰《〈文选〉李善注引唐前别集述论》发现李善注所引文献对于考察曹植生平、行迹与创作皆甚有意义[①]。力之《〈赠白马王彪〉之题非萧统编纂〈文选〉时所改》对钟嵘《诗品》及《初学记》《艺文类聚》等文献的“答”“赠”关系综合考察，得出了《赠白马王彪》的诗题并非萧统所改的结论[②]。而跃进、傅刚的论文对尤刻本所附李善注进行了细致考察，有力推动了曹植《洛神赋》的研究，尤其值得重视。因为“感甄”说是曹植与甄妃的一段公案，自南宋尤袤刻本《文选》李善注引了这段故事以后，流传甚远。跃进通过对北宋国子监刻本、尤袤刻本及六臣注本中关于《洛神赋》注的校读，考察他们之间的渊源关系，发现尤本所据之本不是现存的北宋国子监刻本，不是六臣注本[③]。十几年后，傅刚进一步指出尤刻本所附李善注为后人阑入，又由顾恺之《洛神赋图》中宓妃的灵蛇髻与《邺中记》中甄妃发明灵蛇髻的记载相互印证推出此传说可能产生于东晋[④]。

二、关于曹植的评价

20世纪中期，围绕这个问题曾有一场由郭沫若《论曹植》一文引发的讨论。郭文从批驳钟嵘、王通、丁晏等人关于曹植的一些说法入手，对曹植提出了重新评价的主张，认为曹植早年“行事未免太欠磊落”“自尊自大不可一世”，后来受曹丕父子打击“委实也咎由自取”。文章最初写于1943年，后收入《历史人物》一书。《文史哲》1955年第1期刊出贾斯荣《关于〈论曹

① 刘志伟、刘峰《〈文选〉李善注引唐前别集述论》，《中州学刊》2014 年第 8 期。

② 力之《〈赠白马王彪〉之题非萧统编纂〈文选〉时所改》，《文学遗产》2016 年第 5 期。

③ 跃进《从〈洛神赋〉李善注看尤刻〈文选〉的版本系统》，《文学遗产》1994 年第 3 期。

④ 傅刚《曹植与甄妃的学术公案——〈文选·洛神赋〉李善注辨析》，《中国典籍与文化》2010 年第 1 期。

植〉》一文与之商榷，认为曹植是具有“浪漫不羁的天真性格的人”，比曹丕“光明磊落得多”。《历史研究》1957年第2期刊出张德钧《关于曹植的评价问题》，维护郭文观点，驳斥贾文观点。廖仲安在《文学遗产》增刊第7辑发表了《关于曹植的几个问题》，认为高教部审定的《中国文学史教学大纲》对曹植的评价“带有很大的片面性”，曹植“并不是一个像一般人所描写的单纯、善良的‘被压迫者’”，“以‘光明磊落’许植，是违背历史事实的溢价之论”。这场争论虽然没有使曹植研究获得实质性的进展，但客观上却使曹植研究问题更加引人注目。

事隔二十余年后，徐公持发表《关于曹植的评价问题》，重提这场几乎没有结论的论争。文章分析了争论双方的得与失，对以郭沫若为首的几位学者在曹植评价问题上的做法提出了异议，认为郭在《历史人物》中无视众多史料，他显示的真相故意在人品和文学成就上全面抬高曹丕，贬抑曹植，以“纠正抑丕扬植”为名，行“抑植扬丕”之实。文章通过详细考辨，证明郭沫若等的主要论点有违基本的历史事实，因而是站不住脚的；最后得出结论说：“总之，无论从思想内容还是艺术形式看，曹植在创作上的成就不应低估。他在生前就取得了很大的名声，死后更长久地受到推崇，绝非偶然。这既不是‘封建意识所凑成’，也不是人们纯以‘外表美观’为衡量标准的结果，而是文学史的客观规律——给一位优秀作家以应有地位——在起作用。”徐公持的论断无疑是比较公允的。

上面所举的几篇是直接介入这场讨论的代表性文章，此外也有一些文章间接地加入了这场讨论，就其中某一方面的问题发表了见解。如程毅中《略谈曹植作品的评价问题》认为应把曹植当作一位文学家来看，讨论的最终目的必然是曹植到底能不能保持建安文人的代表权，这个问题比曹植能不能取得魏王的继承权更重要。文章分析了曹植诗歌的思想性和艺术性，间接批评了郭沫若等人贬低曹植文学成就的说法。钟优民在《曹植新探》一书中也说，郭沫若的这篇文章是集古今抑植扬丕之大成，对曹植基本上都予以否定，对曹丕则都是赞许的口吻，而反对郭先生的看法在学术界是比较通行的。1984年，曹道衡发表《从魏国政权看曹丕曹植之争》一文，指出："这场王位继承权斗争中，曹丕其实处于压倒优势而曹植处于绝对劣势……这场斗争本来是无是非可言的。不论曹丕或曹植谁争到了继承权，结果也都不过当封建的'大魏皇帝'。"[①]1993年，胡明在《文学评论》上发表的《关于三曹的评价问题》对政治领域内的曹植做出了新的评价，认为曹植"在政治上是个——尤其他晚期头脑清醒时——有才干、有雄心、有城府并善于忍让韬晦的'精明人'"[②]。

在将曹植与曹丕进行比较的论文中，也有不少涉及其文艺思想的讨论，批评曹植的人认为曹丕将文章提到了"经国之大业，不朽之盛事"的高度，是文论的正格；而曹植称"辞赋小道"，轻视文学的作用，其文艺思想是保守、落后的。这也引起许多学者的反驳：顾农《曹丕曹植文艺思想比较观》认为："'小道'云云只是曹植一时的愤激之辞，并非全盘抹杀文学的作用。"[③]钟优民《曹植新探》认为丕植兄弟俩在论文上既有相通之点，也有不同之处，曹植文论乃是"独树一帜，自成体系"的。张可礼《建安文学论稿》结合曹植的生平和思想进行具体分析，认为曹植称辞赋是小道，是与在政治上的建功立业相比较而言的。"我们不能根据曹植那几句激愤的言辞就断言他轻蔑文学。"[④]陈飞之《论曹植的诗学思想》认为曹植诗学思想与曹丕等人的"绮丽"诗论大异其趣，对诗歌的艺术特征和社会功能、创

① 曹道衡《从魏国政权看曹丕曹植之争》，《辽宁大学学报》1984年第3期。

② 胡明《关于三曹的评价问题》，《文学评论》1993年第5期。

③ 顾农《曹丕曹植文艺思想比较观》，《许昌师专学报（社会科学版）》1985年第1期。

④ 张可礼《建安文学论稿》，山东教育出版社1986年版，第182页。

作原则和批评标准、诗人的修养、写作经验等方面有明确的认识，“比较系统地反映了这种文学上自觉的美学认识”，“对于中古诗学的发展具有提纲挈领的开创意义”[①]。

三、关于曹植诗歌创作的研究

曹植的创作，尤其是诗赋的创作是历代曹植研究的中心问题，因涉及内容较多，故将诗、赋与其他文体的研究情况分别列出来。

对曹植诗歌的研究，包括对其创作情况、风格特点、诗歌体裁和诗歌内容的研究。先看对曹植诗歌创作的总体研究。

各种文学史著作对曹植诗歌的风格都有专门的讨论，容肇祖的《中国文学史大纲》认为曹植诗表现哀感的最多，清隽流丽可以说是他自创的一种风格。萧涤非的《汉魏六朝乐府文学史》认为汉乐府变于魏，而子建实为之枢纽。其变化有三点：一是格调高雅，二是文字藻丽，三是音律乖离，几乎与那些不入乐的诗打成一片。陈子展的《中国文学史讲话》认为，曹植的诗情感真挚，声调激烈，故令后世许多诗人为之倾倒。林庚的《中国文学简史》认为，曹植的乐府诗通俗、活泼，比曹丕更能代表那个要求解放的时代的脉搏与浪漫主义情操，曹植因此成为建安诗坛上最有影响力的诗人。

论文方面，20世纪20年代就有多篇与此相关的论文，如李开先《论曹子建诗》、钱振东《曹子建的文学研究》以及张为骐《曹子建〈七步诗〉质疑》等[②]。50年代以来，讨论曹植诗歌创

① 陈飞之《论曹植的诗学思想》，《文学评论》1988 年第 3 期。

② 李开先《论曹子建诗》，《文艺旬刊》1923 年第 3、4 期。钱振东《曹子建的文学研究》，《新晨报·副刊》1927 年 7 月 17 日。张为骐《曹子建〈七步诗〉质疑》，《国学日报》1929 年第 2 卷第 1 期。

作成就与影响的以徐公持《略论曹植及其创作的特点》最有代表性，认为曹植创作风格最突出的是：雅好慷慨、词采华茂。百年来，围绕此问题撰文者甚众，文章数量也占诗歌研究的大半，但多是陈陈相因，缺少开拓。

近三十年来，学者多从美学角度透视曹植诗歌艺术，取得了较大的成绩。张晶《论曹植诗歌的抒情性》指出："从汉代乐府到魏晋南北朝乐府歌诗，发生了深刻的变异，建安时期是变异的关捩。曹植乐府诗代表了乐府变异的趋势。曹植继承并融合了汉乐府民歌与文人古诗的传统，形成了独特的风貌，有强烈的抒情性，使抒情主体得以多侧面的展现。曹植乐府诗'词采华茂'，代表了中古诗歌的审美倾向。"[①]万云骏《从"文气"说看建安诗歌》认为曹植的诗多表现阴柔之美，与曹操的阳刚之美双峰并峙[②]。裴登峰则提出不同意见，发表了《曹植诗歌的阴柔之美》《曹植诗歌的阳刚之美》等系列文章[③]。钱志熙《魏晋诗歌艺术原论》设专节对曹植后期诗歌创作和艺术特点进行了分析，认为曹植原本是一位政治诗人，由于后期失去了政治上发展的机会，才陷入矛盾痛苦之中，故而创作成为诗人恢复心灵和生活平衡的唯一途径。

从诗歌体裁上看，学界最关注的还是曹植的五言诗，据不完全统计，相关论文有一百余篇。五言诗是曹植诗歌创作最重要的体裁，在现存各种曹植文集所收作品中皆占最大比例，如丁晏《曹集铨评》录完整诗作96首。除前述对曹植五言诗艺术特点的研究外，曹植与《古诗十九首》关系的大讨论尤其值得关注。

2005年以来，木斋围绕五言诗起源说与《古诗十九首》归属说发表了不少于20篇论文，并于2009年出版了专著《古诗十九

① 张晶《论曹植诗歌的抒情性》，《辽宁师范大学学报（社科版）》1993年第5期。
② 《艺谭》编辑部《建安文学研究文集》，黄山书社1984年版，第10页。
③ 依次见于《西北民族学院学报（哲学社会科学版）》1991年第1期、1992年第2期。

首与建安诗歌研究》。木斋认为将《古诗十九首》归于东汉无名氏所作，这是一个似是而非、不经论证的说法，主张予以“更为深入、全面的研究，以期最终获得历史性的解决”[①]。木斋有条不紊地展开了新的建构：先从一个侧面论证建安十四年至十六年是“汉音”与“魏响”的分水岭，再发表文章廓清了曹操之前五言诗的发展进程，然后提出五言诗成熟于建安十六年之后的观点，还论证张衡《同声歌》、秦嘉《赠妇诗》以及乐府《陌上桑》《江南可采莲》等皆非东汉之作。木斋通过对文献的选择梳理出曹植与甄氏之间的隐情，结合曹植之死和曹集撰录等，指出今日所见的曹集是经魏明帝曹叡删削的版本，而《古诗十九首》极有可能是被删削的曹植作品。

此前虽有不少学者认为《古诗十九首》产生于建安时代，与曹植有着密不可分的关系，但由于没有证据，不肯轻易下结论。木斋这一系列论文的发表在学界引起了不小的轰动，《社会科学研究》《中国韵文学刊》《江西师范大学学报》等刊物开辟专栏，傅璇琮、陈怡良、黄坤尧、刘跃进、宁稼雨、袁济喜、孙明君、吴怀东等学者纷纷加入探讨，形成近年来一个重要的学术现象。赞之者如傅璇琮说：“也许正是由于木斋有将中国诗歌史打通研究的特殊性，才使木斋具有了某种新的眼光、新的学术理念和新的研究方法，从而使他能突破前人的窠臼，达到一个新的境界。”[②]怀疑乃至反驳者也并非少数，如袁济喜认为木斋的论证“充满着主观的猜测，而论证方法上的偏颇，主要在于罔顾文学作品的总体把握重在精神韵致的体会，而不能光靠字句上的

① 木斋《古诗研究的多种可能性（〈古诗论·总论〉）》，《河北师范大学学报（哲学社会科学版）》2013 年第 3 期。

② 傅璇琮《〈古诗十九首〉研究的首次系统梳理和突破——评木斋的汉魏五言诗研究》，《山西大学学报（哲学社会科学版）》2009 年第 2 期。

索引”[1]。刘跃进肯定了木斋勇于探索的精神，同时也特别指出“对于某些作品作硬性的时代界定，往往容易顾此失彼，很难周全”，因此，“与其遽作论断，还不如多闻阙疑”[2]。如此，关于《古诗十九首》作者问题的讨论还将继续下去。

从题材角度研究曹植诗歌的文章也有不少，主要集中于其游仙与妇女题材作品。二十世纪五六十年代，学术界对曹植游仙诗多持否定态度，一直到80年代，陈飞之《应该正确评价曹植的游仙诗》一文的出现才为其正名。陈飞之认为这类诗是动乱时代及曹植后期生活的艺术反映，是“有感而发的寄托精神”，“既表现了他那忠贞如一的豪情，又充满了排解抑郁的远举轻扬的逸兴”[3]。但是持反对意见的声音依然存在，以张士骢与张平为代表。张士聪认为这些诗是曹植“信奉长生之道的艺术反映”[4]，是在极度苦闷甚至濒于绝望的情况下，借游仙的幻境求得解脱和安慰。张平也说曹植游仙诗既有对现实强烈不满的，表现追求理想精神的，也有无所寄托的，存在逃避现实的消极因素[5]。于是，陈飞之发表了《再论曹植的游仙诗》，在重申原观点的同时，又对曹植游仙诗的创作渊源、指导思想与艺术寄托等进行了深入的探讨[6]。顾农则将游侠与游仙并称为曹植诗歌的两大热点，认为无论寄意游侠还是游仙，都体现了对个性自由和人生价值的强烈追

① 袁济喜《“说诗者，不以文害辞，不以辞害志”——木斋先生〈古诗十九首〉主要作者为曹植说商兑》，《中国文化研究》2013 年第 4 期。

② 刘跃进《文学史研究的多种可能性——从木斋〈古诗十九首与建安诗歌研究〉说起》，《社会科学研究》2010 年第 2 期。

③ 陈飞之《应该正确评价曹植的游仙诗》，《文学评论》1983 年第 1 期。

④ 张士骢《关于游仙诗的渊源及其他》，《文学评论》1987 年第 6 期。

⑤ 张平《有关曹植游仙诗的几个问题——与陈飞之同志商榷》，《文学评论》1987 年第 6 期。

⑥ 陈飞之《再论曹植的游仙诗》，《广西师范大学学报（哲学社会科学版）》1991 年第 2 期。

求[①]。女性题材在曹植诗歌中约占八分之一，关于曹植的论文对此往往都有所涉及，但专论文章近三十年较为集中，期刊网可见十篇以上。如张蕾《曹植妇女题材诗作鉴赏异说》[②]认为曹植是将自己的身世之感融入女人的不幸之中，封如楼《曹植妇女题材诗歌评析》认为这部分作品很能代表曹植诗清丽华美、“情兼雅怨”的风格，从一些侧面真实反映了世积乱离、风衰俗怨的社会现实。同时，曹植也借助这些美女形象寄托自己被猜忌被迫害、怀才不遇的孤独、怨恨、悲凉之情[③]。

四、关于曹植辞赋创作的研究

曹植生前自编赋集收录作品78篇，但是曹植辞赋在流传过程中有所散佚。赵幼文的《曹植集校注》收录辞赋49篇，是目前最通行的本子。相对于曹植诗歌的研究而言，对其辞赋方面的研究论文略少，尤其是整体研究到20世纪80年代才逐渐引起学界的注意。钟优民《曹植新探》指出：“作为辞赋家的曹植，在建安诸子中亦堪称卓越代表。”[④]他还并将曹植赋从内容上分为纪功序志、哀离述怨、感时咏物、男女恋情四类。陈恩维《论曹植的拟赋及其创作历程》认为曹植通过模拟汉大赋与庄骚之辞，逐渐融入了自己的生命体验，最终实现了艺术的集大成，奠定了其“建安之杰”的地位[⑤]。

---

① 顾农《从游侠到游仙——曹植创作中的两大热点》，《东北师大学报（哲学社会科学版）》1995 年第 3 期。

② 张蕾《曹植妇女题材诗作鉴赏异说》，《河北师范大学学报》，1992 年第 2 期。

③ 封如楼《曹植妇女题材诗歌评析》，《苏州大学学报（哲学社会科学版）》1996 年第 4 期。

④ 钟优民《曹植新探》，黄山书社 1984 年版，第 184 页。

⑤ 陈恩维《论曹植的拟赋及其创作历程》，《苏州大学学报（哲学社会科学版）》2004 年第 6 期。

百年来对曹植辞赋的研究主要集中在对《洛神赋》的研究上，包括对其主题和艺术的研究。

《洛神赋》是曹植辞赋的代表作，也是魏晋抒情小赋的巅峰之作。这篇赋营造了一个梦幻境界，描写了人与神由相见到钟情，由通辞到相会的过程。但因为人神道殊，双方最终只有怀着无限爱恋，含恨而别。赋中刻画的女神美丽深情，令人难忘，全文充满抒情气氛与神话色彩，艺术价值很高。梁昭明太子萧统将此文收入《文选》，使其很早便居于经典的地位，但论者对其主题的认识一直存在分歧，主要有两种意见：一是“感甄”说，一是“寄心君王”说。“感甄”说始于唐人李善，他在《文选注》中征引佚名《记》，认为此赋原是曹植思慕其兄曹丕宠幸的甄后而作，故最初题作《感甄赋》，后来才改为《洛神赋》。“寄心君王”说则以清人何焯为早，他在《义门读书记》中提出，曹植是以洛神喻曹丕，表明心志。之后，这两派都有一大批追随者，百年来更有不少论文围绕这个话题展开。持“感甄”说的，如20世纪20年代有徐嘉瑞的《中古文学概况》，1935年则有谭正璧发表了《曹子建痛赋感甄文》，认为曹植一生有两大不幸：一是政治上的失败，二是爱情上的失败。爱情上的失败，就是说原属于他的恋人被曹丕夺去。

20世纪50年代以来，学术界对《洛神赋》的研究也非常重视，每一部文学史都有专门介绍，有关研究论文也很多，包括不少对《洛神赋》主题思想进行探讨的。论者对“寄心君王”说多持否定态度，“寄心君王”说是从作品第五段“虽潜处于太阴，长寄心于君王”句中引申出来的。这里的“君王”是洛神对“余”的称呼，与现实生活中的君王曹丕是两码事。因人神道殊，不得交接，故洛神在临别时除赠以耳饰，还用“寄心于君王”表达缱绻之情。至于“感甄”说，学术界一般也是持否定意见的，认为是小说家的杜撰，既有悖于情理，又与历史事实不符。甄妃是汉末甄逸女，三岁丧父，后嫁袁绍子袁熙为妻。曹操平袁绍后把甄氏嫁给曹丕，当时甄氏长曹丕五岁，长曹植十岁，当时曹植才十三岁。范子烨借鉴《文选》学研究成果，指出这个故事产生于传奇作家之手，并无历史真实性，后人据此编造的“感甄”说也是谬说[①]。但赞成“感甄”说的也大有人在，如郭沫若在《论曹植》中认为“子建要思慕甄后，以甄后为他《洛神赋》的模特，我看应该也是情理中的事”。又如，周勋初的《魏氏“三世立贱”的分析》认为建安文人感慨时事，渴望建功立业，而又不废声色之乐。曹操礼法观念很淡薄，并不要求人家为他守节，如此家风影响之下，曹植创作《感甄赋》并非毫无可能[②]。力主“感甄”说的学者还有陈祖美，但她所说的“感甄”与前面论者所理解的“感甄”的内涵是不同的。她在《〈洛神赋〉主旨寻绎——为“感甄”说一辩兼驳“寄心君王”说》一文中认为，历来所说的“感甄”都把曹植与甄后的关系看成是不名誉的或缺乏伦理概念的，这既是把梦境与现实同日而语，又是把甄后和宓妃混为一谈。陈祖美认为，《洛神赋》无疑是写男女情事的，《文选》把它归于赋的情类，实际上也就是对“寄心君王”说的否定，但这篇赋中君王对洛神那种刻骨铭心的爱，不是一般儿女情长所能比拟的。用“感甄”来概括《洛神赋》的主旨虽不恰当，但在一定意义上还算切题。文学创作离不开作者的生活，“感甄”只是指作者为感念甄后抒发情志而作此赋，不能把艺术形象和生活原型画上等号[③]。

除以上两派之外，也有学者尝试另辟蹊径来探究此赋的写

① 范子烨《惊鸿瞥过游龙去，虚恼陈王一事无——“感甄故事”与“感甄”说证伪》，《文艺研究》2012 年第 3 期。

② 周勋初《魏氏“三世立贱”的分析》，《南京大学学报（哲学社会科学版）》1985 年第 1 期。

③ 陈祖美《〈洛神赋〉主旨寻绎——为“感甄”说一辩兼驳“寄心君王”说》，《北方论丛》1983 年第 6 期。

作意图。如詹锳《曹植〈洛神赋〉本事说》怀疑此篇赋寓“求贤自辅之意”，与曹植身边的丁仪、丁廙兄弟惨遭诛杀有关[①]；缪钺《〈文选〉赋笺》认为“曹植既有忧生之嗟，复怀友于之痛”，撰作此赋是为了悲悼任城王曹彰[②]；逯钦立《〈洛神赋〉与〈闲情赋〉》指出曹植“本冀亲用，终遭疏忌，一切欲求，溘同梦幻”，此赋与其奉诏入朝时的见闻经历有关[③]。

学界对《洛神赋》写作意图的争论更增加了此文的魅力，百年间围绕《洛神赋》还出现了两部专著。20世纪30年代沈达材的《曹植与洛神赋传说》对《洛神赋》相关传说旁搜远绍，结合曹植同时代辞赋创作研究，指出《洛神赋》在体裁上模仿了宋玉的《神女赋》，宓妃神女不过是其依托的幌子，《洛神赋》只是纯粹的抒情之作，无须过度诠释。2021年，戴燕在其《〈洛神赋〉：从文学到绘画、历史》等单篇文章基础上出版了《〈洛神赋〉九章》，钩稽、参酌了大量文献及研究成果，对《洛神赋》的创作历程、题材渊源、结构、主旨、流传、递嬗等做了全面而深入的考索，当是截至目前对《洛神赋》研究的集大成之作。作者有意截断众流，提出新诠释，对突破古典文学研究既有范式有一定的启发意义。但毕竟文章所涉及的范围太广，要解决的疑难也繁多，因此也存在一些顾此失彼之处，既有研究成果也有未能吸纳者，比如前文我们提到的跃进、傅刚先生都已经探讨过的《文选》李善注的问题。

五、关于曹植与其他文人的比较研究

曹植与其他文人的比较历来也是为人热议的话题，包括横向

① 詹锳《曹植〈洛神赋〉本事说》，《东方杂志》1943年第16期。
② 缪钺《〈文选〉赋笺》，《中国文化研究汇刊》1947年第7卷。
③ 逯钦立《〈洛神赋〉与〈闲情赋〉》，《学原》1948年第2卷第8期。

比较与纵向比较。横向比较主要指曹植与曹操、曹丕、王粲、刘桢等建安诗人的比较，首先是三曹之间的比较，尤其是曹植与曹丕之间的比较，本文第一部分关于曹植的评价问题中已有涉及。相关文章还有胡明《关于三曹的评价问题》、陈良运《三曹三辨》、傅正义《三曹诗歌异同论》等，从多个方面进行比较，认为三曹诗各有千秋、各有成就。此外，王玫《“抑丕扬植”倾向的形成与演变》梳理了“抑丕扬植”的形成与演变过程，并分析了这一倾向的形成原因。

纵向比较是异代诗人之间的比较，包括曹植对前人的继承学习和他对其后诗人的影响。关于曹植的文学渊源，钟嵘《诗品》即明确提出“其源出于《国风》”[①]，明代胡应麟也认为曹植四言“实《三百》之遗”[②]。当代学者从曹植对《诗经》的引用、学术思想、艺术手法、现实主义精神的继承等方面考察了曹植文学上与《诗经》的渊源关系，如张晓庆发表《曹植作品引〈诗经〉考论》、虞德懋发表《曹植诗歌艺术渊源粗探》等。还有多篇博士论文对此问题进行了深入研究，如陈璐《曹植作品引〈诗〉研究》（扬州大学，2015年）、郭迎迎《曹植〈诗经〉接受研究》（安徽大学，2021年）等。比较而言，学界对曹植于楚辞的学习更加关注，周建忠《曹植对屈赋继承与创新的动态过程》指出在曹植短暂的一生中，其思想与作品呈现出一个对屈赋继承与创新的动态过程[③]。吴相洲《陈思情采源于骚——论曹植在实现汉乐府向文人抒情五言诗转化过程中对屈赋的继承》认为曹植“诗中虽兼采《国风》，但真正促使他的诗由汉乐府向文人抒情诗转化的是《骚》而不是《风》”，并结合曹植的身世经历，从形式和

① 钟嵘著，向长清注《诗品注释》，齐鲁书社 1986 年版，第 30 页。

② 胡应麟《诗薮》，上海古籍出版社 1958 年版，第 349 页。

③ 周建忠《曹植对屈赋继承与创新的动态过程》，《江西社会科学》1989 年第 4 期。

内容上分析了曹植诗文与屈骚的共通之处[①]。而李定广《"情兼雅怨"的内涵与曹植诗的"集大成"地位》则认为曹植因诗歌"从题材到技法，从风格到体式，能集众家之长而又有多方面开拓，从而成为我国诗史上第一位融《诗》《骚》风格于一体，集先秦汉魏诗之大成的诗人"[②]。在研究曹植游仙诗的论文中，不少论者也探讨了曹植继承楚辞"悲时俗之迫厄兮，愿轻举而远游"[③]，以游仙来抒怀的精神实质。

事实上，曹植对文学传统的继承具有广泛性，不限于风骚二端，而是兼收两汉辞赋、古诗十九首、乐府等多个方面。曹植的作品在思想性和艺术性上都有很高的造诣，在当世已成为"一世之士，各相慕习"的范本，他在文学创作方面的探索和创新，又为后世提供了成功经验和创作范式。

讨论曹植对后世作家影响的论文主要集中于其对六朝作家和唐代大诗人的影响上，如虞德懋撰写了系列论文，分别将曹植与阮籍、嵇康、陶潜、谢灵运等做了比较。而吴怀东《论曹植与中古诗歌创作范式的确立》将曹植及后代作家对他的"接受"作为一种特殊的文化现象加以观察，认为曹植文化活动的典范意义不限于辞采等形式的方面，"而是标志着一种文人生存方式及文学创作范式的完全确立，从而成为中古文学发展方向的真正代表"[④]。

至于曹植对唐代大诗人的影响，清人丁晏《陈思王诗钞原序》就将李白、杜甫作为曹植的传人，称其诗歌"源皆出于子

① 吴相洲《陈思情采源于骚——论曹植在实现汉乐府向文人抒情五言诗转化过程中对屈赋的继承》，《首都师范大学学报（社会科学版）》1998 年第 4 期。

② 李定广《"情兼雅怨"的内涵与曹植诗的"集大成"地位》，《上海师范大学学报（哲学社会科学版）》2014 年第 6 期。

③ 朱熹《楚辞集注》，上海古籍出版社 1979 年版，第 105 页。

④ 吴怀东《论曹植与中古诗歌创作范式的确立》，《吉首大学学报（社会科学版）》2001 年第 3 期。

建”[1]。当代詹锳主编的《李白全集校注汇释集评》注明化用或直接引用曹植诗句的李白诗有113首；他的《李白乐府探源》一文明确提出李白有9首乐府诗的诗意和文辞源于曹植[2]。此外，王巍《试论李白对曹植诗歌创作的继承和发展》、张笑菊《李白与曹植比较研究——以女性诗歌和游仙诗歌为例》、尹晴《李白游仙诗和妇女诗对曹植的继承》等文章都分析了李白对曹植的继承和发扬。杜甫在《奉赠韦左丞丈二十二韵》中就称自己“赋料扬雄敌，诗看子建亲”，他对曹植的推崇表现在多个方面。据仇兆鳌《杜诗详注》统计，杜诗引用曹植诗文典故多达二百余处。萧涤非说：“间尝求之吾国文学史，其足与子建后先辉映者，吾得二人焉，曰前有屈原，后有杜甫。”[3]吴明贤、曾伟等分别撰文具体论述了杜甫对曹植诗歌艺术的继承与创新。此外，学者还关注到了其他文人对曹植的接受，如周玉华《论李商隐对曹植的心灵共鸣》分析了李商隐对曹植心灵上的认同；王吉鹏、杜亮梅《鲁迅与曹植》将鲁迅对曹植的评价加以梳理解读，探讨鲁迅在魏晋文化的考察中寻找时代变革的历史渊源，认为对曹植文学的考察启发了鲁迅对“人”的生命本体诸多方面的关注。

进入新时期以来，古典文学研究界开始尝试把接受美学的理论与方法引入本学科领域。对曹植的接受进行历时性研究的首推王玫的专著《建安文学接受史研究》，该书将曹植作为重点内容进行叙述，从效果史、阐释史、影响史三个维度对曹植《洛神赋》的传播和影响进行了评述，并将六朝、唐代列为曹植接受史上的两个高潮期。王玫之后，孙娟《曹植诗歌接受史研究》、王津《唐前曹植接受史》等博士论文又将曹植接受研究进一步具体化。

---

① 曹植著，朱绪曾考异，丁晏铨评，杨焄点校《曹植集》，上海古籍出版社 2018 年版，第 433 页。

② 詹锳《李白诗论丛》，作家出版社 1957 年版，第 76 页。

③ 萧涤非《汉魏六朝乐府文学史》，人民文学出版社 1984 年版，第 154 页。

六、关于曹植的其他研究

首先是关于曹植散文的研究。

相对于传统的诗赋研究，学界对曹植散文关注的不多，且主要集中于章表。曹植的表今存较完整的有33篇，刘勰《文心雕龙·章表》赞扬曹植的章表，以“独冠群才”许之。徐公持说：“曹植这些表文写得实在精彩。作者以壮盛的气势、浩瀚的情怀，贯注进每一篇章、每一段落，将章表这种朝廷公文，写出了勃勃生气；另外，表文词句典雅、藻采瑰丽、音节浏亮、篇体华美，极富阅读效果。文中又多引述先代史事、经典训诰，也不避采撷近人撰著、民间谣谚。总之这些表文词章彪炳、文义相扶、美轮美奂。”[①]此后，董家平《曹植章表“独冠群才”的精彩与悲哀》以“立意高远、陈情恳切、理深文赡”称之[②]，而崔积宝《论曹植的表》将曹植的“表以陈请”概括为黄初年间的谢罪避害和太和年间的逞才自试[③]。王启才《“抱利器而无所施”——曹植后期表文指瑕》把曹植表的优缺点与其本人的愿望和命运相联系，从奏议文体写作的角度指出曹植后期表文的不足，希望对当今上行公文的写作有所鉴戒[④]。此外，曹植的论说文也有几位学者深入探析，曹瑞锋探讨了曹植的史论文章，认为在同题史论中，曹丕、曹植构成一种对话关系，且这种史论已成为言志的工具[⑤]。吴怀东从前人较少关注的《辨道论》与曹植生平经历以及建安政治、学术、思想环境关系的角度展开讨论，认为此文是载

① 徐公持《魏晋文学史》，人民文学出版社 1999 年版，第 87 页。

② 董家平《曹植章表“独冠群才”的精彩与悲哀》，《青海师范大学学报（哲学社会科学版）》2003 年第 1 期。

③ 崔积宝《论曹植的表》，《学习与探索》2002 年第 4 期。

④ 王启才《“抱利器而无所施”——曹植后期表文指瑕》，《江淮论坛》2006 年第 5 期。

⑤ 曹瑞锋《才情隐显与政治对话——曹丕曹植同题赋同题史论比较》，《暨南学报（哲学社会科学版）》2011 年第 2 期。

录曹植政治活动与理论思考的重要文献。此文采用“辩”“论”二合一的庄严形态，表达了否定方术的思想，并揭示了曹操招致方士的政治目的。在与曹丕争夺太子之位失败之后，曹植对当时的重大政治与思想问题仍高度关注，显示出他的政治成熟与智慧。《广弘明集》收录《辨道论》以批判道教成仙之说，证明了曹植在思想史和文化史上的影响力①。

其次是对“鱼山梵呗”传说的相关研究。

南朝宋开始出现曹植仿效鱼山诵经声制造梵响之说，又云鱼山梵响与道教音乐互有影响，见《高僧传》等文献。唐以后佛教文献中有关“鱼山梵呗”的记载有更多。之后，在中国佛教音乐史研究领域，认为中国较早的佛教、道教音乐形式，都明确受到“鱼山梵呗”的影响，而曹植就是中国佛教音乐的始祖。2006年9月，在山东鱼山举行的首届鱼山梵呗文化节学术研讨会上，大部分学者都遵从这一观点。此后，张振龙发表多篇文章加以阐扬，如《佛道关系背景下曹植“鱼山梵呗”传说的再审视》《曹植创制“鱼山梵呗”传说的地域因素》②等。范子烨发表《鱼山声明与佛经转读——中古时代善声沙门的喉音咏唱艺术》③肯定鱼山梵呗传说的真实性，认为鱼山声明的诞生是中西文化碰撞的硕果，其学生刘志庆翻译了英国学者的《曹植与梵呗之进入中国》。持反对意见的以王小盾为代表，他从宗教史、文化史、文学史等角度加以详细考辨，发表长文《鱼山梵呗传说考辨》，认为这个传说缺少依据，曹植不仅没有制作鱼山梵呗，而且不曾信奉佛教。而翟风俭《曹植与梵呗〈睒颂〉关系辨析——兼与田

① 吴怀东《论曹植〈辨道论〉的思想立场与现实指向》，《社会科学战线》2021 年第 6 期。

② 依次见《世界宗教研究》2019 年第 4 期、《世界宗教研究》2021 年第 4 期。

③ 见《中国文化》2011 年第 1 期。

青先生商榷》[①]也认为曹植是否创作梵呗《睒颂》，目前并无充足的证据证明。上文提到的吴怀东则试图调和双方的争论，认为“目前所见文献与事实尚不足以证明曹植具有看破红尘、自我解脱的佛教出世思想，但是南朝以来文献中记载曹植接触佛教的情况，当不是空穴来风”。

除以上两方面的文章较为集中外，对曹植的研究还有一些角度，如从其诗赋的意象入手[②]，联系《三国志》记载分析曹植心迹[③]，从文论相关评价入手分析曹植诗文，联系文学史上类似案例研究曹植[④]，从主题史和心态史的角度[⑤]，等等。

回顾百年曹植研究，这是与整个古典文学研究进程基本同步的过程，实现了学科初步建立到规范化、现代化、体系化。虽然在这个过程中，受政治等因素影响，也曾有过曲折，而进入新时期实现了拨乱反正和多元化发展，在方法论上将唯物史观与人性论并用，随着现代主义思想学说的引进，对一些传统命题实现了多角度的研究。通过几代学人的接续努力，曹植研究取得了丰硕的成果，有力推动了建安文学乃至整个古典文学研究，对于作家个案研究也富有启发意义。但同时，我们也看到在众声喧哗中，存在一些陈陈相因，为发论文而写论文，缺乏创新的情况。从文章面貌上看，能做到在“深刻阐述文学历史发展的同时，也具有著者本人的性格，书中不仅有古人，还应当有著者

① 见《中国音乐学》2021 年第 3 期。

② 袁济喜《曹植之“愁”与意象创变》，《河北大学学报（哲学社会科学版）》，2022 年第 4 期。

③ 王京州《易代之际的曹植心迹论——以〈三国志·苏则传〉“发服悲哭”为中心》，《学术研究》2021年第11期。

④ 周兴陆《从萧齐宗室之争考察刘勰之丕植优劣论》，《安徽师范大学学报（人文社会科学版）》2020 年第 6 期。

⑤ 蒋寅《主题史和心态史上的曹植》，《西北大学学报（哲学社会科学版）》，2010 年第 1 期。

在”[①]，使得论文更具有可读性，但凸显鲜明个性色彩的地方还不够多。展望未来，我们在继承前辈学者的优良传统的同时还可以从以下几方面努力实现突破：第一，在技术革命的时代，有了便捷的网络与电子文献，仍然要静下心来细读文本，在寻常材料中发现新问题；第二，要重视学术个性，增强文采，曹植有“绣虎”之誉，研究他的论文也应该挥彩笔、铺锦绣；第三，要抱着“经世致用”之心去研究曹植，从其创作中发掘文化内涵，从其经历中感悟生命哲学，作出具有当代特色的解读；第四，虽然曹植研究属于个案研究，但文学史上文体、艺术表达方式、流派形成等都有一个发展演变的过程，我们需要将曹植置于更广泛的时空中进行探究，打破学科壁垒，以期有新的发现。

① 田彩仙《学术功力的多方面展示——〈魏晋文学史〉座谈会纪要》，《文学遗产》2000 年第 2 期。

读曹子建诗札记[①]

◎萧涤非

是篇之作，亦多就黄节先生平日所讲而成。其间新义，往往有为嗣宗诗中所未发者，亦有足互相参证者，缘复以札记体笔出之。

诗至“建安七子”，而古今之风会为之一转。子建与彼七子同时，世称“天下才共一石，子建独得八斗”。盖其才力之大，足以承前而启后，为当世所不及也。《诗品》称：“其源出于《国风》。骨气奇高，词采华茂，情兼雅怨，体被文质，粲溢今古，卓尔不群。嗟乎！陈思之于文章也，譬人伦之有周孔，鳞羽之有龙凤，音乐之有琴笙，女工之有黼黻。俾尔怀铅吮墨者，抱篇章而景慕，映余辉以自烛。故孔氏之门如用诗，则公幹升堂，思王入室。景阳、潘、陆，自可坐于廊庑之间矣。”此非虚语也。然子建之天才虽高，实亦受环境之玉成。世云“物不得其平则鸣”，又云“诗穷而后益工”，此不易之理也。子建于文帝为兄弟，于朝廷为宗室，位列藩侯，令行一国，疑若富且贵矣。然自文帝即位，数年间屡徙其邑，忠而见谤，亲而见疑，怀才招忌，几至不保，其境地之险恶，实不减于嗣宗；而其中心之痛苦，殆又有过焉者也。此其穷困，与匹夫匹妇之止于啼饥号寒者，不可同年而语矣。向使子建优游逸豫，得行其志愿于一

① 按：此文选自《读诗三札记》，原文所论为曹植、阮籍、谢灵运三家的诗。

时，则虽可无“骋我径寸翰，流藻垂华芬”之叹，而其诗必不能臻此。其于诗学之损失，不已巨乎。以彼易此，吾所不许也。兹举其诗中之特质，及有关于诗道变迁之迹者，分条言之。其他绪论，亦附见于后。

（一）调　古诗不假思索，无意谋篇，子建则起调必工。如《鰕䱇篇》之“鰕䱇游潢潦，不知江海流”；《泰山梁甫行》之“八方各异气，千里殊风雨”；《杂诗》之“高台多悲风，朝日照北林”；《矫志诗》之“芝桂虽芳，难以饵鱼。尸位素餐，难以成居”；《三良诗》之“功名不可为，忠义我所安”；《野田黄雀行》之“高树多悲风，海水扬其波。利剑不在掌，结友何须多”；《五游诗》之“九州不足步，愿得凌云翔”；《怨歌行》之“为君既不易，为臣良独难”；《七哀》之“明月照高楼，流光正徘徊”；《当事君行》之“人各有所尚，出门各异情”；《精微篇》之“精微烂金石，至心动神明”。要皆喷薄而出，笼罩全篇，盖有意为之也。

（二）句　古诗中作对语者极少，子建则句甚工整。如《公宴》之“秋兰被长坂，朱华冒绿池。潜鱼跃清波，好鸟鸣高枝”；《赠丁仪》之“凝霜依玉除，清风飘飞阁。朝云不归山，霖雨成川泽”。此已开六朝之风格，第无定法耳。

（三）字　古诗不假锻炼，子建则用字精审。如《公宴》之“朱华冒绿池”，“冒”字即为子建创语，后人沿用者皆祖此。《侍太子坐》之“时雨静飞尘”，《离友诗》之“木感气兮条叶辞”，鲍明远诗“别叶乍辞风”正用此。又《箜篌引》之“惊风飘白日，光景驰西流”，于状词动词之选用皆经推敲而后定，故极新颖。

（四）声　古诗虽有平仄双声叠韵，然皆出于自然，子建则平仄妥帖，如《仙人篇》之“四海一何局，九州安所如”；《赠白马王彪》之“孤魂翔故域，灵柩寄京师”；《圣皇篇》之

“鸿胪拥节旄，副使随经营”；《情诗》之“游鱼潜绿水，翔鸟薄天飞”，“始出严霜结，今来白露晞”，皆音节谐协。而《鰕䱇篇》之“驾言登五岳，然后小陵丘”，则尤有飘逸之气度。观“利剑不在掌”用“掌”而不用“手”，亦系音节关系。

（五）不空发议论 汉魏六朝之诗，叙事多而议论少，子建诗中如《圣皇篇》写就国时之情形，满怀勃郁，却无一句牢骚话。只将当日实事，委曲写出，令人于言外见其意。如云：“便时舍外殿，宫省寂无人。主上增顾念，皇母怀苦辛。”则知当时文帝实无赐授，即有赐授，恐亦为太后之故。则诗中所云“何以为赠赐？倾府竭宝珍”诸语，皆为具文矣。而文帝之刻薄寡恩，更不待言。又如《责躬》诗：“车服有辉，旗章有叙。济济隽乂，我弼我辅。”本极不满意，却作极赞颂之语，言外便见受文帝监视，此亦即所谓微词是也。较空发议论一览无余者，耐人寻味多矣。子建诗中亦间有发议论者，如《精微篇》：“多男亦何为？一女足成居”，“刑措民无枉，怨女复何为”，但甚简耳。本来诗歌只在能将事情原原本本明白说出，是非真伪，读者自见。如《名都篇》刺时人骑射之妙，游骋之乐，便只一味直说。又《丹霞蔽日行》亦然，后人唯杜工部解此。至于微词，乃专制时代中一种不得已之办法，故一篇之中，亦时多矛盾处，非诗之极则如此也。宋时乃更以论事之方法作诗，失之远矣。按《精微篇》凡三易韵，开唐宋后转韵诗之风。

（六）结语 严沧浪谓：“诗对句好易，起句好难，而结句好尤难。”余观子建诗，其结语独高，往往出人意表。大有“山重水复疑无路，柳暗花明又一村”之奇胜。盖其诗多用进一步写法，层出不穷，愈转愈高，至结意遂登峰造极矣。如《七哀》：“君若清路尘，妾若浊水泥。浮沉各异势，会合何时谐？”似已言尽意穷，再无可说。乃下一转云：“愿为西南风，长逝入君怀。”再转云：“君怀良不开，贱妾当何依？”二转而情意益深厚。又如《吁嗟篇》："流转无恒处，谁知吾苦艰？"下一转："愿为中林草，秋随野火燔。糜灭岂不痛？愿与根荄连"亦然。又如《名都篇》结四句云："白日西南驰，光景不可攀。云散还城邑，清晨复来还。"一结便有无限感慨。又《圣皇篇》："车轮为徘徊，四马踌躇鸣。路人尚酸鼻，何况骨肉情"亦复如是。其他类此者尚多。要之子建诗虽作意在起调，而结语亦所注重。

（七）怨而不乱 此为子建诗最高处。盖得诗人温柔敦厚之旨也。如《浮萍篇》之"恪勤在朝夕，无端获罪尤"，"行云有反期，君恩傥中还"；《种葛篇》之"往古皆欢遇，我独困于今。弃置委天命，悠悠安可任"；《吁嗟篇》之"吁嗟此转蓬，居世何独然"，"流转无恒处，谁知吾苦艰"。又《杂诗》之"人皆弃旧爱，君岂若平生"亦忠厚之至也。

（八）游仙之思想 游仙之作远起于屈原。其后，汉乐府中亦多有之。子建类此者亦不少。如《游仙》《五游咏》《远游篇》《仙人篇》《升天行》。此种作品之发生，为诗歌中一大转变，盖由于作者之失意，道不得行，才不见用，故不免愤世嫉俗，厌弃人间，心理思想，陷于极端之悲哀痛苦，悲哀痛苦以至于无可奈何，万不得不自谋解脱，因而玄想天上，托意远游以自适。子建诸作亦即如此。要不外《楚辞·远游》"悲时俗之迫厄，愿轻举而远游"之意。是虚无缥缈语，是无聊赖语，是至情至理语。然自汉以下，率多模拟之作，与此则真伪有间矣。又《五游咏》一诗起句"九州不足步，愿得陵云翔"便逼出五游意，以下依次写去，宫殿人物，秩然不紊，甚为可法。又此诗多两句一意，平联而下，开后五言排律之体。

（九）字句之变化 子建诗纯以意境为主，初不斤斤于字句之如何。如《弃妇诗》："拊心长叹息，无子当归宁。有子月经天，无子若流星。""无子""有子""无子"连用不避。然亦有刻意变化者，如《箜篌引》“秦筝何慷慨，齐瑟和且柔”，不云“齐瑟且和柔”，又如《斗鸡》“长筵坐戏客，斗鸡观闲房”，不云“闲房观斗鸡”，皆上下句故使错对。又如《种葛篇》：“下有交颈兽，仰见双飞禽。”本是“上有”，却用“仰见”二字。此等虽小道，无关大体，然正可见古人用心处，不容忽略。

（十）乐府　魏时乐府，与汉不同。曹氏父子，多借古题作新诗，与五言诗无异，其音节亦多乖离。子建五言诗与乐府之分别，亦只在借题与否。亦有自拟题者，如《种葛篇》。后杜工部知乐府万不可拟，故另创新题，作新词，为乐府之又一变。

（十一）四言诗　子建所作四言诗，《责躬》《应诏》，皆模仿《三百篇》，《元会》造句亦不古，只是平铺直叙，无《三百篇》变化错综之妙。《朔风诗》则以作五言方法作四言。唯《矫志》一篇，别具面目，最可效法。盖以其善于用比也。其余诸篇，亦极平常。“文变染乎世情，兴废系乎时序”，有不可强者矣。

大家诗中往往有极闲之句，极笨拙之句，然是极关紧要处，极含有意义处。如子建《公宴》之“公子敬爱客，终宴不知疲”，《斗鸡诗》之“主人寂无为，众宾进乐方”，于诗似了无好处，然少此语不得。后人第知清词丽句之为诗，故只能为一名家而已。

汉魏诗有助字助句法，用意只在陪衬，不以重复为嫌。助字，如子建《杂诗》之“愿欲一轻济”“愿欲托遗音”，“愿欲”二字意本同。助句，如《公宴》之“神飙接丹毂，轻辇随风移”二句，意亦重。此皆为唐时诗人所不肯道。平心而论，篇法以汉魏为密，而句法则以唐。然亦正以密故，往往失却当前情景之真相，无中生有，节外生枝，要亦是一病。

汉魏诗多有重言而用一字者。如子建《赠丁仪》之“凝霜依玉除，清风飘飞阁”，《鰕䱇篇》之“猛气纵横浮”，皆是也。按“浮”字向皆作动词解，实误。《大雅·生民传》曰：“浮浮，气也。”是“浮”乃形容气之貌，此曰浮者，重言而用一字也。

子建赠诗，与后人不同，皆系先写当时事情（后人则多从所赠之人说起），故初看《赠徐幹》《赠丁仪》诸诗，不类送别之作。又赠诗，古人所重。非平日亲知，不苟作也。观子建送赠诸作，要皆含有劝勉之意。赠诗如赠物，须看出所赠者之需要。

《赠白马王彪》诗：“鸱枭鸣衡轭，豺狼当路衢。苍蝇间白黑，谗巧令亲疏。”四句先比而后赋，为唐以下所效法。嗣宗《咏怀》：“单帷蔽皎日，高榭隔微声。谗邪使交疏，浮云令昼冥。”以主句位于第三，则微有变化矣。然当以子建为正格。昔沧浪谓“少陵诗法如孙吴，太白诗法如李广”，余于子建、嗣宗亦云。

最善言情之诗，只是在模棱仿佛之间，不以分析微细为贵。读之似浅，而含情实深，如子建《赠白马王彪》诸诗。近世作诗者，言情愈猥亵显露，愈浅薄不能动人矣。又作诗固重学习，尤贵养心。先儒所谓静中养出端倪，此种功夫，诗人亦不可少。因对于哀乐之发须能有所节中，不使过分也。子建《白马篇》，后人从军之作，多从此变化而来。

古人写景，多从自己立脚处写起，故东西南北秩然不紊。如《杂诗》之“高台多悲风，朝日照北林”。风而云悲者，诗人心境之感觉如此也。李善注：“《新语》曰：高台喻京师，悲风言教令，朝日喻君之明，照北林言狭，比喻小人。”未免穿凿。又古人描写女子，无不写其眼睛者。如《神女赋》《李夫人赋》《美人赋》《洛神赋》皆可证。子建《美女篇》亦然，唯写法则稍有变化。不言美女头腰体态如何如何，而只写其被服佩带之物，便觉有雅度。

《野田黄雀行》首二句："高树多悲风，海水扬其波。"盖言世途风波之险。乃乐府《箜篌引》《公无渡河》之本意。唯下忽接云："利剑不在掌，结友何须多。"与上文不相连续。以"利剑"二句实是结语，置之于上，变化使然，不可连上讲也。观古人作品，须着眼一变字者以此。

中国数百年来之诗，所缺者唯一义字。作者皆以诗文为美术品，不惜勤一世于文字之间以供耳目之观好。而不知合乎义，则美亦在其中也。所谓义者，即事理之宜也。乃从修身力学中得来。唯后世于此道多不注意，故所谓诗人也者，亦大都流于迂阔而远于事功。观子建《圣皇》之作，可谓合乎义者矣。

（原载《学衡》1929年）

《洛神赋》的解剖

◎沈达材

一、《洛神赋》为什么作的?

《洛神赋》缘情绮丽，委婉缠绵，是古今人所艳称的，不过这里面却夹杂着许多神话，才令人寻味呢。说起神话的来源，这在作者当时，或者是欲借着神话的传说，来作他抒情的寄托，也未可知。然而我们在详细研究之后，却又发现《洛神赋》的文章，虽然是依托神话写成的，然也只是寻常作品，丝毫没有什么别样问题隐藏在里面，可以资人话柄哩。看它的自序说：

黄初三年，余朝京师，还济洛川。古人有言："斯水之神，名曰宓妃。"感宋玉对楚王说神女之事，遂作斯赋。

这样看来，他作这赋的动机，一方面是因这个地方——洛川，本有神话的传说，可作写作的材料；一方面又因古人——宋玉也曾作过这种的玩意儿，自己也不妨效颦模仿，留作后世的佳话，实也没有什么深意藏在里面，何劳大惊小怪呢?

但是据后来的传说，这个故事的本身，似乎已由传闻而人格化了。它这里面所写的，已是一段很悲哀的恋爱故事了！它所表现的，已经不是在替洛川的地方留些美谈，也不是在替宋玉续完那迷离仿佛的香梦，它是为作者自己心爱的一个人写的啊！无疑地，照李善《文选注》所引，《洛神赋》确为“感甄”而作的！

我们按之曹植自己作的序文，那是感着古人的事才作的；但一按之李注所引，则又是为着“感甄”而作的了。里面表面，都有文章，这要叫我们何所适从呢？我们为着研究的便利，把他们错综交互的相关点表之如下：

下表表示他们歧异之点：

类别	洛神赋自序	李善文选注
动机	感宋玉说神女	感甄后
性质	神话	人事
人物	宓妃	甄后

下表表示他们关系之点：

类别	正面	反面
动机	感宋玉说神女	感甄后
性质	神话	人事
人物	宓妃	甄后

在如此复杂的情形中，它的变迁的痕迹，似乎无从捉摸，故在研究方面，也颇觉得困难。如果依照我的推测，不承认曹植作的《洛神赋》是为着“感甄”。一定有人要问：依你的见解，既然承认这赋和甄后不发生关系的话，何以解于赋里所说的：“愿诚素之先达兮，解玉佩而要之。恨神人之道殊兮，怨盛年之莫当。虽潜处于太阴，长寄心于君王”这些话呢？这些话又岂不是和故事里所说的一一吻合吗？其实这并不难解答。

我们以为说《洛神赋》是为甄后而作的，大半是为李注先入为主的话所迷惑。在李注以前，试问何人在说《洛神赋》是为甄后而作的？关于此点，我们可依上篇所考证的话，再提起讨论之如次：

第一，我们所认为最重要的事实，就在曹植、甄后间的关系。他们的关系，既经我们辨明为无半点的干系，他也不必替她写出这样吃力的文字，换句话说，《洛神赋》自不是为她而作的。

第二，在李注所引的许多事实中，依托附会的也有，矛盾穿凿的也有，尤其在赉枕一段事迹中，更给我们以明显的破绽。这些事实既不可靠，则缘此而生的《洛神赋》为甄后作的问题，也就不攻自破了。

第三，他们于《洛神赋》的题目上，认定原题只标着“感甄”，却为明帝把它改了，这话初看，似乎有点理由。但我们于上面都已指出其附会的所在，而加以疏解了。

这是从事实上的考证，而加以否认的。还有前人之说也都站在否认为甄后而作的立场上，但因他们只凭感情去批判，于事实上的真伪，他们是不管的，所以他们对于《洛神赋》是否为了感甄而作的问题，所发表的只是些空泛的议论。他们反对《洛神赋》不是为着感甄的理由，最具体的，总不离乎“以名分论，亲则叔嫂，义则君臣，岂敢以‘感甄’二字显形笔墨”这一类的话。关于这个问题，我们已在上面考证明白，对于他们的议论，只好暂置不理了。

然则《洛神赋》究竟又为什么而作的？这是亟待研究的一个问题。据一般人的想法，总以为“词人作赋，类多有为而言，不特汉魏为然，于《葩经》早开其例，所谓比兴之旨，发乎情，止乎礼义者是也。是故美人香草，俱为托讽之词，自昧者不明斯义，独拘牵于文字之间，而假譬设谕，都成罪状，夫岂不逆不亿之谓哉”（用陈去病语），他们既见《洛神赋》不是为感甄而作，而又不肯放弃有为而言的主张，所以便由感甄而附会为思君恋主的表示了，陆莱、何义门、潘四农、丁晏等即有同样的说法。陆氏说：

《洛神》，怀君之词也，绣虎以才招忌，法制弥峻，而笃于忠爱，请试通亲，优文虚报，终不见信。一则曰：“无良媒以接欢，托微波而通词。”再则曰：“虽潜处于太阴，长寄心于君王。”深得美人芳草之旨，而与《出妇》《感婚》同意。彼云泣枕、感甄，何啻痴人呓语！

何义门也说：

子建献《责躬》《应诏》二诗表云：“前奉诏书，臣等绝朝，心离志绝，自分黄耇永无复执珪之望，不图圣诏，猥垂齿召，至止之日，驰心辇毂，僻处西馆，未奉阙廷，踊跃之怀，瞻望反仄。”盖文帝虽许之入朝，而犹未遽令之见也。故云宓妃虽已感悟，而神光离合，乍阴乍阳，已犹不得遂与交接。及长吟永慕，哀厉弥长，于是始见其随从众灵，微步而即我；然犹若危若安，若往若还，已则望其容华婀娜，而至于忘食，盖思之尤其甚矣。于是宓妃始命收风静波，屈其尊以相交接，良会之难，至于如此。然既朝之后，其可必文帝之感悟而常常见之乎？故又云“悼良会之永绝”也。“虽潜处于太阴，长寄心于君王。”文帝以仇雠视其弟，而子建眷眷如此，不敢稍有怨怼，所以虽终不见用，亦卒能自全。黄初六年，文帝东征，过雍丘，遂幸植宫，为兄弟如初。盖苟尽吾所为负罪引匿之道，君父未有不稍为感悟者。后之藩臣往往以不学无术，自即于诛夷，悲夫！

丁晏在他的《陈思王年谱》里说：

王既不用，自伤同姓见放，与屈子同悲，乃为《九愁》《九咏》《远游》等篇，以拟《离骚》；又拟宋玉之辞，为《洛神赋》，托之宓妃神女，寄心君王，犹屈子之志也，而俗乃诬为“感甄”，岂不谬哉？

同时更引潘四农的话，以互相说明。潘氏说：

《洛神赋》纯是爱君恋主之词，赋以朝京师，还济洛川入手，以潜处太阴，寄心君王收场，情词亦易见矣。不解注此者，何以阑入“感甄”一事？致使忠爱之苦心，诬为禽兽之恶行，千古奇冤，莫大于此！近人张若需诗云：“《白马》诗篇悲逐客，惊鸿词赋比《湘君》。”卓识鸿议，瞽论一空，极快事也。

曹植诗文的被人误会作思君恋主的，实也不在少数。自丁晏《曹集铨评》出，这种曲解附会，尤其层见叠出。以那不相干的《感婚》《出妇》二赋来说，丁氏尚且说是“借男女之辞，托君臣之谊，一则云‘欢媾不成’，一则云‘无愆见弃’，可以悲其志矣！”更何况这迷离仿佛、难猜难解的《洛神赋》。这种说法，固自有他的片面的理由，然以此种迂腐的见解，去解释一切言情的文学作品，何处不是思君，何处不是爱君呢？古代的许多文学作品——如《诗经》《楚辞》，哪个不被曲解？明明是男女相悦羡慕之词，而说者必定以高帽子相酬应，以为不如此，系没有价值了。《关雎》之曲解为文王后妃之德，《溱洧》《狡童》之硬认作刺忽、刺乱，古今来这种例子，真是数见不鲜呢！我们要研究文学，必须从作品本身去做比较的研究，一切传说曲解，都应一扫而空——尤其是用迂腐的见解，去污蔑抒情的文学，更觉可恶！《洛神赋》本系纯粹的抒情文学，却被人说它是“感甄”，这已经污蔑作者了，而说它是思君之作的，又岂不糟糕？

他们所以认定《洛神赋》的本意是爱君恋主的理由，就在“长寄心于君王”这句话上。实则这句话，是曹植自己替神女说的，其对方即是他自己，以自己说自己，我们可以确定他是没别的问题的。

现在我们将他文中凡有关于君王的字句的，一概抄录于下，以资比较：

然则君王所见，无乃是乎？……虽潜处于太阴，长寄心于君王。（《洛神赋》）

信旧都之可怀，怅时王之谬听。……以忠言而见黜，信无负于时王。……旷年载而不回，长去君兮悠远。……履先王之正路，岂淫径之可遵。

知犯君之招咎，耻干媚而求亲。（《九愁赋》）

先后悔其靡及，冀后王之一悟。（《九咏》）

在这许多的辞赋里，除《洛神赋》外，所说的君王都是指别人，只有这赋里的君王，是指他自己。何义门知道以此赋里的君王硬配在曹丕身上，似乎也觉着不好意思，所以他说："太阴，自言其所处之幽远也。君王，谓宓妃喻文帝也，不必以上文君王为疑。"而张惠言更为何氏张目：

何以君王指宓妃或以为穿凿。不知古人寓言，多有露本意处。如《九歌》《湘夫人》，屈平以喻子兰，篇中"思公子兮未敢言"，是其见意处。湘夫人可称君子，宓妃亦可称君王也。

如此说法，要叫我们怎样不疑？即以《湘夫人》论，也是缥缈无据的。孙梅说："《长门》《洛神》，哀怨婉转，《湘君》《湘夫人》之缥缈也。"且进一步而言，如果他实在有思君恋主的意思，他尽可直言无隐，以表示其忠悃忠诚，间接也得以保身远祸，岂不更好？因他所处的地位，极其危险，正要此表明心迹的文章呀！何必用宓妃神女，以资寄托呢？

我们现在再进一步从曹植自己的全部诗文中去寻求所谓思

君恋主的话，觉得他的作品中表现最真挚的，当莫过于《应诏》《责躬》《圣皇篇》这些诗了。如：

肃承明诏，应会皇都，星陈夙驾，秣马脂车。……虽有糇粮，饥不遑食。望城不过，面邑不游。……骈骖倦路，载寝载兴。将朝圣皇，匪敢晏宁。……爰暨帝室，税此西墉。嘉诏未赐，朝觐莫从。仰瞻城阙，俯惟阙庭。长怀永慕，忧心如酲。（《应诏》）

又如：

天启其衷，得会京畿。迟奉圣颜，如渴如饥。心之云慕，怆矣其悲！天高听卑，皇肯照微。（《责躬》）

这岂不是很明显地表示出他的心迹吗？实际上，他这些话几曾得到曹丕的垂怜，而收到多大的效果？且按之《文选》李善注谓植之来朝，在黄初四年，云三年者误也。看他说：

《魏志》曰："黄初三年，立植为鄄城王。四年，徙封雍丘，其年朝京师。"又《文纪》曰："黄初三年行幸许。"又曰："四年三月还洛阳宫。"然京城谓洛阳，东藩即鄄城。《魏志》及诸诗序并云四年朝，此云三年，误。

何义门也说：

《魏志》以延康元年十月二十九日禅代，十一月遽改元黄初，陈思实以四年朝，而赋云三年者，不欲亟夺汉亡年，犹之发丧悲哭之意。

况赋中“余从京域，言归东藩”和“余朝京师，还济洛川”的话，又与《赠白马王彪诗》可以相互印证：

谒帝承明庐，逝将归旧疆。清晨发皇邑，日夕过首阳。伊洛广且深，欲济川无梁。泛舟越洪涛，怨彼东路长。顾瞻恋城阙，引领情内伤。

而《赠白马王彪诗》却是他于黄初四年朝京归藩时作的。即我们上面所引《应诏》《责躬》诸诗，按之《魏志》都是在这一年作的，如果他真有思君恋主的话，这也够得表出他的忠悃赤诚了。何必要写出这令人捉摸不定的话，而始叫作思君恋主？这是绝对没有的。我们由此也可以决定《洛神赋》不是表明心迹的文章——即不是为着思君而作的。

感甄也不是，思君也不是，然则《洛神赋》又为着什么而作呢？简直说，“它并不为着什么而作的”。

何以见得《洛神赋》不为着什么而作呢？我们以为古人的文章，总有两种陋习：一件是模仿，一件是依托。这两种陋习，便是古人创作文学所必经的路途。因为假托成文，乃词人之常事；规仿旧章，亦文家所必有。我们正不必以谢庄赋雪，托之陈思，因年世之不符，而定其伪；也不必以《长杨》《羽猎》为仿《子虚》《上林》便轻视其创作的价值。《洛神赋》在体裁上，是模仿《神女赋》的；而事实上的根据，便是依托着一个什么宓妃神女来做幌子，这在古人的文学中，也是常见之事，毫不足怪的。故在今日来论《洛神赋》内容的成分，它便是模仿依托二者的结晶。我们最后的结论，仍是不为着什么而作的。

二、从邺下诸子的辞赋里证明《洛神赋》的地位

我们觉得建安时代，是文学的光荣时代。那时候的文坛上，常因着共同的关系，或共同研究的必要，无论诗歌、辞赋，有一个题目，即有许多作家拿来作诗、作赋，以训练他们的文学技术。这在当日也不过是种司空见惯的事，那有什么特别意思可说。所谓"文人骋其妙说兮，飞轻翰而成章"，就是指当日邺下文宴的盛况。虽然他们的篇章流传至今的，已是少之又少；但就其存在的来说，我们也还可以看出他们的真面目来。兹为便利研究起见，特表之如下：

曹丕	曹植	王粲	陈琳	阮瑀	徐幹	应玚
出妇赋	出妇赋	出妇赋				
	大暑赋	大暑赋	大暑赋			
槐赋	槐赋	槐赋			槐赋	
迭迷赋	迭迷赋	迭迷赋	迭迷赋			迭迷赋
车渠碗赋	车渠碗赋	车渠碗赋				车渠碗赋
柳赋		柳赋	柳赋			杨柳赋
	鹦鹉赋	鹦鹉赋	鹦鹉赋	鹦鹉赋		鹦鹉赋
愁霖赋	愁霖赋					愁霖赋
	洛神赋	神女赋	神女赋			
		闲邪赋	止欲赋	止欲赋		正情赋
	公宴	公宴	宴会	公宴		公宴
	三良	咏史		咏史		

上表所列，虽非全豹，却也可以窥见一二了。

现在应该回头来研究建安时代的文学趋势了。提起这时代的文学趋势，无论是诗歌方面，或辞赋方面，都有新的发展，现在单说辞赋方面。辞赋在这时代里，它有它的新生命，这种新生命，便是抒情小赋的发达。《洛神赋》就是这个新生命的产儿。我们读到建安七子的专集，便觉得这种抒情小赋，在当时文

坛上，却是一种盛行的体制，而它们的对象，又齐集于男女恋爱的描写——以女性为他们描写中心。那时候的作家，如王粲、陈琳、阮瑀、应玚诸人，哪一个不是萃全力于此。单以现存的作品说吧，如下表所列：

王粲	神女赋
	闲邪赋
陈琳	神女赋
	止欲赋
阮瑀	止欲赋
应玚	正情赋

这些都是这一时代的菁华。他们的抒情小赋，当还不止这些，不过这些是比较耐人玩味的，而且和《洛神赋》都是站在同一个立场上写的。倘然我们把这些作品细细读过之后，再回头去研究《洛神赋》，必定恍然大悟，而明白了《洛神赋》的本来面目，也不过如此，不是有什么神秘性的了。

兹就《洛神赋》和王粲诸人的作品，有共同点的，列表比较如下：

曹植《洛神赋》	王粲《神女赋》
肩若削成，腰如约素。延颈秀项，皓质呈露。芳泽无加，铅华不御。云髻峨峨，修眉联娟。丹唇外朗，皓齿内鲜。明眸善睐，靥辅承权。……披罗衣之璀璨兮，珥瑶碧之华琚；戴金翠之首饰兮，缀明珠以耀躯；践远游之文履，曳雾绡之轻裾。	发似玄鉴，鬓类削成，质素纯皓，粉黛不加；朱华熙曜，晔若春华。口譬含丹，目若澜波，美姿巧笑，靥辅奇牙。戴金羽之首饰，珥照夜之珠珰；袭罗绮之黼衣，曳缛绣之华裳。

这是《洛神赋》里描写神女姿态的姣好，及其服饰的华丽处，同于王粲《神女赋》的地方。

曹植《洛神赋》	阮瑀《止欲赋》
余情悦其淑美兮，心振荡而不怡；无良媒以接欢兮，托微波而通词。……嗟佳人之信修兮，羌习礼而明诗……收和颜而静志兮，申礼防以自持。……从南湘之二妃，携汉滨之游女；叹匏瓜之无匹，咏牵牛之独处。	执妙年之方盛，性聪惠以和良；禀纯洁之明节，后申礼以自防。……予情悦其美丽，无须臾而有忘。思桃夭之所宜，愿无衣之同裳。怀纡结而不畅，魂一夕而九翔。出房口以踯躅，睹天汉之无津，伤匏瓜之无偶，悲织女之独勤。

这又是描写思恋的相同处。

曹植《洛神赋》	王粲《闲邪赋》
恨神人之道殊，怨盛年之莫当；抗罗袂以掩涕兮，泪流襟之浪浪；悼良会之永绝，哀一逝而异乡。……顾望怀愁，冀灵体之复形。……思绵绵而增慕，夜耿耿而不寐。	发棠棣之春华，当盛年而处室。恨年岁之方暮，哀独立而无依。情纷挐以交横，意惨凄而增悲。何性命之奇薄，爱两绝而俱违。排空房而就衽，将取梦以通灵。目炯炯而不寐，心忉怛而惕惊！

这都是同情于离别的痛苦，故有这凄惨的共同呼声。至描写洛神的行色，如“腾文鱼以警乘，鸣玉鸾以偕逝”等语，却又同于陈琳《神女赋》的“文绛虬之奕奕，鸣玉鸾之嘤嘤”了。

此外，他们还有几个共通点，为我们所应注意的：第一是母题的相同，第二是以“发乎情，止乎礼义”为创作的本旨，第三是假梦以通情，兹再分述如次：

（一）我们觉得曹植写的，虽然用洛神为标题，但他这赋的立意遣词，都是模仿宋玉的《神女赋》——后当详论——而王粲、陈琳他们所作的，则仍沿用宋玉的旧题，而标为《神女赋》，因为他们所描写的，都是以女性为中心。我们切不可误会《洛神赋》的内容性质，有异于《神女赋》的地方，他们同是以宋玉的《神女赋》作出发点，虽殊途而实同归。苟拘执命名之不同，而以为内容有异，则陈琳《神女赋》“汉三七之建安，荆野蠢而作仇；赞皇师以南假，济汉川之清流。感诗人之攸叹，想神女之来游”，亦可以叫作《汉女赋》了。不然，彼因济洛川而名为《洛神赋》，此亦济汉川，而为什么不叫作《汉女赋》？故知他们实处在一个母题之下，而作各的文章了。

（二）则他们虽然描写两情之缱绻，但总不脱离“发乎情，止乎礼义”的宗旨。如曹植的：

执眷眷之款实兮……申礼防以自持。（《洛神赋》）

王粲的：

顾大罚之淫愆，亦终身而不灭；心交战而贞胜，乃回意而自绝。（《神女赋》）

阮瑀的：

禀纯洁之明节，后申礼以自防。（《止欲赋》）

应玚的：

既荣丽而冠时，援申女而比节。余心嘉夫淑美，愿结欢而靡因。（《正情赋》）

（三）他们要描写爱恋的着实处，必以梦作起点；或者爱而不得，也以梦为安慰剂，所谓什么都付之一梦了。看曹植的：

精移神骇，忽焉思散。俯则未察，仰以殊观。（《洛神赋》）

王粲的：

排空房而就衽，将取梦以通灵。（《闲邪赋》）

陈琳的：

展余辔以言归，含憯瘁而就床。忽假瞑其若寐，梦若欢之来征。魂翩翻以遥怀，若交好而通灵。（《止欲赋》）

仪营魄于仿佛，托嘉梦以通精。（《神女赋》）

阮瑀的：

还伏枕以求寐，庶通梦而交神。（《止欲赋》）

应玚的：

魂翩翩而夕游，甘同梦而交神。（《正情赋》）

看了上面比较的结果，我们可以知道王粲诸人的辞赋，实为无目的的描写，不过借女性为抒情的资料，来练习他们的文学技术罢了。曹植之《洛神》，当也不能逃出此列。但他有点神话的根据，而又有文学技术的巧妙，所以写来更觉动人，葫芦里面并未藏着什么药呀！而且，我们上面所引王粲、陈琳诸人的赋，与曹植的作品，都是模仿古人的文章而作的。王楙《野客丛书》说：

自宋玉《好色赋》，相如拟之为《美人赋》，蔡邕又拟之为《协和赋》，曹植为《静思赋》，陈琳为《止欲赋》，王粲为《闲邪赋》，应玚为《正情赋》，张华为《永怀赋》，江淹为

《丽色赋》，沈约为《丽人赋》。辗转规仿，以至于今。

诚然，《止欲赋》《闲邪赋》《正情赋》等作，既与植的《静思赋》有同一的来源，而又与《洛神赋》有许多相同之点，以此类推，则它们都属模拟之作，再也没有什么另创的主张了。这样看来，洛神的地位，就没有特别的根据了。换句话说，它还是与《止欲赋》《闲邪赋》《正情赋》这一类的作品处于同样的地位呢。

于此，我们可以断定《洛神赋》是平常的创作，说不上“感甄”，也说不上“思君”了。

三、从曹植自己诗文中证明《洛神赋》的地位

我们要批评任何人的作品，应当从那个人的作品本身上去做比较的研究，才能够得着其真相，然无论如何，总不如作者所说的话的确切了当。我们对于《洛神赋》本身的问题，虽会从各方面去比较、研究，以求出它所表现的是什么，所处的地位是如何，但总不如曹植自己所说的够使我们满意。

我们觉得《洛神赋》所表现的是什么，及其所处的地位是如何，这在作者当时，已经很明白地在自序中阐明了。但话虽如此，而曲解附会的，还是持续不断。多一个人的解说，便多了一重的黑幕，后来的人要从这层的黑幕中，去探究其真实的现象，那是如何的困难啊！所以一篇《洛神赋》流传至今，还没有解决的方法，岂不愁煞了人！

在前人的解说中，我们虽亦引证了不少的话，但他们都是戴着有色眼镜说话的，虽有一二新颖的论证，然还不免囿于成说，而陷入于不彻底的状态，如何义门所说的话“既引古人之言，则非实有所感，而特假以托讽明矣”就是明证了。照何氏所

说《洛神赋》的本意，既非实有所感，则无论是说它是感甄，是思君，都已不成问题了。然所谓“特假以托讽”的话，又是指着何项问题？在何氏之意，一定以为那是托以明君臣之义的了。实则这种说法，早就自相矛盾了，兹不赘述。

《洛神赋》所包括的问题——即前人所纷纭不决的感赋、思君诸问题，在《洛神赋》文本里，它早已替我们一一解决了。人们疑心曹植作这赋的动机，是为着什么、什么，然总有自序可以替我们一一回答出来。再嫌不足，我们还可在这篇赋里找到很多同样的话，出来印证阐明：我们在上文中，不是以这赋里所说“然则君王所见，无乃是乎？虽潜处于太阴，长寄心于君王”的话，而证明这里的君王，正是指着曹植自己，来反驳一般人所持思君的谬论吗？

但一定有人要问：依子所论，则君王系指曹植自己，我们也都承认了。但既承认君王系指曹植，则赋里的宓妃明明是甄后的替身，而世间所传感甄故事，为不虚矣。而子何以又持异议呢？是的，世间事理，只有相对的，并没有绝对的，这我也是承认的。不过这赋的宓妃她实在也没有特殊地位，可供人们的利用，她原是一个人人晓得的传说中的人物呀。不信，请看曹植的《妾薄命》：

携玉手喜同车，比上云阁飞除。钓台蹇产清虚，池塘观沼可娱。仰泛龙舟绿波，俯擢神草枝柯。想彼宓妃洛河，退咏汉女湘娥。

如果这赋里的宓妃，就是甄后的替身，则我们对于“想彼宓妃洛河，退咏汉女湘娥”这两句话，将用什么意思去解说它？况且照这诗的说法，那宓妃的地位，也正如汉女湘娥一样，而汉女湘娥在古人的传说中，原有一段恋爱的故事，故这诗说“想彼宓妃洛河”接下去便是“退咏汉女湘娥”。盖因想宓妃，而希望他们的遇合，也有如汉女湘娥一样呢。再看《洛神赋》，也有“从南湘之二妃，携汉滨之游女”的话，正可见她们原是一样的啊！设使承认宓妃为甄后，那么汉女湘娥，又是指的何人？况下文尚有“叹匏瓜之无匹，咏牵牛之独处”这些话，如此，又将如何说得过去呢？

不独如此，我们在他的许多作品中，也可以找出许多与《洛神赋》有一样写法的话来。如《七启》：

然后采菱华，摘水蘋，弄蛛蚌，戏鲛人，讽《汉广》之所咏，觌游女于水滨。耀神景于中沚，被轻縠之纤罗。遗芳烈而静步，抗皓手而清歌。

又：

然后姣人乃被文縠之华袿，振轻绮之飘摇，戴金摇之熠耀，扬翠羽之双翘。挥流芳，耀飞文，历盘鼓，焕缤纷。长裾随风，悲歌入云。

又如《九咏》：

感汉广兮羡游女，扬激楚兮咏湘娥。临回风兮浮汉渚，目牵牛兮眺织女。

由此可见，所谓有特殊地位的《洛神赋》，它的资格也不过如此了。

以上所引的《七启》《九咏》，都是曹植模仿古人辞赋的作品，以此例彼，则他在《洛神赋》里的自序所谓“感宋玉对楚王说神女之事，遂作斯赋”者，确也同出于模仿的一途了。

再就其内容而言，亦是属于缥缈虚无，完全是神话的性质。浦起龙于《高唐》《神女》二赋以为“一串皆虚设之词，以云作引，以梦证之，在天唯云，在人唯梦，两俱无质也”。而此赋的发端，即以梦为起点，所谓：“精移神骇，忽焉思散，俯则未察，仰则殊观，睹一丽人，于岩之畔。”这与宋玉《神女赋》“晡夕之后，精神恍惚，若有所喜。纷纷扰扰，未知何意？目色仿佛，乍若有记。见一妇人，状甚奇异”的话，有什么分别？人们于《神女赋》则断定其为讽托无征之谈；而独于《洛神赋》不曰感甄，则曰思君，好不奇怪？况序明说是感宋玉说神女而作，自无须再费唇舌了。再看北朝魏收作的《美女篇》：

楚襄游梦去，陈思朝洛归。参差结旌旆，掩霭顿骖騑。变化看台曲，骇散属川沂。仍令赋神女，俄闻要宓妃。照梁何足艳，升霞反奋飞。可言不可见，言是复言非。

这岂不更明显地指示我们陈思的宓妃，原和楚襄的神女，同处在一样缥缈无据的地位呀！我们不用说到别的，单以“可言不可见，言是复言非”这两句话，就足打破一切的谬论，提醒了许多人的迷梦了。况作这诗的魏收，其时代又远在李善注《文选》之前，难道李善所引的就可置信，而魏收所说者，反为无稽吗？依照崔述在《考信录提要》所说“世益古则其取舍益慎，世益晚则采择益杂”的话，我们宁可信魏诗，而亦不信李注。因为考订某种传说之真伪，和考订某种史迹之真伪，所用的方法，处处是相同的，故我们可以依照崔氏的话，来反驳李注所引的传说，理由就是如此。

况且赋中所用的往事故典，如：郑交甫遇神女，即赋中“感交甫之弃言兮，怅犹豫而狐疑”；南湘二妃、汉滨游女，即赋中“从南湘之二妃，携汉滨之游女”，都是神话中的人物，足见这所述的，仍是传说中的神话故事。李善考郑交甫遇神女的故事，载在《神仙传》中的是这样的：

切仙一出，游于汉滨，逢郑交甫，交甫不知何人也，目而挑之，女遂解佩与之。交甫行数步，空怀无佩，女亦不见。

而谢惠连作的《秋胡行》，却以交甫的事和陈王的事，相提并论：

春日迟迟，桑何萋萋。红桃含夭，绿柳舒荑。邂逅粲者，遵渚戏蹊。华颜易改，良愿难谐。

系风捕影，诚知不得。念彼奔波，意虑回惑。汉女倏忽，洛神飘扬。空勤交甫，徒劳陈王。

以此相例，则《洛神赋》之不为什么而作的话，又多得了一层的证据了。

这虽然是个旁证，不能就此来断定它的有无真伪。然既可形之歌咏，又为文人学士所乐用的典故，则又不能完全说它为"羌无故实"了。况就他们二人所用的诗词来玩味，一则说"可言不可见，言是复言非"，一则说"空勤交甫，徒劳陈王"，明明教我们以洛神的地位，原不过是如此的。虽说是个旁证，但既可与陈思的事相提并论，却已具有正证的力量了。说来说去，都不过是神话中的人物，实际上还谈不到人的方面去呢。这我们于上篇——《洛神赋传说考》——也已指出宓妃的故事，它的流行的情形是如何的了。

再如赋中所述洛神的行色，如："于是屏翳收风，川后静波，冯夷鸣鼓，女娲清歌。腾文鱼以惊乘，鸣玉鸾以偕逝。六龙俨其齐首，载云车之容裔。鲸鲵踊而夹毂，水禽翔而为卫。"

这岂不和屈原的《远游》（“祝融戒而还衡兮，腾告鸾鸟迎宓妃。张《咸池》奏《承云》兮，二女御《九韶》歌。使湘灵鼓瑟兮，令海若舞冯夷。玄螭虫象并出进兮，形蟉虬而逶蛇。雌霓便娟以增挠兮，鸾鸟轩翥而翔飞。音乐博衍无终极兮，焉乃逝以徘徊”）、宋玉的《神女赋》（“于是摇佩饰，鸣玉鸾，整衣服，敛容颜，顾女师，命太傅”）说得一模一样的吗？我们若承认屈原、宋玉所作的为无所指，则《洛神赋》之不为什么而作的话，当可成为定论无疑了。

综上所述，无论从何方面作立场，都不曾发现《洛神赋》有什么神秘的疑点；既以人人所公认的“虽潜处于太阴，长寄心于君王”的话，也已被我们极力推翻，极力反驳，而也不能成立了，其余琐屑问题，还有什么答辩的必要呢？于此，我们得再申明：《洛神赋》实是平常的创作，丝毫不是为什么感甄、思君而作的；并且还须认定它实为古来说宓妃故事的集大成者，也就是古来神话文学的总汇了。

四、《洛神赋》在文学上的地位

我们于上面说《洛神赋》在体裁上是模仿《神女赋》的，然在实际研究之后，它实不仅是模仿《神女赋》，而且是集古来抒情赋的大成呢。我们在上面《最早的洛神传说》一章中，曾有这样的一段话：

我们既已知道洛水的神女，她在人们的心目中，既有了种种的传说，当然传说中的主人翁——宓妃，的确也有种种的想象，来描状她的一切体态行动了。这描状她的一切的想象之谈，层积堆累便创造出《洛神赋》的成功了。

可见《洛神赋》的成功已不是偶然的了。

现在要研究《洛神赋》在文学上所处的地位是如何，第一步应该明白它的来源是怎样，然后才有事实上的根据；除了《神女赋》我们老早知道它是《洛神赋》的正派远祖外，一切古来描写宓妃的文章，都在我们研究范围之内。

最早的洛神的描写，在屈原《离骚》中，有以下的一段话：

吾令丰隆乘云兮，求宓妃之所在。解佩纕以结言兮，吾令蹇修以为理。纷总总其离合兮，忽纬繣其难迁。夕归次于穷石兮，朝濯发乎洧盘。保厥成以骄傲兮，日康娱以淫游。虽信美而无礼兮，来违弃而改求。

这就是曹植《洛神赋》的起源。

因为宓妃是个女性，要描写女性，自然是要写出她的温柔的体态、艳丽的容颜，才能够动人心目。即凡是关于女性的美的，都要描写出来。依我个人的见解，在屈原所描写的宓妃，实际上也没有什么动人之处；浅显地说，她不过是个俏皮的女子罢了。所以屈原而后的文人，都不约而同地都趋于描写女性的美的这条路来，而改变方针了。但他们所竭力描写的，虽说是在描写宓妃是在作《洛神赋》，实则就是在说他们想象中的理想美人。我们且看司马相如的话吧。他说：

若夫青琴宓妃之徒，绝殊离俗，妖冶娴都，靓妆刻饰，便嬛绰约，柔桡嫚嫚，妩媚纤弱，曳独茧之褕绁，眇阎易以恤削；便姗嫳屑，与俗殊服。芳芬沤郁，酷烈淑郁；皓齿粲烂，宜笑的皪；长眉连娟，微睇绵藐；色授魂与，心愉于侧。（《上林赋》）

这是个多么姣好的女郎啊！

其他如扬雄的《甘泉赋》：

想西王母欣然而上寿兮，屏玉女而却宓妃；玉女无所眺其清户兮。宓妃曾不得施其蛾眉。

扬雄亦在说宓妃的美丽。再如张衡的《思玄赋》亦在描写宓妃的姣好，不过他却仍循着屈原的旧路，以给她以贞洁的女子的地位，所以他说：

载太华之玉女兮，召洛浦之宓妃。咸姣丽以蛊媚兮，增嫮眼而蛾眉。舒妙婧之纤腰兮，扬杂错之袿徽。离朱唇而微笑兮，颜的砺以遗光。献环琨与玙缡兮，申厥好以玄黄。虽色艳而赂美兮，志皓荡而不嘉。（《思玄赋》）

我们看到上面所引关于宓妃的文章，就可知道在古人的心目中，她是个极艳丽、极雅洁的女子。而在曹植的赋里，他虽然极力描写，极力想象，却还仍旧保持她原来的面目——即仍旧回到屈原所说的宓妃的地位去。我们于此便可知道《洛神赋》逐渐演化的形迹是如何的了。

不独如此，我们研究一二世纪之间辞赋发达的趋势：其抒写方面已渐渐地趋向绮丽，趋向妖冶，渐渐以女性为抒写的中心了。这种情形，本循着文学演进的趋势，逐渐扩充而至于盛极一时。自司马长卿以至于建安之际，尤其容易表现出这种现象来。我们上面所引那些关于宓妃的文章，就是要表明这个抒情辞赋逐步进展的形迹，对于我们研究上是有很利益的。其在另一方面，虽其所描写并不涉及宓妃，然其所表现出来的，还是极其绮丽，极其妖冶，真够得震荡我们的心情呀！如此一类的作品，在建安时代是盛行于文坛的一种体制；即在建安以前——在张衡、蔡邕之间的，这种抒情的描写，也何尝不盛行于文坛上？除上面所引宓妃的话外，我们再将张衡、蔡邕二人的作品，关于抒情的，摘列如下：

西施之徒，姿容修嫮。弱颜回植，研夸闲暇。形似削成，腰如束素。……淑性窈窕，秀色美艳。鬓发玄髻，光可以鉴。靥辅巧笑，清眸流眄。皓齿朱唇，的皪粲练。（张衡《七辩》）

夫何姝妖之媛女，颜炜烨而含荣。普天壤其无俪，旷千载而特生。余心悦于淑丽，爱独结而未并。情罔象而无主，意徙倚而左倾。书骋情以舒爱，夜托梦以交灵。（蔡邕《检逸赋》）

金生砂砾，珠出蚌泥。叹兹窈窕，产于卑微。盼倩淑丽，皓齿蛾眉。玄发光润，领如蝤蛴。修长冉冉，硕人其颀。绮绣丹裳，蹑蹈丝扉。盘跚蹴蹀，坐起昂低。和畅善笑，动扬朱唇。都冶武媚，卓跞多姿。（蔡邕《青衣赋》）

我们记得曹丕在《典论·论文》中将他的同时代的人，都一一加以批评，尤其侧重于辞赋方面；他批评徐幹、王粲诸人的辞赋，以为其好处不减于张衡、蔡邕，可见张蔡二人的作品，在当时确曾有影响及他们，故为他们所看重。由此，我们也可以说张、蔡二人的作品，在抒情方面为徐、王等所祖述、模仿；我们如果看过建安七子的文集，再来看上面所引的文章，就可知当时文坛的情形了。曹植的《洛神赋》在文学上的地位，虽高出于任何作家的万万，然在比较上看来，我们实不能不说他受着张衡、蔡邕他们的影响；如上面所述的，它们实际上和《洛神赋》的描写是站在同一方面的；尤其字面之间，更使我们不能不说“何其肖也”的一句话。

虽然，他们的作品，究是片段的，零碎的，没有多大魔力使人注意；而植则将他们所已写的，所未写的，都一一写下去，成就了震荡古今的《洛神赋》，哀艳夺目，连篇巨制，在辞赋上开了个新纪元。所以它在文学上也就显了很久的盛名，一直到现在。在这一点上，所以我们又要说是集古来抒情赋的大成了。

至于《洛神赋》和《神女赋》的关系，在上一章中，我们也已经指出它们的相同点：如同以梦作起点，以及描写女神的行色，等等，而断定《洛神赋》在体裁上完全是模仿《神女赋》的了。实则此种意见，古人已先我而发，非我一人的臆度。兹再就《神女》《洛神》二赋中语句相同之处，一一揭出如下：

《神女赋》	《洛神赋》
瑰姿玮态。	瑰姿艳逸。
其始来也，耀乎若白日初出照屋梁；其少进也，皎若明月舒其光。	远而望之，皎若太阳升朝霞；迫而察之，灼若芙蕖出渌波。
秾不短纤不长。	秾纤得衷，修短合度。
婉若游龙。	婉若游龙。
骨法多奇，应君之相。	奇服旷世，骨像应图。
苞温润之玉颜。	光润玉颜。
眸子炯其精朗兮。	明眸善睐。
眉联娟似蛾扬兮。	修眉联娟。
志解泰而体闲。	仪静体闲。
动雾縠以徐步兮。	曳雾绡之轻裾。
意似近而既远兮，若将来而复旋。	动无常则，若危若安；进止难期，若往若还。
陈嘉辞而云对兮，吐芬芳其若兰。	含辞未吐，气若幽兰。

看了上面的比较，我们不独可以明白《洛神赋》在体裁上系模仿《神女赋》的话，多得了一重的证据，而且描写之间，竟是亦步亦趋，竭力地追随了。由此看来，则《洛神赋》在文学上的地位，岂不减少它创作的价值吗？其实这又不尽然。

我们以为《洛神赋》之有价值，就在于能够融会集合许多人的意思，而归纳做他自己的意思；补足了许多人所未写的话，而说出许多人所要说的话，这就是他的真价值，也就是他的创作力的表现。实际上，《洛神赋》的体裁，虽然处处是以《神女赋》的谋篇布局作骨干，然于描写上，却广搜博采，上自屈原的《离骚》，下至张衡、蔡邕他们的辞赋，都是《洛神赋》的词料；不过以《神女赋》为大本营罢了。

现在我们要断定《洛神赋》有没有创作的价值，就应研究模仿在古来文学中所处的地位如何，然后可以定最后的评价，方不至于武断曲解也。

原来在古人的心目中，寻常的文学作品，大都以模仿为创作。宋玉的仿屈原，扬雄的效司马，无一不以模仿为创作。今日吾人读宋玉、扬雄之赋，只觉其词语丰润，意绪婉曲，俯仰驰骋，毫无束缚，不见其有模仿之迹也。盖古人之创作文学，虽其模仿目标本无一定；或限于一人的作品，或限于一种的作品，都是用以发挥其天才；因不朽之作，必须有美备的文式，来作他的渊源、来历，才是恰当。李笠先生曾说："文章之有'公式性'者，袭用之而无害；文字之有'固定性'者，则虽欲不袭用之而不可。前者谓之有师法，后者谓之有来历。"（《中国文学述评》）我们觉得移李氏之话，来作《洛神赋》评价的标准，再也没有更确切了当的了。为何呢？我们研究古来文学发展的趋势，觉得一种文学体制，常常盛行了数十百年，而占着文坛上的主流；这种文体也就为人人所必模仿无疑。辞赋在古代曾占了一时代的势力——尤其两汉时期，无论鉴赏、批评、创作，都必以辞赋为中心。《神女赋》在古代的辞赋中，是言情作品之最早，而且是最好的，积久便成人人必读之书，而有"公式性"了；又其描写范围，虽说是在说梦、说神，实则只以女性为中心，这样便形成"固定性"了。若依李笠之话，则凡文章之有"公式性"的，袭用之实也没有什么要紧的；而其描写的范围既已有了"固定性"，则在行文遣词上，自不免有所掇袭了。《洛神赋》之必模仿《神女赋》，想来就是如此。故我们以为《洛神赋》虽然是模仿《神女赋》，究于创作力的表现，仍是没有减色的，即不失去他的创作价值。

依上面讨论的结果，《洛神赋》既未失去其创作的价值，则其创作力的表现，又在何处呢？我们考察《洛神赋》所以能够显著盛名的，就在它的创作力量的伟大；而其所以成功的，则又在于描写艺术的细腻得法。描写艺术的细腻得法，也便是《洛神赋》创作力的表现了。

我们虽然认定《洛神赋》为有模仿的形迹，但它的描写艺术，确有超过前人之处。就以《神女赋》来互相比较吧！《神女赋》描写神女的形貌，只有以下的六句：

貌丰盈以庄姝兮，苞温润之玉颜。眸子炯其精朗兮，瞭多美而可观。眉联娟以蛾扬兮，朱唇的其若丹。

而《洛神赋》之状宓妃，则有下列的许多话：

其形也，翩若惊鸿，婉若游龙，荣曜秋菊，华茂春松。仿佛兮若轻云之蔽月，飘飖兮若流风之回雪。远而望之，皎若太阳升朝霞；迫而察之，灼若芙蕖出渌波。秾纤得衷，修短合度。肩若削成，腰如约素。延颈秀项，皓质呈露。芳泽无加，铅华弗御。云髻峨峨，修眉联娟。丹唇外朗，皓齿内鲜。明眸善睐，靥辅承权。瑰姿艳逸，仪静体闲。柔情绰态，媚于语言。奇服旷世，骨像应图。披罗衣之璀粲兮，珥瑶碧之华琚。戴金翠之首饰，缀明珠以耀躯。践远游之文履，曳雾绡之轻裾。

现将《神女赋》描写神女的意态的地方列在下方：

澹清静其愔嫕兮，性沈详而不烦。时容与以微动兮，志未可乎得原。意似近而既远兮，若将来而复旋。褰余帱而请御兮，愿尽心之惓惓。怀贞亮之洁清兮，卒与我兮相难。……含然诺其不分兮，喟扬音而哀叹。頩薄怒以自持兮，曾不可乎犯干。

上述语句没有《洛神赋》描写宓妃的曲折委婉，没有下面这段动人：

余情悦其淑美兮，心振荡而不怡。无良媒以接欢兮，托微波而通辞。愿诚素之先达兮，解玉佩以要之。嗟佳人之信修兮，羌习礼而明诗。抗琼珶以和予兮，指潜渊而为期。执眷眷之款实兮，惧斯灵之我欺。感交甫之弃言兮，怅犹豫而狐疑。收和颜而静志兮，申礼防以自持。

虽然《洛神赋》描写的取材范围广于《离骚》《上林赋》《思玄赋》等，然因其模仿的范围既狭，则用力自专，于是滋乳潜移，有不求似而自然形似起来；唯其所以形似的，既出于自然，而不泥于迹象，则又不觉其有什么痕迹。此即所谓不即不离，纯熟之候也。《洛神赋》描写的艺术，便臻于上述的化境。所以孙月峰要说“极力步骤神女，而更加精刻”的话了。

屠隆于《鸿苞古今巨文》中，以语绮丽来形容陈思王《洛神赋》，可见其价值之伟大了。

（原载沈达材《曹植与〈洛神赋〉传说》下篇，上海华通书局1933年版）

论曹植[①]

◎郭沫若

曹植在中国文学史上曾获得极豪华的声名。

譬如钟嵘[②]的《诗品》把他列于上品，把他的哥哥魏文帝曹丕[③]列于中品，把他的父亲魏武帝曹操[④]列于下品，便是最见轩轾的一种见解。这样分明的不公平是遭了后人的非议的。虽然也有人替钟嵘辩护，说他的上中下只在表明渊源，并非流品的等级，但在原书的评骘辞气中确然有天渊之别。

植诗，其源出于《国风》。骨气奇高，词采华茂，情兼雅怨，体被文质，粲溢今古，卓尔不群。嗟乎！陈思之于文章也，譬人伦之有周孔，鳞羽之有龙凤，音乐之有琴笙，女工之有黼黻。俾尔怀铅吮墨者，抱篇章而景慕，映余辉以自烛。故孔氏

① 曹植（192—232），字子建，曾封陈王，谥思，故又称“陈思王”。曹操之子。——作者注。

② 钟嵘，字仲伟，颍川长社人，生于宋末，历仕齐、梁。梁衡阳王元简出守会稽，曾为晋安王记室，专司文翰，故复称为“钟记室”。——作者注。

③ 曹丕（187—226），字子桓，曹操第二子。因长子昂（字子修）早阵亡，故得嗣立，谥文。——作者注。

④ 曹操（155—220），字孟德，小字阿瞒，沛国谯县人。由孝廉积功至丞相，扫荡群雄，权倾汉室。曹丕受禅后追称为魏武帝。——作者注。

之门如用诗，则公幹[①]升堂，思王入室，景阳、潘、陆[②]，自可坐于廊庑之间矣。

这无论如何应该说是最高级的赞词。而关于魏文帝呢，则只说：

其源出于李陵[③]，颇有仲宣[④]之体则，所计[⑤]百许篇，率皆鄙直如偶语。惟《西北有浮云》[⑥]十余首，殊美赡可玩，始见其工矣。不然，何以铨衡群彦，对扬厥弟邪？

这样比较起来，还不足以表现出钟嵘心目中的优劣感吗？下品中的魏武帝，更是每况愈下："曹公古直，甚有悲凉之句。"仅仅这样的十个字而已。

钟嵘历仕齐、梁，在当时正是文尚骈俪，诗重声律，南朝的文人极端从事藻饰的时代。钟嵘自己虽然颇重"自然英旨"，能道出"古今胜语，多非补假，皆由直寻"[⑦]的话，但他毕竟未能脱离时代的影响，而独于推尊曹氏父子中偏重藻饰的曹植，这正表示着他自己的主张的不彻底，而时代的力量终竟是强大的。被他

① 刘桢（？—217），字公幹，东平宁阳人。——作者注。

② 张协，字景阳，安平武邑人。潘岳（247—300），字安仁，荥阳中牟人。陆机（261—303），字士衡，吴郡人，与其弟云并称为"二陆"。——作者注。

③ 李陵，汉武帝时名将，后降匈奴，与苏武答和诗，相传为五言之祖，但经近人研究，实为伪托。——作者注。

④ 王粲（177—217），字仲宣，山阳高平人。——作者注。

⑤ "所计"字或作"新奇"，注者多以上句"则"字连下读，颇觉不适。《三国志·魏书·文帝纪》"好文学，以著述为务，自所勒成垂百篇"，即此所云云也。——作者注。

⑥ 《西北有浮云》乃《杂诗》第二首，其全文云："西北有浮云，亭亭如车盖。惜哉时不遇，适与飘风会。吹我东南行，行行至吴会。吴会非故乡，安得久留滞？弃置勿复陈，客子常畏人。"——作者注。

⑦ 见《诗品·总论》。

称为“古今隐逸诗人之宗”的陶潜也被列于中品，而淡淡地叙述了事，不又是一个明证吗？

但推崇曹植亦不始于钟嵘，和他同时而著述略早的刘彦和[①]在他的《文心雕龙》里已把这种见解认为“旧谈”了。

魏文之才，洋洋清绮，旧谈抑之，谓去植千里。然子建思捷而才俊，诗丽而表逸；子恒虑详而力缓，故不竞于先鸣，而《乐府》清越，《典论》辩要，迭用短长，亦无懵焉。但俗情抑扬，雷同一响。遂令文帝以位尊减才，思王以势窘益价，未为笃论也。（《才略》）

刘彦和的见解比钟嵘要公平得多。抑丕扬植，竟至“相去千里”，在刘彦和时已属“旧谈”，可知钟嵘的论调也不过是对于“俗情”表示了“雷同一响”而已。后人因为崇拜曹植之极也有连刘彦和一并加以斥骂的，如丁晏[②]在《曹集铨评·集说》里面，引了上列《才略》一节，即加以按语道：

子建忠君爱国，立德立言，即文才风骨，亦迥非子恒所及，旧说谓“去植千里”，真笃论也。彦和以丕植并称，此文士识见之陋。

在“文才风骨”之外，又抬出了“忠君爱国”的长生禄位牌来，这样一来，曹植简直就成了真正的周公孔子了。丁晏的崇拜

① 刘勰（约465—约532），字彦和，东莞人。晚年为僧，更名慧地。在梁曾历任微职。《文心雕龙·时序》有“皇齐御宇”云云，可知其书作于齐代。——作者注。

② 丁晏，字俭卿，山阳人，殆生于乾隆末年。所著《曹集铨评》乃得曾国藩之助而刊行于同治年间。时丁尚存，享年七十以上。此书商务印书馆有错印本，颇易得。末附《曹子建年谱》，于研究上颇为便利。——作者注。

可以说是比钟嵘更进了一大步。

丁晏的《曹集铨评》，在苦心校勘，搜罗子建遗文，使之汇结成集的一点上，的确是有益的良书。但他是生在清中叶，一直活到同治年间的人……要标榜忠君，是情有可原的，而且，他的见解也有渊源。渊源之所自，当远溯于隋代的王通[①]：

陈思王可谓达理者也。以天下让，时人莫之知也。（《文中子·事君》）

君子哉思王也，其文深以典。（同上）

谓陈思王善让也，能污其迹，可谓远刑名矣。人谓不密，吾不信也。（《文中子·魏相》）

王通的《文中子》本有伪托的嫌疑，但不管是真是伪，对于曹植的这种看法总得远溯之于唐初，而明代的李梦阳[②]也就尽量地发挥了这种意见。李说见《曹集旧序》，称“纵酒铲晦，以明己无上兄之心”，而比之以秦扶苏、吴季札。张溥[③]《题辞》，惋惜之极，对于他的风流韵事，也尽力平反，谓“黄初二令[④]，省愆悔过，诗文怫郁，音成于心。当此时而犹泣金枕，赋《感甄》，必非人情”[⑤]，又谓“论者又云：禅代事起，子建发服悲泣，使其嗣

① 王通（584—617），字仲淹，龙门人，教授于河、汾，有弟子千余人。卒后，门人私谥“文中子”。——作者注。

② 李梦阳（1473—1530），字献吉，又字天赐，庆阳人，为“前七子”之首。其《曹集旧序》见《铨评》所引，丁晏甚称之，谓为“北地第一篇文字”。其实意见颇迂腐，文中亦引及王通“以天下让”之语。——作者注。

③ 张溥（1602—1641），字天如，太仓人，为明末复社之领袖，著述甚富。——作者注。

④ 曹集中有黄初五年及六年令，唯前令与悔过无涉，别有《写灌均上事令》亦作于黄初年间。灌均者，《三国志·魏书·陈思王植传》称“黄初二年，监国谒者灌均希指，奏‘植醉酒悖慢，劫胁使者’”，曹植因以获谴者也。——作者注。

⑤ 见丁晏《曹集铨评》引《题辞》。

爵，必终身臣汉。若然，则王之心其周文王乎”[①]！竟又把他比成“三分天下有其二”的姬昌了。丁晏要在道德方面尽力为陈思王粉饰洗刷，其实也就承袭了王、李、张诸人的唾遗。然而，这些论调，总不免有点迂腐的。

曹植在幼年的时候大概是一位“神童”，故“年十岁余，诵读诗论及辞赋数十万言”[②]。十九岁便能做《铜雀台赋》，虽然并不怎样伟观，但年未及冠而能下笔成章，自属难能可贵。所以《世说新语》说是“世目为绣虎”，《文心雕龙》称之“援牍如口诵”。这样自然得到他父亲的欢心，于是便很想立他为太子，但后来终竟失了宠。《三国志·魏书·陈思王植传》说得很明白：

植既以才见异，而丁仪、丁廙、杨修等为之羽翼。太祖狐疑，几为太子者数矣。而植任性而行，不自雕励，饮酒不节。文帝御之以术，矫情自饰，宫人左右，并为之说，故遂定为嗣。

这一方面固然表示着魏文帝比他的弟弟终竟高明，而陈思王这位“神童”实在有些恃才傲物并恃宠骄纵。他曾擅开司马门私出，伤了他父亲的心。杨修为魏武帝主簿（如今之秘书），与植暗通关节，“忖度太祖意，豫作答教”[③]，行事也未免太欠磊落。故文帝是怎样“御之以术”我们不得而知。建安二十四年（219）曹仁为关羽所围时，曹操遣植往救，“植醉不能受命，于是悔而罢之”。本传仅言醉，不言如何醉。裴松之注引《魏氏春秋》云：“植将行，太子饮焉，逼而醉之。王召植，植不能受王命，故王怒也。”袒护曹植的人便据此对于曹丕大事声讨，“以

① 见丁晏《曹集铨评》引《题辞》。
② 见《三国志·魏书·陈思王植传》。
③ 见《三国志·魏书·陈思王植传》注引《世语》。

天下让”的谀辞也就是从这儿产生出来的。

其实平心而论，丕之饮饯逼醉，未必出于有心：因为临行之前要被召见，丕于事前未必知道。即使认为有心，但植并不是不晓事的孩童，何至于一逼便醉？即使认为这就是文帝用诈术，但曹植与杨修的暗通关节以争求父宠，又何尝不是用术？不仅兄弟之间未能相待以诚，即父子之间亦实际相欺以诈，这何尝是有心韬晦，“以天下让”的人呢？

曹植在初年恃宠骄纵，我看是毫无问题的。《魏书》裴注引《典略》，也明明说他“以骄纵见疏”，这正是他的性情。他的为人十分夸大而自视甚高，同时又把别人不十分看进眼里。我们看他《与吴季重书》上的那些话吧：

愿举泰山以为肉，倾东海以为酒，伐云梦之竹以为笛，斩泗滨之梓以为筝，食若填巨壑，饮若灌漏卮。其乐固难量，岂非大丈夫之乐哉？

这在现代式的某些文人或许会赞为写得淋漓尽致。但这样狂诞饕餮的夸张，不仅是毫无美感，简直是大煞风景。这不是他“任性而……饮酒不节”的自画的供状吗？我们还应该想想，他所处的究竟是什么时代。岂不是兵祸连年，疠疫猛恶，千里萧条，人民涂炭的时代吗？虽然只是想象，而他公然竟能有那样的夸大的想象：这位“三河少年”[①]真正是豪哉华哉了！

他的《与杨德祖书》同样是令人难以卒读的自尊自大的文字：

① 敖陶孙《诗评》（丁晏《曹集铨评·集说》引）称：“魏武帝如幽燕老将，气韵沉雄；曹子建如三河少年，风流自赏。”——作者注。

昔仲宣独步于汉南，孔璋[①]鹰扬于河朔，伟长[②]擅名于青土，公幹振藻于海隅，德琏[③]发迹于大魏，足下高视于上京。……人人自谓握灵蛇之珠，家家自谓抱荆山之玉。吾王于是设天网以该之，顿八纮以掩之，今悉集兹国矣。然此数子犹复不能飞轩绝迹，一举千里。

你看他这目中无人之概！别人都“不能飞轩绝迹，一举千里”，大约只有他才能够吧！接着便是：

以孔璋之才，不闲于词赋，而多自谓能与司马长卿同风，譬画虎不成反为狗也。前有书嘲之，反作论盛道仆赞其文。……吾亦不能妄叹者，畏后世之嗤余也。

好一位标准的“文人相轻”的才子！不以诚意待人而出之以“嘲”，使人认以为真，又在背地里骂人。陈孔璋比起他来，实在老实得多了[④]。“不闲于辞赋”何足为病？司马长卿式的那种歌功颂德、笨拙万分的文体，就在当时其实是已经失掉了权威的。陈孔璋之自比长卿，或许因为长于写檄文的缘故吧？他的檄文不是把曹操的头风都医好了的吗？曹植自己这样背地里批评人（其实是漫骂），而又痛恨别人批评他。你看他接着又说：

盖有南威之容，乃可以论于淑媛；有龙泉之利，乃可以

① 陈琳（？—217），字孔璋，广陵人。——作者注。
② 徐幹（171—218），字伟长，北海人。——作者注。
③ 应玚（？—217），字德琏，汝南人。——作者注。
④ 《陈集》中有《答东阿王笺》，盛称其《龟赋》，谓：“犹飞兔流星，超山越海，龙骧所不敢追。”——作者注。

议于断割。刘季绪[1]才不能逮于作者，而好诋诃文章，掎摭利病。昔田巴毁五帝，罪三王，訾五霸于稷下，一旦而服千人。鲁连一说，使终身杜口。刘生之辩，未若田氏，今之仲连，求之不难，可无叹息乎？

好一副拒绝批评的口吻呵！只有他自己才有批评人的资格，因为自视为南威，为龙泉，为在鲁仲连以上。像这样自尊自大不可一世的人，而要说他能够“以天下让”，谁肯信！

而且在这些地方，曹丕恰恰和他成为一个极鲜明的对照。曹丕这个人并不如一般所想象的那么可恶，我们看他的《典论·自叙》[2]知道他会骑马，会射箭，而且马术很精，射能左右发矢，又会击剑，善能持双以御单，持单以破双。戏弄之事少所好，唯喜弹棋，颇有自信。喜欢读书，“五经、四部，史、汉、诸子百家之言靡不毕览”，可见他并不是一位寻常的人。

《典论》一书本有二十篇，惜已残佚，今仅存《自叙》和另一篇《论文》为完整之作。《论文》同样也提到当时的建安七子，但见解公允，行文亦平正和婉，读来令人愉快得多。我且把它摘录在下边：

文人相轻，自古而然。傅毅之于班固，伯仲之间耳，而固小之，与弟超书曰：“武仲以能属文，为兰台令史，下笔不能自休。”夫人善于自见，而文非一体，鲜能备善，是以各以所

① 《文选》注引挚虞《文章志》曰：“季绪名修，刘表子；官至东安太守，著诗赋颂六篇。”——作者注。

② 曹丕《典论》二十篇，已佚，今仅存《自叙》［见《三国志·魏书》裴注（按：裴注见《三国志·魏书·文帝纪》注引）及《论文》（见《文选》）］。又张溥所刊《魏文帝集》，收有《论方术》一篇，疑不全。严可均《辑佚》一卷，见《全上古三代秦汉三国六朝文》卷八。——作者注。

长，相轻所短。里语曰：“家有弊帚，享之千金。”斯不自见之患也。

这虽然是泛指，但就好像在斥责他的兄弟一样。接着点出了当时的建安七子，和子建所不同的是没有提到杨修：

今之文人，鲁国孔融文举①、广陵陈琳孔璋、山阳王粲仲宣、北海徐幹伟长、陈留阮瑀元瑜②、汝南应玚德琏、东平刘桢公幹：斯七子者，于学无所遗，于辞无所假，咸以自骋骥騄于千里，仰齐足而并驰。以此相服，亦良难矣。盖君子审己以度人，故能免于斯累，而作《论文》。

据此，似乎“文人相轻”，也是当时建安七子的通病，倒不限于曹子建一个人，而曹丕自己也颇见自负。不过他所自负的是以为能够公道，能够认出别人的长处，这总比较傲视一切更可以忍耐。即使是虚伪吧，却很需要一番修养的功夫的。

文以气为主；气之清浊有体，不可力强而致。譬诸音乐，曲度虽均，节奏同检；至于引气不齐，巧拙有素，虽在父兄，不能以移子弟。

这是《论文》的要旨，古今来被人认为名言。曹丕的文字便以“气清”见长，诗尤显著，在这儿自不免有“夫子自道”的地方。他的文不同于他的父亲，也不同于他的兄弟，应该是他这个论断所根据的基本。文是人的表现，所论于文的用以论人自亦无

---

① 孔融（153—208），字文举，鲁国人。在“建安七子”中最年长，存诗仅五言杂诗二首。——作者注。

② 阮瑀（约165—212），字元瑜，陈留人，阮籍之父。——作者注。

甚大过。

曹丕也有一首《与吴季重书》，这书却写得异常委婉。首先叙到文友们的凋落：

昔年疾疫，亲故多离其灾。徐、陈、应、刘，一时俱逝，痛可言耶！昔日游处，行则连舆，止则接席，何曾须臾相失？每至觞酌流行，丝竹并奏，酒酣耳热，仰而赋诗。当此之时，忽然不自知乐也。谓百年已分，可长共相保。何图数年之间，零落略尽？言之伤心。顷撰其遗文，都为一集，观其姓名，已为鬼录。追思昔游，犹在心目，而此诸子，化为粪壤，可复道哉！

这情感是多么的动人！固然这里的变动也太大，建安七子中孔融（153—208）年最长而最先逝，阮瑀（约165—212）继之而逝，这儿使“徐、陈、应、刘，一时俱逝”的“疾疫”，即建安二十二年（217）的大瘟疫。就是王粲也是牺牲了的，曹子建的《王仲宣诔》序文的开首一句便是“建安二十二年正月二十四日戊申，魏故侍中关内侯王君卒”。曹丕写这信时，建安七子已经是死完了。这样自然会叫他伤感。

建安二十二年的疠疫异常猛烈，为中国历史上一大事件。曹子建的《说疫气》也论到这一年的事：“建安二十二年，疠气流行。家家有僵尸之痛，室室有号泣之哀。或阖门而殪，或覆族而丧。……罹此者，悉被褐茹藿之子，荆室蓬户之人耳。若夫殿处鼎食之家，重貂累蓐之门，若是者鲜焉。”[①]《湖广旧志》亦称张仲景罢太守后行医于京师，其宗族二百余人死疫者三分之二[②]。这样猛烈的疫病，据近人陈方之的研究认为只有斑疹

① 见丁晏《曹集铨评》卷九。

② 这种说法又见张仲景《伤寒论·自叙》。

伤寒、天花、霍乱、鼠疫，方有可能。然斑疹伤寒通例均袭贫人，决不若此凶猛。天花于东晋元帝时始入中国，见葛洪的《肘后方》。真性霍乱亦古所未有。故只能断定为鼠疫。为时是三世纪初期，“与欧洲的发生史年代亦相符合”①。

东汉末年，在政治腐败，饥馑荐臻，兵火连年，人民涂炭之余，复生此猛烈的疠疫，这实在是一件转移世运的重要契机。在当时科学尚未发达，无常的观念一定很深刻地印进了一般人的心灵，即使你身为帝王，也难免这样精神上的袭击。故自建安以后，诗文均转为消极，渐至于淫佛老，尚清谈，而甘心于“服食求神仙，多为药所误”的愚举。这种转机在曹丕与曹植的著作里均表示得很明白，而尤其是曹丕。他这《与吴季重书》所含的深切的哀感，实在是恻恻动人。另有《与王朗书》道及“疫疠数起，士人凋落，余独何人，能全其寿？”②可算是更扼要地表示了当时人的心理了。

曹丕在《又与吴季重书》中，其次又批评了各位文友们的业绩：

观古今文人，类不护细行，鲜能以名节自立。而伟长独怀文抱质，恬淡寡欲，有箕山之志，可谓彬彬君子者矣。著《中论》二十余篇，成一家之业。辞义典雅，足传于后，此子为不朽矣。德琏常斐然有述作之意，才学足以著书，美志不遂，良可痛惜。间历观诸子之文，对之抆泪，既痛逝者，行自念也。孔璋章表殊健，微为繁富。公幹有逸气，但未遒耳，其五言诗之善者，妙绝当时。元瑜书记翩翩，至足乐也。仲宣独自善于辞赋，惜其体弱，不足起其文，至于所善，古人无以远过。……诸

① 陈方之《急慢性传染病学》（上册），商务印书馆出版。

② 见《三国志·魏书·文帝纪》裴注引《魏书》。

子但为未及古人，自一时之隽也。今之存者，已不逮矣。

对于各人的长处和短处差不多都一一论到，而深致钦敬悼惜之意。这所论的都是死者，但即使死者复生也决不会嫌他有什么凌人的盛气吧。“今之存者”当中应该包含着他自己和他的兄弟。关于他自己，则下文说着“以犬羊之质，服虎豹之文，无众星之明，假日月之光”，明明表明着是“不逮”的。这或者是故意的谦虚，但比那极端的夸大，总要来得高明一点。

抑丕扬植的人主要就注重在篡位这一点，以为曹丕篡了位便是不忠，曹植如做了太子，便一定不会篡位。这真是扬之可至青天，抑之可至黄泉的话。但他们这样恭维曹植自然也有相当的根据。根据是什么呢？就是在曹丕篡位的时候，曹植曾经有“发服悲哭”的一件事。

《魏书·苏则传》“则及临菑侯植闻魏氏代汉，皆发服悲哭”，行文过于简略，俨如苏则和曹植真是汉代的遗臣。但据《魏略》却更能得其实际：“初，则在金城，闻汉帝禅位，以为崩也，乃发丧。后闻其在，自以不审，意颇默然。临菑侯植自伤失先帝意，亦怨激而哭。”据此可知发丧的是苏则，怨哭的是曹植，而且都是各有来由。苏则是闹笑话，他自己后来都明白了，可以不用说。曹植呢是在哭他自己做不成皇帝，不是在哭献帝。这点我们是应该弄明白的。

曹植的失宠，事在前。他既擅开司马门使他父亲大伤其感情，在手令中不惜屡次地提说（见裴注所引《魏武故事》）。他又和杨修勾结，阴伺他父亲的意旨，以便先意承志，被他父亲怀疑而泄露了，终致弄巧成拙。再经过他父亲一番考验，“遣太子及植各出邺城一门，密敕门者不得出，以观其所为。太子至门，不得出而还。修先戒植：‘若门不出，侯受王命，可斩守者。’植从之。”就因为这样，“修遂以交构赐死”（裴注引

《世语》）。据这看来，雄才大略、知人善任的曹操，在鉴别丕与植的优劣上的确是费了权衡的。曹植的飞扬跋扈，不守纪律，真是足以惊人。曹操要杀杨修，黜曹植，都是经过再三权衡的结果。请问：曹植要那样听杨修的话到底为的什么？不是为的争继承权吗？要说他“心在王室”，能“以天下让”，真是天晓得。

杨修分明是一位惯弄权术的人，他被赐死是在建安二十四年。《三国志·魏书》说：“太祖既虑终始之变，以杨修颇有才策，而又袁氏之甥也，于是以罪诛修。”[①]这正是这位老英雄的深谋远虑，怕在自己身死之后，杨修会拥戴起曹植捣乱。足见得曹操生前，丕与植分朋争位的形势已经是很明显的。“修死后百余日而太祖薨，太子立，遂有天下。”[②]这在曹植要算是咄咄逼人的重重不幸，你教他那样多感的人怎么不“怨激而哭”呢？他哭的实情就是这样。真是天理良心，那里为的是忠于汉室！

要说他忠于汉室吧，在他父亲一代已经是权倾天子，不曾见他反对或讽谏过一次。而如《七启》一文，更堂哉皇哉地把他父亲恭维了一大篇，誉为“同量乾坤，等曜日月，玄化参神，与灵合契”的“圣宰”[③]，是空前绝后的一位伟大超人。这把汉室和汉帝是摆在什么地方的呢？

再看《丹霞蔽日行》吧。“汉祚之兴，阶秦之衰，虽有南面，王道陵夷，炎光再幽，殄灭无遗”，明明是蔑视汉朝，说他不行王道，不配南面，故而和秦代一样灭绝。而丁晏却评为“此痛炎汉之亡，心事如见”，不知所“见”的是何等“心事”！

《文帝诔》里面也有同样的见解：“汉氏乃因，弗求古训，嬴政是遵。王纲帝典，阒尔无闻。末光幽昧，道究运迁。”[④]

① 见《三国志·魏书·陈思王植传》。

② 见《三国志·魏书·陈思王植传》注引《典略》。

③ 见《文选》卷三十四。

④ 见《三国志·魏书·文帝纪》裴注引。

这说得更鲜明一些，好为说辞的人，在这儿似乎也不便再为曲解了。

还有《汉二祖优劣论》系评论汉高祖与光武帝二人，虽盛称光武，而却痛贬高祖，竟斥之为“败古今之大教，伤王道之实义”（《太平御览》卷四百四十七所引）。这也是大有悖于古时的所谓人臣的口吻。

《毁鄄城故殿令》[1]是敕毁汉武帝殿。对于先朝旧物毫不顾惜，大概当时已经有人反对，故在令中竟说出了这样的话：“汉氏绝业，大魏龙兴，只人尺土，非复汉有。”这样跋扈的口吻，就连他的父亲所谓盖世的“奸雄”都是不曾有的，然而在曹植却偏偏得意忘形，这样也还能说是“不忘汉室”吗?

果真“不忘汉室”，便应该耻食魏粟，然而他却是魏的侯王，而且尽力模仿司马相如、扬雄、班固等，在替“大魏”歌颂其符命。读他的《魏德论》和《大魏篇》吧，便什么真情都暴露无遗了。一些高头讲章式的大人君子何以睁开眼睛连这样的大文章都不曾看见?

其实曹子建的见解倒远超过了高头讲章式的迂腐读书人十万八千里了。真的啦，为什么一定要姓刘的才可以做皇帝呢?一般迂腐先生们先抱定一个忠君的公式，信手地依着自己的好恶而为是非，见曹操鹰扬，曹丕豹变，便斥为“奸雄”，斥为“篡贼”。拉着“悲哭”两个字，便大捧曹植，许以忠贞。等曹丕作了皇帝，而曹植求自试，欲“当一校之队……统扁舟之任”，以西伐蜀，东伐吴，“擒权馘亮……歼其丑类”，也竟被评为“危言激烈，如见忠臣之心”（丁晏）[2]。那样也是忠君，这样也是忠君，到底该忠于哪一边呢?两者不可得兼，忠于汉便不得忠

---

① 此令见《文馆词林》卷六百九十五。丁晏《曹集铨评》已收入《逸文》。——作者注

② 见《曹集铨评》卷七。

于魏，忠于魏便不得忠于汉。诸葛亮不是被称为三代以下的纯臣，而忠于汉室的吗？然而曹子建要砍他的脑袋，而曹子建却还是“忠臣”。这矛盾，真是不堪一笑！

为了要说曹子建是忠臣，提高他的道德地位，所以一方面既替他用力粉饰，另一方面又要替他用力洗刷。洗刷什么呢？便是洗刷他的风流才子的头衔。这个头衔，和道德纯臣的牌位，实在是不能调和的。于是曹子建的一些风流逸事和言情的诗辞便要成问题了。

首先是与甄后有关的《洛神赋》，据李善《文选注》，引《记》曰：

魏东阿王，汉末求甄逸女，既不遂。太祖回，与五官中郎将。植殊不平，昼思夜想，废寝与食。黄初中入朝，帝示植甄后玉镂金带枕，植见之，不觉泣。时已为郭后谗死，帝意亦寻悟，因令太子留宴饮，仍以枕赉植。植还，度轘辕，少许时，将息洛水上，思甄后，忽见女来。自云：“我本托心君王，其心不遂。此枕是我在家时从嫁，前与五官中郎将，今与君王。遂用荐枕席，欢情交集，岂常辞能具。为郭后以糠塞口，今被发，羞将此形貌重睹君王尔。”言讫，遂不复见所在，遣人献珠于王。王答以玉佩，悲喜不能自胜，遂作《感甄赋》。后明帝见之，改为《洛神赋》。

这所谓《记》不知道究竟是什么书。托梦荐枕，献珠报佩云云，确实是怪诞，不近情理。但子建与这位比自己大十岁的嫂子曾经发生过爱慕的情绪，大约是无可否认的事实吧。不然，何以会无中生有地传出这样的“佳话”？甄后何以又遭谗而死，而丕与植兄弟之间竟始终是那样隔阂？魏晋时代的新人物对于男女关系并不如其前代人或后代人所看得那么严重。例如曹丕为太子时

“尝请诸文学，酒酣坐欢，命夫人甄氏出拜。坐中众人咸伏，而桢独平视”[①]。这足见曹丕、刘桢都相当浪漫。刘桢的态度，曹丕倒满不在乎，却恼了做阿翁的曹操，以桢不敬，几乎处死了他。又如再后一辈的阮籍便坦然与嫂话别，醉卧于当炉的美貌邻妇侧而不自嫌。那么，子建要思慕甄后，以甄后为他《洛神赋》的模特儿，我看应该也是情理中的事。然而道学先生们却一定要替他洗刷，洗刷，洗刷，而加以根本的否认，例如丁晏的《曹集铨评》在《洛神赋》上便有很长的眉批：

案：《序》明云拟宋玉《神女》为赋，寄心君王，托之宓妃、洛神，犹屈、宋之志也。而俗说乃诬为“感甄”，岂不谬哉！

又案：“感甄”妄说，本于李善。注引“记曰”云云，盖当时记事媒蘖之词，如郭颁《魏晋世语》、刘延明《三国略记》之类小说短书，善本书簏无识，而妄引之耳。五臣注不言“感甄”，视李注为胜。

这样既把子建推尊为屈、宋，而把李善骂了一场，又还引列了何义门、方伯海、潘四农、张燮等一大批高头讲章家的意见，说来说去只是在想证明曹子建并非风流才子而已。最有趣味的是因《洛神》拟《神女》，便由曹植而宋玉，又由宋玉而屈原。屈原是楚的同姓，子建是丕的同胞。屈原被流放，子建受猜忌。于是乎曹植便成为“古今诗人之冠，灵均以后一人”了（丁晏《魏陈思王年谱》序）。这样的论断，不仅十分勉强，实在有点滑稽。

就文章的结构上来说吧。《洛神赋》虽然享有盛名，但过细研究起来实在是大有毛病。请看它开首说“睹一丽人于岩之

① 见《三国志·魏书·王粲传》注引《文士传》。

畔”，而到后面却说是“众灵杂遝”。“一”与“众”怎么调和？前面还不知此“丽人”为谁而问御者，仅由御者以疑似之词答以“河洛之神，名曰宓妃，然则君之所见，无乃是乎？”而后面却已直指为“洛灵”。前面只是“忽焉”的一睹，而后面却是淋漓尽致地刻画得异常用力。又请看他的刻画吧，他才说“芳泽无加，铅华弗御”，是一位淡妆素净的美人了，而一转笔又说到罗衣瑶碧，金翠明珠，满身满头的华饰。像这样前后矛盾，脉络不清，我真有点不大了解何以竟成了脍炙人口的寿世妙文？或许这赋的构成，不是出于一时的吧？前面的冒头或许是后来加上去的。是不是由《感甄》改为《洛神》，虽不能断定，但曾经经过改作似乎是可以断定的。又曹氏兄弟和建安七子的辞赋中每每有不少同题之作，如《砗磲碗赋》《迷迭香赋》《玛瑙勒赋》，几为诸人所共有。又如《神女赋》《出妇赋》《寡妇赋》诸题也几为诸人所共有。这些一定和“公宴诗”一样是文会上的拟作。因此我也疑心《洛神赋》或许本是《神女赋》的改题。

说到子建的受猜忌，固然是毫无疑问的事，但他委实也咎由自取。他看不起他阿哥的地方，除行事之外，就在文字上也有表现。例如丕有《周成汉昭论》，认为汉昭帝不逊于周成王，周成王曾疑周公，而昭帝不疑霍光。这大约是写给汉献帝看的文章，要他也同昭帝一样，不要疑他父亲。植也有《周成汉昭论》却和他阿哥大抬杠，来他一个反攻：“若以昭帝胜成王，霍光当逾周公耶？”[①]颇有点近于无理取闹。因为霍光即使赶不上周公，昭帝固可以胜过成王。照曹丕的论旨，霍光愈赶不上周公，汉昭帝愈可以胜过成王。何以呢？有那样好的叔父而要疑他，成王不是愈见庸暗？这是颇能言之成理的。要是这样乱抬杠子，兄弟之间固然难保其融洽了。

① 见《曹集铨评》卷五。

在失父宠后，子建的自大自负虽然收敛了些，但他的根本气质并没有改变，使得别人对于他总不能不持戒心。他虽然屡屡减食户邑，但终其身还是魏国的王侯。虽然“十一年中而三徙都”，但他并非是遭受流放。虽然寮属是下才，兵卒是老弱，但总是驱车策肥而有供他役使的人。但他始终是“愤懑”不堪，牢骚满腹，总觉得自己是怀才不遇。一求自试，再求自试，总想东讨西征，表露自己的无穷大望。这怎能叫人不提防他呢？他在所封的地方上并不见到有什么德政，怎么样去爱抚当时在水深火热中的人民，与民更始，但总是诉自己的愁，诉自己的穷，不是埋怨自己所得兵佐太少太老而感着“自羞”，便是陈述有“园果万株”，而“食裁糊口”。又总爱过问朝政，而见解又不怎么高明。朝廷正有事于远东以图除去后顾之忧，而他反要“斥劳神于蛮貊之域”。上表《陈审举》吧，主要的只是反对“公族疏而异姓亲”，一头脑的封建意识，只知道亲亲而不知道尊贤，只怕异姓夺取大位，故主张用公族来以自屏藩。他的忧虑后来也实现了，因为司马氏又篡了魏统。因此也有人称他有先见之明。其实他那种主张又何尝是妙法？治天下应该是在如何安百姓，而不在如何保王家。用人应该是在如何选贤举能，而不在乎分出谁是公族，谁是异姓。用贤以安民，即使失位，于道何伤？但曹植的见解并不是这样。他一味地怀疑异姓，使当时在朝的异姓权贵何以自处？魏氏固然限制公族太甚，但这也并不就是亡国的根本原因。司马氏得天下后，一反曹魏所为而大封公族，加重其权柄，使各王得以任官分治，征兵自卫，这可以说是曹植政见在异代的知己了，但结果形成了尾大不掉之势，不二传而有“八王之乱”，斫杀了十六年，卒招五胡乱华，而晋室南渡。倚靠公族，又何尝是办法呢？

关于用人行政之道，在周秦之际的思想家倒已经有很周密的一套想法，便是公正无私、不避亲怨、综核名实、信赏必罚。总要有公正的标准，而益之以赏罚严明，有以察之于前，有以核之于后，那就可以促进治平，而防祸于未然了。标准明，则赏以为荣，罚以为辱。标准不明，则赏不足以为荣，罚不足以为辱。是非颠倒，则赏以为辱，罚以为荣。曹子建并没有达到这样的了解，只是出于一味的私心，以一家一姓的安全为本位，实在是最庸俗不堪的陋见。

同时代的政治家如诸葛武侯，那就比他高明得多。武侯的“集众思，广忠益”，是千古不磨的名言。他的前后两《出师表》，说得具体切实，情词恳款，虽然并没有《求通亲亲》《求自试》《陈审举》诸表那样拼命地做文章，然而在文学上的价值却是更为宏大。就说曹丕吧，在政治见解上也比其弟高明得多，而在政治家的风度上有时还可以说是胜过他的父亲。如令宦人为官不得过诸署，禁母后预政，取士不限年资但纠其实，轻刑罚，薄赋税，禁复仇，禁淫祀，罢墓祭，诏营寿陵力求俭朴等，处处都表示着他是一位旧式的明君典型。可惜他是死得太早，仅仅活了四十岁，做皇帝也仅仅七年。假使他活到七八十岁，司马氏的篡夺未必便能够实现的吧？假使曹家的天下更长久一些，我看魏武帝和魏文帝会被歌颂为中古的圣王，决不会被斥为“篡贼”，为“奸臣”。曹操在舞台上会表现为红脸，而不是粉脸。这场历史公案，今天应该彻底翻它一下了[①]。

公平地说来，曹子建毕竟是一位才子。他的思想既不怎么高明，也并不怎么坚定。他时而像儒家，时而又像道家，而两方面都不甚深入。有时他在“辩道”，反对当时的一些术士、以为“若遭秦始皇、汉武帝，则复为徐市、栾大之徒”[②]；时而又在“释疑”，以为“天下事不可尽知而以臆断……恨不能绝声

① “假使曹家的天下更长久一些……今天应该彻底翻它一下了”这段文字，为初版所没有，是作者在该文收入《沫若文集》第十二卷时添加的。

② 见《曹集诠评》卷九《辩道论》。

色，专心以学长生之道”[1]。我们并不必责备他的游移，我们只须指出他是这样的二重性格。“不能绝声色”，也是人之常情，何况他是一位才子！故而同一《七哀》，我们读王粲的便深感哀切，而读子建的只觉得他真是风流。且把这两首诗都写在下边吧：

西京乱无象，豺虎方构患。复弃中国去，委身适荆蛮。
亲戚对我悲，朋友相追攀。出门无所见，白骨蔽平原。
路有饥妇人，抱子弃草间。顾闻号泣声，挥涕独不还。
未知身死处，何能两相完？驱马舍之去，不忍听此言。
南登霸陵岸，回首望长安。悟彼下泉人，喟然伤心肝。

上王作三首录一。

明月照高楼，流光正徘徊。上有愁思妇，悲叹有余哀。
借问叹者谁？言是宕子妻。君行逾十载，孤妾常独栖。
君若清路尘，妾若浊水泥。浮沉各异势，会合何时谐？
愿为西南风，长逝入君怀。君怀良不开，贱妾当何依？

上曹作。

一边是沉痛，一边是清新，而且是同一时代的作品，在这儿正可以看出写实与浪漫的不同，然而我也并不打算说王作就一定好，曹作就一定不好。落在道学家丁晏的眼里，曹作却又变了质：“此其望文帝悔悟乎？结尤凄惋！”这并不是在赞美他，其实是在摧毁他。简直把诗都糟蹋了。

子建的诗和文都有浓厚的新鲜绮丽之感，这是不能否认

① 见《曹集诠评》引《逸文·释疑论》。

的，但他总也呈示着一个未成品的面貌。他的作品形式多出于模仿，而且痕迹异常显露。《洛神赋》模仿宋玉的《神女赋》，《七启》模仿枚乘的《七发》，《酒赋》模仿扬雄的《酒赋》，是他自己在序文上说明了的。章表模仿刘向的疏奏，《魏德论》模仿司马相如的《封禅文》，《髑髅说》完全是袭取《庄子》而稍稍冗长化了。几于无篇不模仿，无句不模仿，可谓集模仿之大成。模仿得有时虽然比原作更华丽，但每每是只徒夸张，不求统一。《洛神赋》前后不统一之处，前面已经说到，如要再举一篇为例，则可以举出《七启》。

《七启》假托了一位"玄微子隐居大荒之庭，飞遁离俗，澄神定灵，轻禄傲贵，与物无营，耽虚好静，羡此永生。独驰思乎天云之际，无物象而能倾"。写出了这么一个超世脱俗的人，完全和老、庄再生的一样。此外又假托了一位极其现实的镜机子来向他说教，指斥他的出世生活，认为是走不通的路，应该重人事，立功名，崇尚仁义道艺。这已经可以说是如冰炭之不相容。所以玄微子也就回答道："太极之初，混沌未分，万物纷错，与道俱隆。盖有形必朽，有迹必穷，茫茫元气，谁知其终？名秽我身，位累我躬。窃慕古人之所志，仰老庄之遗风。假灵龟以托喻，宁掉尾于涂中"——把道家的极致吐露了出来，像在这样人的耳里实在是再没有关于尘世的繁华可以钻得进去的，所谓"无物象而能倾"，自己也就说穿了。然而那镜机子——其实就是作者曹植本人，却公然更把那冰炭不相容的话扩大起来，连篇累牍，不畏辞费。首先夸张一批好吃的饮食，其次夸张一批装饰的物品，再说到田猎，说到宫室，说到声色。这些都没有把玄微子说动，论理当然也是说不动的。再次又说到游侠尚义之事，便公然多少说动了些。最后说到了自己的父亲"圣宰"是怎样的伟大，时代是怎样的"隆平"，甘露降，景星现，神龙出，灵凤鸣，简直是陶唐盛世。于是玄微子便"攘袂而兴……愿反初服"

了。我感觉着真是有点近于儿戏。一位极端的遁世家竟能被一位庸俗的机会主义者说服！这矛盾大概作者自己并不曾感觉得，就是后来的读者也只是一味恭维，然而说穿了总不免滑稽。不要把玄微子作为那样彻悟了什么宇宙人生原理的人物，只作一位愤世嫉俗的悲观主义者，便是很容易处理的。在这些地方枚乘的《七发》要合理些，他是让吴客来对有疾的楚太子作种种诱导。

曹子建最有成绩的应该还是他的乐府和五言诗，但这是建安文学一般的成绩，并不是他一个人的特长。建安文学在中国文学史上是有着划时代的表现的。辞赋脱离了汉赋的板滞形式与其歌功颂德的内容，而产生了抒情的小型赋。诗歌脱离了四言的定型，而尽量地乐府化即歌谣化。另一方面把五言的新形式奠定了下来，这是曹氏父子和建安七子的共同倾向，也就是他们共同的功绩。因此像曹操的“古直悲凉”，曹丕的“鄙直如偶语”，倒正是抒情化、民俗化过程的本色，而且在这儿我们不能不认定是有政治的力量作背景，假使没有操和丕的尊重文士与奖励文学，绝对不能够集中得那样多的人才，也绝对不能够收获到那样好的成绩。同时代的吴与蜀，差不多等于瘠土，不就是绝对的旁证吗?

在建安才人中子建要算最年轻，成绩也最丰富，或许也怕是最幸运，被保存下来的作品特别多。然而抒情化、民俗化的过程在他手里又开始了逆流。他一方面尽力模仿古人，另一方面又爱驱使辞藻，使乐府也渐渐脱离了民俗。由于他的好模仿，好修饰，便开出了六朝骈俪努力文字的先河。这与其说是他的功，毋宁是他的过。

从这些观点来说，曹丕的功绩不能湮没。政治上的影响即使除外，文艺上的贡献是谁也不能否认的。他是文艺批评的初祖。他的诗辞始终是守着民俗化的路线。又如他的《燕歌行》

二首纯用七言，更是一种新形式的创始[①]。特别是他的气质来得清，委实是陶渊明一派田园诗人的前驱者。关于这后一点，钟嵘倒也是已经认识了的，且看他说“陶潜诗，其源出于应璩”，而“（璩）诗祖袭魏文”[②]，便可以知道。只是他不重视这一派，故而都把他们列在“中品”去了。这在目前，不用说也是应该平反的。古时也有独具慧眼的人，如上举刘彦和所说的“文帝以位尊减才，思王以势窘益价”，是比较公允的评骘。王夫之也很贬抑子建而推重文帝，竟称曹丕为“诗圣”，又未免夸大了一些[③]。

认真说，曹子建在文学史上的地位，一大半是封建意识凑成了他。人们要忠君，故痛恨曹操和曹丕，因而也就集同情于失宠的曹植。但尽管道学先生们要替曹植粉饰，在一般人的心目中却认定他是一位才子，而他的诗文对于后人的影响，也已经早成为过去了。有趣的是那首疑信难决的《七步诗》倒依然脍炙人口，且成了一个有名的典实。

《七步诗》初见于《世说新语》，“文帝尝令东阿王七步中作诗，不成者行大法。应声便为诗曰……帝深有惭色”。其诗云：

煮豆持作羹，漉菽以为汁。
萁在釜下然，豆在釜中泣。
本是同根生，相煎何太急！

诗不见本集，有人疑是附会。又一般传世的只有四句，首

① 两汉以来民间谣谚和镜铭多用七言成句。曹丕是从这种民间形式学来的。到隋唐时代，七言诗才占了优势。——作者注。

② 见《诗品》卷中。

③ 王船山《诗选》于丕乐府《猛虎行》评云：“端际密窅，微情正尔动人。于艺苑讵不称圣？钟嵘莽许陈思以入室，取子桓此许篇制与相颃颉，则彼之为行尸视肉。宁顾问哉！”可谓极尽平反之能事。又于《黎阳作》三首之二评云：“此公子者，岂不允为诗圣？”——作者注。

句作“煮豆燃豆萁”，二三两句缺。过细考察起来，恐怕附会的成分要占多数。多因后人同情曹植而不满意曹丕，故造成了这种小说。其实曹丕如果要杀曹植，何必以逼他作诗为借口？子建才捷，他又不是不知道。而且果真要杀他的话，诗作成了也依然可以杀，何至于仅仅受了点讥刺而便“深惭”？所以这诗的真实性实在比较少。然而就因为有了这首诗，曹植却维系了千载的同情，而曹丕也就膺受了千载的厌弃。这真是所谓“身后是非谁管得”了。

借煮豆为喻，使人人能够了解，是这首诗所以普遍化了的原因。但站在豆的一方面说，固然可以感觉到萁的煎迫未免过火；如果站在萁的一方面说，不又是富于牺牲精神的表现吗？我因而作了一首《反七步诗》以为本文的煞尾：

煮豆燃豆萁，豆熟萁已灰。
熟者席上珍，灰作田中肥。
不为同根生，缘何甘自毁？

一九四三年七月七日脱稿

（原载郭沫若《历史人物》，中国人民大学出版社2005年版）

《洛神赋》与《闲情赋》

◎逯钦立

八代辞赋之寓言一类，其代表作当推曹植《洛神赋》及陶潜《闲情赋》。而二赋为体，同仿古人。《洛神赋序》云：

黄初四年（原作三年，误，辨见李善注），余朝京师，还济洛川。古人有言，斯水之神，名曰宓妃，感宋玉对楚王说神女之事，遂作斯赋。（《文选》卷二十九）

《闲情赋序》云：

初，张衡作《定情赋》，蔡邕作《静情赋》，检逸辞而宗澹泊，始则荡以思虑，而终归闲正。将以抑流宕之邪心，谅有助于讽谏。缀文之士，奕代继作，并因触类，广其辞义。余园闾多暇，复染翰为之，虽文妙不足，庶不谬作者之意乎？

两序自言者如此，自不俟多辨矣。

仿古人而为寓言，故两赋之难于索解者，亦为八代之最。以言《洛神》，其意不易晓，后世遂有感甄说之附会。李善本《文选》，于题下注引《记》曰二百零七字，言感甄事。其言略曰：

魏东阿王，汉末求甄逸女，既不遂。太祖回，与五官中郎将。植殊不平，昼思夜想，废寝与食。黄初中入朝，帝示植甄后玉镂金带枕，植见之，不觉泣。时已为郭后谗死，帝意亦寻悟……仍以枕赉植。植还，度轘辕，少许时，将息洛水上，思甄后，忽见女来……遣人献珠于王。王答以玉佩，悲喜不能自胜，遂作《感甄赋》。后明帝见之，改为《洛神赋》。

此《记》“六臣”本《文选》并无。唯赋“恨人神之道殊，怨盛年之莫当；抗罗袂以掩涕兮，泪流襟之浪浪”等句下，李善注：

盛年谓少壮之时，不能当君王之意，此言微感甄后之意。

此则说明“六臣”本及善注本悉同。此注若出善手，是感甄之说，唐时已行之证也。

曹植生于汉献帝初平三年。至建安九年，曹操破邺，甄氏归曹丕，时植年仅十三，焉得此时即知求甄氏？且魏时法制，待遇宗藩，极为严峻，而于植尤甚。文帝岂能以甄氏枕与植，植又安敢对文帝作此啜泣！至谓植作《感甄赋》而明帝改为《洛神赋》，则荒谬绝伦，又不只无稽之说也。唐之去魏不过四百年，竟有此乖情之《感甄记》，而唐、宋人信之，使窜入奕代称传之《文选》，皆此赋寓意有不明使之然也。

以言《闲情》，元亮本自言“检逸辞而宗澹泊”，抑邪心助讽谏也。而昭明太子《陶集序》谓：“白璧微瑕，惟在《闲情》一赋”，是昭明于此寓言之作，即已不明，故苏轼讥之云：

渊明作《闲情赋》，所谓《国风》好色而不淫。正使不及《周南》，与屈、宋所陈何异？而统大讥之，此乃小儿强作解事者。

钦立按：东坡此论，最为有见，后当详论。然足征昭明之不能深明此赋及此赋寓言之不易了解也。

窃谓两赋之为寓言，既皆仿古人，则必先明其所仿，始能悉其用意。否则证辨徒纷，终无是处，有之不如无也。

考自宋玉、张、蔡迄乎曹植、陶潜，各赋中有一传统意境先后承递不变者，即托好色之不成喻好修之不成而敷陈其悲观主义者是也。此一意境，创自《离骚》。《离骚》以梦境演此悲观事故。此义宋玉《高唐》《神女》二赋及曹植《洛神赋》并宗之。张衡《定情赋》则取其好色之叙述而略其梦境之排演。此义则陶潜《闲情赋》窃取之，然其主旨，即吾人所谓"托好色之不成喻好修之不成而敷陈其悲观主义者"，则上自楚《骚》下至陶赋，盖无不同也。

《离骚》称灵均经女媭之申詈，中情愤懑，喟叹无所诉，于是"济沅湘以南征，就重华而陈词"。此下于陈词之实写以后，即继之设一冥游梦境。如云："跪敷衽以陈词兮，耿吾既得此中正。驷玉虬而乘鹥兮，溘埃风余上征。"王逸注云：

乃长跪布衽，俯首以念，仰诉于天，则中心晓明，得此中正之道。精合真人，神与化游。故设乘云驾龙，周历天下，以慰己情，缓幽思也。

证即叙此梦境之开始也。"中正"者，后世巫家道士所谓"虔诚"。虔诚祷告，至于"精合真人"，"神与化游"，亦殆似后世巫觋之"走无常"者。梦幻之境，复设一色情之局，托喻一人之人生追求，故其下云：

忽反顾以流涕兮，哀高丘之无女。溘吾游此春宫兮，折琼枝以继佩。及荣华之未落兮，相下女之可诒。吾令丰隆乘云兮，求宓妃之所在。解佩纕以结言兮，吾令蹇修以为理。纷总总其离合兮，忽纬繣其难迁。夕归次于穷石兮，朝濯发乎洧盘。保厥美以骄傲兮，日康娱以淫游。虽信美而无礼兮，来违弃而改求。

钦立按：此下并叙通媒于佚女及二姚事，姑不备列。此就高丘下女宓妃、佚女、二姚等遍求之。其为好色，较之《关雎》“窈窕淑女，寤寐求之”者，且尤过之。是以淮南王以“《国风》好色而不淫”一语譬况之，可谓中肯之论矣。

《离骚》以好色喻好修，设一冥游梦境排演女色之追逐不能谐，以况所求之“修名”终不立，结局以“已矣哉”三字了此一生愿望，此其独创之格，宛然一象征歌剧。夫冥游梦境，巫觋习技，精神之自骗局也。《离骚》以巫觋游魂方式为文章之间架，是以篇中多借巫通其脉络，如女媭（参《汉书·广陵王胥传》）、巫咸之规言占语，皆是其例。楚人好巫，此俗至汉犹然，《离骚》用此，正属土风，亦极自然之现象也。

至宋玉取梦境部分而单独发挥之，遂成《神女》之赋。如《离骚》以巫鬼方式叙求神女，此则合为一事，所谓“巫山神女”是也。又《离骚》于诸女之干求者以次叙述之，此则专设一男女遘遇之局而描绘之，故较之《离骚》，其外延缩小而内涵加大；“弘博丽雅”者不如，而“眩目淫心”者过之也。

赋中始则历写神女之美、相感、相求，终则“欢情未接”，遽辞而去，因此“回肠伤气，颠倒失据”，“惆怅垂涕，求之至曙”，此其托好色以喻好修而设神梦之境演此悲观主义者，与《骚》正相同也。

又“高唐”云者，即本《离骚》“高丘”之说，《高唐赋》称：“妾巫山之女也，为高唐之客”，又称“妾在巫山之阳，高丘之阻”，明征高唐之为高丘，《离骚》“哀高丘之无女”下，王逸注云：

楚有高丘之山……旧说：高丘，楚地名也。

据此，《离骚》《神女赋》之渊源关系，足可确见。而其以神游梦境演此人生之悲观主义者，且可相互发明。南国土风，自《关雎》《汉广》求女兴咏以还，屈、宋能以“附庸，蔚为大国”，询乎其后劲矣。

夫“食色性也”。人之好修，“如好好色”。孔子且谓“吾未见好德如好色者”，则以好色托喻人类于人生之竞求，实为最见根本。所谓好修，不过名立行修，抑即不外乎“修”“齐”“治”“平”事君以泽民者。则如见弃于时，不能展其材志，即同追逐神女之终不可得。因之由奢望而至失望，由用世而至隐退，由兼善而至独善，由狂而至于狷。皆其不可避免之结局。《离骚》《神女》所言者然，《洛神赋》《闲情赋》亦然也。兹即就《洛神》《闲情》二赋以申论之。

（一）《洛神赋》赋首云“于是精移神骇，忽焉思散，俯则未察，仰以殊观”，此即梦境之开始。赋末云“忽不悟其所舍，怅神霄而蔽光”，此则梦境之终结。梦境中历写洛灵之淑丽以及相感相求，本人之持礼以及疑惧。终致“欢情未结”，阴阳顿隔。而梦断以后，“遗情想象，顾望怀愁”，“夜耿耿而不寐，沾繁霜而至曙。命仆夫而就驾，吾将归乎东路。揽騑辔以抗策，怅盘桓而不能去”，则又此遘会绝望之叙述也。总之，《洛神赋》之以好色喻好修而设一梦境排演其悲观主义者，与屈、宋之赋固无异矣。

《洛神赋》作于黄初四年自朝归藩之时。案《三国志·魏书·陈思王植传》云：

黄初二年，监国谒者灌均希指，奏植“醉酒悖慢，劫胁使者”。有司请治罪。帝以太后故，贬爵安乡侯。其年改封鄄城侯。三年立为鄄城王，邑二千五百户。四年，徙封雍丘王。其年，朝京都，上疏曰……前奉诏书，臣等绝朝，心离志绝，自分黄耇无复执珪之望。不图圣诏猥垂齿召，至止之日，驰心辇毂。僻处西馆，未奉阙庭，踊跃之怀，瞻望反仄。谨拜表献诗二篇。

魏朝法制，本绝诸侯朝觐。黄初四年，始复降此特诏。然植等入都，并未即被召见，故表中有此云云。又献诗二篇亦云：

天启其衷，得会京畿。迟奉圣颜，如渴如饥。心之云慕，怆矣其悲。天高听卑，皇肯照微。（其一）

爰暨帝室，税此西墉。嘉诏未赐，朝觐莫从。仰瞻城阈，俯惟阙廷。长怀永慕，忧心如酲。（其二）

文帝于植等何以不即召见，裴注曾引《魏略》申述之，《魏略》曰：

初，植未到关，自念有过，宜当谢帝。乃留其从官著东关，单将两三人微行，入见清河长公主，欲因主谢。而关吏以闻。帝使人逆之，不得见。太后以为自杀也，对帝泣。会植科头负𫓧锧，徒跣诣阙下，帝及太后乃喜。及见之，帝犹严颜色，不与语，又不使冠履。植伏地泣涕，太后为不乐。诏乃听复王服。

《魏略》此说，殆为实录。据李善注《赠白马王彪诗》引曹集，植是年五月抵京。七月与白马王彪还国。任城王之薨即在五、七月之间。据《魏书·任城威王彰传》，“疾薨于邸”，裴注引《魏氏春秋》曰：

初，彰问玺绶，将有异志。故来朝不即得见，彰忿怒暴薨。

钦立按：彰之问玺绶，当在武帝崩彰至洛阳欲立弟植之时。文帝衔恨不即见之，彰以之薨。而植亦先有愆咎，是文帝殆以同一法术逼植自裁也。故此次诏见，实欲借除诸王。植之免死，正以太后之故耳。

考献诗之一云：

昊天罔极，性命不图。常惧颠沛，抱罪黄垆。愿蒙矢石，建旗东岳，庶立毫厘，微功自赎。危躯授命，知足免戾。甘赴江湘，奋戈吴越。

而《魏书》亦称，植抱利器，而无所施。是则曹植之奉诏而朝，本怀自展材智之愿望。及入京都，目睹骨肉相残，自身亦且几陷于罪辟，其中情之绝望者可以见。本冀亲用，终遭疏忌，一切欲求，溘同梦幻。当夫车殆马烦之顷，怀悲愁，临洛水，身蹈宓妃之故所，顿发思古之幽情，《洛神赋》于焉撰出也。

曹植生平与灵均自不尽合。唯身属宗室，怀才见疏，莫能展其抱负，此则略同。是以曹《序》虽云拟宋，验之其文，实则兼取屈子。如梦境中历写神女之遘遇以及梦断后之悲伤情绪，斯固全承宋赋之结构。然如“税驾乎蘅皋，秣驷乎芝田”，“攘皓腕于神浒兮，采湍濑之玄芝”，以及“践椒涂之郁烈，步蘅薄而流芳”云云，凡此皆本《离骚》香草之义也。又如“嗟佳人之信修，羌习礼而明诗。抗琼珶以和予兮，指潜川以为期”，则既用《骚》文，且承《骚》义；盖此所谓潜川，无异“从彭咸之所居”之意也。至于“悼良会之永绝兮，哀一逝而异乡”，“命仆夫而就驾，吾将归乎东路。揽騑辔以抗策，怅盘桓而不能去”，与《离骚》所谓“仆夫悲余马怀兮，蜷局顾而不行”，“已矣哉，国无人莫我知兮，又何怀乎故都？既莫足与为美政兮，吾将从彭咸之所居”者，又同为凄怆之辞矣。

（二）《闲情赋》此赋本仿张、蔡《定情》《静情》之作，欲明其与屈、宋之渊源关系，先须取张、蔡之作论之。严辑《全上古三代秦汉三国六朝文》卷五十三张衡《定情赋》云：

夫何妖女之淑丽，光华艳而秀容。断当时而呈美，冠朋匹而无双。叹曰："大火流兮草虫鸣，繁霜降兮草木零。秋为期兮时已征，思美人兮愁屏营。"（《艺文类聚》卷十八）

思在面为铅华兮，患离尘而无光。（《文选·洛神赋》注引）

又同书卷六十九蔡邕《检逸赋》云：

夫何姝妖之媛女，颜炜烨而含荣。普天壤其无俪，旷千载而特生。余心悦于淑丽，爱独结而未并。情罔象而无主，竟徙倚而左倾。昼骋情以舒爱，夜托梦以交灵。（《艺文类聚》卷十八）

思在口而为簧鸣，哀声独不敢聆。（《北堂书钞》卷一百一十）

两赋起句如"夫何妖女之淑丽"，"夫何姝妖之媛女"，皆与《神女》同一笔法。又蔡邕云"夜托梦而交灵"，尤见其本仿宋玉。两赋残缺，未能窥其全貌，殊可惜也。

《定情》一赋，其为仿宋玉以好色喻好修而敷陈其悲观主义者，尚可验之张衡他作。衡之此赋既托喻女色之追求，又作《同声歌》及《四愁诗》，叙女子之欲报"美人"者。此云"美人"即《离骚》"恐美人之迟暮"之所谓美人，指修立之男子言之也。《同声歌》云：

邂逅承际会，得充君后房。情好新交接，恐栗若探汤。不才勉自竭，贱妾职所当。绸缪主中馈，奉礼助蒸尝。思为莞蒻席，在下蔽匡床。愿为罗衾帱，在上卫风霜。洒扫清枕席，鞮芬以狄香。重户结金扃，高下华灯光。衣解巾粉御，列图陈枕张。素女为我师，仪态盈万方。众夫所希见，天老教轩皇。乐莫斯夜乐，没齿焉能忘。（《乐府诗集》云：凡歌有寓意而作者，张衡《同声歌》之类是也。）

此以女子竭诚事夫托喻事君。“恐栗探汤”，备见忧惧之意，又《四愁诗》云：

我所思兮在太山，欲往从之梁甫艰。侧身东望涕沾翰。美人赠我金错刀，何以报之英琼瑶。路远莫致倚逍遥，何为怀忧心烦劳？

我所思兮在桂林，欲往从之湘水深。侧身南望涕沾襟。美人赠我金琅玕，何以报之双玉盘。路远莫致倚惆怅，何为怀忧心烦伤？

我所思兮在汉阳，欲往从之陇坂长。侧身西望涕沾裳。美人赠我貂襜褕，何以报之明月珠。路远莫致倚踟蹰，何为怀忧心烦纡？

我所思兮在雁门，欲往从之雪纷纷。侧身北望涕沾巾。美人赠我锦绣段，何以报之青玉案。路远莫致倚增叹，何为怀忧心烦惋？

按《文选》卷二十九，于此诗下载原序：“时天下渐弊，郁郁不得志，为《四愁诗》，效屈原以美人为君子，以珍宝为仁义，以水深雪雰为小人，思以道术为报，贻于时君，而惧谗邪不得通”云云。义同王逸《章句》，明谓拟仿灵均，而验之本篇，与《骚》亦合；变女以求男，仅为方式之异。又按魏繁钦曾作《定情诗》，题目袭《定情赋》，方式仿《同声歌》，然内容则合此二者而一之，是方式之异亦无关宏旨，《定情诗》云：

我出东门游，邂逅承清尘。思君即幽房，侍寝执衣巾。时无桑中契，迫此路侧人。我既媚君姿，君亦悦我颜。何以致拳拳？

绾臂双金环。……何以致区区？耳中双明珠。何以致叩叩？香囊系肘后。……与我期何所？乃期东山隅。日旰兮不来，谷风吹我襦。远望无所见，涕泣起踟蹰。与我期何所？乃期山南阳。日中兮不来，凯风吹我裳。逍遥莫谁睹，望君愁我肠。与我期何所？乃期西山侧。日夕兮不来，踯躅长太息。远望凉风至，俯仰正衣服。与我期何所？乃期山北岑。日暮兮不来，凄风吹我襟。望君不能坐，悲苦愁我心。爱身以何为，惜我华色时。中情既款款，然后克密期。褰裳蹑茂草，谓君不我欺。厕此丑陋质，徙倚无所之。自伤失所欲，泪下如连丝。

就东南西北申追慕之苦，“自伤失所欲”结此欲求之徒然，此其与《四愁诗》同者。取“定情”二字以名篇，用“何以致拳拳”等句明其追求之切，此其与《定情赋》同者。然全篇文意契合无间。《四愁诗》《定情诗》既皆承《骚》义，则《定情赋》之本屈、宋以好色喻好修而敷陈其悲观主义者亦明矣。

《定情赋》之所寓言，既如上述，仿此赋之《闲情》一作亦自易解。以题目言，闲者检之谓，闲情无异于定情。为申吾说，兹取《闲情赋》论之。

《闲情赋》六百七十一言，自起首至“举止详妍”一段，叙女子之美。自“激清音以感余”至“终推我而辍音”一段，叙追求此女之切。自“考所愿而必违”至“终阻山而带河”一段，叙此追求之终于绝望。而“迎清风以祛累”以下六句，则叙绝望后之人生见解。总此四段之描写，实即吾人所谓“托好色之不成喻好修之不成而敷陈其悲观主义者”。又如第一段有云：

佩鸣玉以比洁，齐幽兰以争芬。……悲晨曦之易夕，感人生之长勤。

所谓齐芬幽兰，“人生长勤”，皆仿《离骚》，如第二段云：

欲自往以结誓，惧冒礼之为愆。待凤鸟以致辞，恐他人之我先。意惶惑而靡宁，魂须臾而九迁。

钦立按：此下即接以“愿在衣而为领”等四十句，皆形容此所谓“魂须臾而九迁”者。此种写法，固《关雎》“求之不得，寤寐思服”之敷张，然如“魂须臾而九迁”，亦本《楚辞》“魂一夕而九逝”之语。至如“惧冒礼”，待鸟致辞，“恐他人之我先”，抑又直袭《离骚》之义也。又如第三段有云：

悼当年之晚暮，恨兹岁之欲殚。思宵梦以从之，神飘飖而不安。若凭舟之失棹，譬缘崖而无攀。

该段前二句即《离骚》所谓“美人迟暮”之意。后四句则承用《骚》义而反叙其幻变之痛也。至末尾六句云：

迎清风以祛累，寄弱志于归波。尤《蔓草》之为会，诵《召南》之余歌。坦万虑以存诚，憩遥情于八遐。

“邂逅相遇”既无可望，故尤《蔓草》之所谓会，“汉有游女，不可求见”，故诵“南有乔木”一诗以为准。而终以“祛累”“存诚”“憩情”“寄志”者，视为人生之归宿也。

全赋以好色之过程托喻一人之人生追求者，层次极为分明。总其旨归，不出《序》文所谓“检逸辞而宗澹泊”一语而已。人在少年，即壮且厉（少时壮且厉），斯时率执荡志（闲居执荡志），所谓“猛志逸四海，骞翮思远翥”也。及经世累，不甘屈从，猛志豪情，归梦想矣。要之陶赋所寓言者，与屈、宋、张、曹并符同。至灵均、子建以失望至于死，元亮以失望而至于隐退，是则其性情见解之又有异也。

考《宋书》陶传，元亮“弱年薄宦，不洁去就之迹”，是陶其始亦有用世之志。迨辛丑赴假江陵，渐萌归隐之志。辛丑为晋安帝隆安五年（401），其时桓玄为荆、江二州刺史，赴假江陵，此其仕桓玄也。及为刘裕镇军参军（别见拙作《陶渊明年谱》），有诗云：

时来苟冥会，宛辔憩通衢。投策命晨装，暂与园田疏。眇眇孤舟逝，绵绵归思纡。我行岂不遥，登降千里余。目倦川途异，心念山泽居。望云惭高鸟，临水愧游鱼。真想初在襟，谁谓形迹拘。聊且凭化迁，终返班生庐。（《始作镇军参军经曲阿作》）

元亮于行役之倦怠及宦途之绝望，此尤慨乎言之。至义熙元年（405），彭泽告归，遂嘉遁至于终身。颜延之为《靖节诔》，谓“长卿弃官，稚宾自免。子之悟之，何悟之辨。赋辞《归来》，高蹈独善”云云，殆深知陶之用心。幼年之梦想，自此告终；人生之见解，亦自此确定。《闲情赋》之作，固知为追效古人而以好色之寓言写此一生之梦想及此梦想之终了者。而其撰作时代，殆亦可定，即必在彭泽弃官之后，然相距亦必不远也。

三十七年四月十一日脱稿

（原载《学原》1948年第2卷第8期）

曹植与五言诗体

◎缪　钺

中国文学以抒情诗为主。抒情诗体变化甚多，有四言，有《楚辞》，有赋，有乐府歌辞，有五言、七言，有词，有曲。最古之诗体为四言与《楚辞》，西周初至春秋用四言体，《楚辞》兴于战国。四言至汉代，其势已尽，魏晋以降，作者不多，亦鲜佳什。《楚辞》变为汉赋，由抒情而趋重体物，貌同心异。魏晋以还，抒情复昌，至庾信《哀江南赋》而止，唐以后赋体亦微。五言、七言均出汉代，而七言至唐始大盛。唯五言诗，自建安时即为文学主要体裁，其后虽新体代兴，而五言诗体并未被淘汰，迄今仍可应用，故在中国各种诗体中，能流行二千年尚未僵化者，唯有五言。五言诗体发生虽在汉代，而其正式成立，则在建安、黄初之间，曹植为最重要之作者。钟嵘《诗品》乃专论五言诗之书，其称美曹植，“譬人伦之有周孔”，良非无以。五言诗既为中国诗中最重要之体裁，而曹植即奠定五言诗体之人，故“曹植与五言诗体”，乃治中国文学史者所不可不注意之事也。

旧传西汉人五言诗，如枚乘《古诗》、苏李赠答、卓文君《白头吟》、班婕妤《怨歌行》，皆不可信据。古今学者，多已言及，近逯钦立氏《汉诗别录》（1945年12月《历史语言研究所集刊》外编《六同别录》卷中）论证尤详，兹不复赘。西汉虽无有作者主名之五言诗，而民谣短歌，多用五言，逯氏文中亦举例说明之。其所举民谣最早者，为《汉书·禹贡传》所载武帝时俗语“何以孝悌为”云云。其所举短歌最早者，为《汉书·李延年传》所载延年歌：“北方有佳人，绝世而独立。一顾倾人城，再顾倾人国。宁不知，倾城与倾国，佳人难再得。”并谓：“此歌第五句多出三字，当系歌者临时所加之趁字。此通篇既与《乌生八九子》之杂言不同，又与含兮字之楚歌亦迥乎有异，虽多出三字，固可谓五言首次用于倡乐之例也。”又谓：“延年以故倡而善新声，则此非四言非楚歌之《北方佳人》，其为新曲可知，其为五言之首用于倡乐亦可知。”逯氏所举最早之五言民谣短歌均在武帝时，因此推论五言发生于武帝之世。钺按，西汉人用五言作短歌者，李延年之前，亦尚有迹象可寻。《汉书·外戚传》载高祖戚夫人歌曰：“子为王，母为虏。终日舂薄暮，常与死为伍。相离三千里，当谁使告女。”首二句虽为三言，下四句皆五言，似亦可视作五言短歌。用五言为短歌，乃汉初以降自然之趋势，非必李延年故意创制之新乐，亦不必拘定起于武帝之时也。又汉代乐府中之《相和歌辞》，多出民间。（《晋书·乐志》所谓：“凡乐章古辞，今之存者，并汉世街陌谣讴，《江南可采莲》《乌生八九子》《白头吟》之属也。”）其体裁无定，有四言者，如《箜篌引》《善哉行》等；有杂言者，如《乌生八九子》《平陵东》《东门行》《妇病行》《孤儿行》等；有五言者，如《江南》《鸡鸣》《陌上桑》《长歌行》《相逢行》《长安有狭斜行》《陇西行》《艳歌行》《白头吟》等。以五言者为多，此亦可见五言体在街陌谣讴中滋长之盛。

中国字为单音，诗体句调，宜于整齐。周诗多四言，句调简短，变化无多，易于凝重而难于动荡，故至汉代，箴铭颂赞等典重之作，多用四言，而鲜有用于抒情者。韦孟《讽谏》《在邹》，及韦玄成《自劾》《戒子孙》诸四言诗，殊板重少诗意。四言既不适于抒情，于是民谣短歌自然产生一种五言体，其后渐发展为较长之乐歌。五言较四言虽仅多一字，然因其为奇数，句法轻灵而变化，胜于四言。（钟嵘《诗品序》：“夫四言文约意广，取效《风》《骚》，便可多得，每苦文繁而意少，故世罕习焉。五言居文词之要，是众作之有滋味者也，故云会于流俗，岂不以指事造形穷情写物最为详切者耶？”即说明五言所以胜于四言之故。）文人觉得适用，故有模仿五言乐府者，如辛延年作《羽林郎》，宋子侯作《董娇饶》（此两诗皆仿《陌上桑》描述之体）。有采乐府之五言体以抒情言志而不必被诸管弦者，是为五言诗之滥觞。据文献可征者，以班固《咏史》诗为最早，余如傅毅《古诗》（“冉冉孤生竹”）、张衡《同声歌》、秦嘉《赠妇》、蔡邕《翠鸟》、郦炎《见志》、赵壹《疾邪》，皆其伦也。

东汉文人，虽不乏作五言诗者，然成绩并不佳，盖此新体尚未被重视，作者不过偶尔尝试，非郑重为之。班固、张衡文学之天才，卓绝一代，所作《两都》《二京》诸赋，殚精结撰，蔚为辞宗，而其作五言诗，则掉以轻心，并不经意，故钟嵘谓班固《咏史》“质木无文”。此种情形，亦如中唐之时，词体初兴，白居易、刘禹锡于诗造诣虽高，而偶作小词，则率意为之，无甚精彩也。东汉五言诗之传世者，除班固、张衡诸人之作外，皆无作者主名，后人称为《古诗》，《文选》采录十九首。（钟嵘《诗品》谓：“《古诗》，陆机所拟十四首，其外《去者日以疏》四十五首。”则钟嵘所见有五十九首。）其中不乏佳制。然既非一人一时之作，作者主名亦无考，盖新体初兴，标准未定，作诗者多出于自然之尝试，故东汉一代，未有专以五言名家之诗人。

《古诗》虽非一人之作，然其中亦颇有共同之特点。《古诗》虽无作者主名，大抵出自文人。五言之体，采自乐府歌辞，而《古诗》有与乐府不同者。乐府出自民间，多记事之篇，写社会情况，重绚烂之描绘，其长处为清新、平易、活泼，而无高深之意境，且风格相似，不显作者个性。《古诗》为文人抒情之作，表现作者个性，情思深远。故《古诗》乃用乐府五言之体裁而提高其境界者。此一特点也。钟嵘谓《古诗》“原出于《国风》”，实则其中多含《骚》意，如：

涉江采芙蓉，兰泽多芳草。采之欲遗谁，所思在远道。还顾望旧乡，长路漫浩浩。同心而离居，忧伤以终老。

庭中有奇树，绿叶发华滋。攀条折其荣，将以遗所思。馨香盈怀袖，路远莫致之，此物可足贡（“贡”或作“贵”），但感别经时。

其芳馨悱恻轻灵幽渺之致，非《国风》所有。《楚辞》盛行于汉，其形式衍为赋，而其精神意味则融于五言诗，故东汉五言诗兼承《风》《骚》，而得于《骚》者尤多。此其特点二也。

在班固《咏史》之后百余年，当三国纷扰之际，建安、黄初之间，作五言诗之风气大盛。曹操、曹丕、曹植、孔融、王粲、陈琳、徐干、刘桢、阮瑀、繁钦、应玚等，莫不从事于五言诗之创作，而曹植专精努力，造诣最高，从此遂奠定五言新体之基础。

建安时文人，喜仿乐府，所谓“依前曲，作新声”（曹植《鼙舞诗序》语），故曹植作乐府甚多。兹就朱绪曾《曹集考异》统计（朱绪曾《曹集考异》，于曹植作品，搜辑校勘，最为详密，故依据之。所统计只取完篇，零章断句不计入。又如《善哉行》“来日大难”篇，非曹植作，亦不计入），乐府共四十三篇，其中五言者三十篇。建安时文人作乐府之风气，有两件事可注意者。第一，旧传汉曲之四言或杂言者，至此多以五言代之。如《善哉行》、古辞“来日大难”篇四言，曹操“自惜身薄祜”篇、曹丕“朝游高台观”篇皆为五言；《薤露》、古辞“薤上露，何易晞”篇杂言、曹操“惟汉二十世”篇则为五言；《蒿里》、古辞“蒿里谁家地”篇杂言、曹操“关东有义士”篇则为五言（此意逯钦立氏所说，见其著《汉诗别录》）。第二，建安时文人作乐府，往往借旧题自抒怀抱，不必尽用原题之意旨。如《薤露》《蒿里》本挽歌，而曹操作《薤露》《蒿里》，则伤感汉末时事；《陌上桑》本叙罗敷采桑拒过路官人相挑之事，而曹操作《陌上桑》，则言游仙之意，曹丕作《陌上桑》，则言弃乡离家远从军旅之苦；《善哉行》古辞言人命不可保，当酒歌行乐，或驾龙求仙，而曹操作《善哉行》，则言少罹孤苦，不闻督教，曹丕作《善哉行》，则言宴饮奏乐乐极哀来之情。凡此诸篇，虽借乐府之题，等于咏怀之什。曹植作乐府，亦依上述两种风气。《薤露》古辞本杂言，曹植作《薤露行》“天地无穷极”则为五言，《薤露》本挽歌，而曹植《薤露行》则言自己立功立言之志。《苦寒行》本言冰雪之苦，而曹植拟《苦寒行》，作《吁嗟篇》，则言转蓬之随风飘荡，以慨十年而三徙都之事。《长歌行》言芳华不久，当努力为乐，莫至老大乃伤悲，而曹植拟《长歌行》为《吁嗟篇》，则言壮士之怀非世人所能解，隐以自喻。

曹植之诗，亦多五言，兹仍依朱绪曾《曹集考异》统计之（零章断句不计入），共诗三十三篇，其中五言二十六篇。建安文人中，曹植对诗最努力，所作最多，而诗中尤以五言为多。就以上所统计，其作品传世者，乐府四十三篇，诗三十三篇，共七十六篇，其中五言五十六篇，几占全数四分之三，可见曹植特喜尝试五言。曹植作乐府虽不少，然既多自抒怀抱，不拘原题，且亦不必被诸管弦（《文心雕龙·乐府》：“子建士衡，咸有佳篇，并无诏伶人，故事谢丝管，俗称乖调，盖未思也。”可见曹、陆等人作乐府已不尽歌唱），则其五言乐府与五言诗无异。

上文已言，东汉人试作五言，有两种途径：或仿乐府，叙述故事，描写社会，如辛延年《羽林郎》、宋子侯《董娇饶》是也；或用五言抒自己之怀抱，如《古诗十九首》之类是也。曹植创作五言，似偏重第二种途径。（钟嵘《诗品》谓《古诗》："《去者日以疏》四十五首，旧疑是建安中曹、王所制。"按"弹筝奋逸响，新声妙入神"二句，在《古诗十九首》"今日良宴会"篇中，《北堂书钞·乐部·筝》引为曹植作，当别有所据。故《古诗十九首》中是否杂有曹植之作，虽难一一确考，然就上引两事观之，可见昔人视曹植诗与《古诗十九首》极近似，盖二人撰作之途径与态度相同也。）唯《古诗十九首》作者虽已将五言诗境提高，然未有专精为之者。曹植同时文人，如曹操、曹丕、王粲、刘桢等，天才虽卓，而于五言之创作，皆不如曹植之努力。曹植殚精竭虑，创作五言，做多方面之尝试，其人格个性，皆渗透于五言诗中，遂增扩内容，提高境界。《楚辞》之体，出于楚国民间。（《楚辞》体与《诗》三百篇不同者，即在其句调漫长而悠扬，句中多用兮字，此盖南方民歌之体裁。屈原以前，南方歌谣，如《论语》《庄子》中之《接舆歌》，《左传》中之《庚癸歌》，《孟子》中之《沧浪歌》，《说苑》所载之《越人歌》译文，均已如是。）有志洁行芳之屈原出，用此体裁，发抒哀怨，楚辞之体始昌。五言源出于汉代民间之乐歌，有曹植出，用此体裁，写其深厚之情思，树立高浑之风格，五言诗体始定。就中国文学史中考之，每一种新文学体裁之产生，必经多年之酝酿，多人之试作，至伟大之天才出，尽其全力，多方试验，扩大其内容，增进其技巧，提高其境界，用此种新体裁作出许多高美之作品，树立楷模，开辟途径，使后人有所遵循，于是此种新体裁始能成立，始能盛行，而此伟大作家遂为百世尸祝，奉为宗匠，曹植在五言诗中即居如此之地位。故以含思深远、造境旷逸而论，阮籍、陶潜、谢灵运之作，或有超过曹植之处，而后人论五言诗者，仍奉曹植为典型。钟嵘论曹植诗，譬之

“人伦之有周孔”。周孔为人伦之规范，曹植为最早奠定五言诗体之人，故其所作亦为五言诗之规范也。（温庭筠在词中之地位，与曹植在五言诗中之地位相似。盖词虽发生于中唐，而温庭筠以前，未有以词名家之作者，温庭筠始专精作词，树立规范，故《花间集》以温庭筠冠首，选录最多，可见五代词人奉温为宗匠。五代北宋之词家，其作品或超出温氏之上，而温氏在词中始终居重要地位，即以其有奠定词体之功也。）

逯钦立氏《汉诗别录》论五言诗体谓：“自西汉武帝至东汉章帝之时，应定为此一体裁之发生期，自东汉章帝至献帝建安以前，应定为此一体裁之成立期。”此固是一种看法。钺之愚见，则以为西汉时仅有五言民谣短歌，班固《咏史》为现存文献中文人作五言诗之最早者，此后百余年，虽不乏尝试五言诗者，然未有专以五言名家之诗人，至曹植出，树立规范，而五言诗体始确立，后之作五言诗者奉为楷模。曹植以前，似只能称为五言诗之发生期，建安、黄初间，始为五言诗之成立期，与逯氏看法不同。谨志于此，以供商榷。

研究文学体制之流变，除注意于其表面之形式以外，对于内容，亦应探索。盖每一种新体制，往往兼具新内容、新意境。《楚辞》之不同于《诗》三百篇者，不仅在其句调之漫长悠扬，而尤在其芳馨悱恻之思。词之不同于诗者，不仅在其长短句之参差相间，而尤在其幽约凄迷之境。五言诗为东汉时发生之新体，成立于建安、黄初之间，滋盛于魏晋南北朝之际，其内容上承《诗》《骚》，而融合佛道两家思想，歌咏自然，描绘山水，为其所增辟之新境。曹植之诗，在此方面关系如何，亦可加以研讨。

建安、黄初之间，政治、文学、学术思想，皆有蜕变之势，由两汉变为魏晋，此时实为一转关，曹植则为此转变时期之人物。东汉儒家思想盛行，魏晋以降，则谈老庄，讲佛学。汉人盛倡孝义，所谓“以孝治天下”，而曹植《仁孝论》（选自严辑《全上古三代秦汉三国六朝文》；以后引曹植文不注明者，均本严辑）则谓：“孝者施近，仁者及远。”以为仁重于孝，此与汉人思想已不尽同。然就大体论，则曹植思想仍本儒家，故其诗中内容多言君臣、父子、兄弟、夫妇、朋友等人伦之情感。《责躬》《应诏》两诗，君臣之情也。《赠白马王彪》，兄弟之情也。《七哀》《弃妇诗》《代刘勋妻王宋诗》《寡妇诗》，夫妇之情也。《送应氏二首》《离友诗》《赠徐幹》《赠丁仪》《赠王粲》《赠丁仪王粲》，朋友之情也。

曹植之儒家思想，虽承汉人，而汉人五行迷忌之思，神仙方士之说，则均在摒弃之列。其《萤火论》辨熠耀之非鬼火，《说疫气》谓疫气：“乃阴阳失位，寒暑错时，是故生疫，而愚民悬符压之，亦可笑也。”《辨道论》以神仙之书道家之言为虚妄，谓其父曹操招致方士甘始、左慈、郗俭等，集之于魏国，乃恐其“挟奸宄以欺众，行隐妖以惑民”，并非信奉其术。又谓甘始辞繁寡实，颇有怪言。凡此均可见曹植之重理智，一扫汉人迷信之思。（《抱朴子》内篇《论仙》引曹植《释疑论》：“初谓道术直呼愚民作伪，空言定矣，及见武皇帝试闭左慈等，全断谷近一月，而颜色不减，气力自若……乃知天下之事不可尽知。而以臆断之不可任也，但恨不能绝声色专心以学长生之道耳。”与《辨道论》所言乖牾。疑此乃葛洪伪托，非曹植之言。）又佛学自东汉桓、灵以来已渐盛，而曹植曾作论曰：“昔尧、舜、禹、汤、文、武、周、召、太公，并享百年之寿，六圣三贤，并行道修政，治天下，不足损神，贤宰一国，不足劳思，是以各尽其天年。桀放鸣条，纣死牧野，犬戎杀幽，厉王不终，周祚八百，秦灭于二世，此时本无佛僧。”（按，此文严辑曹植文未载，朱绪曾《曹集考异》卷一〇载此文，题曰“失题论”，注云：“《辨正论》内九箴陈子良注引陈思王论。”）可见曹植亦不信佛。至于《法苑珠林》《高僧传》《广弘明集》诸书所载，曹植尝游鱼山，闻空中梵天之响，遂摹其声节，写为梵吹，亦出后人附会。

曹植虽不信方士之说，而其作品中颇喜言游仙，乐府中如《升天行》《仙人篇》《游仙》《五游咏》《苦思行》《远游篇》《桂之树行》《飞龙篇》《驱车篇》，均言神仙飞腾遨游之乐，盖假此放旷之思以抒其郁轖，上承屈原《离骚》、汉人《远游》（《远游》乃汉人所撰，非屈原作）之旨也。

总之，曹植思想，仍本儒家，不信方士之说，亦无玄释之思，其诗多咏人伦，喜言游仙，大抵不出《诗》《骚》之域。故曹植虽有奠定五言诗体之功，而增扩新内容，则有待于阮籍、陶潜、谢灵运诸人矣。

（原载《文学杂志》1948年第2卷第12期，收入《冰茧庵丛稿》）

关于曹植初次就国的问题

◎俞绍初

曹植在建安期间曾两次封侯，十六年封平原侯，十九年徙封临菑侯，都居住于邺，未曾就国。他初次就国是在延康元年（220）曹丕继承魏王之位以后。《魏书》本传云："文帝即王位，诛丁仪、丁廙并其男口。植与诸侯并就国。"《曹彰传》载："文帝即王位，彰与诸侯就国。"又此文之下裴注引《魏略》曰："太子嗣立，既葬，遣彰之国。"都说明了这一事实。但是，对于就国的具体时间，《魏书》与《魏略》两家的记载显然各不相同：前者以为在曹丕诛丁仪、丁廙之后，后者则认为在曹操既葬不久。据《武帝纪》，曹操下葬的时间是在建安二十五年（220）二月丁卯（二十一日）；而丁仪、丁廙于何时被杀，史书记载颇有出入，是有待于讨论的疑案。因此，两家所说以何者近实，须先考定曹植初次就国及丁仪兄弟被杀的确切时间，方能作出明晰的判断。

关于曹植初就国的确切时间，在曹植本人和曹丕的作品中最早透露了消息。《太平御览》卷五百二十六引曹植《求祭先王表》云：

臣虽比拜表，自计违远已来，以逾旬日。垂竟夏节方到，臣悲感有念先王。公（按，指曹腾）以夏至日终，是以家俗不以夏日祭。至于先王（按，指曹操），自可以令辰告祠。臣虽卑鄙，实禀体于先王。自臣虽贫窭，蒙陛下厚赐，足供太牢之具。臣欲祭先王于北河之上，羊猪牛臣自能办，否（按，当作“杏”）者臣县自有。先王喜鳆，臣前以表，得徐州臧霸二鳆百枚（按，当作“鳆二百枚”）足自供事。请水瓜五枚，计先王崩来，未能半岁。臣实欲告敬，且欲复尽哀。

《御览》紧承此表又引录了博士鹿优、韩盖等奏议及曹丕答诏。从内容上看奏议和答诏均针对曹植《求祭先王表》而发，当是一时之事。现将曹丕答诏全文抄录于后：

诏曰：得月二十八日表，知侯推情欲祭先王于河上，览省上下，悲伤感切。将欲遣礼，以纾侯敬恭之意，会博士鹿优等奏礼如此，故写以下。开国承家，顾迫礼制，惟侯存心，与吾同之。

《答诏》说“得月二十八日表”，所得之表即曹植《求祭先王表》，“月二十八日”无疑是曹植上表的时间。那么，“月”所指为何月？《表》有“计先王崩来，未能半岁”云云，考《武》《文》两记，曹操于建安二十五年正月庚子（二十三日）病故洛阳，曹丕旋即继承王位，改建安二十五年为延康元年，因此曹植上表求祭先王之事当发生在延康元年六月以前。植《表》又云：“垂竟夏节方到……是以家俗不以夏日祭。至于先王，自可以令辰告祠。”说明他准备在夏至日告祭曹操。据陈垣《二十史朔闰表》推算，这一年的夏至为五月初四或初五，可知“月”指四月，就是说曹植上表的时间是四月二十八日，正在夏至前六七日，故《表》有“夏节方到”云云。曹植在《表》中又说：“自计违远已来，以逾旬日”，表明了自离别曹丕就国至上表之日相隔的时间。由此可以推定，曹植初次就国是在延康元年四月十五日左右。其时离曹操下葬相去不远，所以《魏略》说“既葬就国”，大体上是正确的。

关于丁仪、丁廙被杀的时间，根据上引《魏书》曹植传所言当在曹丕即王位之初，但《魏略》的记载却又与此相异。曹植传注引《魏略》曰：

太祖既有意欲立植，而（丁）仪又共赞之。及太子立，欲治仪罪，转仪为右刺奸掾，欲仪自裁而仪不能。乃对中领军夏侯尚叩头求哀，尚为涕泣而不能救。后遂因职事收付狱，杀之。

从《魏略》的叙述看出，曹丕嗣立之初并没有立即诛杀丁仪。诛杀丁仪以前，有一个先转其为右刺奸掾，欲令“自裁”，后又借故收之入狱的过程，而在此期间丁仪曾经向中领军夏侯尚求救。夏侯尚任中领军的时间，根据史传记载是可以推测而知的。《魏书·夏侯尚传》：“太祖崩于洛阳，尚持节，奉梓宫还邺。并录前功，封平陵亭侯，拜散骑常侍，迁中领军。文帝践阼，更封平陵乡侯，迁征南将军，领荆州刺史。”又《曹休传》云：“太祖拔汉中，诸军还长安，拜休中领军。文帝即王位，为领军将军……夏侯惇薨，以休为镇南将军。”按《宋书·百官志》，中领军掌禁兵，资重者为领军将军，资轻者为中领军，可见中领军和领军将军是同一职务根据资望轻重而授予的不同称号。因此，夏侯尚初任中领军肯定是接替曹休领军将军的职事，时在夏侯惇死、曹休转为镇南将军之际。据《文帝纪》，夏侯惇死于延康元年四月庚午（二十五日），则夏侯尚为中领军当在此时至同年十月曹丕受禅期间。丁仪既然曾求救于中领军夏侯尚，那就说明他的被杀不会早于四月二十五日，就是说在曹植就国之后。

上面《魏略》提供的情况，在曹植《赠丁仪》诗中也同样有所反映，而且进一步显示丁仪被杀是在此年秋后。其诗云：

初秋凉气发，庭树微销落。凝霜依玉除，清风飘飞阁。朝云不归山，霖雨成川泽。黍稷委畴陇，农夫安所获？在贵多忘贱，为恩谁能博？狐白足御冬，焉念无衣客。思慕延陵子，宝剑非所惜。子其宁尔心，亲交义不薄。

一般认为这首诗作于延康元年曹丕即王位后，这是有根据的。诗先从节序的迁移、景物的变换写起，接着“朝云不归山”四句描述久雨不止、霖潦成灾的景象。考《初学记》卷二引《魏略·五行志》：“延康元年，大霖雨五十余日，魏有天下乃霖，将受大禅之应也。”曹丕受禅于是年十月，可见延康元年秋天确实发生过霖雨，诗句所写正是事实，而不是托物寄意的想象。丁仪原是曹操掾属，与曹植亲善，因曾赞助曹操欲立曹植为太子，为曹丕所忌恨。从诗中看出，此时丁仪被杀的祸机还没有完全显露，不过已遭受歧视，大概在转为右刺奸掾，令其“自裁”之前。由于曹丕一即王位便遍封曹操旧时属僚，唯丁仪却仍滞留于掾属之位而不得封赏，由此而产生怨激之情是不难理解的。诗中“在贵多忘贱”以下八句，便是有感于丁仪当时的境遇而加以劝慰，对他表示深切同情。看来诗意与《魏略》所叙丁仪的事迹也相切合，《赠丁仪》诗作于延康元年之秋当可无疑。这就说明，在曹植就国以后一段时期内丁仪依然活着，没有被杀。丁仪、丁廙之被杀，据两汉以来治狱的惯例，可能在秋冬之际，曹丕受禅前后。因此，陈寿将此事置于曹丕即王位与曹植就国之间显然是出于误记，不足凭信。而不少文学史家对于陈寿之说习而不察，往往据以叙述曹植生平，就不免违离了史实。在探讨曹植就国时间问题时，指出这一点或许不是多余吧。

接着要讨论的是曹植初次就国的地点在何处。关于这个问题向来认为：曹植既以临菑侯就国，他所就之国当然是在临菑。这一说法似乎已成定论，然而却颇可怀疑。

怀疑也是读了上引曹植《求祭先王表》和曹丕《答诏》引起的。据《表》《诏》可知，曹植在四月二十八日上表请求于夏至日告祭先王，现在假设当时他在临菑，于是问题就出来了。临菑距邺约一千二百里[1]，公文往复则路程加倍，以日急行三百里计，道途所花的时间就超过了八天。这就意味着当曹植接到答诏时早已过了夏至，曹丕发诏欲阻止其求祭先王，岂非落空而失去了任何意义？又植《表》云“臣欲祭先王于北河之上”，《答诏》也说“欲祭先王于河上”，清楚地表明曹植欲祭先王的地点是在“河上”，而此“河”又在其居处之北。有人认为“河”就是临菑附近的菑水，但事实上，“河”在古籍中专指黄河，《三国志》及曹丕、曹植作品中以“河”称黄河的例证比比皆是，而未见有以“河”指称菑水的，因此《表》《诏》所说的“河上”，当是黄河之畔。于是问题又出来了：假设当时曹植就国于临菑，而临菑去黄河甚远，那么他何以不惮长途跋涉，赶去黄河附近举行祭祀呢？这实在不可思议。所以上述种种疑点表明，就国临菑说与《表》《诏》所反映的实际情况颇相抵牾，看来曹植初就国的所在地似不在临菑，而在北傍黄河，离邺城不远的某处。当然，这个推测有待于其他史料作出验证，看一看究竟有无道理。

《太平御览》卷一百九十八引曹植《迁都赋序》曰：

余初封平原，转出临菑，中命鄄城，遂徙雍丘，改邑浚仪，而末将适于东阿，号则六易，居实三迁。连遇瘠土，衣食不继。

这篇残序历叙封号的变易，又指出“号则六易，居实三迁”的事实，是探讨曹植居址的重要材料。据“末将适于东阿”一语

① 据《元和郡县志》及《太平寰宇记》推出，下同此。

可知，《迁都赋》当为太和三年（229）徙封东阿王后，将由雍丘迁居阿时所作。对照本传的记载，序中缺一安乡侯，又雍丘曾有两封，即由浚仪而改回雍丘，后又从雍丘而转东阿，因封号相同，故省去一次；除此之外，六个封号及其先后顺序均相符合。安乡侯何以不入其类，因与本文论旨无关，拟作另文说明，此不赘述。现在所要讨论的是“号则六易，居实三迁”的含义所在。

关于这一点，徐公持同志《曹植生平八考》一文根据序中正好列举了六个封号，断定“六易”的“六”是实数，从而正确地指出“三迁”的“三”也应是实数[①]。据此，这两句的意思是说：自初封平原至将往东阿就国期间，曹植的封号先后改易了六个，而居址实际上迁移了三个。这里需要说明的是，序中的封号同时就是封地的名称，曹植居住过的三个地点必然包括在六个封号之中是没有疑问的。在六个封号中，有大量的史料证明，又经过徐公持同志在同文中翔实而周密的考证，确知居住过的有鄄城、雍丘二地，没有居住过的有平原、浚仪二地。剩下的，也是引起争议的是临菑和东阿。因此，“居实三迁”的三个地点要么包括临菑而排除东阿，要么，包括东阿而排除临菑，二者必居其一。我们只要肯定其中的一个，“居实三迁”的确切含义就不难弄清了。

序称“末将适于东阿”，曹植作赋时身尚在雍丘，未到东阿，这是事实；但是，东阿已经作为都邑，他将迁往居住，这同样也是事实。既然作赋时已经决定迁居东阿，而此赋又题曰“迁都”，表明为有感于眼前迁都之事而发。因此就《迁都赋序》文义而言，“居实三迁”应该是包括了将迁之都东阿在内的。

如果上述推断因《迁都赋序》残缺不全，尚难令人完全信

① 文载《文史》第十辑。

服，那么陈寿有关记载可以作为补充说明。《魏书》本传叙太和六年曹植之死云：

时法制，待藩国既自峻迫，寮属皆贾竖下才，兵人给其残老，大数不过二百人。又植以前过，事事复减半，十一年中而三徙都，常汲汲无欢，遂发疾薨。

这段史文指出曹植长期以来遭受迫害，境遇恶劣，使他“常汲汲无欢”，因而发疾而卒。文中所补叙的遭受迫害的具体事实之一就是“十一年中而三徙都”，说明他长期过着迁徙频繁、居无定处的生活。“十一年中而三徙都”一句是颇值得引起注意的。这里的“三徙都”与《迁都赋序》中的“居实三迁”，显而易见句义相同，都表示迁移了三个都邑。那么，它们所反映的实际内容是否完全一致，二者之间有没有内在联系？这是需要着重讨论的。

解决上述问题的关键，在于明确“十一年”的时间界限。一般以曹植病故的太和六年（232）为下限，但从太和六年逆推十一年，则为黄初三年（222），其年曹植由鄄城侯立为鄄城王，其都邑未变，没有发生迁都之事，以此年作为徙都的起点似与事理殊难相洽。“十一年”的下限一时难以确定，我们可以求其上限。

就上限而言，黄初三年以下年份，距曹植之死都不足十一年，故可以排除在外；而曹植迁都又是黄初以来才有的事，因而剩下可供选择的只有两个年份，那就是黄初元年和二年。上文已知，曹植初次就国在延康元年，即黄初元年，就国的所在地也就是他第一个都邑，既然以“三徙都”概言黄初以来所徙之都，理所当然应包括他住过的第一个都邑在内。因此，黄初元年当是“十一年”的上限。余冠英先生《三曹诗选》在《吁嗟篇》题注中说：“说作者‘十一年中而三徙都，常汲汲无欢’。裴松之在注这几句的时候引本诗，是以为太和三年徙东阿后所作。”[①]这里也隐然认为“十一年”当从曹植初次就国时算起。

确定了黄初元年为上限，下推十一年则为太和四年（230）。据《通鉴》卷七十一所载，曹植于太和三年（229）十二月徙封东阿，这当是下诏命其迁都的时间。因此，太和四年则是他自雍丘正式迁至东阿的第一年。至此，“十一年中而三徙都”的含义便灼然可知：在曹植初次就国到太和四年这十一年中，他迁移了三个都邑，而东阿就是其中之一。这与上面根据《迁都赋序》所作的推断恰相符合。由此可见，“三徙都”和“居实三迁”不但字面意义相同，所反映的事实也完全一致。二者的区别只在于曹植作赋于将迁未迁之际，以迁居之始落笔；而陈寿写史则记载既成事实，以迁居之终立言。陈寿所处时期，《迁都赋》尚不至于亡佚，他是能够见到全文的。我们有理由认为“十一年中而三徙都”的史料来源即出于曹植《迁都赋序》，说明二者相同并非巧合。

通过以上考述，可以肯定曹植在太和四年以前居住过的三个都邑是鄄城、雍丘、东阿。这就是“居实三迁”的确实内容。毫无疑问，临菑不是曹植的居址，自然也不是他初次就国的地点，从而由曹植《求祭先王表》和曹丕《答诏》所引起的怀疑得到了初步证实。

曹植始就国的地点既然不在临菑，那么究竟在何处呢？从他就国以来封号的先后次序来看，这个地方应是鄄城。鄄城，据《水经·河水注》，“在河南十八里”，属于“河上之邑”[②]。这表明黄河近在鄄城之北，与《表》《诏》所反映的地望吻合。又鄄城西北至邺约五百里，往来不过二三天路程，曹丕的《答诏》

① 余冠英《三曹诗选》，人民文学出版社 1957 年版，第 80 页。

② 《水经·河水注》云：“鄄城故城在河南十八里。”按，故城与新城相对而言，新城始建于晋，故曹魏鄄城无新故之别。

有可能赶在夏至日前下达曹植，阻止其求祭先王之举才得以实现。由此看来，北依黄河、离邺不远的鄄城正是曹植初次就国的所在地。结论一旦明确，于是《迁都赋序》的某些文句也就豁然得解了。《序》中说“转出临菑，中命鄄城”，意谓本以临菑侯出邺就国于临菑，中途受命留住鄄城，后改封鄄城侯。这里清楚地说出了就国的经过，又反映了上面的事实。《序》又说“连遇瘠土，衣食不继”，所谓“瘠土”当指鄄城、雍丘二地。证之以曹植《社颂序》：“余初封鄄城侯，转雍丘，皆遇荒土……经离十载，块然守空。”按，自黄初元年初就国至太和三年十二月徙封东阿正首尾十载，十载之中他先后住过鄄城、雍丘二地。所谓“皆遇荒土”，与《迁都赋序》所说“连遇瘠土”指的是同一回事。由此看来，曹植初次就国的地点不是临菑而是鄄城，已由他本人在不同场合作过透露，不能说仅仅是一种臆测。

这里，我们再从曹植的另一篇作品中找到更为直接的证据，证明黄初元年他就国之后确实居住于鄄城。《大唐开元占经》卷一百一十六引曹植《上九尾狐表》云：

> 黄初元年十一月二十三日于鄄城县北，见众狐数十首在后，大狐在中央，长七八尺，赤紫色。举头树尾，尾甚长大，林列有枝甚多，然后知九尾狐。斯诚圣王德政和气所应也。

据题意，此表为曹植向朝廷呈献九尾狐而作。表首书：“黄初元年十一月二十三日”，时在曹植出邺就国未久。又云：“于鄄城县北，见众狐”，表明九尾狐是在鄄城被人看见的。九尾狐旧时被认为是象征“六合一统”的祥瑞。郡国发现祥瑞，按例宜由该郡国的执事者表奏朝廷，献上祥物，他人是不得任意越职言事的。如果认为曹植以临菑侯而就国临菑，临菑属青州，鄄城则属兖州，那么辖境之外鄄城发生之事，何以要由他越俎代庖，上表启奏呢？合理的解释只能是，他虽以临菑侯就国，但其治所却设于鄄城，所以才有责任将住地发生的情况禀报朝廷。从《上九尾狐表》中对九尾狐的数目、形状、毛色等所作的细致描述来看，也充分说明九尾狐实为其在鄄城亲眼所见。所以，《上九尾狐表》可证实，曹植以临菑侯就国，然而却寄地而治，实际居处在鄄城无疑。

曹植封临菑侯不去临菑而居于鄄城，如同他封浚仪王不去浚仪而住在雍丘一样，居处和封地分离，这与两汉以来封侯的传统制度显然不尽相合。但是考之于史实，自曹丕当政以来并非曹植一人如此，其他诸侯也存在着类似现象。

上文已知与曹植“并就国”的还有曹彰。据《魏书·曹彰传》，他于建安二十一年封鄢陵侯，黄初二年进爵为公，三年立为任城王，四年疾卒，因此延康元年他当以鄢陵侯就国。但其他史料表明，他居处却不在鄢陵。曹彰传注引《魏略》叙曹彰被遣之国云：“时以鄢陵瘠薄，使治中牟。及帝受禅，因封为中牟王。是后大驾幸许昌，北州诸侯上下，皆畏彰之刚严，每过中牟，不敢不速。”有人据“及帝受禅，因封为中牟王”与《魏书》记载不合，因而以为上述史事系鱼豢“虚造之言”[①]。按，《魏书·王肃传》注引《魏略》记贾洪事云：“延康中，（洪）转为白马王相。善能谈戏。王彪亦雅好文学，常师宗之，过于三卿。”据此，则曹彪于延康元年亦有白马王之封。延康元年即曹丕受禅之年，依《魏略》所言，曹彰、曹彪封王当为一时之事。鱼豢以魏人记魏事，大概不至于谬误两出而又巧合若此。可能的情况是，在曹丕受禅之始，诸侯中确有被封为王

① 见卢弼《三国志集解》引沈眉说。

的[1]，因随封随废，即复爵为侯，故《魏书》略而不书。在没有更为直接可靠的史料以资说明之前，对于《魏略》的正确性似未可轻疑。但是无论如何，有一点是可以肯定的，曹彰就国之初以及此后一段时间，他不往鄢陵而住于中牟却是事实。郭须《世语》及干宝《晋纪》亦并言中牟县有魏故任城王层台（见《水经·渠水注》及杭世骏《三国志补注》引《名胜志》），都说明了这一点。

此外，还有曹彪，据《魏书·曹彪传》，他于建安二十一年封寿春侯，黄初二年进爵徙封汝阳公，三年封弋阳王，又徙封吴王，五年改封寿春，七年徙封白马，自太和六年一直至死均为楚王。曹彪是否与彰、植同时就国，史无明言，但据上引《王肃传》注引《魏略》看出，延康元年他曾封为白马王，其情况很可能与曹彰相同，就是说他虽以寿春侯就国，却治于白马，及文帝受禅因封为白马王。此后，有史料表明，他的名号虽屡经变更，但似始终住在白马。如黄初四年曹植作有《赠白马王彪》诗，据黄节《曹子建诗注》考证，当时曹彪号为楚王，但住于白马，故得与回鄄城之曹植同路东归，足见那时他的封号和住地是不相一致的。又据《魏书·王凌传》载，齐王芳嘉平元年（249）太尉王凌和兖州刺史令狐愚密谋，欲立楚王曹彪为帝，是年"九月，（令狐）愚遣将张式至白马与彪相问往来"。按，楚王治于寿春，按理他本应在寿春，然而实际上却仍住在白马，所以令狐愚才派人到白马与之往来联系。由此看出，曹彪自初次就国至被杀，似一直住在白马，与他的封号不相符合。

以上事实说明，封号和实居之地不相一致，在曹魏时期并

① 按，曹植《责躬诗》云："文则时雍，受禅于汉。……广命懿亲，以藩王国。帝曰尔侯，君兹青土。奄有海滨，方周于鲁。"是则是时曹植但封为侯，未封为王，其原因或如《魏书》本传所说："植以前过，事事复减半。""前事"盖指建安末私开司马门事。

非偶然出现的事例，是不足为怪的。当然，封号和住地也有相统一的，如曹植之封鄄城、雍丘、东阿，曹彪之封白马等皆是。这两种情况同时并存，反映了曹魏封建诸侯的制度存在着某些混乱，曹叡在太和六年诏书中也承认："大魏创业，诸王开国，随时之宜，未有定制。"[①]因此，我们只有根据具体史实引导出相应的结论，说明在此时期封建诸侯的特点，而不能用两汉以来的传统制度去测度当时诸侯就国的具体情况，不然在判断上难免会失之偏颇。

曹丕即王位时，除曹彰、曹植、曹彪外，还有哪些诸侯就国，以及各自就国的地点在何处，由于文献缺载，已难悉其详。但仅从上述三人的情况来看，存在着一个明显的相同点，那就是他们初次就国的所在地，都与他们的封号不相符合。《魏书·武文世王公传》注所引《袁子》曾评述过曹魏的封建制度，其中有云："魏兴，承大乱之后，民人损灭，不可则以古始。于是封建侯王，皆使寄地，空名而无其实。"这里不但指出曹魏立国时封建诸侯所以不同于古制的原因，而且列举了曹丕所采取的一项重要措施——"皆使寄地"，即就国的诸侯不住本邑，而寄寓于他地。比照曹彰等人初次就国的共同特点，不能不认为《袁子》所说的"皆使寄地"曾是曹丕最早对付诸侯的一条通例。因此，曹植以临菑侯就国不治临菑而寄治于鄄城，就不是不可理解的了。

曹丕当初采取诸侯"皆使寄地"的方针，似乎有其堂而皇之的理由的：如曹彰因"鄢陵瘠薄，使治中牟"；曹彪或许因寿春地处敌国边境，让其治于白马，曹植则可能是因临菑遭到破坏[②]而被命寄住鄄城。但看来这仅仅是一种口实，而不是真实的

① 见《魏书·明帝纪》。

② 按，左思《魏都赋》描述汉末战乱给各地造成的破坏云："临菑牢落，鄢郢丘墟。"

用意所在。曹丕一即王位，有鉴于前朝分封诸侯之失，又曹操在世时曾与曹植争立太子，几乎失去了王位继承权，余悸犹存，所以对待诸侯的态度是峻切刻薄的。他通过种种措施防范和限制诸侯昆弟，以削弱他们的势力，从而维护自己的统治地位。应该认为，诸侯“皆使寄地”，导致他们“空名而无其实”，正是为了上述政治需要而采取的一个重要步骤，经过这一番处理，加上其他各种防范措施，诸侯被剥夺了一切应享的权利，即使此后偶有封号与居地相统一的情况，仍然改变不了他们“徒有国土之名，而无社稷之实”[①]的命运。曹丕的目的是达到了的。

澄清曹植初次就国的地点问题是很有意义的，它不但揭示出曹魏时期一个比较隐晦的历史现象，有助于深入了解曹氏兄弟之间的矛盾以及曹植晚年的处境；同时对于他生平中的其他问题，如黄初期间存不存在“两次获罪”之事，也提供了有益的启示，是可以重新讨论的。

一九八三年九月

［原载《郑州大学学报（哲学社会科学版）》1984年第3期］

① 《魏书·武文世王公传》陈寿评语。

应该正确评价曹植的游仙诗

◎陈飞之

游仙诗在建安诗歌中放一异彩，并对后来一些优秀诗人产生过深远的影响，实在是曹操、曹植父子在我国诗歌史上的一大贡献。建安时期的游仙诗，和后来正始年间的咏怀诗、太康年间的咏史诗、永嘉时期的变格游仙诗、晋宋之际的田园诗以及元嘉时期的山水诗一样，都在逐步地开拓我国抒情诗歌的题材与境界，为唐代诗歌的百花齐放充分准备了文学自身发展的条件。

游仙诗的产生源于屈赋，这是大家所公认的。但屈原的作品并不是游仙诗，只是在大量借用神话传说来写诗这一点上，给了游仙诗作者以深刻的启发。再是《离骚》中那种“欲远集而无所止兮，聊浮游以逍遥”的想象，用上天求女来象征对理想的追求，等等，也给予游仙诗作者在构思上以重要的启迪。而后对游仙诗影响更直接的是《远游》篇，那是比屈原同时而稍后的作者的作品，也是后来的游仙诗歌的滥觞。特别是其中“悲时俗之迫厄兮，愿轻举而远游”句，更成了创作游仙诗的指导思想。后来曹操就是由此来生发“忧世不治”的感慨，曹植也是据此来抒发“忧生之嗟”的情怀，写出了一批真正成熟的正格游仙诗，为我国诗歌开创了一个新的流派。

在建安时代以前，郭茂倩引《乐府广题》说：“秦始皇三十六年，使博士为《仙真人诗》，游行天下，令乐人歌之。”[①]又据《史记·秦始皇本纪》载：“三十六年使博士为《仙真人诗》。”但《仙真人诗》已失传，智匠《古今乐录》所谓“秦始皇祠洛水”，“与群臣作歌”之辞，实出于后人附会[②]。因此所谓《仙真人诗》早已失传，是否为游仙诗更不得而知。在东汉文人诗歌中，桓谭写过一篇《仙赋》[③]，其中有一点所谓“高眇之志”，实际上还缺乏深切的主旨，也没有显出作者鲜明的个性。至于在汉乐府诗中，如《上元》《太真》《马明》等，都显得“浮艳太过，古质意象毫不复存，俱为后人伪作”[④]。其他汉乐府诗如《王子乔》《仙人骑白鹿》等，又都是某些无名氏作者偶尔为之的作品，既无深切的寄托，更没有从中显现作者的精神气质，且受道教方士的影响很深，只能算是一些道士诗，还谈不上游仙诗体类。这只有当曹操、曹植父子出来，才在游仙诗中“幻想要超越人间，遨游于五岳之上，游戏于神仙之间，假游仙以寄慨，托真人以为邻，寄欢愁于幻象，寓情意于烟云”[⑤]，艺术地表现了作者各自不同的生活处境及其思想感情，把正格游仙诗发展到了高度成熟的境地。

当然曹植写作游仙诗的生活思想基础，也不同于他的父亲，曹操出于对国家统一的理想，假求仙以求贤，而曹植虽然也是魏王室贵族中的一员，但他后期则是局促藩邦，身受控制，以至“其音宛，其情危，其言愤切而有余悲”[⑥]，深切而又曲折地表现了封建上层统治的当权者对他的压制与防范，以及对他自己在失势后所遭受的严重压抑的不满与反抗。曹植这种写作游仙诗

① 郭茂倩《乐府诗集》卷六十四。

② 参见范文澜《文心雕龙·明诗》注。

③ 参见范文澜《文心雕龙·才略》注。

④ 胡应麟《诗薮》内编卷一。

⑤ 参见陈飞之《曹操的游仙诗》，《学术月刊》1980 年第 5 期。

⑥ 宋长白《柳亭诗话》卷三。

的动机及其思想内容，今人虽没有专文论述，更没有对作品作具体分析，但也曾比较正确而概括地指出："我们深知曹植虽根本不信神仙，然他处的是恐怖惊骇的世界，过的是痛苦艰危的生活，在此环境中，这种美满的世界便是诗人无聊的慰安"，"其实，这是一种对于现实生活的反抗精神"[①]。可是在近年来的某些论著中，对于曹植的游仙诗的评论，完全未能入象见意，只有浮光掠影的臆断，未能做由表及里的深入的研究工作，出现了一种不切实际的论点，如说："在曹植的诗集中，也有不少的游仙诗，如《游仙》《仙人篇》《苦思行》《升天行》《桂之树行》等，这些作品是诗人逃避现实、追求长生不死的一种出世思想的表现。这种消极情感在客观上将会腐蚀读者的思想，从而使他们走向逃避现实的道路。我们必须加以批判。"[②]这就不是客观地评价曹植的游仙诗，同时见其形象而不见其本质，只看某些个别的表面的词句，却没有领会其中蕴含着的精神实质，撇开当时政治险恶的环境不提，断定它们是曹植出世思想的表现，不承认作者假游仙以寄慨，不承认其中表现了他的忠贞之志以及百折不挠的情怀，反而断定它们对读者有腐蚀作用，以致会走向逃避现实的道路，不顾作品的实际内容和读者的鉴赏能力，是一种不实事求是的评论。

曹植的游仙诗恰好是社会现实的产物，正是那个动乱时代以及他自己后期生活的艺术反映。在曹植的思想中，本来他并不相信有神仙，所以他说"虚无求列仙，松子久吾欺"（《赠白马王彪》），也不相信人会长生不死，因此常说"人生不满百，戚戚少欢娱"（《游仙》），"先民谁不死，知命复何忧"（《箜篌引》），同时还在《辨道论》一文中，对于神仙之书、道家

① 沈达村《建安文学概论》，朴社 1932 年 1 月版。

② 郑孟彤《中国诗歌发展史略》，黑龙江人民出版社 1981 年版。

之言，他力斥其虚妄无稽，由此可以知道他创作游仙诗是别有深意的。在曹植生活的时代里，尽管黄初年间以来相对安定一点，但整个社会那种“千里无人烟”的悲惨景象，以及“人居一世间，忽若风吹尘”的惶惶不安的心情，并没有得到多大的改变。再加上他后期生活的处境越来越不幸，正如他自己所说：“每四节之会，块然独处，左右惟仆隶，所对惟妻子，高谈无所与陈，发义无所与展，未尝不闻乐而拊心，临觞而叹息也。……生无益于时，死无损于数，直圈牢中物耳。”（《求通表》）他实际上过着一种名为王侯、实同囚徒的痛苦生活。基于这种时代生活和个人身世，他才较多地创作游仙诗，这一点也为历来大多数学者所公认。前人一再指出：“伤人世不永，俗情险艰，当求神仙翱翔六合之外。”[①]又说：“读《升天》《远游》《仙人》《飞龙》诸篇，又何翩然遐征、览思方外也。王初蒙宠爱，几为太子，任性章衅，中受拘挛，名为懿亲，其朝夕纵适，反不若一匹夫徒步。……斯人感慨，岂空云尔哉！”[②]这些都说明了曹植的游仙诗中所表现的情感，并不是脱离现实的冥思玄想，而是为现实生活所激发出来的有感而发的寄托之情。只不过是其中多假用神话传说作题材，用了比兴、虚拟、象征、寄寓等诸多手法，凭借想象的艺术笔触，把根植于社会现实的作者的思想感情，表现得更为复杂、更为曲折罢了。

前人把曹植的《当墙欲高行》（或称为《龙欲升天行》）也算作游仙诗，那实在是一首社会诗作。它只是借用了鼎湖飞龙的神话传说来作起句，将“龙”比作跃跃欲试的自己，把“天”比作施展抱负的场合，把“浮云”比作“谗巧令亲疏”的监国使者，进而感到骨肉谗间，真伪莫分，流露出一种心事难言的苦痛

① 吴兢《乐府古题要解》卷下。
② 张溥《汉魏六朝百三家集题辞》。

和受尽压抑的愤懑之情。从全诗来看，它虽然是一首直叙人事的杂言乐府，但与那些描写仙境的游仙诗，仍然有着相通的思想精神。如《仙人篇》的“乘龙出鼎湖”，和《升天行》的“扶桑之所出”，都深切地表现了他那种爱国忠君的品格，以及强烈地希求待时而动，有一种向往徘徊天上、转日回天的积极进取精神。这哪里有一点“逃避现实”的意味，又怎么会使人们“走向逃避现实的道路”呢？特别是《升天行·扶桑之所出》一首，曹植把自己比作高数千丈的扶桑神木，顶天立海，倾心向日，枝干依倚，绿叶婆娑，护盖着天涯海角，又如同他不忍心看到国家衰败，好似红日西颓，想将象征着权力的缰辔抓在手中，把装载太阳的车子扭转，使之转日回天！其选材之贴切，构思之精巧，叙写之生动，语言之凝练，直使人回肠荡气，惊心动魄。说实在话，这和他许多相同或相近内容的社会诗比较起来，我们倒更为喜爱这一首游仙诗。这不仅不会“腐蚀读者的思想”，反而生动地扩大了读者的精神境界，使人振作，使人感奋，从那种奇思壮采之中，得到了无限的美感。有如前人所说：“‘扶桑之所出’，惓惓向君，有子建之忠而不用，宜魏祚之不昌。”[①]还有人说：“《升天行》二首，有奇趣！”[②]这些评述虽很简短，却是颇为恰切的。

再看《远游篇》一首，本来就沿用楚辞中《远游》的篇名，如某些学者指出：“曹子建怀才自负，局促藩邦，欲从征而未能，求自试而未可，因借以名篇。”[③]因为汉魏时人误认《远游》是屈原的作品，所以王逸在《楚辞章句》中，解释《远游》时说：“屈原履方直之行，不容于世，困于谗佞，无所告诉。乃思与仙人俱游戏周历天地，无所不至焉。”这与曹植为曹丕父子

① 陈祚明《采菽堂古诗选》卷六。

② 宝香山人《三家诗》曹集卷二。

③ 宋长白《柳亭诗话》卷三。

所忌，被监国使者灌均等奸佞所谗，以致感到时俗险恶，思远游而幻入仙境的情况很相像，因而借王逸解说《远游》的那番话，用来说明本篇的题旨正好符合。只是曹植的《远游篇》，比楚辞中的《远游》写得更生动、更简练，也没有那些道教方术的杂质。诗一开头，就凌空俯瞰，笼罩全篇，接着以大鱼、灵鳌自喻，承受风吹浪打，负戴五岳三山，在诗的意境里蕴含着一种巨大的能量以及坚忍不拔的负重自若的精神。其间那些仙人玉女，饥餐玉屑，仰吸朝霞，没有尘世间一切污浊的气息，继之笔锋跌宕，傲视尘俗，横跨沙漠，鼓风长啸，追求着一种不朽的与日月同光的业绩。那些被世俗眼光看作坚不可摧的金属顽石，以至至高无上的皇位，在才人志士的眼里又算得了什么啊！这是何等胸怀，何等气概，怎么能看成是"追求长生不死的一种出世思想的表现"呢？诗人借长生永在来寄寓不朽的事业显而易见，他不是一再说过"先民谁不死"的话吗？那种简单化的否定的论断，未能由表及里，见象而不见意，其见解和鉴赏上的问题，实在是很值得商榷的。清代学者虽然没有我们这样的详细分析，但也曾简要地指出："《远游篇》亦与《五游》同旨。'承浪'句活，'灵鳌'数语趣，仙人、玉女，琼蕊、朝霞，几许境界，一巨鳌载之来矣。'昆仑'二句，即《五游》起四句意，置篇中以见变宕。末四句浩然远慨，子桓猜疑之心，腐鼠一吓耳。"[①]看来他们对于诗人那种以天下为己任的强烈的事业心以及对富贵皇位的藐视倒是有所领会的。

在诗中个别地方直接说到道学方术的，也还有《桂之树行》和《五游》等篇章。首先是这些诗都基于对黑暗政治的不满，有着很多苦闷需要发泄，还有一腔忠贞之志借以倾诉，但又不能直叙其事，过于指实，必须设言暗寓，假方道以见意，托仙境以抒

① 陈祚明《采菽堂古诗选》卷六。

情。这也是曹植的游仙诗的基本特点。为此研究者和一般读者必须入象见意，不必拘泥于事实的有无，不用强分世事或仙境，更不要被表面的“要道”“仙药”的片言只语所迷惑。例如《桂之树行》一诗，确是受到《楚辞·招隐士》中“桂树丛生山之幽”的启示，但又别有创新，独出心裁，它并不是歌颂隐遁，赞扬出世，而是以桂树的佳丽及其芳香的气质自比，借以表现忠贞之志，以及在当时险恶的环境中向往恬静自由的思想感情。清代学者对这首诗的基本倾向，也曾有过颇为正确的论述：“小山丛桂之作也。王逸曰：‘桂树芳香，以兴屈原之忠贞’。此亦以芳香自比。……‘高高’‘下下’，犹《远游》志也。”[①]只是这样的解说还嫌过于简略，对于人们赏识仅能起到一点提示的作用。我们应该进一步加以阐发，作出详细一些的分析。诗中也写到真人聚会，在桂树下面讲论道学的微言要义，教人们吸食日霞，摆脱对物欲的追求，要淡泊以明志，无为而不争，自然以适性，由此才能达到一种无往而不在的自由境界。诗中之所以首先描叙桂树形象的佳丽，就是因为桂树本身的特征，便具备了这种不为物动，不与物争，而芳香却塞满了宇宙之间的高洁品质。诗人以桂树自比，以芳香自持，并针对当时权势相倾的险恶环境，借道家的无为思想来予以指斥。这正是“忧患之辞”，并不是“列仙之趣”，只是借超然物外的幻想来发泄自己的苦闷，借道家的片言只语来暗示当时的政治恐怖罢了。在诗中写到的“九州不足步”“中州非吾家”“四海一何局”“轻举凌太虚”以及“策杖从我游，教我要忘言”“服食享遐纪，延寿保无疆”等，都是基于当时的尘世污浊和政治的极端恐怖，以及他自己意识到处境危险而喷发出来的“忧患之辞”，并不是“追求长生不死的一种出世思想的表现”。至于诗中更为主要的一面，或是赞美“流芳布

① 朱乾《乐府正义》卷十二。

天涯”的桂树，或是歌唱“中心陵苍昊”的扶桑，或是仰慕“乘龙出鼎湖”的轩辕，或是坚持“徙倚弄华芳”的夙愿，或是赞扬“一举超流沙”的气概，或是高歌“驱风游四海”的豪情，那更不是什么“逃避现实”，而是一种极为鼓舞人心的积极的浪漫主义精神！

正是由于曹植具有这种坚定而又忠贞的志向，追求美好而又高超境界的精神，他的诗的艺术上才形成了一种特有的豪迈俊逸的诗风。因为任何一个诗人的艺术风格，总是同他思想气质上的风致品格紧密地联系在一起的。宋代著名的词人秦观，说到曹植的诗风时就说：“长于豪逸。”这种豪逸的诗歌风格，从曹植的游仙诗看来，比他的社会诗更为显著。他也跟他父亲曹操一样，写的游仙诗都有着自己的艺术特色，在情调上既不同于屈赋的哀伤，也不同于后来郭璞等人的愤激。同时曹植又跟其父不同，他的游仙诗从其后期的实际生活出发，既表现了他那忠贞如一的豪情，又充满了排解抑郁的远举轻飏的逸兴，有别于他父亲的苍茫浑健的风格。这如同徐世溥所说：“终不似孟德……苍茫浑健……此非以父子观之论之也，殆实亦气候使然，具眼自得之耳。”[①]即使是两父子所写的同一体类的游仙诗，由于各自所感受的周围的政治气候不同，又具有各不相同的思想抱负及精神气质，以及在艺术表现手段方面的差异，都有独树一帜的风格。这是任何一个细心的读者，都可以从中体会得到的。

再是曹植的游仙诗具有鲜明生动的形象性，他没有简单地歌咏神仙方术的说教，而是大量地借助于神话传说的艺术形象来抒发情怀。诗中无论是选取单一的神木异树，或是使用多样化的神话传说，也无论是对远游过程的描写，或是对天宫仙境的描述，或是对神物壮举的刻画，或是对仙人玉女的勾勒，都把它们

---

① 徐世溥《榆溪诗话》。

构成了完整又生动的艺术形象，交织着一幅幅相互关联而又瞬息变幻的神奇的画面，其间都不是个别的插图，也不是简单的意念的寄托，而是与全诗所显现的情怀浑然一体，同诗人的思想情趣契合无间，宛如信手拈来，又似恰到好处，没有丝毫穿插拼凑的感觉。在运用神话传说中展开形象思维，又在形象思维过程中来完成形象完整的游仙诗的创作，使之曲折而又恰当地来表达自己的情感这一点上，不仅汉魏乐府中那些专咏神仙的道士诗不可和它们比拟，就是曹操的游仙诗也还略逊一筹。胡应麟说三曹中“魏武太质”[①]，仅就游仙诗的体类来说，就从文质相附这一个方面着眼，暂撇开其他方面不讲，曹植比起他父亲来，实在是有过之而无不及的。

同时曹植的游仙诗，声调铿锵，辞藻骈俪，讲究两句之间的对仗和辞意的匀称，便于歌唱讽诵，成为后来五言律诗的滥觞。建安诗歌从曹操开始，本来就恢复了诗和乐的结合，所谓“被之管弦，皆成乐章”。而曹植更是一个精通音律的诗人，其游仙诗又多是用于宴唱的乐歌，所以特别注意声律辞藻的优美。在他的游仙诗中，平仄间用，声调谐协，节奏感鲜明。同时向乐府民歌学习，注意两句之间的对仗，或是两句一意，篇中句子多用排比，一气呵成，加深听众的印象，使人有一种流转而又匀称的美感。明代学者就很称赞曹植的游仙诗的这种“辞古气顺”[②]。至于在诗的艺术形式上，《升天行》共两章，每章五言八句，除首尾两联四句外，中间两联颇为讲究对仗；又如《五游》篇共二十四句，其中有二十句在辞意上大致两两相对。虽然当时还没有创制四声之说，诗人也不可能写出格律工整的律诗，但在诗歌艺术形式的发展上，它们实在是后来五律和五排的滥觞。这

① 胡应麟《诗薮》内编卷二。

② 参见谢榛《四溟诗话》评陈思王《五游》诗。

些都应予以肯定。

最后说到曹植的游仙诗对后代的影响，那更是极为深远的。例如正始诗人阮籍，曾经写了八十二首《咏怀诗》。他就看出了前辈诗人的游仙之作，实质上就是咏怀诗，因而把自己的几首游仙诗一并归入咏怀诗之列。再后郭璞以“游仙”名篇，写出了一组著名的游仙诗，很好地领会了假游仙以寄慨的意旨，又能够选取历史题材来作变格游仙诗，那当然也是游仙诗派的发展与持续。唐代前期陈子昂对诗歌力主“兴寄”，他不少的游仙诗也写得意味深长。到了大诗人李白，他更结合着自己的时代生活、思想个性和艺术素养，使游仙诗派又获得了一个新的发展。但是李白在游仙诗的创作上，正如胡国瑞同志所说：“李白的许多游仙诗，正是继承着从屈原以至曹植、郭璞这种精神传统的。”[①]最有趣的一个情况是，这些游仙诗的优秀作者，从其远祖屈原到先驱者曹操，再经曹植到陈子昂、李白等诗人，非但都不肯逃避现实，反而都是对社会政治生活最感兴趣的人物，他们都有一颗热切的忧世之心。

从以上论述可以见到，曹植的游仙诗并不是什么“腐蚀读者”的毒草，而是建安诗歌园地里一束崭新的奇花。它们在思想和艺术上达到了相当完美的结合，是我国文学史上一份珍贵的遗产，在我国诗歌史上的多种流派的发展中，也占有相当的地位，留下深刻的影响。

（原载《文学评论》1983年第1期）

① 胡国瑞《李白诗歌与其前代的继承关系》，载《文艺论丛》九期。

关于曹植的评价问题

◎徐公持

一、对一场讨论的简单回顾

在我国文学史上许多有争议的人物中，曹植还不算是歧见最多的。不过在他的评价问题上，不同意见还是不少。这种分歧在古代即已存在，延续到现代又有所发展。本文只着重就发生在晚近的一场讨论试作回顾和评述，并对讨论中提出的一些问题表示笔者的一些意见。

这场讨论发生在20世纪50年代。问题首先是由郭沫若先生《论曹植》（以下简称“郭文”）一文提出的。文章最初写于1943年，1947年收入《历史人物》一书中，中华人民共和国成立后此书于1952年改订再版。郭文从批驳钟嵘、王通、丁晏等人关于曹植的一些说法入手，对曹植的各个方面都提出了重新评价的主张。文章认为，曹植在前期（建安时期）与曹丕争为太子中“用术”，“相欺以诈”，在后期受曹丕、曹叡的猜忌打击，“委实也咎由自取”，而曹植“在文学史上的地位，一大半是封建意识凑成了他”，他“好模仿，好修饰，便开出了六朝骈俪文字的先河”；文章还就一些具体作品提出了看法，如认为《洛神赋》“感甄”，“我看应该也是情理中的事”，说《与杨德祖书》是令人难以卒读的自尊自大的文字，是“标准的‘文人相轻’”等。文章在全面贬低曹植的同时，又处处以曹丕作反衬，“曹丕恰恰和他成为一个极鲜明的对照”。

《历史人物》再版后三年，有人出来著文商榷了，这就是刊载在《文史哲》1955年第六期上的贾斯荣先生的《关于〈论曹植〉》（以下简称“贾文”）。贾文对郭文所论及的一系列问题，几乎都持相反意见，文章在列举一些史料并进行分析后认为，在建安时期曹丕、曹植兄弟太子之争中，“曹丕是一个十分阴毒奸险的人”，曹植则是有着“浪漫不羁的天真性格的人”，“和他哥哥曹丕比较起来，他的行为却是光明磊落得多的”，文章又说，“至于在文学方面的成就，和他的哥哥相比，则更不可同日而语了，数千年来已有定评”。文章从方法上批评了郭文，说郭文“抹杀了前人的一切意见，歪曲了许多事实。在他自己却认为这是‘极尽平反’之能事，故意地要和前人来打一场糊涂官司，翻一翻旧案。……这样的研究方法，是有些主观片面的”。文章还表示不同意郭文对《洛神赋》《与杨德祖书》《七哀》等的解释。

贾文发表一年多后，《历史研究》1957年第二期上刊载了张德钧先生的《关于曹植的评价问题》（以下简称“张文”）一文。张文几乎在所有问题上都为郭文辩护，而对贾文提出驳难。张文也对一些史料进行了分析，认为曹植在建安时期“与丁仪、丁廙、杨修等交构，谋夺王位继承权，终因违法乱纪失宠，和玩弄诈术事败，乃没有夺去曹丕以兄长身份本来应做太子继承王位的权利”。关于曹植后期的受迫害，张文则说“曹植最受折磨的日子，乃在曹叡当政时”，认为不少苛待曹植的事都“与曹丕无干”。关于曹植的文学成就，张文不同意贾文“在他（曹植）的作品里就出现了强烈的现实主义倾向”的说法，认为曹植许多作品“都还没有出离曹植个人的利益得失的情况，要说已有‘强烈的现实主义倾向’，恐怕结论下得早了一点”，与此相对，张文认为曹丕的作品“单从题目上看，就可发现有许多是批判地反映社会现实的”。对于曹植的一些作品如《七哀》等，张文也作了与贾文相反而与郭文相同的解释。张文最后又设立专节批评了贾文的“态度问题”。

到1959年，又有廖仲安先生《关于曹植的几个问题》（以下简称“廖文”）一文发表（见《文学遗产》增刊第七辑）。廖文在开始就说：“我在搜集曹植的传记材料和阅读曹植诗歌的过程中，越来越相信郭沫若先生的分析。”不过廖文并没有直接介入郭文、贾文、张文的讨论，廖文批评的对象，主要是1957年8月出版的由高教部审定的《中国文学史教学大纲》，文章说此大纲“在介绍曹植生平时，对他的前期生活只强调他‘生于乱，长于军’，后期生活中则强调他‘遭受政治压迫’。对他的诗歌的思想内容也突出强调其‘对统治者的愤恨和那种要求解放自由的精神’，‘反映出社会衰败面貌和人民的痛苦生活’，‘流露出他的壮志热情和关怀国家的思想’”。我觉得这些提法有很大的片面性。

在廖文以后，就再也没有别的直接参与讨论的文章发表。这次讨论，文章虽然不多，但彼此观点针锋相对，分歧颇尖锐，而四篇文章又都比较有影响，所以也可以说是中华人民共和国成立后古典文学研究界的一次比较重要的讨论。从基本观点来说，郭、张、廖三文比较接近，它们都从不同于传统观点的角度提出问题，并对有关史实作出新的解释，它们不为旧说所囿，敢于提出新见的精神，对于深入探讨曹植这一重要作家的生活和创作，无疑具有促进的作用。而且就这几篇文章本身来说，它们也各自包含着不少好的意见。如郭文说钟嵘《诗品》把曹丕、曹操分别列入中、下品是“不公”，对曹丕的诗歌创作成就及文学批评功绩给予充分的肯定性评价，批判了王通、丁晏诸人的曹植“以天下让”“忠君爱国”等腐说，指出他们是“抑丕扬植”；廖文不同意某些论者把曹植的思想动机归结为人道主义和爱国主义，对于曹植“词采华茂”的诗歌艺术作了细致的论述，分析其优缺点，等等，都是颇有启发性的意见。不过需要指出的是，郭、张、廖三文在努力提出新说的同时，也不免暴露出了一些问题。总的来说就是在有关曹植生活思想和创作的不少重大问题上，立论存在着偏颇，对某些重要的史料，解释得不够确切。对此，贾文曾针对郭文提出了异议。不过贾文并没有紧紧抓住关键的观点和要害的材料来进行驳论，而是较多地在“方法”问题上做文章，因此不能使问题得到应有的澄清，相反地，还引出了张文反过来谈贾文的“态度”问题，使讨论在一定程度上离开了问题本身，给人以节外生枝的感觉。从那次讨论以来，二十多年过去了，郭文等提出的一系列重要问题仍然存在，成为今天深入研究曹植工作中有待于解决的疑点，所以，把曹植的评价问题再一次提出来加以探讨，我觉得还是有意义的。以下把问题归纳为三个大的部分来分别加以陈说。

二、如何评价前期曹植的问题

对前期（建安年间）曹植的意见分歧，主要集中在争夺太子地位问题上。郭、张、廖三文对此都有较多的论述。三文的共同观点是，认为在这个问题上曹植历来受偏袒，而曹丕则受到不应有的指责；三文在为曹丕的一些历来被认为是用术的行为辩护的同时，都认为曹植是个善于“用术”的人。

郭文说：“杨修为魏武帝主簿（如今之秘书），与植暗通关节，‘忖度太祖意，豫作答教’，行事也未免太欠磊落。故文帝是怎样‘御之以术’我们不得而知……”“其实平心而论，丕之饮饯逼醉，未必出于有心：因为临行之前要被召见，丕于事前未必知道。即使认为有心，但植并不是不晓事的孩童，何至于一逼便醉？即使认为这就是文帝用诈术，但曹植与杨修的暗通关节以争求父宠，又何尝不是用术？不仅兄弟之间未能相待以诚，即父子之间亦实际相欺以诈，这何尝是有心韬晦，‘以天下让’的人呢？”

张文说：“杨修常阴伺操旨，给曹植豫作答教，焉知植此番送行，‘称述功德，发言有章’，不也是他们预先作好了的？”文章又引《典略》所载杨修事，说“他交关诸侯，又自认为早就该死，这里面不包含有许多阴谋诡计吗？”又引《世语》载杨修使曹植出邺门斩守者事，说“这不是杨修‘惯弄权术’的事迹吗”？

廖文说，曹丕是长子，本来最有权继承父位，而且在建安十六年封为五官中郎将，曹操已有意叫曹丕继承自己的爵位了，“这一过程的明确，就更可以表明曹植处心积虑地去夺取已经初步决定了的太子位置的野心，他并不是一个像一般人所描写的单纯、善良的‘被压迫者’”。文章又举“杨修和曹植互相勾结，暗通关节，‘忖度太祖意，豫作答教’”和擅开司马门这两件事，说：“一直到今天，还有人说曹丕的行为是阴险权诈，曹植的行为是光明磊落，这显然是违背历史事实的‘益价’之论。”

以上所引，包括了三文在太子之争问题上贬抑曹植，为曹丕辩护的基本论点。这些论点，我认为是很难站得住脚的。三文贬抑曹植的立论根据，无非就是这四条：第一，杨修与曹植擅开司马门；第二，杨修教曹植出邺门斩守者；第三，曹丕为长子，又任五官中郎将在先；第四，杨修给曹植“豫作答教”。而对这四条根据作仔细推敲，它们全部不能得出三文所说的“阴谋诡计”之类的结论来。下面逐条进行分析。

关于擅开司马门事，《魏书·陈思王植传》是这样记载的：“植尝乘车行驰道中，开司马门出。太祖大怒，公车令坐死。”《续汉书》则说：“人有白修与临菑侯曹植饮醉共载，从司马门出，谤讪鄢陵侯彰。太祖闻之大怒，故遂收杀之。”此外《曹操集》中也有两条令文说及此事，说：“始者谓子建儿中最可定大事……自临菑侯植私出，开司马门至金门，令吾异目视此儿矣！”从这些记载中可知，这是曹植犯的一大错误无疑，问题在于此事的性质如何。从事实经过情况看，它是曹植醉酒后在光天化日之下干的一件违反礼制的行为。曹植明知父亲执法严峻，他也不会不懂司马门不可妄开，可他却借着酒性，公然去以身试法，自触霉头。曹植做这件事，对他争位太子毫无好处，他在这件事上的表现，应当说是愚蠢和荒唐的，是肆意妄为的。如果一定要从“用术”的角度来衡量的话，那么毋宁说他很不会用术，对阴谋诡计颇不在行。

关于出邺门斩守者事，见于《世语》：“太祖遣太子及植各出邺城一门，密敕门不得出，以观其所为。太子至门，不得出而还。修先戒植：‘若门不出侯，侯受王命，可斩守者。’植从之。故修遂以交构赐死。”这则记载，贾文曾指出它近乎开玩笑，于事理上不大可信。即使实有其事吧，我认为也很难说曹丕、曹植谁做得对。曹植奉父王之命而出，受门者阻拦，在这种情况下，他斩守门人自然做得过分，但他严守父命，从原则上说不能算错。曹丕受阻即还，实际上则违背了要他出门的指令。执法严明的曹操难道从中就得出了曹丕可用和曹植不可用的结论？再退一步说，即使曹植在这件事上完全错了，那也不能解释成他在“用术”。郭文在引述这条记载以及擅开司马门事之后说：“曹植的飞扬跋扈，不守纪律，真是足以惊人。”张文也说：“杨修教曹植斩门夺出，简直是暴戾恣睢了！”“飞扬跋扈”也好，“暴戾恣睢”也好，不管达到怎样“惊人”的程度，它毕竟与“用术”“阴谋诡计”是性质完全不同的两回事。

关于第三点，在丕、植关系中，曹丕处于长兄地位，按照封建时代传统，他确实具有继承优先权；建安十六年他又受任为五官中郎将，按曹操事后的解释，是有立他为太子之意的。廖文指出此点，是正确的。但是，要说在建安十六年“曹操和他的儿子们心目中已初步明确曹丕为太子了”，就又未免有些过头。因为《立太子令》：“告子文，汝等悉为侯，而子桓独不封，止为五官中郎将，此是太子可知矣。”毕竟写于建安二十二年十月立曹丕为太子时，令文中所说的主要是曹操当时的意思。至于此前的想法如何，那是必须结合曹操的言行来考察的。而我们从他此前写的《诸儿令》中“始者谓子建儿中最可定大事……”一语即可得知，他起先无疑更加属意于曹植，不存在早就“初步明确曹丕为太子”的事。至于廖文引曹植《离思赋》序中称曹丕为“太子”，来证明建安十六年就已“初步明确”，也是不可靠的。我们看这篇序：

建安十六年，大军西讨马超，太子留监国。植时从焉。意有怀恋，遂作《离思赋》云。

从“植时从焉”一句的语气就可看出此序是事后追写的，并非建安十六年原作。这类现象在曹植集中是不少的，如《侍太子坐》，题中作“太子”，诗中却只称曹丕为“公子”，这诗题也是后来改拟，非作诗时原有的。所以丕、植之间的斗争，很难说一定就是曹植在夺曹丕既有的太子地位。廖文还引了《魏书·贾诩传》的一段文字，来证明是曹植要“夺宗”，但那段文字是这样的：“是时，文帝为五官将，而临菑侯植才名方盛，各有党与，有夺宗之议。文帝使人问诩自固之术。”可见是各方都在夺，不是单方面的问题。当然，在夺嫡之初，曹植是处在比较主动的地位，形势对他比较有利，这是事实。但这种形势的出现，也不能说就是曹植及其支持者“处心积虑”地“用术”的结果。我认为，这里的关键因素毋宁说是在曹操身上。是他看到曹植多才，“特见宠爱”，产生了曹植“最可定大事”的想法，才形成了那种局面。至于杨修、丁氏兄弟等的“吹嘘捧场”，也不可能起决定作用。《魏略》说丁仪“与临菑侯亲善，数称其奇才。太祖既有意欲立植，而仪又共赞之”。这里清楚地表明，是曹操本人先有立植之意，丁仪等只是顺着他的意思“共赞之”而已。他们这些当着曹操之面的“赞”，言过其实，胡吹乱捧是不免的，“用术”“阴谋诡计”却还说不上。

关于“豫作答教”事，亦载于《世语》：

修与贾逵、王凌并为主簿，而为植所友。每当就植，虑事有阙，忖度太祖意，豫作答教十余条，敕门下，教出以次答。教裁出，答已入，太祖怪其捷，推问始泄。

对这件事，郭、张、廖三文都把它当作曹植与杨修“勾结的阴谋”的典型例子来谈。但是我认为，三文对这段记载的解释是不准确的。细品原文就会发现，其实这里同曹植没有什么大关系，它只是发生在杨修与曹操之间的一个事件。这段记载说的是，杨修担任丞相主簿。主簿居掾史之首，是长官的重要助手，管文书及庶务，当然要经常在府中供职。杨修同曹植交好，每当要去曹植那里时，他怕走开后自己的工作会有阙失，就忖度着曹操的意向，先写好“答教”十余条，指示门下吏员，曹操的“教”下来，就把“答教”依次呈送进去。由于门下送得太快，“教”刚出，“答”已入，使曹操感到很奇怪。推问门下，终于弄明实情。

理解《世语》这段记载，我认为关键在于其中所说的“教”。刘勰说：“教者，效也，言出而民效也。”（《文心雕龙·诏策》）这是一种专门文体，是官长对下级的指示。我们检看今本《曹操集》中共有“教”七则，它们是《授崔琰东曹教》《决议田畴让官教》《与韩遂教》《征吴教》《原贾逵教》《合肥密教》《赐袁涣家谷教》，都是对部下官员所发。其中二则（《征吴教》《原贾逵教》）对贾逵发，而贾逵就是杨修的同僚、三名丞相主簿之一。至于曹操对诸子，却并无发“教”之例，今本《曹操集》中对诸子所发的，有《诸儿令》《立太子令》《高选诸子掾属令》《又下诸侯长史令》《曹植私出开司马门下令》，五则全是“令”，没有一则称“教”。由此可见，《世语》中所说的“教”，是曹操给主簿杨修的衙门公文，不是给儿子曹植的。正因此，《世语》说杨修写好“答教”后，他直接交给了“门下”，而没有说他交给曹植。

反过来，倘若按郭、张、廖三文所说，曹操是给曹植发的“教”，杨修去替曹植写“答教”，那就不但不合以上所说曹操发“教”的通例，而且在事理上也讲不过去。第一，《三国志·魏书·陈思王植传》说得很明白，曹植在幼年时就“善属文”，“每进见难问，应声而对”，文思非常敏捷。曹操起先怀疑有人替他捉刀代笔，他却反驳说：“言出为论，下笔成章，愿当面试，奈何倩人！”后来真的面试，他“援笔立成”，曹操很惊讶。这样一位使当时许多文人折服，并得了“绣虎”雅号的曹植，居然要请别人来替他写“答教”，而且一下子就要代写十余条，实在难以想象。第二，具体到杨修的文才，曹植是作过评论的。他在《与杨德祖书》中把杨修与王粲、陈琳等并提，说“足下高视于上京”；但是他接着又说“然此数子犹复不能飞轩绝迹，一举千里也”，可见他对包括杨修在内的“今世作者”，并不怎样佩服。所以要说他请杨修来代笔，也极不可能。第三，退一步说，就算曹植自己写不了“答教”，而且正是请杨修代写，那么，杨修写好了理应交给曹植才是。但是《世语》中却明明写着杨修交给了“门下”，由“门下”直接进呈曹操，不仅没有说给曹植，连经曹植之手都没有提到。这不是太蹊跷了吗?

总之，《世语》所载“豫作答教”事，其性质正如著名的“鸡肋”故事一样，只是杨修自己在对曹操耍他的小聪明。要说他玩忽职守、欺哄上司，都无不可，但要说这就是他勾结曹植“惯弄权术”的证明，就未免言之不实了。

当然，把“豫作答教”解释为杨修替曹植“代作答教”，不自郭、张、廖三文始，《三国演义》第七十二回里就是这样写的：

修又尝为曹植作答教十余条，但操有问，植即依条答之。操每以军国之事问植，植对答如流。操心中甚疑。后曹丕暗买植左右，偷来答教告操，操见了，大怒曰：‘匹夫安敢欺我耶！’

这里的描写固然热闹生动，但显然与历史上的曹植其人其事不合。对于这里面的矛盾，毛宗岗是看出来了的，他批评说：“子建亦倩人代笔耶？”这个问题提得好。当然，小说中容许虚构，我们不去苛责，但是，我们评价历史人物，是不能沿用小说的方法的。

从以上分析中可知，郭、张、廖三文所举出的四条理由，其实都不足以证成曹植“用术”、搞“阴谋诡计”。其中第四条与曹植无关，第三条本身是一种不很可靠的推理，即使推理能够成立，也不能得出“用术”的结论；至于第一、二条，则不但不能作为“用术”的证据，而且恰恰表明了曹植颇不会用术。

郭、张、廖三文同时又都以很多文字来为曹丕的用术辩护。我认为，三文的辩护是缺乏力量的。曹丕究竟有无“用术”，这也应当根据史实材料来说话：

《三国志·魏书·陈思王植传》裴注引《世语》：“（杨修）与丁仪兄弟，皆欲以植为嗣。太子患之，以车载废簏，内朝歌长吴质与谋。修以白太祖，未及推验。太子惧，告质，质曰：‘何患？明日复以簏内受绢车内以惑之，修必复重白，重白必推而无验，则彼受罪矣。’世子从之，修果白而无人，太祖由是疑焉。”

《三国志·魏书·王粲传》裴注引《世语》：“魏王尝出征，世子及临菑侯植并送路侧。植称述功德，发言有章，左右属目，王亦悦焉。世子怅然自失，吴质耳白：‘王当行，流涕可也。’及辞，世子泣而拜，王及左右咸嘘唏。于是皆以植辞多华而诚心不及也。”

《三国志·魏书·陈思王植传》：“二十四年，曹仁为关羽所围。太祖以植为南中郎将，行征虏将军，欲遣救仁，呼有所敕戒。植醉不能受命，于是悔而罢之。”裴注引《魏氏春秋》：“植将行，太子饮焉，逼而醉之。王召植，植不能受命，故王怒也。”

第一条材料，不知是什么缘故，郭、张、廖三文都没有说及。这是丕、植及其同党双方斗法事件。在这事件里，杨修采取的行动是到曹操那里去告曹丕、吴质的状，告状自然有他的倾向性，但他说的还是实话。而曹丕与吴质的行为，起先是密“谋”，当行迹被发觉后，又设计引导对方上当“受罪”。是哪一方在“用术”，还不清楚吗？

第二条材料，三文都提到了，但都否认曹丕是用术者。当贾文列举此史实，指出吴质“经常以诈术教文帝”时，张文还辩解说：“事情恐怕也不能完全作这样解释”，“吴质教曹丕虽然是做作，但还顺契人情，而杨修教曹植斩门夺出，却简直是暴戾恣睢了！”又说：“况杨修阴伺操旨，给曹植豫作答教，焉知植此番送行，‘称述功德，发言有章’，不也是他们预先作好了的？”事情究竟应作何解释？我认为，从材料本身看，丕、植二人的表现，一伪一真，是不容误解的。曹植的“称颂功德，发言有章”的表现，我们可以说他夸夸其谈、卖弄文才，但他并没有矫情伪饰，他的一贯性格作风就是如此；而且这种事上文已经说过了，本来就是他的拿手好戏，完全无须请别人“预先作好”。张文按照自己对“豫作答教”事的不准确理解，用“焉知……不也是他们预先作好了的”这种方式，来推测史料中所没有记载，也与曹植平生作为不相合的情节，这是没有什么说服力的。至于曹丕在这里的作为，他始而“怅然自失”，这当是真实心情的表露；但后来经过吴质的“耳曰”，一变而为“泣而拜”，却完全是精心策划下作出的虚假姿态。张文承认这是“做作”，很对，但又说“还顺契人情”，就是强为之说了。用做作的姿态讨得别人的同情，用并非出自真意的表演来骗取“诚心”的评价，这不是“顺契人情”，而是伪善。

第三条材料，郭文、张文也说及了。但是，郭文辩解说，曹丕“逼醉”曹植是“未必出于有心”。记载中明白写着“植将行，太子饮焉，逼而醉之”，还能说不是有心吗？郭文大概自己也觉着这样说颇难于服人，于是又接着说“即使认为这就是文帝用诈术，但曹植与杨修的暗通关节以争父宠，又何尝不是用术”？郭文不得已勉强承认此事中曹丕“即使”用了诈术，但又举不出任何事实将杨修和曹植拉来陪绑，曹丕用术，曹植也是用术，两人不分轩轾，在伯仲之间！郭文在这里的论证方式，缺陷是颇明显的。贾文驳郭文这一段，说作者“讲起歪理来了”，“偏要打反头官司”。这两句话后来引起了张文作者的愤慨。我认为，贾文在批评用语上未免尖刻了些，但郭文本身存在的缺点是首先应当看到的。

总之，把有关史料归纳起来看，在建安时期的丕、植关系中，说曹丕有权诈行为，绝不是厚诬古人，而曹植总的来说没有用术，也不是故意为他洗刷。在这个问题上，我认为陈寿在《三国志·魏书·陈思王植传》中的叙述是颇为确切的，他说：

植既以才见异，而丁仪、丁廙、杨修等为之羽翼。太祖狐疑，几为太子者数矣。而植任性而行，不自雕励，饮酒不节。文帝御之以术，矫情自饰，宫人左右，并为之说，故遂定为嗣。

这里把争太子位的基本过程，丕、植双方各自的基本表现——包括用术与否——说得都很清楚，与其他史料中反映出的情形也符合，不妨把它看作结论。

当然，有两点意思也是必须说清楚的，第一，我们讨论丕、植在争太子位中的表现，目的只在于澄清有关史实，因为这对于评价曹植（当然也有曹丕）这位历史人物具有重要的意义；但是，这里丝毫没有谁该当、谁不该当太子的用意。争立太子，或者“夺宗”“夺嫡”，一般来说，是统治集团的内部矛盾，在大部分情况下，它牵涉的方面往往很多很复杂，个中的是非很难作简单的判断。丕、植争立事件，同样如此。第二，我们讨论曹丕、曹植用术与否，也并不意味着要对丕、植兄弟作总体性的褒贬。前期的曹植，无论从阶级地位还是从政治处境上看，他基本上就是个颇得优宠的贵介公子。他有他的优点，如能够关心现实，有雄心壮志；而他的缺点也很明显，如作风浮华，把很多精力消磨在斗鸡走马宴饮游乐上。在这些方面，丕、植兄弟其实并无根本的差别。而“用术”之类，毕竟只是一种行事手段而已。不过话要说回来，手段同目的是有密切关联的，“用术”“阴谋诡计”一类事，终究是剥削阶级本性的反映，所以不管是谁，哪怕是历史上的伟大人物，他运用权诈手段去达到自己的目的，也不能不认为是一种污点。在这一点上，又是不能含糊过去的。

三、如何评价后期曹植的问题

关于后期（黄初、太和年间）曹植的意见分歧，主要表现在两个问题上：一、曹植政治上、生活上是否受到特别的苛待？二、怎样评价曹植的不满情绪。

在前一个问题上，廖文谈得比较多，其论点与一般说法的不同之处是认为，曹魏统治者对待同姓诸侯王虽然“比过去的朝代苛刻”，“但是，以对曹植来说，却未见得比别的同姓诸侯刻薄”。这说法我以为是不够确切的。实际情形是，曹植在黄初、太和年间，无论政治上、物质待遇上，都受到比其他同姓诸侯王更加刻薄的对待，这种对待具体表现在三方面。

首先，曹植在黄初二年前后，曾经被两次治罪。这是有明确的史料记载的。第一次是“黄初二年，监国谒者灌均希指，奏‘植醉酒悖慢，劫胁使者’。有司请治罪，帝以太后故，贬爵安乡侯”（《魏书》本传），第二次是在由安乡侯改封鄄城侯之后，“深为东郡太守王机、防辅吏仓辑等枉所诬白，获罪圣朝”（《黄初六年令》）。两次获罪起因，都是曹丕派出的“监国使者”“防辅吏”奉曹丕之旨，制造借口，构陷而成。而两次获罪结果，都差一点被议成“三千之首戾”，有性命之虞，幸赖生母卞太后一力维护，才得免于“大辟”惩处。此后虽然再没有发生治罪之事，但黄初四年他由鄄城徙封至雍丘，“又为监官所举”（《黄初六年令》），可见仍旧在曹丕使者的严厉督责下讨生活，随时都有获罪的可能。这种被两次治罪的情况，在当时曹丕诸弟中是仅有的。

其次在封爵方面，他也有异于诸兄弟。他在“贬爵安乡侯”时，诸兄弟都是县侯，唯独他是乡侯，低了一等（说详见拙文《曹植生平八考》，载《文史》第十辑）。黄初二年，诸兄弟“进爵为公”（《魏书·任城威王彰传》），他只是被改封为鄄城侯，还是低一等。黄初三年三月，“帝弟鄢陵公彰等十一人皆为王”（《魏书·文帝纪》），这十一人中不包括曹植。“四月戊申，立鄄城侯植为鄄城王”（《魏书·文帝纪》），可见他在一个月之后才得到王爵。即使这样，他的这个王爵实际上还是比诸兄弟低一等，因为鄄城王只是个县王，其他诸王却都是郡王，如曹彰的任城王、曹宇的下邳王、曹衮的北海王等，都以郡为国。到了黄初五年，曹丕下了一道诏令："先王建国，随时而制。汉祖增秦所置郡，至光武以天下损耗，并省郡县。以今比之，益不及焉。其改封诸王皆为县王。"把所有郡王都改为县王，曹植才在爵号上同他的兄弟们处于平等地位。所以，不能说"曹丕作了皇帝后虽然对他很不放心，加以拘束，但是在封爵等方面仍然给以一视同仁的待遇"（廖文）。

另外，在具体物质待遇上，曹植也不如诸兄弟。《魏书》本传载："时法制，待藩国既自峻迫，寮属皆贾竖下才，兵人给其残老，大数不过二百人。又植以前过事复减半。"可知他只享受诸侯王减半的待遇。由于史料有限，我们现在已找不到很多"减半"的事例。但是有一件很重要的事是相当清楚的，那就是食邑户数。这是衡量封爵者经济待遇的最主要标志。曹植的食户情况，据本传记载是这样的：他在建安十六年初封平原侯时，食户五千；二十二年增邑五千，并前万户。黄初二年被治罪，"我削我黜"（《责职诗》），在贬爵安乡侯的同时受到削邑处罚。削去多少？具体数字阙载。不过我们从黄初三年四月他被封鄄城王时食邑仅二千五百户，可以推算出当初削去很多，大约削剩千户左右。因为这两千五百户，是他经过了由安乡侯转鄄城侯再转鄄城王的两次升爵增秩才达到的。黄初六年，曹丕又给他增户五百，并前三千户。此后一直保持这个数目，直到太和六年，曹叡最后一次给他增户五百，共三千五百户。而同期他的兄弟们食户情形如何？我们可以看曹彰。据《魏书·任城威王彰传》载，曹彰于建安年间的食邑数是五千，只等于曹植的一半。而在曹丕即位后，就"增邑五千，并前万户"，直到黄初四年六月去世，还是这个数目。两两相较，对比鲜明，曹植在鄄城王时期的食邑数只及曹彰的四分之一，至于安乡侯时期则还大大少于四分之一。可见"事事复减半"的说法，揆诸事实是不算夸张的。

从以上三个方面看，可以说曹植后期特别是在黄初年间，政治上、生活上都受着苛待，这是有史实作依据的。这些苛待，也显然不是所有同姓诸侯王的普遍遭遇，这里确实表现着曹丕及曹叡对曹植的迫害。

后一个问题，关于怎样评价曹植后期的痛苦和不满情绪，廖文也谈得较多。其基本观点是："曹植在后期生活中牢骚怨愤之多，是完全可以理解的。首先政治野心遭受挫折"，"其次，曹植本人的豪华享受的欲望也比别人特别强烈"。这说法我以为有一定道理，但也还存在可以商榷的余地。

曹植后期的痛苦或不满，其产生原因是多方面的。诚然，曹植在政治上有抱负，他的政治抱负得不到施展机会，因而心怀不满和苦恼，这情况是有的，我们看他《求通亲亲表》《陈审举表》《求自试表》等文章，这种情绪表现得确实颇强烈，"臣伏自惟省，岂无锥刀之用？及观陛下之所拔授，若以臣为异姓，窃自料度，不后于朝士矣"，"臣……常愿得一奉朝觐，排金门，蹈玉陛，列有职之臣，赐须臾之问，使臣得一散所怀，抒舒蕴积，死不恨矣"，等等。但是，曹植的抱负不完全是个人性质的，其中包含有值得肯定的内容（对此下文还要详说），所以"野心"之说似乎过于严厉了些。另外我们还应注意一点，上述这些文章，全都作于太和年间，这只需查一下《魏书》本传即可明了；而在黄初年间，他却并没有写过此类文字。当时曹植也有痛苦，而且痛苦的程度比太和年间更甚，但究其原因就与"野心"更加不相干了。

上文已经说过，曹植在黄初年间两次被治罪。他差一点"将置于理，元凶是率"（《责躬》诗），他丧失了人身自由，在封地上形同"圈牢之养物"，而且时时受到"监国使者""防辅吏"的"吹毛求瑕，千端万绪"（《黄初六年令》）。黄初四年他到洛阳"会节气"，是"科头负𫓧锧，徒跣诣阙下"去见曹丕的，然而曹丕"犹严颜色"，并不稍予见怜。在这几年里，他的最强烈的考虑就是求生。他曾在《上责躬应诏诗表》中写道："窃感《相鼠》之篇，无礼遄死之义，形影相吊，五情愧赧。以罪弃生，则违古贤夕改之劝，忍垢苟全，则犯诗人胡颜之讥。"这充分表现了他在生死问题上的恐惧。所以，他在黄初时期的痛苦，主要是属于"忧生"性质，而不是还想在政治上捞些什么。正因此，我们看他在黄初中写的表令文字，完全没有提到自己在政治上有什么抱负要求之类，只有一片诚惶诚恐的气氛。这是不能以"政治野心遭受挫折"来概括的。

曹植后期的不满痛苦，同他"豪华享受的欲望"，也不能说没有关系。廖文列举《箜篌引》"置酒高堂上，亲友从我游。中厨办丰膳，烹羊宰肥牛"，以及《名都篇》中的一些游猎、宴饮的描写，指出曹植前期生活的享乐倾向，是正确的。特别是对《名都篇》，过去一般把它解释为对贵游子弟的讽刺，廖文提出它是自叙之词，很是如此。作为一名过惯了优裕生活的贵介公子，曹植在后期过不来相对艰苦的生活，他在怨怼中包含了这方面的内容，有时甚至夸张地说"饥寒备尝"，这是确实的。不过，若说曹植的豪华享受欲望特别强烈，他后期的不满主要在这一方面，就不见得妥当了。首先，像曹植《箜篌引》《名都篇》中的那种描写，在建安诗人中并非绝无仅有。即以曹丕来说，他就写过"朝日乐相乐，酣饮不知醉"（《善哉行》），"朝游高台观，夕宴华池阴。大酋奉甘醪，狩人献嘉禽。齐倡发东舞，秦筝奏西音"（《铜雀诗》），"丰膳漫星陈，旨酒盈玉觞""献酬纷交错，雅舞何锵锵（《于谯作》），"嘉肴重叠来，珍果在一傍。棋局纵横陈，博弈合双扬。功拙更胜负，欢美乐人肠"（《夏诗》）等，这些诗句，不见得就比曹植的那些描写逊色多少，要谈"豪华享受"，这些恐亦应算入。此外，刘桢、阮瑀、应玚等也有类似描写，不过数量较少罢了。所以"特别强烈"之说，还可以斟酌。退一步说，即使"特别强烈"之说能够成立，也不能得出曹植后期的痛苦源出于此的结论。关键在于，在后期，曹植过的是“王侯皆思为布衣而不能”（《袁子》）的生活，在那种严重政治迫害下，很难设想曹植还有心思去向往“豪华享受”。我们去看曹植后期的诗文，无论黄初还是太和年间的，里面写了多少“豪华享受的欲望”呢？可以说极少。而廖文所举的几条“豪华享受”的例文，却都可以判断是曹植前期所作，以前期作品来证明他后期的“欲望”，这无论如何都是显得勉强的。

通过以上论述，我认为曹植在后期，特别是在曹丕黄初年间受着政治上的迫害和生活上的苛待，是不能推翻的事实。而他在后期诗文中所表露的痛苦和不满，主要源出于这种迫害和苛待，不能仅仅以个人“野心”或“欲望”加以解释。他的痛苦和不满具有一定的社会意义，也是不能予以否定的，具体来说就是，“在他政治生活体验中暴露出统治阶级内部的黑暗与矛盾，表现出对统治者的愤恨和那种要求解放自由的精神”（《中国文学史教学大纲》）。我以为这样的评价，并不存在拔高或夸大曹植其人的问题。

四、如何评价曹植文学成就的问题

郭、张、廖三文都认为曹植得到的声名过高了，三文对文学史上关于曹植成就的评价都提出了某种异议。不过三篇文章论述的问题及具体论点又是不完全一致的。下面分别加以讨论。

郭文认为：“认真说，曹子建在文学史上的地位，一大半是封建意识的。人们要忠君，故痛恨曹操和曹丕，因而也就集同情于失宠的曹植。”这种“封建意识凑成”说，我以为是说得过分了的。不错，历史上曾有王通等人给曹植唱过“忠君爱国”“以天下让”等赞歌，这些都是封建意识无疑；但是，曹植在文学史上的地位并不是靠了王通等人的吹嘘才显赫起来的，早在王通之前数百年的魏晋时期，他的文学才能就已得到公认。曹植的同时代人陈琳就说曹植的作品“音义既远，清辞妙句，焱绝焕炳，譬犹飞兔流星，超山越海，龙骥所不敢追；况于驽马，可得齐足？”（《答东阿王笺》）杨修也说读曹植的文章“虽讽《雅》《颂》，不复过此”，说他是“仲尼日月，无得逾焉”（《答临侯菑笺》），这些评价，已经很高，已开钟嵘《诗品》之端。也许有人会说，陈、杨都与曹植交好，故有此谀辞；那么我们还可以举吴质为例，他曾说曹植的著作“实赋颂之宗，作者之师也”（《答东阿王书》），吴质是曹丕党羽，他总不会也来“凑成”曹植吧！

再看晋朝人。鱼豢说“余每览植之华采，思若有神”（《魏略》），陈寿说“陈思文才富艳，足以自通后叶”（《三国志·魏书·陈思王植传》），左思说“（曹植）摛翰则华纵春葩”（《魏都赋》），这些赞词，恐怕也同“封建意识”并无多大瓜葛。至于南北朝时钟嵘等把曹植推尊到文章之圣的地位，也自有其文学上的标准，不能笼统斥之为“封建意识”。当然，在魏晋南北朝时期，确也存在刘勰所指出的那种“文帝以位尊减才，思王以势窘益价”的“旧谈”，但这一“旧谈”也很难直接与“封建意识”挂上钩。所谓“位尊减才”“势窘益价”，说的是有人贬低作了皇帝的曹丕而推崇受压制的曹植，如果说这里表现了什么“意识”的话，那也只是有人对曹丕的行为反感、对曹植的处境同情而已。而且，这种“旧谈”也仅仅保存在刘勰的间接介绍里，在今存的刘勰之前的历史文献中，已经完全找不到持这种“旧说”观点的直接资料。相反地，我们倒是可以看到不少有影响的论者，在评述丕、植文学成就时持论是比较公允的，如陈寿一方面高度评价曹植，另一方面又说：“文帝天资文藻，下笔成章，博闻强识，才艺兼该；若加之旷大之度，励以公平之诚，迈志存道，克广德心，则古之贤王，何远之有哉！”（《魏书·文帝纪》）这里对曹丕政治上的心胸狭窄是有微词的，但对他文学才能还是充分肯定的，没有“位尊减才”的意思。可见“旧说”虽有，却并不很普遍，影响不是很大的。

郭文贬抑曹植文学成就的另一条理由是说他好模仿。他说：“子建的诗和文都有浓厚的新鲜绮丽之感，这是不能否认的，但它总也显示着一个未成品的面貌。他的作品形式多出于模仿，而且痕迹异常显露……几乎无篇不模仿，无句不模仿，可谓集模仿之大成，模仿得有时虽然比原作更华丽，但每每是只徒夸张，不求统一。”这种以模仿来抹杀曹植创作的说法，我以为也是失之偏颇的。

曹植的某些作品，是有所依傍的，如《洛神赋》是“感宋玉对楚王说神女之事，遂作斯赋”（《洛神赋序》）；《七启》是“昔枚乘作《七发》，傅毅作《七激》……余有慕焉，遂作《七启》”（《七启序》）；《酒赋》是“余览扬雄《酒赋》”之后受启发而作，等等。但若说它们纯属模仿而略无新意，就不妥当了。即以《洛神赋》与《神女赋》而言，二者在描绘神女美妙姿容上固然手法相近，但《神女赋》基本上是娱乐君王性质，并无多少讽喻或寄托，而《洛神赋》则全篇流宕着一片哀怨之情，“恨人神之道殊兮，怨盛年之莫当”，这同《美女篇》中描写一美女“盛年处房室”一样，寄托着作者政治上不得志的怅恨。二赋的作意是不同的。至于《七启》，写得虽不算成功，但也不能认为就是模仿的结果。其中“镜机子”所宣扬的“王道遐均”一套理论，同《七发》中“方术之士”的“要言妙道”还是颇异其趣的。所以，这些被指为“模仿”的作品，其实并非纯然复制，基本上属于借鉴或师法前人创作，不应苛责。退一步说，即使以上诸篇以及郭文所列举的《魏德论》《髑髅说》都是模仿之作，它们在全部曹植诗、文中所占的比重也很小，不能由此演出“无篇不模仿、无句不模仿”的结论。

郭文贬低曹植文学成就的又一条理由是说他只注重辞藻和形式，“他一方面尽力模仿古人，另一方面又爱驱使辞藻”，“由于好模仿，好修饰，便开出了六朝骈俪文字的先河。这与其说是他的功，毋宁是他的过”。张文也支持郭文之说，认为钟嵘称赞曹植，就是着眼于“词采华茂”“粲溢古今”，“完全是以文章外形的美观与否为标准”。

曹植作品，无论诗歌、散文，皆辞藻华美，这是事实。但对于藻饰较多这一点应如何评价，是不能孤立地进行的。只要作品内容充实，那么采润藻饰就不一定是件坏事，还应受到肯定。纵观曹植一生创作，除了前期有一部分作品比较空虚浮泛——如他的《公宴》《斗鸡》等描写宴饮游乐的诗及某些咏物小赋之外，内容比较充实的居多。他的诗文大多具有强烈的抒情性质，或叙自己的功名志望，或写被压抑的痛苦忧愤，或述对自由的追求向往，大多热烈执着、激昂慷慨。他更有一些作品反映了当时的社会现实。在这种情况下他讲求藻饰，不能视之为只重形式。

至于钟嵘贬抑曹操、曹丕，列之于下、中品，当然不妥，但他推重曹植，总的来说并没有大的过错。《诗品》对曹植的基本评语是这样的：“骨气奇高，词采华茂，情兼雅怨，体被文质，粲溢古今，卓尔不群。”张文只择取其中“词采华茂”“粲溢古今”两句，就得出“完全是从文章外形的美观与否为标准”的论断，未免冤枉了钟嵘。“骨气奇高”“情兼雅怨，体被文质”这几句如何可以视而不见？这三句说的恰恰就不“完全是”“文章外形”，是着重从内容上说的。所谓“骨气奇高”，与《文心雕龙·风骨》中强调的“骨劲而气猛”的意思相通，所谓“情兼雅怨”，是指曹植作品的抒情性特征言，所谓“体被文质”，则是从内容与形式相结合的角度来肯定其创作。这些意思并不深奥莫测，也颇符合曹植作品实际，它既不应当引起误解，更不存在可非难之处。

郭文把曹植创作与六朝骈俪文字联系起来，认为是他开的先河，也欠允当。骈字俪句，发源甚早，应当说从西汉末刘向、刘歆父子那里就有所显露，中经张衡、崔寔等，到蔡邕而有较大发展；他的一些散文，特别是论议碑铭，骈偶文句较多。曹植与蔡邕相比，骈化程度并不严重。曹植骈化色彩较浓的文字，大概《孔羡奉家祀碑》可以算一篇，但它比蔡邕的《郭泰碑》等来，还大有弗如之概。其实，曹植与曹丕相比，骈化倾向也不算突出。我们看二人都有的《与吴质书》《周成汉昭论》等，骈化程度大体上相仿佛，都不及蔡邕整饬。即使是建安七子中的一些人如孔融、陈琳、王粲等，骈化也不比曹植差多少。所以把六朝骈文的发展也说成是曹植一“过”，是颇牵强的。

平心而论，曹植在文学形式上谈不上有什么“过”。他特别是在五言诗发展方面，还是个有功之臣。对此廖文是说到了的：“说他在五言诗上比曹操、曹丕用力更多，对五言诗的创造有重大的功绩，这都是没有问题的。”的确，在他之前，五言诗虽早已存在，也出现过一些佳品，但像他这样大量地写作，而且写得如此“体被文质”，前无古人。五言诗到他手里是完全成熟了。说“成熟”，词采的丰富、表现手法的转换多变，使诗歌面貌呈现多姿多彩的伟观，还只是其一方面；更重要的是在运用五言体诗来反映现实生活、抒情述志上取得的成功。充分发挥五言诗艺术表现的潜在能力，使它显示出对四言诗体的巨大优越性，曹植的功绩实不可没。

在贬抑曹植文学成就方面最有分量的论点，我以为乃是对曹植诗歌内容的现实意义提出异议。这种异议主要存在于廖文之中。廖文从两点上作了论述。首先认为：

先从歌唱时代乱离来说，曹植曾经贡献了《送应氏二首》

《泰山梁甫行》这样比较优秀的诗作，给后代留下了一些时代灾难的影像，但是大家翻来覆去举到的，主要是这两篇。……就以为多数同志公认的两篇优秀诗篇来说，其感情的深切感人的程度也比曹操《蒿里行》、王粲《七哀诗》、陈琳《饮马长城窟行》要略逊一筹。

这里指出曹植《送应氏二首》《泰山梁甫行》比曹操、王粲、陈琳诸篇作品在感人程度上略逊，诚是，但是我认为这一情况是可以从作家经历上加以合理解释的。应当看到，曹操、陈琳、王粲比曹植年长许多，他们是汉末战乱的亲历者，《蒿里行》写得深刻、《七哀诗》写得沉痛，都有作者各自的经历为基础。而曹植生于初平三年，正当王粲写《七哀诗》（之一）的那一年。他虽然“生乎乱，长乎军”，但他十二岁时，曹操即已攻克邺城，北方已初定。他的《送应氏二首》也好，《泰山梁甫行》也好，都是北方大战乱已平息若干年后所作。他只是写劫后情景，当然就不及那些产生于大难之中的诗篇来得更加真切感人。但是从另一角度说，曹植在乱后还写出这样的批判战乱、同情下层人民苦难的诗作，也就难能可贵了，对此不应求全责备。而且，倘若将曹丕来作比较的话，那么尽管曹丕长曹植五岁，对战乱的记忆和感受应当比曹植更加清晰具体一些，他却还没有写出现实意义可与《泰山梁甫行》《送应氏二首》相并比的诗来。这不也表明，曹植此类诗篇虽少，却颇珍贵吗？说到数量的多寡，其实曹操、王粲、陈琳的反映汉末战乱作品，“大家翻来覆去举到的”基本上也就是那几篇，并不比曹植更多，从未听说因此就构成对他们提出批评的理由。

其次廖文认为，曹植的一些抒写雄心壮志的作品，“他的意图不过是想借此得到重用，从而个人可以揽取政权”。廖文不同意拿“人道主义”“爱国主义”这类框子去套曹植的创作，是对的，不过，倘说曹植就是想个人“揽取政权”，恐也缺少根据。我以为曹植的“雄心壮志”，固然主要以个人对功名的追求表现出来，如他一再表示要“功勋著于景钟，名称垂于竹帛”“名挂史笔，事列朝荣”（《求自试表》），“愿得展功勤，输力于明君”（《薤露行》）等，不过这是封建时代中许多有志知识分子都使用的方式，非独曹植如是。要作进一步的评价，还须看他的功名观中包括哪些内容。我们看到，曹植的功名心，常常是与“国”和“民”联系的，如他在《与杨德祖书》中说“勠力上国，流惠下民，建永世之业，流金石之功”。所谓“上国”，当然指曹魏政权，他还说“事君贵于兴国”，他要兴曹魏。他多次写到“西有违命之蜀，东有不臣之吴”，表示“闲居非吾志，甘心赴国忧”（《杂诗》），说“诚欲混同宇内，以致太和”（《求自试表》），这种为曹魏政权统一天下而勠力的思想，与今天所说的“爱国主义”诚然不是一回事，但也不能说它完全是“个人”的东西。统一天下，总不是件坏事。关于“民”，曹植在其诗文中常常提到“拯世济民”“辅主惠民”等，他还说过“古之仁君，必有弃国以为百姓”（《转封东阿王谢表》）。这种把君、民联系在一起，把百姓置于国之先的观点，是传统的民本思想的一种表现。它虽然不比“民为贵，社稷次之，君为轻”那样旗帜鲜明，但大体上反映了曹植重视百姓的倾向。从这种民本论出发，曹植对他所了解到的人民困苦颇表同情。除了《送应氏二首》《泰山梁甫行》等大家共知的外，还有如他曾向明帝上表，述“数年以来，水旱不时，民困衣食，师徒之发，岁岁增调”（《陈审举表》），“兵不解于外，民罢困于内。促耕不解其饥，疾蚕不救其寒”（《谏伐辽东表》）等情况，提出“臣以为当今之务，在于省徭役，薄赋敛，勤农桑”（《谏伐辽东表》）等意见。这些意见，尽管没有化为任何具体的政治措施（这里也有客观条件限制），但就它们本身来说，还是有进步意义的。曹植对功名的追求中既然包含有这种为“国”为“民”的因素，我们也就不能笼而统之地说他的“意图”完全是个人性质的。

总之，无论从思想内容还是艺术形式看，曹植在创作上的成就不应低估。他在生前就取得了很大的名声，死后更长久地受到推崇，绝非偶然。这既不是封建意识所凑成，也不是人们纯以“外表美观”为衡量标准的结果，而是文学史的客观规律——给一位优秀作家以应有地位——在起作用。说到对曹植的推崇，张文曾说，那仅仅是南北朝形式主义文风泛滥时期的现象，“我们也不妨考察一下盛唐诗人又曾经特别推尊过曹植没有呢？在我所接触到的一般文献上实找不出”。不过张文所说是不确的，我这里举一位公认的盛唐诗人杜甫为例，他曾写过“赋料扬雄敌，诗看子建亲”（《奉赠韦左丞丈二十二韵》）、“文章曹植波澜阔，服食刘安德业尊”（《追酬故高蜀州人日见寄》）、“子建文章壮，河间经术存”（《别李义》），这些诗句都出于《杜工部集》，这书算不上特殊文献，诗句的意义也毋须解释，它们难道还不能表明，对曹植的推尊并不限于南北朝时期，而且同“形式主义文风”并无必然联系吗？

以上主要就郭文、张文、廖文所涉及的有关方面问题作了讨论。如前所述，这几篇文章都有一些正确意见，我所未敢赞同的，只是它们在一些问题上对曹植的过低评价，以及在丕、植关系上对曹丕的某些曲意回护。归结起来说，郭、张、廖三文反对抑丕扬植，是正确的，但它们矫枉过正，在一些问题上实行抑植扬丕，又是于义未妥的。曹植有句云：“弹冠俟知己。”（《赠徐幹》）本文不敢谬托知己，自以为是，只不过希望通过对问题的探讨商榷，使对曹植的评价逐渐接近于平允罢了。

（原载《文学遗产》1983年第1期）

从魏国政权看曹丕曹植之争

◎曹道衡

关于曹丕和曹植的文学成就，早在南北朝就存在着不同意见。刘勰在《文心雕龙·才略》中就觉得世人对曹丕的评价过低。他说：

魏文之才，洋洋清绮，旧谈抑之，谓去植千里。然子建思捷而才俊，诗丽而表逸，子桓虑详而力缓，故不竞于先鸣；而乐府清越，《典论》辩要，迭用短长，亦无懵焉。但俗情抑扬，雷同一响，遂令文帝以位尊减才，思王以势窘益价，未为笃论也。

他这种议论，确较公允，而在当时似乎就不占上风。因为迄今存在的作品，当然曹植所作的要比曹丕多；就是从《隋书·经籍志》所著录的来看："《魏文帝集》十卷，梁二十三卷"；"《魏陈思王曹植集》三十卷"，似乎从数量上说，曹植作品本来多于曹丕。经过江陵陷落萧绎焚书之后，曹丕作品散佚甚多，而曹植仍无损失，说明当时传写的本子，比曹丕集为多。作品的流传与否，往往与其成就有关，一般来说，总是质量较好的作品更经得起时间的考验。

其实，刘勰尽管为曹丕鸣过不平，然而在《文心雕龙·明诗》中，也有"兼善则子建、仲宣"的话，可见他也未必认为曹丕的成就高于曹植。稍后于刘勰的钟嵘，则在《诗品》中以曹植为上品，而以曹丕为中品。从南北朝以来，绝大多数的评论家似乎都认为曹植高于曹丕。当然，其间也有持相反意见者，如清初的王夫之等人，不过人数甚少。这种争论，如果局限于两位作家的风格方面，其本质无非出于各人的爱好。喜欢较质朴的诗文者，可能推崇曹丕，而喜欢华丽的诗文者，则往往称赏曹植。这本是可以仁者见仁，智者见智的。

本来，从刘勰到王夫之的议论，大抵都是从文风着眼，所以虽与多数人意见有些出入，似乎并未引起重大的争执。但现代的一些研究者关于这个问题的意见，似乎超出了作品风格的范畴，而主要是从这两位作家的人格以至阶级地位来评价了。例如以郭沫若同志为代表的一些研究者，就认为曹植与曹丕在继承权问题上的矛盾，带有政治性质。他们的结论是在这场争权斗争中，曹植是玩弄了阴谋手段的，而且他的谋主是杨彪的儿子杨修，因此他代表着大贵族官僚地主。这些同志所谓的“阴谋手段”，无非是杨修“豫作答教”等事。这样，关于曹丕和曹植的争论，主要是历史学研究的问题，与文学本身的关系反而不大了。我个人认为，如果就王位继承权之争来评价曹丕和曹植，恐怕不宜局限于个别事件或他们的个别朋友来着眼，而应当考虑到当时历史的全局以及曹丕、曹植所处的地位。因为在封建社会中，王位的继承权往往涉及各种政治力量的对比，这是一个相当复杂的问题。在这里，我想就个人的认识，谈几个问题，请大家指正。

一

曹丕和曹植在王位继承权方面的斗争以及曹丕取胜的原因，据史书的记载是：

植既以才见异，而丁仪、丁廙、杨修等为之羽翼。太祖狐疑，几为太子者数矣。而植任性而行，不自雕励，饮酒不节。文帝御之以术，矫情自饰，宫人左右，并为之说，故遂定为嗣。（《三国志·魏书·陈思王植传》）

从《三国志》原文来看，“御之以术，矫情自饰”的是曹丕而不是曹植，那么如果说到“阴谋”，恐怕还是按在曹丕头上更合适些。不过，像王位继承权这样重大的政治斗争，其成败并不能单纯用个人品质的某些方面来解释。在这种斗争中，权诈和阴谋虽能起一定的作用，然而毕竟有限。再说像曹操那样精明的政治家，在立嗣问题上也不可能仅仅听信“宫人左右”的意见。至于曹丕和曹植的党羽中，出身成分也都很复杂。曹植当然和杨修很亲密；然而与他相好的丁仪、丁廙却并非出自名门。曹丕的朋友中，吴质的出身较为寒微，这是事实。然而据《晋书·宣帝纪》：“魏国既建，（司马懿）迁太子中庶子。每与大谋，辄有奇策，为太子所信重，与陈群、吴质、朱铄号曰‘四友’。”这里的“太子”即曹丕。在曹丕的“四友”中，陈群出身名门，其地位亦不亚于杨修；司马懿出身并不太高，然而现代的研究者大抵认为他代表大贵族官僚的势力。所以如果按唯成分论来说，曹丕的友人，也未必比曹植“清白”。何况评价一个人物的行为，本不能光看他的出身；至于评价一群人时，更不应仅仅看到其中个别人物的出身，就对全体人物的政治倾向作判断。因此，我觉得一些研究者“扬不抑植”的论据，恐怕很难令人信服。

关于曹丕在争夺王位继承权时取胜的原因，似乎应当从曹操所建立的魏国政权的性质中去寻求答案。曹操其人出身门第不高，正如他自己所说“自以本非岩穴知名之士”，然而他毕竟战胜了“四世居三公位，由是势倾天下”的袁绍，统一了中国北方。从当时的阶级斗争形势来看，他的胜利，似乎不应当简单地归结为他出身的那个阶层——地主阶级中较为寒微的阶层或中小地主的胜利。因为当时割据的群雄之中，以实力而论，恐怕还是出身大贵族官僚地主的袁绍、袁术等为强。曹操之战胜袁绍，并非寒微的地主对大贵族官僚地主的胜利，而是曹操其人，更能适应当时的斗争形势，从而也能为各派政治力量所接受。关于曹操战胜袁绍的原因，据《三国志·魏书·郭嘉传》裴注引《傅子》载，郭嘉认为曹操有“十胜”，而袁绍有“十败”。其中有两点，似最可注意：

绍外宽内忌，用人而疑之，所任唯亲戚子弟，公（曹操）外易简而内机明，用人无疑，唯才能所宜，不间远近。

绍因累世之资，高议揖让以收名誉，士之好言饰外者多归之，公以至心待人，推诚而行，不为虚美，以俭率下，与有功者无所吝，士之忠正远见而有实者皆愿为用。

这些话的实际含义即曹操能广泛地团结各种力量，并从各个阶级和阶层中选拔有真实才能的人。不管曹操是否真的“以至心待人”，然而，他确实得到了更多人的拥护却是事实。《三国志·魏书·崔琰传》说到曹操为人猜忌，曾杀害崔琰和孔融、许攸、娄圭等人时，裴注引鱼豢的话说：

古人有言曰：“得鸟者，罗之一目也，然张一目之罗，终不得鸟矣。鸟能飞远，远飞者，六翮之力也，然无众毛之助，则飞不远矣。”以此推之，大魏之作，虽有功臣，亦未必非兹辈胥附之由也。

鱼豢是魏人，离曹操时间不远，他的话当有根据。在他看来，曹操的胜利，并非仅仅是由于他的嫡系（功臣）之力，也和各种人物的归附有关。在曹操手下任职的，其实有形形色色的人物。其中颍川荀氏的荀彧、荀攸，陈氏的陈群都是汉末大族，在士大夫中颇有声望。至于孔融、杨彪这些汉末的大官、名士，曹操也曾采取团结政策。《三国志·魏书·武帝纪》裴注引《魏书》载：

袁绍宿与故太尉杨彪、大长秋梁绍、少府孔融有隙，欲使公以他过诛之。公曰："当今天下土崩瓦解，雄豪并起，辅相君长，人怀怏怏，各有自为之心，此上下相疑之秋也，虽以无嫌待之，犹惧未信；如有所除，则谁不自危？且夫起布衣，在尘垢之间，为庸人之所陵陷，可胜怨乎！高祖赦雍齿之仇而群情以安，如何忘之？"绍以为公外托公义，内实离异，深怀怨望。

裴松之在引了这段话之后指出：曹操后来杀了孔融，并且也曾将杨彪下狱，认为曹操虽明知不该杀害之理，而实际上并未做到。他说的是事实，不过，他对《魏书》所载的事件，并无怀疑。从事实来看，曹操说那段话，恐怕也不能说言不由衷。他当时的主观动机，可能还是尽量不要使用杀人的办法。孔融后来虽然被杀，但在他和曹操合作之初，也曾对曹操有好感。他写的六言诗中，曾对曹操作过称颂。虽然杨彪曾下狱，但曹操后来也曾多方团结他，直到曹丕时，还在不断地笼络他。曹操让杨彪下狱，从客观上说，恐怕只能算是一次失策，因为至少他给予袁绍以口实。后来袁绍命陈琳所作的檄文中，就把这事作为曹操的一大罪状来申讨。曹操、曹丕之优礼杨彪，疑亦与弥补这个失策有关。在《魏书》所载的事件中，不光有大官杨彪、名士孔融，也有宦官梁绍。这说明曹操想笼络的人，不仅是名士、大官，他想尽量争取一切力量。即使是对他后来的政敌刘备，他开始时也想争取。《三国志·魏书·郭嘉传》裴注引《魏书》载：

> 刘备来奔，以为豫州牧。或谓太祖曰：“备有英雄志，今不早图，后必为患。”太祖以问嘉，嘉曰：“有是。然公提剑起义兵，为百姓除暴，推诚仗信以招俊杰，犹惧其未也。今备有英雄名，以穷归己而害之，是以害贤为名，则智士将自疑，回心择主，公谁与定天下？夫除一人之患，以沮四海之望，安危之机，不可不察！”太祖笑曰：“君得之矣。”

裴松之引这段话以后，又引《傅子》中记载郭嘉劝曹操杀刘备之事。这两段话看似相反，其实《傅子》中所记，乃误以后来曹操派刘备迎击袁术、刘备从此和曹操翻脸之事为刘备投奔曹操时事。这只要看《武帝纪》和《程昱传》就很清楚。至于《魏书》记郭嘉所发议论，则看来很符合曹操的政策，当属可信。曹操不光能容忍一些大小地主阶级人物，他对黄巾军中的降服者，也采取过宽容以至笼络的手段。例如曹操部下的“青州兵”，本是黄巾军。对这支军队，曹操对他们也有宽纵的地方。《三国志·魏书·于禁传》载，曹操在被张绣打败后，部下和曹操失散，于禁在归途上见十几个人“被创裸走”，说是被“青州兵”所劫掠。据云：“初，黄巾降，号青州兵，太祖宽之，故敢因缘为略。”这说明曹操对黄巾军也有宽容的政策。如果说他容忍黄巾是要他们为他出力打仗的话，那么他对名士、大官们的容忍，也有政治目的，即利用他们的政治影响作为号召。如他任用名士，也收到了实效。《三国志·魏书·何夔传》裴注引《魏书》载：“自刘备叛后，东南多变。太祖以陈群为酇令，夔为城父令，诸县皆用名士以镇抚之，其后吏民稍定。”这些“名士”，大抵出身大族，本人也未必都有什么政治才能，然而他们还是有影响的。这也是曹操优礼他们的原因。

我们在论到曹操的用人政策时，往往强调他的“兼容并包”。从上面所引的材料看来，他确实团结着当时种种社会力量，上起杨彪这样的大官僚，下至黄巾军的残部。这就是他所谓“兼容并包”的具体内容。他在《短歌行》中所谓“山不在高，水不在深；周公吐哺，天下归心”，也正是体现了他这一政策。这一政策甚至对他的对立力量，也曾起过一些作用。《三国志·魏书·文帝纪》裴注引《献帝传》载，张鲁在投降曹操以前，曾有人劝他联合刘备，他却说：“宁为魏公奴，不为刘备上客也！”从这里，就可以看出曹操政权的性质比较复杂，不能简单地从他的出身来判定他为“中小地主”的代表。

当然，曹操虽然团结了许多阶级和阶层的人物，然而并不是说他的政权就是超阶级的。他所建立的仍然是一个封建主义的政权，他所维护的也仍然是地主对农民的统治。他的对黄巾军实行宽容，以及抑制豪强兼并的政策，虽然客观上对农民有些好处，并推动了生产力的发展，而就其动机和实质而论，还是为了维护封建统治。因为如果不抑制豪强而对农民一味镇压，那么封建政权在当时就很难维持与巩固。这一点，不光曹操认识得清楚，连依附他的那些大贵族、大官僚们也未必不知道。所以不能因为他采取过一些进步措施，就像有的同志那样，说他“继承了黄巾的事业”。相反，因为他曾优礼名士，团结杨彪等人物，就断言他代表大贵族官僚的利益，也是不对的。不然，他就与袁绍没有区别，而不可能在官渡之战中取胜。从汉末错综复杂的斗争形势来看，曹操这个政治家的政策，不能不是多方面的。他所采取的一些措施，必然要考虑多方面的因素。即使在考虑他的继承人问题上，他也是如此。对这个问题，他也不能随心所欲地行事，也要考虑到他周围许多人物的意见。事实上，曹操左右的各种人物，确曾对这个问题发表过意见。所以，曹丕所以取胜和曹植所以失败，其原因不能单纯从他们两个人的性格或“阴谋”等问题出发，也不能简单地从曹操个人的意志出发来决定，而要看当时各个阶级、阶层人物的态度。这是我们评价曹丕和曹植在继承权的斗争中的主要依据。

二

曹操手下的人物究竟对曹丕和曹植抱什么态度呢？我们可以从几类不同的人来进行探讨。第一类是曹操所倚重的一些官员如荀彧、荀攸等人，似乎对王位的继承人问题，并未发表意见。然而，从他们的倾向和曹丕对他们的态度来看，应该说他们基本上是站在曹丕一面的。《三国志·魏书·荀彧传》曰：“初，文帝与平原侯植并有拟论，文帝曲礼事彧。及彧卒，（彧子）恽又与植善，而与夏侯尚不穆，文帝深恨恽。”又《荀攸传》载：“文帝在东宫，太祖谓曰：‘荀公达，人之师表也，汝当尽礼敬之。’攸曾病，世子问病，独拜床下，其见尊异如此。”荀彧卒于建安十七年，荀攸卒于建安十九年。他们两个死时，曹丕、曹植之争，似乎并未结束。不过，他们的态度在曹操的部下中有相当的代表意义。曹丕之所以千方百计讨好这两个人，原因不光在于他们对曹操会有影响，而且他们都强调儒学与礼法，与“不自雕励，饮酒不节”的曹植格格不入。《荀彧传》裴注引《荀彧别传》载，曹丕的四友中，陈群、司马懿二人均出于荀彧举荐。可见在这场斗争中，曹丕得到他们支持的可能性远比曹植大。

另一些人在曹操集团中的地位，虽不如荀彧、荀攸高，但他们却也得到曹操信任，掌握一部分实权。如《三国志·魏书·崔琰传》载：

时未立太子，临菑侯植有才而爱。太祖狐疑，以函令密访于外。唯琰露板答曰：“盖闻《春秋》之义，立子以长，加五官将仁孝聪明，宜承正统。琰以死守之。”植，琰之兄女婿也。太祖贵其公亮，喟然叹息，迁中尉。

这个崔琰后来虽被曹操杀害，但他曾任曹操的丞相东曹掾，掌管选举大权，并且被曹操称为“君有伯夷之见，史鱼之直”。

另一个曾任丞相东曹掾的毛玠，也被曹操所信任。《三国志·魏书·毛玠传》载：

魏国初建，为尚书仆射，复典选举。时太子未定，而临菑侯植有宠，玠密谏曰：“近者袁绍以嫡庶不分，覆宗灭国。废立大事，非所宜闻。”后群僚会，玠起更衣，太祖目指曰：“此古所谓国之司直，我之周昌也。”

这段话说明曹操不光接受了毛玠的意见，还当众称赞了他。这也不能不对群臣产生影响。

除了崔琰、毛玠以外，曹操部下官员有不少人的态度是明确的。如谋士贾诩，不光像崔琰、毛玠一样向曹操申述自己的看法，还给曹丕出谋划策。《三国志·魏书·贾诩传》载：

是时，文帝为五官将，而临菑侯植才名方盛，各有党与，有夺宗之议。文帝使人问诩自固之术，诩曰：“愿将军恢崇德度，躬素士之业，朝夕孜孜，不违子道。如此而已。”文帝从之，深自砥砺。太祖又尝屏除左右问诩，诩嘿然不对。太祖曰：“与卿言而不答，何也？”诩曰：“属适有所思，故不即对耳。”太祖曰：“何思？”诩曰：“思袁本初、刘景升父子也。”太祖大笑，于是太子遂定。

贾诩给曹丕出的主意，其实和吴质的想法完全一样。《三国志·魏书·王粲传》附带讲到吴质时，裴注引《世语》载：

> 魏王尝出征，世子及临菑侯植并送路侧。植称述功德，发言有章，左右属目，王亦悦焉。世子怅然自失，吴质耳曰："王当行，流涕可也。"及辞，世子泣而拜，王及左右咸嘘唏，于是皆以植辞多华而诚心不及也。

从这两段记载来看，其实真正阴险的该是曹丕而非曹植。因为曹植称述功德，最多不过炫耀自己的才华；而曹丕听了贾诩、吴质的劝告，用假哭来骗取信任。这就是前引《三国志》中所谓"御之以术，矫情自饰"。这种装作老实和守礼的样子，其实正是投了荀彧一类高门大族强调"隆礼学"者所好。贾诩和吴质两人虽非出身高门，然而他们的策略思想，却首先是让曹丕去讨好那些高门大族。这里就存在着一个根本的理论问题，那就是马克思主义经典作家所一再强调的，分析一个人的阶级立场，主要不是看他的出身，而是看他的思想和行为究竟代表着哪个阶级和阶层的利益。对贾诩、吴质之流，我看正应作如是观。

和贾诩一样，同属曹操的智囊人物之一的程昱，虽不像贾诩那样明确地站在曹丕一边，他在为曹丕出主意时，却也投了曹操所好。《三国志·魏书·程昱传》裴注引《魏书》载，曹操征马超，曹丕留守，使程昱"参军事"。田银、苏伯在河间造反，曹丕派兵平定了叛乱。当时田、苏余党有千余人投降，曹丕不少幕僚都主张不要请示曹操就把这些人杀掉，只有程昱认为应当请示。结果曹丕请示曹操，曹操主张不杀，并称赞程昱说："君非徒明于军计，又善处人父子之间。"这主意显然也巩固了曹丕的地位，比起杨修教曹植斩杀门侯（见《陈思王传》裴注引《典略》）的鲁莽行为来要明智得多。看来杨修不过是一个少不更事而又自恃聪明的年轻文人；而贾诩、程昱却是老谋深算的权术家。如果把曹植和杨修说成会要弄阴谋，那么曹丕及其一伙所玩弄的手段又叫什么呢？

在曹操部下的大小官吏支持曹丕，反对曹植和他的朋友的颇不乏人。如《三国志·魏书·徐奕传》裴注引《魏书》载：

或谓奕曰："夫以史鱼之直，孰与蘧伯玉之智？丁仪方贵重，宜思所以下之。"奕曰："以公明圣，仪岂得久行其伪乎！且以奸事君者，吾所能御也，子宁以他规我。"

又《何夔传》裴注引《魏书》载：

时丁仪兄弟方进宠，仪与夔不合。尚书傅巽谓夔曰："仪不相好已甚，子友毛玠，玠等仪已害之矣。子宜少下之！"夔曰："为不义适足害其身，焉能害人？且怀奸佞之心，立于明朝，其得久乎！"夔终不屈志，仪后果以凶伪败。

按：丁仪兄弟后来被曹丕所杀。史书虽屡言他们奸，然其罪状，似乎也未举多少事实。又《邢颙传》载：

是时，太祖诸子高选官属，令曰："侯家吏，宜得渊深法度如邢颙辈。"遂以为平原侯植家丞。颙防闲以礼，无所屈挠，由是不合。庶子刘桢书谏植曰："家丞邢颙，北土之彦，少秉高节，玄静澹泊，言少理多，真雅士也。桢诚不足同贯斯人，并列左右。而桢礼遇殊特，颙反疏简，私惧观者将谓君侯习近不肖，礼贤不足，采庶子之春华，忘家丞之秋实。为上招谤，其罪不小，以此反侧。"后参丞相军事，转东曹掾。初，太子未定，而临菑侯植有宠，丁仪等并赞翼其美。太祖问颙，颙对曰："以庶代宗，先世之戒也。愿殿下深重察之！"太祖识其意，后遂以为太子少傅，迁太傅。

又《卫臻传》载：

初，太祖久不立太子，而方奇贯临菑侯。丁仪等为之羽翼，劝臻自结，臻以大义拒之。

除了这些文官、谋士以外，一些武将如司马懿、夏侯尚等也倾向于曹丕。还有像贾逵这样既有政治才能又懂军事的人物，虽未直接反对曹植，然而，他倾向曹丕显而易见。《三国志 · 魏书 · 贾逵传》载：

太祖崩洛阳，逵典丧事。时鄢陵侯彰行越骑将军，从长安来赴，问逵先王玺绶所在。逵正色曰："太子在邺，国有储副。先王玺绶，非君侯所宜问也。"

这段材料很可注意。据《三国志 · 魏书 · 任城威王彰传》裴注引《魏略》载：

彰至，谓临菑侯植曰："先王召我者，欲立汝也。"植曰："不可。不见袁氏兄弟乎！"

可见拒绝曹彰，正是拒绝曹植。在这种局面下，曹植自然也很明白，继承权之争已彻底失败，所以连自己也表示不应争了。

至于曹丕对曹植，也有一个过程，他在正式当太子以前，和曹植之间的斗争是很激烈的，而他登上魏王宝座以前，恐怕就并不认为曹植真能取自己的地位而代之。所以《邓哀王冲传》裴注引《魏略》载，曹丕曾自称"若使仓舒在，我亦无天下"。他并未把曹植放在眼里。曹丕后来对曹植的种种限制和打击其实只是出于报复心理，而并非真有防范之意。因为曹植的支持者其实都不过是一些年轻的文人，他们无非是恃才傲物，又觉得曹操对曹植的文学才能表示欣赏，所以不顾当时的形势，在那里胡乱钻营。曹植本人更是年少气盛，自以为才华出众，想做一番事业，因此不免对王位继承权有过幻想。然而他的实力非常有限，除了我们常说的杨修、丁仪、丁廙外，史书上记载的只有邯郸淳、孔桂等地位颇低的人。这里面较有政治才能而且略有号召力的，只有杨修一个。所以曹操在决定立曹丕之后，要除掉杨修，认为他“颇有才策”。至于丁仪、丁廙，他并不以为意，曹丕继立后将丁仪、丁廙杀死，已属淫刑以逞，并无实际意义。至于邯郸淳、孔桂，本无地位，所以邯郸淳得以善终，而孔桂被杀，则有其他原因，曹丕本来也不想杀他（见《三国志·魏书·明帝纪》裴注引《魏略》）。考《陈思王植传》裴注引《典略》，杨修曾任仓曹属主簿，丁仪曾任曹操的掾属，丁廙为黄门侍郎。这些人官位既小，又无实权，曹操的意见，亦很难为他们所左右。曹操心目中，他身后要提防的只有一个杨修，所以在死前百余日，“虑终始之变”将他杀掉。这个杨修尽管出身高门而有一定的才能，但因为有这样一个人而说曹植联系大贵族大官僚却并非事实。《陈思王植传》裴注引《典略》曾讲到“自魏太子已下，并争与交好”。可见曹丕对这个人也曾想拉拢过。只是杨修作为一个文人，还是较倾向于曹植而已。尽管如此，到曹植开司马门受曹操谴责以后，他也知道立曹植之事不成，但要抽身已经来不及了。

从上述的种种力量对比来说，在这场王位继承权斗争中，曹丕其实处于压倒优势而曹植处于绝对的劣势。如果他和他的朋友们对当时政治形势有清醒估计的话，本来不可能发生这场不自量力的较量。因此，在这场斗争中，与其说曹植是出于野心，还不如说更多地表现了他的幼稚和躁进。在我们今天来看王位继承权的斗争，本来是无是非可言的。不论曹丕或曹植谁争到了继承权，结果也都不过当封建的“大魏皇帝”。至于站在封建立场上指责曹植想“以庶代宗”，那也大可不必。

三

曹植在文学史上的地位高于曹丕，这本是无可争辩的事实。我们评价作家成就的高低，其根据无非是看他作品的质量和数量，其次是对后世文学家的影响。谁也无法否认的事实是，曹植的历来传诵的名作远多于曹丕；而后来许多诗人受曹植的影响也大大超过曹丕。不管我们个人的爱好如何，历史的评价应该是客观的。至于各人的爱好不同，有人更喜爱曹丕，有人更喜爱曹植，这完全允许，而且不应强求一致。在关于曹丕和曹植的评价问题上，他们的政治态度和文学成就也应该有所区别。以曹丕而论，他在早期与曹植争位时，是多少有些权诈的，后来他作了皇帝，施政的措施也有许多可议之处。《晋书·刘颂传》载刘颂在西晋初年上疏，就谈到曹魏的“文明二帝，奢淫骄纵，倾殆之主也”。从《三国志·魏书》看来，到他手里，曹操所采取的一些有进步意义的措施，都被逐步废坏了。如《司马芝传》载，屯田制到黄初时，已逐步变质；曹操“用人唯才”的政策，也为九品中正制所替代。但这些问题也比较复杂，一些进步措施的废坏，亦非曹丕个人所能负责，而有其社会的根源。他的个人品德确有可议之处，如《三国志·魏书·鲍勋传》载鲍勋谏游猎，本是有理的，却被贬官。这和《崔琰传》所载曹丕早年打猎，经崔琰劝谏时那种虚心的态度就截然相反。曹丕后来又借故杀害鲍勋，更表现得非常残忍。至于《世说新语·贤媛》所载他私生活的问题，更不必说了。对于曹丕这些表现，我们显然不能忽视，但这和他在文学上有贡献是两件事，绝不能因为他有哪些罪过，而忽视他在《典论·论文》中首先提出了作者的创作个性问题；也不能忽视他的《燕歌行》等诗在七言诗发展中的贡献。他的五言诗也有特色，其高古之处，确比曹植更多地保存着古诗和汉乐府的长处。因此刘勰不赞成说他“去植千里”，还是有道理的。

关于曹植，我们同样也应该对他的生平和作品作具体的分析。从他现存的诗、文、辞赋来看，优秀作品确实比曹丕为多。但仔细看来，不论从生活内容到艺术技巧方面看，都是后期作品较为成熟。他前期的作品并非没有佳作，不过，像《送应氏二首》那样感叹洛阳残破之作，数量并不多，感受也不如曹操一些诗深。至于《赠徐幹》中的“惊风飘白日”等名句，艺术价值虽高，却不一定要有丰富的社会经验。这些诗比起《赠白马王彪》《杂诗》等名作来，似乎还不如后者深沉。这说明曹植的创作有一个发展过程。谢灵运在《拟魏太子邺中集诗序》中，论曹植云：“公子不及世事，但美遨游，然颇有忧生之嗟。”这段话虽很简短，却有见地。因为谢灵运在《序》的一开头就提到“建安末”，可见他是考虑到曹植生平的情况的。当时曹操还在，曹植还是一个贵公子，生活是安定的，“但美遨游”也属事实。不过，由于王位继承权的斗争中，他是失败者，正如《三国志》本传说的，杨修死后，“植益内不自安”。尽管他有“忧生之嗟”，但生活经验也不是一下子能丰富起来的。所以谢灵运设想的建安末期的曹植，应该说符合他当时的实际状况。至于曹植后期的诗，超过了前期，那是在经历了颠沛流离之苦以后的产物。

曹植在不少诗文中，经常提到他的抱负，似乎在政治上很有作为。这恐怕也不能完全信以为真，在文学史上，许多作家似乎都有政治抱负，但如果真叫他们从政，却未必真能有所作为。再说曹丕在政治上所采取的一些措施，在今天来看，确实有值得批判之处。不过这也有种种的因素，假使曹植处于他的地位，能否比他做得好，也是个疑问。不能因为曹植的文学成就高，或他的处境值得同情，就断言他要是从政，定能胜于曹丕。当然，在文学史上有不少作家未必是政治家，而他们对当时社会中一些黑暗现实的批判却不为无见。因为这往往出自他们切身的经历和感受。以曹植的《泰山梁甫行》为例，这里写的是他所目睹的“边海民”的生活状况，他不可能也没有谈到改变这种状况的方案。然而我们对这首诗还是应该肯定，原因就在他反映了当时的现实。

有些同志指责曹植，是认为他开了绮丽之风。这个问题，其实也值得商榷。首先，文学的发展总是由朴质而趋向华丽的。从建安文学的总趋势来说，比起两汉乐府和《古诗十九首》等是要华丽一些，而此后的两晋南北朝诗，又较建安诗更注重辞藻。这个趋势是不是要批判，很可研究。因为如果没有这个长期的积累，在形式和技巧方面打下基础，那么唐代诗歌的繁荣就亦颇难设想。这个道理，我在别处已多次论及，这里不想赘述。其次，从诗歌发展的总趋势来看，“绮丽”也不是由曹植个人所能造成的。试把曹丕的诗和曹操比较，其辞藻华美之作就要多得多，而且曹丕在《典论·论文》中，不是公然主张“诗赋欲丽”吗？根据这样的意见，我们不是也可以把诗的绮丽趋向归罪于曹丕吗？

在科学研究工作中，拘守古人的旧说而不敢创新当然是不对的。因为古人往往有他们的局限和偏见，未可处处信从。但故意标新立异，处处翻案，也未必可取。根本问题还在于实事求是。粉碎“四人帮”以来，一些研究者敢于破除迷信，大胆提出新的看法，已经取得了可喜的成绩。至于过去有些研究者所作的翻案文章，我看还得仔细研究，有些新见虽然可取，有些似亦当别论，未必新见都可取而旧说都不对。这是我的基本看法。

（原载《辽宁大学学报》1984年第3期）

从《七步诗》的由来评曹植诗的整理

◎黄永年

一

传为曹植做的《七步诗》，在宋以前的旧本《陈思王集》里应该是没有的[①]，因为现存最古的南宋刻大字十卷本《曹子建文集》和明活字十卷本《曹子建集》里都还不曾收入。当年我买到明嘉靖时郭云鹏（万程）刻十卷本《曹子建集》，曾用《四部丛刊》影印明活字本和它对勘过。发现明活字本源自南宋大字本而有所改订，嘉靖郭本源自活字本又进一步作改订，并且收入了《七步诗》。

傅增湘先生的《藏园群书经眼录》由中华书局出版，购读后方知道另有一种值得注意的明正德五年舒贞刻十卷本《陈思王集》。《藏园群书经眼录》抄录了这个本子的田澜刻书序，说到舒贞是“书侩”，“往岁长洲（案在今江苏苏州）得徐氏《子建集》百部，行且卖尽，盖彼活字板，初有数”云云，从而可断定活字本是正德初或弘治末苏州徐氏所排印。舒贞则系另用抄本作校勘并移易篇卷后在正德五年刊刻，在第九卷后增入了《七步诗》，第十卷后增入了《述行赋》，这才是最早有《七步诗》的

① 《隋书·经籍志》以下著录曹子建诗文集的情况略见《四库提要》，因为这些旧本都已失传，且与本文主题无关，故不在这里评论《四库提要》记述的得失。

本子。《藏园群书经眼录》著录的这个正德舒本包括一残一全两部，现均入藏北京图书馆（现国家图书馆），见1959年版《北京图书馆善本书目》，自无缘寓目。据田序所说“以诗通移九卷，乐府八卷，颂、赞、铭五卷，章、表六卷，令、七启、九咏摘移十卷，文、序、书、诔、哀辞七卷”可知其已按明人刻集诗文分别编次的习惯，改易活字本次第。而嘉靖郭本则仍活字本次第无大变更，可见郭本是直接源出活字本，至于郭本卷四之后有《述行赋》，卷五之后有《七步诗》，则可能是参考正德舒本后加入，也有可能未见过舒本而系自行搜辑加入[①]。

以上几种旧本曹子健诗文集的关系，图示如下：

南宋刻大字 → 本明徐氏活字本 → 明嘉靖郭云鹏刻本

↑

明正德舒贞刻本……（？）

二

正德舒贞本的《七步诗》不知是什么模样。嘉靖郭本则径以《七步诗》为题，全文五言四句二十字：

煮豆燃豆萁，豆在釜中泣。
本是同根生，相煎何太急。

郭本不说是从哪里搜辑到的。就连正德舒本的田序里也只说“《七步诗》散见诸书”，没有交代清楚散见于哪几部书。

① 附带说一下，《藏园群书经眼录》里是把瞿藏南宋大字本曹集定为元刊本的，但从字体来看说元刊本总不太像，在没有查到傅先生所持理由之前不如仍说它是南宋刊本为妥。好在这也和本文主题无关。

《世说新语》是人们比较熟悉的，今本文学门有这样一条记载：

文帝尝令东阿王七步中作诗，不成者行大法。应声便为诗曰："煮豆持作羹，漉豉[①]以为汁。萁在釜下然，豆在釜中泣，本自同根生，相煎何太急。"帝深有惭色。

但这里有六句。明人再荒唐，总不致在辑入曹子建诗文集时把"漉豉以为汁，萁在釜下然"两句无端删去，又把开头一句的"持作羹"妄改成"燃豆萁"。

为讲授"专书研究——《太平广记》"，把《太平广记》重温了一遍，在卷一百七十三《俊辩》中发现原注"出《世说》"的"曹植"条，全文是：

魏文帝尝与陈思王植同辇出游，逢见两牛在墙间斗，一牛不如，坠井而死。诏令赋死牛诗，不得道是牛，亦不得云是井，不得言其斗，不得言其死，走马百步，令成四十言，步尽不成，加斩刑。子建策马而驰，即揽笔赋曰："两肉齐道行，头上戴横骨。行至凶土头，峍起相唐突。二敌俱不刚，一肉卧土窟。非是力不如，盛意不得泄。"赋成，步犹未竟，重作三十言自悯诗云："煮豆持作羹，漉豉取作汁[②]。萁在釜下然，豆向釜中泣。本自同根生，相煎何太急。"

① "豉"字从中华书局影印南宋绍兴八年董棻刻本和《四部丛刊》影印明嘉靖袁褧嘉趣堂覆南宋淳熙十五年陆游刻本所附清沈岩据淳熙十六年湘中刻本所作的校语。嘉趣堂本则作"菽"字，但古谓"豆"为"菽"，这里不应"菽""豆"并用，当以作"豉"为是。

② 这里也作"豉"，与南宋绍兴本、淳熙十六年本同，可见绍兴本、淳熙十六年本胜于嘉趣堂覆淳熙十五年陆游本。

《太平广记》宋本不传，这里用的是比较好一点的中华书局版汪绍楹校本，文字虽仍可能有脱误，大体上总还可以信据。把这“出《世说》”的“曹植”条和今本《世说新语》比较，两者大有出入，不仅它所说的“走马百步”在今本中变成了步行“七步”，而且在“走马百步”时是先写了死牛诗，再写三十言自悯诗即今所谓《七步诗》。从《隋书》《旧唐书》两经籍志和《新唐书》艺文志来看，并不存在两种撰人不同的《世说》。《太平广记》卷首“引用书目”里以《世说》和《世说新语》并列者，当是分别指宋刘义庆撰未加注的原本和梁刘孝标的注本而言，《隋书·经籍志》子部小说类就作“《世说》八卷，宋临川王刘义庆撰；《世说》十卷，刘孝标注”，把原本和注本分别著录的。因此，《太平广记》所引应是《世说新语》的原本，今本则可能经刘孝标作注时点窜删削。

至于明人刊刻曹子建诗文集时增入的《七步诗》，则并非采自《太平广记》或今本《世说新语》，而是利用类书。本来，曹子建诗文集原本久已失传，现存最古的南宋本就是搜辑类书中所载曹植诗文编成的，明人不过继续此搜辑工作而已。提供《七步诗》的类书有两种，《初学记》卷十帝王部“七步”条载：

刘义庆《世说》曰：“魏文帝令东阿王七步成诗，不成诗将行大法。遂作诗曰：‘煮豆燃豆萁，豆在釜中泣。本是同根生，相煎何太急。’文帝大有惭色。”

《太平御览》卷六百文部思疾类也载：

文帝尝欲害植，以其无罪，令植七步为诗，若不成加军法。植即应声曰：“煮豆燃豆萁，豆在釜中泣。本是同根生，相煎何太急。”文帝善之。

这都是节抄刘孝标注本《世说新语》，把原来的六句省略成四句。这种节略原文本是古类书的通例。明人用它纂辑曹子建诗文集时没有再查对《世说新语》原书，更没有想到参考《太平广记》，于是收进曹子建诗文集里的《七步诗》也就只剩下四句，而《太平广记》中前一篇所谓《死牛诗》者也随之未蒙收录而成了遗珠。

三

弄清楚所谓《七步诗》的由来后，顺便翻阅几种整理过的曹植诗，看这些本子如何处理《七步诗》。

先看明冯惟讷的《诗纪》，手边有当年友人赠送的嘉靖原刻残帙，其中《魏诗纪》卷三、卷四是曹植诗，大略相当于南宋本以下的《曹集》卷五、卷六两卷而又有所增辑。《七步诗》在《魏诗纪》卷四曹植五言之末，题下小注："本集不载。"又小注：

> 《世说新语》曰："文帝尝令东阿王七步中作诗，不成者行大法。应声便为诗一一。帝有惭色。"

可见首先从今本《世说新语》原书中查找《七步诗》的是这位冯惟讷。所以《魏诗纪》的《七步诗》正文是从《世说新语》抄出的"煮豆持作羹，漉豉以为汁"六句，然后在这六句下再加个小注："一作'煮豆燃豆萁，豆在釜中泣。本是同根生，相煎何太急'。"这当是转录正德舒本或嘉靖郭本曹子建诗文集，因为如果录自《初学记》等类书，按照《诗纪》的通例是要讲明的。再从题下小注"本集无"来看，这位冯惟讷还应查对过不收《七步诗》的南宋本或明活字本，否则只看舒本、郭本他就不会说"本集无"而是"本集有"。同时还可知道他不了解即使南宋本、明活字本也是后人辑成的，如果了解到只是辑本，他就不会叫它“本集”。

再看清康熙时卓尔堪编刻的《曹陶谢三家诗》。这在《藏园群书经眼录》里著录了一部徐枋旧藏本，从《中国丛书综录》里也只查到北京图书馆（现国家图书馆）等三个大馆收藏着，其珍贵殆不亚于卓氏编刻的另一种《遗民诗》。但《燕京学报》第20期所载郭绍虞先生《陶集考辨》著录此书时却说：“所加评语，亦空泛无足取，盖仍是明季钟、谭一流评诗伎俩，除多此一合刻之本，犹可窥见明人刻书风气之影响外，殆绝无价值也。”《曹陶谢三家诗》中陶诗如此，曹诗岂非一丘之貉！幸好近在沪讲课买到此卓刻原书，第一家曹诗两卷，固全本《诗纪》，但《七步诗》第二种四句者已改作大字正文，小注引了一段《漫叟诗话》说：“曹子建《七步诗》，世传‘煮豆然豆萁，豆在釜中泣’，一本作‘萁向釜下然，豆在釜中泣’，其工拙浅深，若有以辨之者。”同时又据此把第一种六句的第三句改为“萁向釜下然”，小注“‘萁向’一作‘萁在’，‘釜下’一作‘釜中’”。说明他已在《诗纪》基础上进而做了点校勘工作。诗后又有小字双行评说：

七步者，言子建尝七步而能诗成，犹八叉手之谓。魏文岂有诗不成而行大法之理？此诗亦尝时以煮豆起兴者，非对其暴戾之兄而敢作此语。《世说》亦《齐谐》之余，小说之祖，因此诗“同根”“相煎”，似对其兄，以七步附会之耳！“煮豆然豆萁”，亦非子建口气。

这是第一个起来否定所谓《七步诗》，有见解，有断制。郭绍虞先生“绝无价值”之诋諆施诸卓评陶诗是否充当，我虽未暇审核，用于卓评曹诗之不相宜则已显然[1]。

丁晏是清中叶知名的汉学家，他的《曹集诠评》一向受到人们的推崇，但在处理《七步诗》上倒不见得有过人之处。他以明休阳程氏刻本曹子建诗文集为《曹集诠评》底本，这个本子我没有见过，但所谓“休阳程氏”应即万历十卷本《陶靖节集》的休阳程氏，则这个休阳程本曹子建诗文集也只会是万历时刻，较嘉靖郭本已为晚出。《七步诗》则列入《曹集诠评》卷四，诗题下有三段小注：

此诗程仅有四句。张据《世说新语》三所引为正文，又以四句者为附注。盖传者不同，故有详略之异，非有二诗也，今合并之。

《世说》：文帝尝令东阿王七步中作诗，不成者行大法。应声便为诗云云。帝深有惭色。

《诗纪》云：本集不载。疑出附会。

案以《世说新语》所载为正文、四句为附注实始于《诗纪》，已如上所说。张溥《汉魏六朝百三家集》只是照抄《诗纪》。今《曹集诠评》说“张据”云云，足见丁氏最初只见到《百三家集》而未见到《诗纪》，后来见到《诗纪》并引用其“本集不载”的小注，却又未将上文“张据”改正；同时也不考虑称辑自类书的曹子建诗文集为“本集”是否合适，凡此均已难免粗疏之失！至于丁氏自己的东西，则仅有“疑出附会”和“盖传者不同，故有详略之异”等几句浮泛不切之词。不仅考订上没有超越《诗纪》之处，在辨伪上也远不如被郭绍虞先生诋为受

① 另外，郭绍虞先生经据此书卷端开列“同阅”姓氏，认为是“清张潮、卓尔堪、张师孔辑”，也似欠妥，看张师孔序就可知道此书选辑实出卓氏之手，张师孔仅“左右雠校”，张潮只是挂名，因此说三人“同阅”而不曰“同选”“同辑”。

“明人刻书风气之影响”的卓评《三家诗》。

四

现代人整理的曹诗，我查看了三种，即丁福保先生的《全汉三国晋南北朝诗》和近年来中华书局出版的逯钦立先生《先秦汉魏晋南北朝诗》、人民文学出版社出版的赵幼文先生《曹植集辑校》。

丁福保先生的书多不详出处，向来不为学术界所重视，但试查《全汉三国晋南北朝诗》卷二魏陈思王植诗里的《七步诗》，却令人有出乎意料之感：

（1）除抄录《诗纪》的《七步诗》题下小注外，在“煮豆然豆萁”四句之下加了条小注，指出：“《文选·任彦昇行状》注引《世说》作‘萁在灶下然’，余三句同。”这是前人所从未注意到的。

（2）在“煮豆持作羹”六句之下又有小注指出：“今本《世说新语》载此六句，与《初学记》《御览》不同。”可见他已从这两部类书里找到了“煮豆然豆萁”四句的出处。

（3）在《七步诗》后隔了《弃妇诗》《寡妇诗》《七哀》三首，增添了《死牛诗》，即以《死牛诗》为题，引用了《太平广记·俊辩》“曹植”条，并在小注中指出：“今本无《死牛诗》，即煮豆诗与此叙事亦异。”

我所找到的资料，丁先生居然早就找到了！尽管在编撰体例上还不够严密，如应该把《死牛诗》紧接《七步诗》，把《太平广记》所引《世说》的异文注到《七步诗》之下；又如把《太平广记》所载《死牛诗》的“凶”字改成“山”、“峍”字改成“飙”而不说明理由等，但总不能不使我钦佩他的渊博。

逯钦立先生的《汉诗别录》，早在几十年前我就从《历史语言研究所集刊》第十六本里拜读过，他的遗著《先秦汉魏晋南北朝诗》能出版自是学术界一大喜讯。但试查《魏诗》卷七陈思王曹植的《七步诗》，却大失所望。原来他除承用《诗纪》外，只用今本《世说新语》和《草堂诗笺》卷三四《别李诗》注、《鸣沙石室古籍丛残》类书残卷校勘过，丁氏《全汉三国晋南北朝诗》中提到的《文选》注、《初学记》、《太平御览》、《太平广记》一条也没有引用，当然也没有收入所谓《死牛诗》。整理唐以前的诗没有想到查找《太平广记》自属常情，不查《初学记》《太平御览》已有点不应该，连同样性质的丁书也不查对不利用，就使人实在不好理解。

赵幼文先生的《校注》，据他在“前言”中所说，是“取金陵书局《曹集诠评》作底本，丁书未见宋刊，因以瞿氏藏宋本汇聚各本，参伍勘正。又据宋、明刊刻的类书覆校。复取严可均《全三国文》、丁福保《全三国诗》核对”。但查对《校注》卷二所载《七步诗》，则除承用《曹集诠评》外，在校勘上仅征引《文选》任昉（彦昇）《齐竟陵文宣王行状》的李善注，而这条李注如前所说在丁福保先生的书里已引用过，赵先生引用它应是受了丁书的启发。但丁书所引用的《初学记》《太平御览》《太平广记》以及从《太平广记》辑出的所谓《死牛诗》，赵先生何以一概视而不见，不予征引呢？赵先生校注曹子建诗文集时是用丁书核对过的，上面所引“凡例”里讲得明明白白，这就比逯钦立先生之不用丁书更不好理解了。

我总觉得赵先生不仅在校勘上不尽理想，版本知识似亦短缺。如说“明代《曹集》有休阳程氏刊本”，而不知道有嘉靖郭本，也不提一下明活字本。如说“清代有汪士贤本，《密韵楼丛书》覆宋本，《四部丛刊》影写江安傅氏双鉴楼明活字本”，却不知道汪士贤是明代人，所辑《汉魏六朝二十一家集》是万历天启时刻，不知道《密韵楼丛书》到民国十几年才刊刻，《四部丛刊》是民国八年影印，都不能算作清代本。同时《四库丛刊》中的曹子建诗文集是影印明活字本，也绝对不能称之为“影写”。再如所说“据宋、明刊刻的类书覆校”这句话也有问题，是据宋、明两代刊刻的前人所撰类书来覆校呢？还是据宋、明两代人撰集刊刻的类书来覆校？起码属于词不达意。所谓“时至南宋，国力衰弱，致校雠文字多误”，则更不知有何理论根据。难道校勘的优劣真同国力强弱有什么直接联系？那公认的校勘名著如张淳的《仪礼识误》、方崧卿的《韩集举正》、朱熹的《韩文考异》、彭叔夏的《文苑英华辨证》不都出于国力衰弱的南宋？就连陈垣先生撰写《元典章校补》《校补释例》和《旧五代史辑本发覆》也正处在中国积贫积弱之时。面对这些事实赵先生恐怕不好解释。

附记：我还翻过中华书局出版的两种《世说新语》注本，即余嘉锡先生的《世说新语笺疏》和徐震堮先生的《世说新语校笺》，在文学门“七步作诗”条也都没有利用《太平广记》和《诗纪》、丁书。余疏本以史学见长，千虑之失，自不足为病。徐笺列入《中国古典文学基本丛书》，则不一校总集如丁书之类总属遗憾。

［原载《陕西师大学报（哲学社会科学版）》1992年第1期，《〈曹子建集〉二篇》后篇］

从《洛神赋》李善注看尤刻《文选》的版本系统

◎跃　进

在《文选》流传过程中，南宋淳熙八年池阳郡斋尤袤刻本占有重要地位。元明清三代所刻李注《文选》都以尤本为底本。但是，尤本所依据的祖本是否为李善注的单行本，向来有争议。《四库全书总目提要》评尤刻时说："其书自南宋以来皆与五臣注合刊，名曰《六臣注文选》，而善注单行之本世遂罕传。此本为毛晋所刻，虽称从宋本校正，今考其第二十五卷陆云答兄机诗注中有向曰一条、济曰一条，又答张士然诗注中，有翰曰、铣曰、向曰、济曰各一条，殆因六臣注之本，削去五臣，独留善注。故刊除不尽，未必真见单行本也。"此说多为学者信从，以为今传李善注本均系从六臣注中摘出，重新编排而成。胡克家《重刻宋淳熙本文选序》称："宋代大都盛行五臣，又并善为六臣，而善注反微矣。淳熙中，尤延之在贵池仓使，取善注雠校镂木。阙后单行之本，咸从之出。"言下之意，李善注单行本是尤袤始从六臣注中辑出的。但是，根据《崇文总目》《郡斋读书志》《遂初堂书目》等目录记载，北宋初年就有李善注本，并一直与五臣注并行不悖，而这几部书目并未记载六臣注本，因此，至少在北宋初年，李善注本就不是从六臣注中辑出的。程毅中、白化文先生《略谈李善注的尤刻本》（《文物》1976年11期）认为，现存尤本系善注单行本，非从六臣注中辑出。日本著名汉学家冈村繁先生又根据日本所藏《文选集注》作《〈文选集注〉与宋明版本的李善注》（译文发表在《文选学论集》，时代文艺出版社1992年版），也赞同这种观点。

现存李善注是从六臣注中辑出的观点，在相当长的一段时间里似乎被视为定论，而今异说并起，这不能不引起学术界的关注。

这篇小文，只是想以《洛神赋》李善注为例，就此问题发表肤浅的看法。

一、由“感甄说”谈起

尤刻《文选》卷十九曹子建《洛神赋》下有善注曰：

《记》曰：魏东阿王，汉末求甄逸女，既不遂。太祖回，与五官中郎将。植殊不平，昼思夜想，废寝与食。黄初中入朝，帝示植甄后玉镂金带枕，植见之，不觉泣。时已为郭后谗死，帝意亦寻悟，因令太子留宴饮，仍以枕赉植。植还，度轘辕，少许时，将息洛水上，思甄后。忽见女来，自云：“我本托心君王，其心不遂。此枕是我在家时从嫁，前与五官中郎将，今与君王。遂用荐枕席，欢情交集，岂常辞能具。为郭后以糠塞口，今被发，羞将此形貌重睹君王尔。”言讫，遂不复见所在，遣人献珠玉于王。王答以玉佩，悲喜不能自胜，遂作《感甄赋》。后明帝见之，改为《洛神赋》。

这段记载，现存几部最重要的《文选》早期刻本，如北京图书馆（现国家图书馆）所藏北宋天圣七年刻李善注《文选》残卷、南宋初年明州刻六臣注［北京图书馆（现国家图书馆）藏残卷，日本藏有全本］、赣州刻六臣注［北京图书馆（现国家图书馆）藏有全帙］、中华书局影印宋本《六臣注文选》等均阙如。

问题就出在这里。

这段记载的真实性到底有多少，清代以来有很多学者作了详细的辨析，一致予以否定。20世纪30年代初期，沈达材著有《曹植与洛神赋传说》专书，可以说已经把这个问题解决了。这里没有必要赘述。关键的问题是，这段记载到底是什么时候加进去的呢，又是何人所加？考订《文选》版本，这个问题确实难以回避。

对于这段记载可能有几种解释，或者是李善原注，或者是李善后人妄附，或者干脆就是尤袤所加。丁晏《曹集铨评》卷二辨析说："序明云拟宋玉《神女》为赋，寄心君王，托之宓妃、洛神，犹屈、宋之志也。而俗说乃诬为感甄，岂不谬哉！"又说："感甄妄说，本于李善。注引《记》曰云云，盖当时记事媟虊之词，如郭颁《魏晋世语》、刘延明《三国略记》之类小说短书。善本书簏无识，而妄引之耳。五臣注不引'感甄'，视李注为胜。"依照丁说，这是李善的原注。那为什么其他有李善注版本未载？丁晏没有解释。胡克家《文选考异》说："此二百七字，袁本、茶陵本无。案：二本是也。此因世传小说有《感甄记》，或以载于简中而尤延之误取之耳。何尝驳此说之妄。今据袁、茶陵本考之，盖实非善注。又案：后注中此言微感甄后之情，当亦有误字也。"说这段记载为尤袤所加，似乎言而有据，但是，如果我们与现存几部宋版《文选》详细校核，就可以发现事实并非尽然。

确实，在《洛神赋》题下，除尤本外，都没有"记曰"一段解题，但是在"恨人神之道殊，怨盛年之莫当。抗罗袂以掩涕兮，泪流襟之浪浪"下，现存各本均有"此言微感甄后之情"的注解。明州本六臣注《文选》为绍兴年间所刻，早于尤本数十年，赣州本六臣注《文选》亦与尤本不相先后，如果确是尤袤所加的"感甄"说，此两本不应有这段注解。特别是北宋本残卷也有这句注解，问题就更加明朗了。在北宋刻本后有劳健的题跋："宋讳缺笔，至桢，止通字，亦为字不成。天圣元年，章太后临朝称制，令天下讳其父名。明道二年，后崩，遂不讳字，知此书乃天圣明道间所刻，与上虞罗氏所印日本高山寺所藏北宋本《齐民要术》字体绝相似，彼书通字亦缺末笔，或同时同地所刻，亦未可知也。"据《宋会要辑稿》第五五《崇儒》四之三记载："（景德）四年八月，诏三馆秘阁直官校理，分校《文苑英华》、李善《文选》，摹印颁行。……李善《文选》校勘毕，先令刻板，有命官复勘。未几，宫城火，二书皆尽。"又载："至天圣中，监三馆书籍刘崇超上言：'李善《文选》援引该赡，典故分明，欲集国子监官校定净本，送三馆雕印。'从之。天圣七年十一月板成，又命直讲黄鉴、公孙觉校对焉。"据屈守元先生考证，北京图书馆（现国家图书馆）所藏北宋《文选》残卷就是天圣七年国子监刊本（详见《关于北宋刻印李善文选的问题》，载《文物》1977年7期）。可见这个北宋《文选》残卷要早于尤本一百五十多年。"感甄"说既然已经见于此本，胡克家据何而断定是尤袤所加呢？

"感甄"说非尤袤所加，不仅有版本作依据，就是从当时的历史背景下来考察也可以证实这一点。后面还要谈到文选学在唐代不仅立于官学，在乡学也曾立有专科。文选学代代相承，余绪不绝。直至南宋初年，与尤袤同时代的陆游在他的《老学庵笔记》中还记载有"《文选》烂，秀才半"的说法，可见《文选》影响之大。而《洛神赋》又是《文选》中的名篇，如果尤袤随意增添新解而托之善注，这在当时是叫人很难想象的事。事实上，由于有了北宋残卷，我们可以知道，至少在北宋初年流行的善注《文选》中已有"感甄"说。唐代以来的善注是否即如此，也未可知。元稹《代曲江老人百韵》诗："班女恩移赵，思王赋《感甄》。"李商隐《东阿王》诗："君王不得为天子，半为当时赋《洛神》。"又《无题》："宓妃留枕魏王才。"又罗虬《比红儿诗》："拔得芙蓉出水新，魏家公子信才人。若教瞥见红儿貌，不肯留情付洛神。"这个故事不仅为唐朝诗人采作诗料，而且还成为唐传奇的素材。薛莹有《洛神传》至今流传。这个事实说明，至少在中唐以后，曹植的《洛神赋》是为"感甄"而作，已成为比较流行的一种看法。这个传说是由于李善注《文选》的称引而在其后广为流传呢，还是在李善身后才出现而由后人加进善注呢，现在已经难以确考了。不过，有一点可以考定：胡克家说"感甄"说是尤袤所加，这个论断不能成立。他在《文选考异》中每云"尤校改""尤删""尤增"等，其实颇有武断之嫌。实际上，他所根据的校本主要是袁本和茶陵本。而这两本是否由李善注定本系统而来，还是个问题。唐代以来，李善注本的流传不止一种，在没有充分的版本根据以前，以甲本否定乙本，甚至以晚出本否定古本，是难以叫人信服的。

二、李善注《文选》在唐代的流传

唐代以诗赋取士，士亦以诗赋名家，所以《文选》日益风行。唐太宗时，曹宪、李善等人讲授《文选》，当时有所谓"文选学"之称。《旧唐书·儒学·曹宪传》载：

曹宪，扬州江都人也。仕隋为秘书学士。每聚徒教授，诸生数百人。当时公卿已下，亦多从之受业。……所撰《文选音义》，甚为当时所重。初，江、淮间为《文选》学者本之于宪，又有许淹、李善、公孙罗复相继以《文选》教授，由是其学大兴于代。

又《新唐书·李邕传》载：

李邕字泰和，扬州江都人。父善，有雅行，淹贯古今，不能属辞，故人号“书簏”。显庆中，累擢崇贤馆直学士兼沛王侍读。为《文选》注，敷析渊恰，表上之。……居汴、郑间讲授，诸生四远至，传其业，号“文选学”。邕少知名，始善注《文选》，释事而忘意。书成以问邕，邕不敢对，善诘之，邕意欲有所更，善曰：“试为我补益之。”邕附事见义，善以其不可夺，故两书并行。

由此可见，唐代“文选学”至李善而集其大成。萧统编《文选》原为三十卷，见于《隋书·经籍志》，李善析为六十卷。唯《新唐书》说李邕又有补益本，《四库全书总目提要》以为不可信：“今本事义兼释，似为邕所改定。然传称善注《文选》在显庆中，与今本所载进表题为显庆三年者合。而《旧唐书·李邕传》称天宝五载坐柳绩事杖杀，年七十余，上距显庆三年凡八十九年。是时邕尚未生，安得有助善注书之事？且自天宝五载上推七十余年，当在高宗总章咸亨年间，而《旧（唐）书》称善《文选》之学受之曹宪，计在隋末，年已弱冠。至生邕时，当七十余岁，亦决无伏生之寿，待其长而著书。考李匡乂《资暇录》曰：李氏《文选》有初注成者，有覆注，有三注、四注者。当时旋被传写，其绝笔之本皆释音训义，注解甚多。是善之定本本事义兼释，不由于邕。匡乂唐人，时代相近，其言当必有征。”

李邕是否补益过善注《文选》，除《四库提要》外，现在学术界仍有论证（参见王令《李邕补益〈文选注〉说志疑》，载于《文学遗产》1991年2期）。这里暂且略而不论。我们从上述引证中可以注意到一个不能忽视的事实，即《新唐书》及李匡乂《资暇录》并提到李善注《文选》在唐代不止有一种版本流传。而且，由于有初注、二注乃至三注、四注之别，在唐代流传的诸本善注《文选》，所据不一定都是善注定本，所以，异文一定不在少数。问题的复杂性还在于，到了盛唐时期，文选学更受重视，杜甫就曾告诫过他的儿子要“精熟《文选》理”。《朝野佥载》还曾记载：“唐国子监助教张简，河南缑氏人也。曾为乡学讲《文选》。”《朝野佥载》的作者张鷟卒于开元年间，可知张简“为乡学讲《文选》”当是“文选学”兴盛后的高宗以至玄宗年间的事。这段记载说明，在唐朝，《文选》不仅为上层士大夫所必读，就连乡学亦立有专科。“文选学”在唐朝的普及情况，由此可见一斑。李善注《文选》详于典章制度及名物训诂的考释，字句的疏通可能有所不及。因此，当时学术界自然会提出对于新注本的要求。《大唐新语》卷九载：“开元中，中书令萧嵩以《文选》是先代旧业，欲注释之。奏请左补阙王智明、金吾卫佐李玄成、进士陈居等注释《文选》。先是，东宫卫佐冯光震入院校《文选》，兼复注释。解‘蹲鸱’云：‘今之芋子，即是着毛萝卜。’院中学士向挺之、萧嵩抚掌大笑。智明等学术非深，素无修撰之艺。其后或迁，功竟不就。”但是，另一新注本，即吕延济、刘良、吕向、张铣、李周翰等五臣注本却保留下来了。吕延祚《进五臣集注文选表》评价李善注说：“往有李善，时谓宿儒，推而传之，成六十卷，忽发章句，是征载籍，述作之由，何尝措翰？使复精核注引，则陷于末学，质访指趣，则岿然旧文。只谓搅心，胡为析理？臣惩其若是，志为训释。”从此以后，五臣注与李善注并行。在宋代以前，不管是李善注，还是五臣注，都只有抄本传承，在传抄过程中，无意抄错或有意增删几乎是一种必然现象。试看红学界为脂砚斋的不同抄本而作的研究，以后例先，当出同理。由此甚至可以推想，李善注和五臣注在抄本流传过程中相互混淆的现象，在唐代恐怕就已经出现了。

引用这些人所熟悉的材料，是想说明在北宋初年第一个李善注本刊刻之前，各种善注《文选》传本在体例、内容等方面不一定完全相同；就是刻本出现以后，他本也不一定全废，不能否认其他善注传本在北宋以至南宋初年流传的可能。晁公武在《郡斋读书志》中记载："苏子瞻尝读善注而嘉之，故近世复行。"这说明李善注《文选》在北宋前期依然流行。《郡斋读书志》《直斋书录解题》等书目也都著录有李善所注《文选》六十卷，他们并没有注明所依据的善注是国子监刻本还是其他传本。因此，我们不能武断地确定北宋流行的善注就一定都是官方刻本。

三、尤刻当别有所据

如果上述推测可以成立的话，那么，我们似乎就有必要对北宋国子监刻本、尤袤刻本及六臣注本作些比较，大体考察一下这几种版本的渊源关系。这样，有些问题（比如"感甄"说等）也就比较容易得到一些合乎情理的解释。

北宋国子监刻本原为六十卷，现仅存二十一卷（17—19、30—31、36—38、46—47、49—58、60），而第十七卷中陆机《文赋》亦非全璧。幸而《洛神赋》完整保存，为我们提供了足资比较的文献资料。

下面仅举数例，尝鼎一脔，弥足珍贵。

1.“黄初三年，余朝京师，还济洛川。”

尤本："黄初，文帝年号。京师，洛阳也。洛川，洛水之川也。洛水出洛山。济，渡也。"

国子监本、明州本、赣州本、中华书局影印宋本（以下简称中华本）均无此注。

2.“腰如约素。”

尤本作"约"。赣州本、中华本于"约"下有注："善本作束。"检国子监本正作"束"。李善注曰："《登徒子好色赋》曰：腰如束素。束素，约素，谓圆也。"知"束"字为正字。

3.“披罗衣之璀粲兮，珥瑶碧之华琚。”

尤本：“璀粲，衣声。《山海经》曰：沃人之国，爰有璇瑰。瑶碧，郭璞曰：名玉也。又曰：和山其上，多瑶碧。”

国子监本、赣州本、中华本：“善曰：璀粲，衣声。《山海经》曰：和山其上，多瑶碧。”并无“沃人之国”云云。

4.“攘皓腕于神浒兮，采湍濑之玄芝。”

尤本：“《尔雅》曰：岸上曰浒。郭璞曰：崖上地也。《毛诗》曰：在河之浒。毛苌曰：浒，水崖也。《汉书音义》应劭曰：濑，水流沙上也。傅瓒曰：濑，湍也。《本草》曰：黑芝，一名玄芝。”

国子监本：“《毛诗》曰：在河之浒……”

赣州本、中华本：“善曰：《毛诗》曰：在河之浒。毛苌曰：浒，水涯也。《本草》曰：黑芝，一名玄芝。”注释为略。

5.“感交甫之弃言兮，怅犹豫而狐疑。”

尤本：“《神仙传》曰：切仙一出游于江滨，逢郑交甫。交甫不知何人也，目而挑之，女遂解佩与之。交甫行数步，空怀无佩，女亦不见。《尔雅》曰……”

国子监本：“交甫已见《江赋》。《尔雅》曰……”

赣州本、中华本：“善曰：《韩诗外传》曰：郑交甫尊彼汉皋，台下遇二女，与言曰：愿请子之佩。二女与交甫。交甫受而怀之，超然而去十步，循探之，即亡矣。回顾二女亦亡矣。《尔雅》曰：犹如……”

6.“于是越北沚，过南冈，纡素领，回清阳。”

尤本：“北海鱼非洛川所有，然神仙之川亦有。《尔雅》曰：水中渚曰沚。孔安国《尚书注》曰：山脊曰冈。《毛诗》曰：领如蝤蛴。又曰：有美一人，清阳婉兮。”

国子监本：“北海鱼非洛川所有，然神仙之川亦有。《毛诗》曰：领如蝤蛴。又曰：有美一人，清阳婉兮。”

赣州本、中华本："善曰：北海鱼非洛川所有……"下同国子监本。

7."顾望怀愁。"

尤本作"愁"字，赣州本、中华本在"愁"字下注："善本作怨。"而国子监本正作"怨"字。

8."揽騑辔以抗策，怅盘桓而不能去。"

尤本："《说文》曰：騑，骖驾也。毛苌《诗传》：騑騑，行止不进之貌。《广雅》曰：盘桓，不进也。"

国子监本、赣州本、中华本在此处均无善注。

经过比较可以看出，尤本善注大多比国子监本及现存六臣注本要详尽。不仅《洛神赋》如此，其他篇目也是这样。比如陆机《文赋》序题解，尤本："臧荣绪《晋书》曰：机字士衡，吴郡人。祖逊，吴丞相。父抗，吴大司马。机少袭领父兵，为牙门将，年二十而吴灭。退临旧里，与弟云勤学，积十一年，誉流京华，声溢四表，被征为太子洗马，与弟云俱入洛。司徒张华素重其名，旧相识，以文华呈，天才绮练，当时独绝，新声妙句，系踪、张蔡。机妙解情理，心识文体，故作《文赋》。"而明州本、赣州本、中华本则很简单："善曰：臧荣绪《晋书》曰：陆机妙解情理，心识文体，作《文赋》。"又，"窃有以得其用心"，尤本善注："作谓作文也。用心言士用心于文。《庄子》曰：此吾所用心。"而明州本、赣州本及中华六臣注本仅引"《庄子》曰"云云。又，"妍蚩好恶，可得而言"下尤本善注有"文之好恶，可得而言也"。"每自属文，尤见其情"下尤本善注又有"士衡自言，每属文甚见为文之情"。又，"因论作文之利害所由"下尤本善注有"利害由好恶"。又，"它日殆可谓曲尽其妙"下尤本善注有"言既作此《文赋》，它日而观之，近谓委曲尽文之妙理"。又，"至于操斧伐柯，虽取不远"下尤本善注有"此喻见古人之法不远……伐柯必用其柯，大小长短，近取法于柯，谓不远也”。又，“若夫随手之变”下尤本善注有“文之随手变改，则不可以辞逮也”。又，“盖所能言者具于此云”下尤本善注有“盖所言文之体者具此赋之言”。又，“伫中区以玄览”句下尤本善注有“《汉书音义》张晏曰：伫，久俟待也。中区，区中也。《字书》曰：玄，幽远也。”又，“遵四时以叹逝”二句下尤本善注有“遵，循也，循四时而叹其逝往之事。览，视万物盛衰而思虑纷纭也”。又“悲落叶于劲秋”二句下尤本善注有“秋暮衰落，故悲；春条敷畅，故喜也”。如此等等，其例甚夥，不胜枚举。这些善注在明州本、赣州本、中华本中均付之阙如。这一事实至少说明，尤袤刻本不是从现存的六臣注本辑出的，否则不会相差这么多。

回过头来再看《洛神赋》尤本题解，“记曰”云云在其他注本中确实没有，但是根据上述例证来推断，它不可能是尤袤所加。如果硬说是尤袤所加，那么上述与六臣注本不同的李善注都是尤袤所加吗？如果真是这样，那尤袤刻本确实不值一提了。问题是，证据呢？《四库全书总目提要》说尤本系从六臣注本辑出，是哪部六臣注呢？四库馆臣并没有拿出论据。而从现存的六臣注本中实在得不出这个结论。至于《四库提要》中所说汲古阁刻李善注本卷二五陆云《答兄机诗》《答张士然诗》中有五臣注痕迹，便推断尤本是从六臣注中辑出。但是这里是有问题的，因仅仅根据一部明本来推断尤袤刻本的来源，这在论证方法上至少是不严密的。尽管汲古阁本号称从宋本校正，唯不知所据是何宋本。北京图书馆（现国家图书馆）藏有尤袤刻本的早期印本，就没有四库馆臣所说的五臣注的痕迹。退一步说，就是尤刻善注确有五臣注的痕迹，也不可能仅仅据此就推断说尤本一定出自六臣注。如上所述，即便在唐五代时也不能排除李善注与五臣注相互混淆的可能。还是以曹植《洛神赋》为例，在“曹子建”名下，国子监本无注。台湾藏陈八郎五臣注本注：“《魏书》云：

曹植字子建，魏武帝第三子也。初封东阿王，后改封雍丘王，死谥曰陈思王。洛神，谓伏羲氏之女，溺于洛水为神也。植有所感托而赋焉。”韩国汉城大学（现首尔大学）藏奎章阁本亦同此注。明州本、赣州本、中华本等均有此注，大同小异，而且这三种版本并有“翰曰”二字，说明为李周翰所注，这没有问题。值得注意的是明州本在这个注下又有“善注同”三字。明州本是五臣注在前，李善注在后，因为五臣注已有，所以略去李善注。问题是，从时间上说，李善注早于五臣，既然已经有李善注，何以五臣依然叠床架屋而又重注泥？这在情理上说不过去。所以我认为这里的李善注和五臣注早就有所混淆。

对于《洛神赋》李善注的校读，我们还发现了一个事实，即现存的六臣注《文选》中的李善注与北宋国子监刻本的善注基本相近，说明他们可能是同一版本系统。而从上文的引证来看，尤袤刻本则与此有所不同。对此，日本著名汉学家斯波六郎先生在其长篇论文《对〈文选〉诸本的研究》（见《广岛文理大学内斯波博士退官纪念事业会》，1975年。译文收在郑州大学古籍研究所编的《文选学论文集》中）有过这样的解释：一方面，他确信四库馆臣的考论，认为“尤本从它所据底本原为六臣注本的注中抽取了李善注，所以令人怀疑它绝非以李善单行本为底本，并加进了尤氏自己的雠校”。另一方面，他也承认在尤袤的时代“尚存其他善本，尤本曾以它们参校”。这种解释颇有令人费解之处。既然当时还有李善注的单行本在流传，尤袤完全有理由据以校刻，六臣注本可以作为参校本，他何必多此一举，还要从六臣注本中辑出李善注呢？这种解释还存在着比较明显的矛盾，于是，森野繁夫先生又另辟蹊径。他仔细比较了尤袤刻本和《文选集注》的异同，认为尤袤刻本不是从六臣注本中辑出的，而是“对《集注》本李善注补充订正、加工而成的”。（《关于〈文选〉李善注——集注本李善注和刊本李善注的关系》，原载于日本《中国学会报》31，1979年。译文收入《中外学者文选学论文集》）这种解释较之传统的看法确又进了一步，但是仍然对李善注的单行本表示怀疑。这种怀疑当然有理由存在，不过又说尤袤刻本出自《文选集注》，似乎又过于绝对了。《文选》李善注本传世毕竟已有一千多年了，许多资料早已散失，无迹可寻。仅仅根据现存极有限的材料考定排比，用以确定不同版本之间的必然联系，比如说甲一定出于乙，事实上是相当困难的。在这种情况下，我个人认为，与其抵牾枘凿地为尤袤刻本寻根探源，还不如笼统地说，尤本当别有所据。至于所据之本，至少不是现存的北宋国子监刻本，不是六臣注本。它应当是唐代以来流传的另一版本系统。

（原载《文学遗产》1994年第3期）

走向儒道互补

——对曹植人格建构的动态考察

◎孙明君

影响诗人诗史地位的主要因素有二：一是人格（人品），二是诗格（诗品）。二者又相互关涉。故古人有“诗品出于人品”之论，今人有“文学即人学”“风格即人格”之说。曹植，中古之大诗人，齐梁人钟嵘譬之为“人伦之有周孔”（《诗品上》），即诗坛之圣人；日本吉川幸次郎先生誉之为“诗神”[①]。自古及今，曹植一向是诗人和诗论家关注的焦点。然而，纵观迄今为止的曹植研究，多着眼于对其诗格的品评，相对而言忽略了对其人格的定位。甚至，在我看来，曹植人格生成的历史意义仍然蔽而未明。职是之故，本文拟就曹植人格的流变历程，曹植儒道互补人格的主要内涵以及此人格在中国古代士—诗人人格发展史上的意义，作一些初步的探索。

儒道互补是中国文化的主体结构，是贯穿于中国思想史的一条基本线索，儒道互补的人格模式是中国古代士人的基本人格模式。如果仅止于这种提法，我相信，会得到大多数学者的首肯。但当问题进一步深入，一牵涉到何为“儒”，何为

① [日]吉川幸次郎著，章培恒等译《中国诗史》，安徽文艺出版社 1986 年版，第 129 页。

“道”，何为“互补”，如何“互补”之类问题时，便各执一说，歧见纷呈。看来，在进入对曹植儒道互补人格结构的析论之前，有必要就本文所论的“儒道互补”这一概念进行界定。当然，“儒”“道”是中国文化的核心概念，在一篇短文中无法阐释清楚。本文只能强调指出：原始儒学、两汉经学、宋明理学与现代新儒家并非一线传承，本文所谓的“儒”主要指以孔孟为主体的原始儒学，这一学说的核心思想是自强不息、治平天下。[①]老与庄，老庄与黄老之治，老庄与道教，老庄与魏晋玄学不可等量齐观。本文所谓“道”主要指老庄思想（尤其侧重于庄子思想）。庄子哲学是一种天人思想，其要旨在于以人入天，到达天人合一之境。[②]而所谓的“互补”绝不是机械的拼凑与叠加。在互补理论的创始人物理学家N·玻尔看来，“互补性应具有互斥性、相济性、整合性三个特征”[③]。N·玻尔的理论同样适合于人格学领域。心理学家荣格说过：“事实上所有的人格理论家，不管他抱有什么样的信念，坚持什么样的主张，都认为人格同时容纳着可以导致相互冲突的两极倾向。”[④]显然，这种在一定时期内，存在于人格结构之中的，相互排斥又相互依赖补充，共同构成了一个相对闭合系统的两种性格特征，才可以构成人格学意义上的“互补”。

一

所谓人格，简单地说，是指个体有别于他人的持久的性格

---

① 参见拙文《道统说辩难》，《北京大学学报》1995 年 3 期。

② 参见拙文《老庄“复兴”之我见》，《兰州学刊》1992 年 5 期。

③ 吴重庆《儒道互补——中国人的心灵建构》，广东人民出版社 1993 年版，第 7 页。

④ ［美］霍尔等著，冯川译《荣格心理学入门》，生活·读书·新知三联书店 1987 年版，第 66 页。

特征。心理学大师弗洛伊德在著名的“三部人格结构”理论中认为个体人格是由伊德（Id，亦即本我）、自我（ego）和超我（superego）三部分构成。伊德是人格中最为原始的部分，具有动物性，是由与生俱有的本能冲动所组成的；超我是人格中最文明的部分，它反映着个人的良心、道德、自我理想等精神需要。而自我则界于伊德与超我之间，是伊德与超我交汇而成的，是现实的人格形态。剔除了弗氏泛性论的色彩，其学说对我们探索中国古代士人人格世界有重要的参考价值。

曹植儒道互补人格结构的生成有一个动态的过程。以司马门事件为界，曹植的人格分为两个时期。曹植前期人格中能够与儒学人文精神相颉抗的不是庄子思想，而是动物性的本我。《三国志·魏书·陈思王植传》谓子建“任性而行，不自雕励，饮酒不节”，正是对他放纵本我的概括。从《三国志·魏书·王粲传》注引《魏略》子建初会邯郸淳一节看，子建待客不拘于繁文缛节，一任本性的自然泄露；他还染有傅粉等浮华之习。男子傅粉在曹植时代并不被社会普遍接受，曹植是开风气之先的人物之一。“任性而行”的迹象更多地反映在他的诗文中。《名都篇》《箜篌引》反映出他早期的享乐生活和享乐意识。在《闺情》中他更是毫不掩饰说“取乐今日，湟恤其他”。

在曹植周围还形成了一个声气相投的小集团。《赠丁廙》一诗写道：“吾与二三子，曲宴此城隅。……我岂狎异人，朋友与我俱。……滔荡固大节，时俗多所拘。君子通大道，无愿为世儒。”清楚地表明曹植及其二三同党皆是不拘礼法、行为放达的名士。据徐公持先生考证：“他的党羽、拥戴者大多是些同他气类相仿的才子，杨修、丁氏兄弟、邯郸淳等莫不如此。”①

① 徐公持《略论曹植及其创作特点》，载《中国古典文学论丛》（第一辑），人民文学出版社1984年版，第50页。

对曹植不拘礼法的行为，许多清介刚正之士颇为不满。邢颙“少秉高节，玄静澹泊”（《三国志·魏书·邢颙传》），素有“德行堂堂邢子昂”的美誉，是天下清议所肯定的德行之士，曹操亦对他颇为看重，“是时，太祖诸子高选官属，令曰：‘侯家吏，宜得渊深法度如邢颙辈’”（同上）。是时，子建正在受宠，曹植特安排邢颙为其家丞，是大有深意的。然而，子建却辜负了其父的期望。“颙防闲以礼，无所屈挠，由是不合。”（同上）此外刘桢、司马孚亦多有劝谏，可子建仍然执迷不悟，我行我素。“植负才陵物，孚每切谏，初不合意，后乃谢之。”（《晋书·安平献王孚传》）一个“每”字透露出子建实际上是屡谏屡犯，屡教不改。

当子建放纵达到顶峰时，终于发生了决定他一生命运的“司马门事件”：

植尝乘车行驰道中，开司马门出。太祖大怒，公车令坐死。由是重诸侯科禁，而植宠日衰。（《三国志·魏书·陈思王植传》）

上述曹植种种纵情任性的表现，皆是其伊德（本我）的显露。弗氏所谓的“本我”与庄子的“自然”有质的区别。蒙培元先生指出：

按照弗洛伊德主义，“本我”是指人的本能，即动物性，“超我”则代表社会伦理性，“本我”由“力比多”所决定。按照庄子，人的内在本质超伦理的本体存在，由“自然”决定，自然具有本体意义。[①]

---

① 蒙培元《中国心性论》，台湾学生书局，1990年版，第69页。

曹植的“任性而行，不自雕励，饮酒不节”，不能说与庄子自然思想丝毫无涉，但可以断言，就其主要倾向看则是一种享乐主义的自我放纵。魏晋放达士人多以老庄之徒自命，当今之论者亦将老庄思潮与魏晋享乐主义风尚视为一途，其实谬焉。先秦时代，荀子将庄子思想与享乐主义区别得至为显豁：“庄子蔽于天而不知人”，它嚣、魏牟“纵情性、安恣睢，禽兽行”（《荀子·非十二子》）。后者在魏晋之时的思想代表是《列子·杨朱》。《杨宋》“一反玄学的自我超越境界说和名教自然合一说，系统地提倡性即欲说；以情欲为人性，以肉体享受为人生最大快乐”[①]。曹植当然不同于醉生梦死、颓废沦丧的魏晋放达士人，因为在他的人格结构还有相反的成分，但他具有明显的享乐主义倾向则不容置疑。

在曹植早期人格结构中，还具有原始儒学人文精神。马斯洛心理学理论告诉我们，个体不仅有生理需要，而且会有安全需要、归属与爱的需要、自尊需要和自我实现的需要[②]。曹植的可贵之处在于，他没有满足于享乐生活，在他的一生中，他始终没有放弃过平治天下、建功立业的壮志。用他自己的话说即：“勠力上国，流惠下民，建永世之业，流金石之功。”（《与杨德祖书》）平治天下是原始儒家的最高准则和终极目标，曹植正是自觉自愿地以此作为人生的奋斗方向。

其一，他具有体恤民情、关心民瘼的品质。曹植生于初平三年（192），在建安士人中属于晚辈，他没有曹操久经沙场、出生入死的经历，也没有体验过王粲颠沛流离、寄人篱下的坎坷，所以写不出前辈诗人直接临摹血与火的生死歌哭。但当少年才子在洛阳焚毁若干年后，面对军阀董卓野蛮行径所留下的残迹，依然

① 蒙培元《中国心性论》，台湾学生书局 1990 年版，第 222 页。

② ［美］马斯洛著，许金声等译《动机与人格》，华夏出版社 1987 年版，第 49 页。

满腔悲愤，气结难言，写出了著名的《送应氏二首》（其一）；在他从军途中，写出了反映海边下层人民生活的《泰山梁甫行》。谢灵运说："平原侯植公子不及世事，但美遨游，然颇有忧生之嗟。"（《文选》卷三十《拟魏太子邺中集诗序》）此言一则指出作为贵公子的曹植主要是放纵"本我"的欲求，纵情享乐，二则指出他由于接受了儒学的熏陶，故表现出了"忧生之嗟"。"忧生之嗟"即今日所说的忧患意识。"忧患意识，乃人类精神开始直接对事物发生责任感的表现，也即是精神上开始有了人的自觉的表现。"①对民生疾苦的同情当是曹植忧患意识的重要内涵之一。同时曹植的忧患意识还体现在对生命本体存在价值的思考上，因与本题关系不大，不展开论述。

其二，曹植参加过一些军事活动。建安九年之前，为了家眷的安全，曹操通常携家带口东征西讨，从而曹植从小就随父转战南北。及长，曹操有意识地带曹丕、曹植兄弟参加征战，以磨炼意志。建安十一年，曹公东征管承；建安十二年曹公北征三郡乌桓；建安十二年南征刘表；建安十六年，大军西征；建安二十年，曹公征张鲁……曹植俱随父出征。建安十九年，曹操南征孙权时，委派曹植留守邺城，谆谆教之曰："吾昔年为顿邱令，年二十三，思此时所行，无悔于今。今汝年亦二十三矣，可不勉与。"（《三国志·魏书·陈思王植传》）从上述史实看，曹植曾在曹魏集团中占有重要的位置。

其三，配合曹操的政治军事政策，曹植作了一些宣传工作。隐士是中国古代社会中一个特殊的阶层，历代统治者都有网罗隐士的行为。山中高士倘若肯放弃隐逸生涯，步入仕途，在统治者看来这足以表明自己政治的开明。曹操集团也不例外，对当时的隐士如管宁、胡昭、田畴等多次赏赐征辟。曹植的《七启》

① 徐复观《中国人性论史·先秦篇》，台湾商务印书馆 1969 年版，第 21 页。

就是劝隐士出山的宣传品。在建安时期，因酿酒浪费了许多粮食，使许多士卒无法糊口，故曹操曾下令禁酒。于是“饮酒不节”的子建写出了《酒赋》以响应、宣传其父的政令。

概之，卓尔不凡的才华，贵公子的优裕生活，加上曹操的宠爱，使早期子建恃才傲物，盛气凌人，不问世务，过多过久地沉于物质享乐之中。虽有雄心壮志，却未能在实际政治事务中完全表现出来。“伊德”的过度膨胀，占据了“自我”的大部分领地，具有原始儒学人文精神的“超我”反而居于从属地位。这就是曹植早期人格的基本状况。

二

一般来说，人格结构一经形成便是一个相对闭合的系统，若没有外力的巨大冲击，就不会改辙换道，旁溢斜出。然而，事实却是子建的人格经历了一次巨变，导致子建人格结构裂变与重组的是一系列挫折。世之论者言及曹植所受挫折时，只讲曹丕、曹叡父子的迫害。其实，巨大的打击从曹操时代就已经降临了。曹操杀掉杨修，事实上砍断了曹植重新起飞的翅膀。

黄初年间对曹植来说是暗无天日的年代。曹丕上台伊始便开始了对曹植势力的报复性剿灭。在剪除亲植势力的同时，曹丕对曹植本人也进行了旷日持久的迫害。曹丕即位不久即遣曹植等诸侯就国；曹植还多次“获罪圣朝”，数度有性命之忧，险遭不测。到了太和时代，曹叡对曹植依然怀有戒心，在政治上并不信任。“植每欲求别见独谈，论及时政，幸冀试用，终不能得。既还，怅然绝望。”（《三国志·魏书·陈思王植传》）。

上述挫折激起了曹植心灵深处的震撼、紧张和冲突。早期人格之堤已被冲垮，前行之路已壅塞，漂泊无依的灵魂只好另筑人格之巢。在古代中国，士一诗人面对挫折，大体说来会有三种不同的回应。一是反抗，积极的反抗是与统治者分庭抗礼，旗帜鲜明地与之斗争；消极的反抗或表现为自暴自弃，自怨自艾，放任自流，或表现为远离红尘，遁世逃世。二是顺从，或放弃原来的立场，投统治者之所好，甚至为虎作伥，助纣为虐；或面对统治者的淫威，失去自我人格，听任统治者的欺凌、宰割。三是顺人而不失己，这亦是本文所谓的儒道互补人格。它实质上是在承认、顺从封建专制制度的前提下，对儒家思想与道家学说的重新整合与熔铸。迫而察之，儒道互补又可细分为：以儒为主，以道补儒；或以道为主，以儒补道。前者以曹植为典型，后者以阮籍为范例。前者多拯世济民、匡时救世之志，亦不乏逍遥于无限之境、遨游于自由之乡的情趣；后者多高迈远举、超尘拔俗之气，内心仍是执着人生，不肯遗落世事。无疑，中国文化是以儒家为主干的，因此，曹植式儒道互补人格模式占据了士—诗人人格的主流。

三

在经历了一系挫折之后，曹植早期人格中的“本我”急遽萎缩，至黄初六年《自诫令》云：“反旋在国，揵门退扫，形影相守，出入二载，机等吹毛求疵，千端万绪，然终无可言者！”早期那位豪爽无忌、纵情任性的贵公子不见了，我们看到的是一位小心谨慎、诚惶诚恐的戴罪藩王。值得注意的是根植于人性深处的另一种弱点：顺应强者，屈从权威，在曹植后期人格中替代了“任性而行”，成为“本我”层面的主要内涵。在“超我”层面，曹植早期所接受的原始儒学人文精神进一步发展扩大，成为“自我”的主导力量；同时，早期不甚明显的庄子思想日渐得到了曹植的青睐，从而形成了一种在外在行为模式上顺人，而在内在行为模式上不失已的新型人格结构。

顺人（即顺从专制主）在曹植人格中表现为相互关联的两个方面，一是对专制主的顺从奉迎称颂，二是对自我的贬斥自责。曹操乃建安时代的雄主，作为儿子的曹植，对于其父重整乾坤，再造太平盛世的事业是完全拥护的，自不必多言。到了曹丕父子时代，作为戴罪的藩王，他对当今“圣上”也一贯俯首帖耳，极为顺从。明明是曹丕对他的迫害，他却归结为谗人挑拨，反过来感谢“圣上”对他的恩典。他在《黄初六年令》中云：“赖蒙帝王天地之仁，违百司之典，议舍三千之首戾。反我旧居，袭我初服，云雨之施，焉有量哉！”在《赠白马王彪》中云：“苍蝇间黑白，谗巧令亲疏。”在《乐府歌》中云：“君不我弃，谗人所为。”面对捏造罪名，欲置之于死地的迫害，他不至于天真到看不清曹丕的险恶用心的程度，他之所以这样说，一则由于忠孝观念的束缚，二则是慑于对方手中的权势。有时，曹植对曹丕的讨好、称颂几至摇尾乞怜的地步。《责躬》诗中写道：“伏惟陛下德象天地，恩隆父母，施畅春风，泽如时雨。”自己对陛下“不胜犬马恋主之情”，自我谴责说：“伊尔小子，恃宠骄盈，举挂时网，动乱国经。作藩作屏，先轨是隳。傲我皇使，犯我朝仪。”在《制命宗圣侯孔羡奉家祀碑》中云：“皇上怀仁圣之懿德，兼二仪之化育，广大苞于无方，渊深沦于不测。”将曹丕誉为一代儒家大师。他又说：“仲尼既没，文亦在兹。彬彬我后，越而五之。垂于亿载，如山之基。”将曹丕化作“运世应期”的圣王，认为可以与黄帝、虞舜、夏禹、周文并称为“五圣”，甚至还可越之于四圣之上。在《魏德论》说曹丕“方将审御阴阳，增耀日月”。黄初年间，曹植先后作了《上先帝赐铠表》《献璧表》《献马表》《献牛表》……将自己所拥有的有价值的物品先后献给了曹丕。明人张溥曰：“余读陈思王《责躬》《应诏诗》，泫然悲之。”（《陈思王集题辞》）千古而下，文人骚客有谁读至此而不悲之怜之叹之？

如果仅仅如此，我们对曹植人格是无法恭维的，这是一种典型的依附型人格。实质上，这只是曹植后期人格的一个方面，还有另一个更重要的方面，即“不失已”。正因为有后一方面的存在才使曹植人格有了亮色。曹植“不失已”的人格内涵有两个侧面。

一是在逆境中坚持原始儒学人文精神，不减其功业意识与英雄意识。原始儒学的根本命脉在于修齐治平，亦即以天下为己任，志在拯世济民，为万世造太平。在曹植后期人格中功业意识非但未被消灭，反而更为强化。这首先表现于他对孔子的敬重和对儒学复兴的厚望。在《学官颂》中说：“自五帝典绝，三皇礼废，应期命世，齐贤等圣者，莫高于孔子也。”认为孔子“言为世范，行为时矩”，“仁塞宇宙，志凌云霓”，“唯仁是凭，唯道足恃”。在《制命宗圣侯孔羡奉家祀碑》中他肯定了以孔子为“素王”，为“命世大圣，亿载之师表”的提法，肯定了曹丕复兴儒学的举措，对近三十余年来“大道衰废，礼乐灭绝”的局面深表忧虑。同时他还歌颂了许多有功于民的历史伟人。《夏禹赞》云：“吁嗟天子，拯世济民。”《周武王选》云：“功冒四海，救世济民。”

其次，在恶劣的政治环境中，曹植矢志不移，坚持建功立业的人生目标，即使在有性命之忧的日子里，他也不失建功立业之心。在《责躬》诗里他一面检讨“罪行”，一面要求：“愿蒙矢石，建旗东岳，庶几毫厘，微功自赎。危躯受命，知足免戾，甘赴江湘，奋戈吴越。”到了太平年间，生活待遇有所好转，他的功业之心愈为凸显。建功立业，成为他生命的支柱。再三上表，要求试用。虽说经历了许多岁月，经受了诸多磨难，可子建“建永世之业，留金石之功”的心依然炽烈如前。

最后，后期的曹植在政治上日渐精明成熟，对许多问题都有独到见解。曹魏王朝对宗室诸王严加防范，固然有其历史必然性，但也削弱了皇室势力，为曹魏政权埋下了祸根。曹植因其特殊的处境，睹微知著，提出了明确的警告，在其《求自试表》《陈审举表》等文中均有反映。在别的政治军事事务上曹植也提出了独到的看法。如“太和六年，明帝遣平州刺史田豫乘海渡，幽州刺史王雄陆道，并攻辽东”（《三国志·魏书·蒋济传》），曹植上《谏伐辽东表》，陈述己见。正如赵幼文先生所评：“此表分析敌我形势，政治状况，俱极深刻、真实、正确。”[①]此时的曹植，决不可说他“疏阔而缺少才干”，他并非盲目地鼓吹战争，而是根据政治情势的演变，军事实力的消长，见机而作，因机立论。他之所以反对征伐辽东，主要是从当时的政治、军事、经济以及人民生活状况综合考虑的。他提出的“省徭役、薄赋敛，勤农桑”并不是新见，但在当时历史条件下无疑是一种高见。

二是“独驰思于云天之际”（《七启》），追寻逍遥自由之精神境界。任何民族的精神层面中都不能缺乏超越性的成分，在中国古代文化中，庄子思想及道家学说最具超越性。早期的曹植虽因其才质的敏锐而对庄子思想有所体悟，但从本质上讲，他与庄子思想终隔一层。庄子思想虽不是专为隐逸之士和失意之士所开，但从历史上看，山林隐逸之士和仕途坎坷失意之士对庄子精神的体认、把握远较春风得意的士大夫们确切得多。

从建安后期开始，曹植便自觉地向庄子靠拢，用庄子哲学来安慰受伤的心灵，以求得暂时的解脱。在《桂之树行》中他说：“要道甚省不烦，澹泊无为自然。”他十分准确地概括了老庄思想的主旨。在《玄畅赋》中他认识到“孔老异情”，自己要“匪逞迈之短修，长全贞而保素。弘道德以为宇，筑无怨以作藩。播慈惠以为圃，耕柔顺以为田。不愧景而惭魄，信乐天之何欲”。到了晚期，曹植进一步靠近庄子，《释愁文》写“予”

① 赵幼文《曹植集校注》，人民文学出版社 1984 年版，第 511 页。

愁闷满怀，有玄灵先生开导曰："吾将赠子以无为之药，给子以澹泊之汤，刺子以玄虚之针，炙子以淳朴之方，安子以恢廓之宇，坐子以寂寞之床。""予"听取玄灵先生之言后："于是精骇魂散，改心回趣，愿纳至言，仰崇圣度。"这与《七启》恰好形成鲜明对照。《髑髅说》从结构形式到思想内容模仿《庄子·至乐》。文章借髑髅之口云："道也者，身以无形为主，故能与化推移。阴阳不能更，四时不能亏。是故洞于纤微之域，通于恍惚之庭，望之不见其象，听之不闻其声。挹之不充，注之不盈。吹之不凋，嘘之不荣。激之不流，凝之不停。寥落冥漠，与道相拘。偃然长寝，乐莫是逾。"至此，曹植对道的理解，对生死的体悟，与庄子思想极为契合。

方东美先生指出："'逍遥乎无限之中，遍历层层生命境界'之旨，乃是庄子主张于现实生活中求精神上彻底大解脱之人生哲学全部精义之所在也。……唯有第一流之哲学诗人曹植、阮籍可仰赞其高明。"[①]庄子对曹植文学创作的影响是多方面的，后期创作的大量游仙诗受惠于庄子之处犹多，"九州不足步，愿得凌云翔。逍遥八纮外，游目历遐荒"（《五游》），"万里不足步，轻举凌太虚"（《仙人篇》），等等，皆写在现实中愁怀难遣之时，让灵魂漫游在逍遥之境。

同时，尚需指出的是曹植与大自然的亲和力，也是他走向庄子的主要标志。在先秦诸子中，庄子与自然的关系最为密切。他或游于濠上，观鱼游之乐；或漫步山林皋壤，体认大自然的律动。后期的曹植也常常走进大自然的怀抱。《闲居赋》《九愁赋》表明，处于孤独苦闷之中的曹植，时时徘徊在自然林野之中，唯有大自然才可以缓解"惨毒而含哀"的心情。

在曹植儒道互补人格结构中，志在功业、自强不息之精神

① 李焕明《方东美先生哲学嘉言》，文史哲出版社1992年版，第100页。

风貌与倾慕老庄，追寻自由之境是最关键的二维。缪钺先生说："吾国自魏晋以降，老庄思想大兴，其后，与儒家思想混合，于是以积极入世之精神，而参以超旷出世之襟怀，为人生最高之境界。"[①]曹植人格中前述二维的互补融合，标志着此一人生境界的完型。

曹植顺人而不失我的人格结构中显现出他既吸纳了原始儒学的基本精神和庄学精神，同时又承认专制政治秩序的合理性；他既愿意为现存政权服务，志在改革社会弊端，同时又对泯灭个性、否定独立人格存在价值的专制制度极为不满；他既倾慕老庄，渴望借庄子思想超然物外，获取精神上的解脱，但他又不愿逃避现实，清心寡欲，洁身自好，不食人间烟火。如此，后期的子建必然生活在两难之中，在专制社会中，既承认、臣服于专制主，又想要保持主体精神和独立意识，便只能与痛苦为伍。

四

儒道互补的人格特征亦可称为封建士—诗人的普遍人格或基本人格。我们知道，一定的文化结构体系必然塑造出相应的士人人格。正是古代中国漫长的专制制度，是原始儒学思想和庄子思想的合力铸就了士—诗人的基本人格。

第一，原始儒学思想深入人心，士人以平治天下理论为价值圭臬。儒学何以会在漫长的封建社会具有强大的生命力，显然，不能只从统治者的宣扬与提倡的单一角度去考虑。其深层的原因仍然需要深入儒学内部去探求。原始儒学的自强不息之精神，治平天下之抱负，及其忧患意识、批判精神、伦理道德观念与每一位胸怀大志、积极入世的士人心态是契合无间的，这当是

① 缪钺《诗词散论》，上海古籍出版社1982年版，第79页。

儒学具有强大生命力的根本原因。在经过统治者篡改歪曲的“儒术”中，原始儒学的生命力并没有完全衰竭变质，它犹如地火在岩石下燃烧，总会有一天爆发而出。这就是经学神学盛行的两汉社会中突然挺立起党锢诸贤的原因。关心现实，自觉地背负起历史的十字架，始终是中国士人的优良品质。

第二，庄子学说的诱惑力。与作为社会政治学说的《老子》不同，《庄子》则可视为一种自然人生哲学。庄子哲学的本体论内核是“道”，“道”是人生的最高境界。作为一种哲学体系而言，庄子哲学是一种理想哲学，缺乏实践理性。但庄子天人合一学说的确为专制制度下的士人开出了解脱之途。尽管这种解脱是暂时的短促的。如果我们把庄子人生境界分成不同的层面，最高层当然是“天地与我并生，万物与我为一”（《庄子·齐物论》）的真人境界；其次是“不为轩冕肆志，不为穷约趋俗”（《庄子·人间世》）的隐士境界；最后是“顺人而不失己”，“外化而内不化”的士大夫境界。第一层境界在现实中并不存在；第二层境界由庄子和隐逸之士在现实中开出；第三层境界在士大夫阶层具有普遍性，但在中国历史上第一个表现得最为典型的即曹植。《庄子·人间世》勾画的第三重境界是：在表面上随从世俗，不逆违帝王意志，而在内心把握道的内在精神，不为世俗所累，不为帝王意志所屈服。曹植儒道互补人格正包括了这两个方面。与庄子学说不同的，曹植所不失之“己”既有庄学思想又融入了儒学精神。按照庄子的思想，隐士、士大夫皆可以程度不同地进入真人境界，亦即逍遥之境，自由之境，忘怀人世间的荣与辱、穷与达、贫与富、贵与贱。历史上那些隐逸之士、仕途淹蹇之士最容易亲近庄子，其因即在此，专制制度愈酷烈，庄子思想愈深入人心。其实即使是一帆风顺的士大夫们，其心灵深处何尝丝毫没有“逍遥一世之上，睥睨天地之间”（仲长统《乐志论》）的情怀呢?

第三，专制制度下臣民不得不顺从专制主的意志。马克思说：“专制制度唯一的原则就是轻视人类，使人不成其为人。”[①]亦即剥夺了人格的独立与自由，不允许有主体意识存在。从秦汉开始的君主专制制度，给古代中国士人造成了沉重的压抑感，严重地扭曲了他们的人格。汉顺帝警告士人樊英说：“朕能生君，能杀君；能贵君，能贱君；能富君，能贪君。君何以慢朕命？”（《后汉书·樊英传》）这是专制主的共同心态。在高压政策下，士人对“人主”多有畏惧心理。汉人贾山曰：“雷霆之所击，无不摧折者。万钧之所压，无不糜灭者。今人主之威，非特雷霆也；势重，非特万钧也。”（《汉书·贾山传》）专制制度对士人的钳制体现在各个方面。

在政治思想领域内，从汉武帝起实行罢黜百家，独尊儒术的方略。所谓“儒术”其实是摒弃了原始儒学民本思想后儒、道、法、阴阳等学说的大拼盘。原始儒学的人性平等思想、君臣相互尊重观念、易代革命观念深深地刺伤了专制主，汉景帝公然规定“言学者无言汤、武受命”（《史记·儒林传》）。此后学者便不敢再公开宣讲受命放杀思想；在选官制度上，东汉以后，“台阁失选用于上，州郡轻贡举于下”（《抱朴子·审举》）；东晋以降，门阀士族把持选举，“上品无寒门，下品无势族”；从隋朝开始的科举制度，将士人束缚在统治者的精神枷锁中，一定程度上扼杀了思想的自由、浪费了士人的青春。一部中国科举史写满了士人的辛酸。步入仕途，得以从帝王游者无疑较之于落选者是幸运的，但实质上仍然难脱悲剧命运。士大夫多有“伴君如伴虎”的感触。《韩非子·说难》早就指出，士人伴君有七种身危八种猜疑，每个人无时无刻不被置于

① 中共中央马克思恩格斯列宁斯大林著作编译局：《马克思恩格斯全集》第1卷，人民出版社1956年版，第411页。

被降黜、贬谪、流放、杀头乃至籍家灭族的危险之中。如此，他们能不如临深渊，如履薄冰吗？此外，早在西周时代就形成了系统的典章制度和各种礼节仪式，从皇帝到臣民，人人都被固定在一定的位置，不得越雷池一步。随着封建制度的延长，这种等级制度越来越“完善”，越来越森严。……在这种政治情势下，士人不得不顺从专制主的意志以换取生存权。

以上三种特征注定了中国古代士—诗人只能以儒道互补人格为其基本人格，也就是说曹植所建构的儒道互补人格在封建社会具有普遍性。杜甫诗云“诗看子建亲”，其实亦是古代士—诗人的共同心态。曹植儒道互补人格结构不仅具有普遍性，而且具有首创性，这使曹植后期人格有了更深刻的意义。

如前所述，儒道互补人格结构主要是上述三种层面的交融。原始儒学与老庄思想固然形成于先秦时代，但那时士人与统治者之间的关系还是较为自由的，“诸侯之骄我者，吾不为臣；大夫之骄我者，吾不复见”（《荀子·大略》）。所以士人不必非得顺从统治者。到了秦汉大一统政权确立之后，专制制度日益加强，士人不得不顺从专制主。但此时由于原始儒学人文精神的迷失和庄子思想的被埋没，使“不失己”的内涵无由显现。这样说并不等于认为两汉社会没有“不失己”的士人，汉代隐士中有不失己的高士，固不待言，汉士儒士中亦有不失己的直士。董仲舒倡言“正其谊不谋其利，明其道不计其功”（《汉书·董仲舒传》），不愿屈服于专制主的威权；司马迁含垢忍辱，以血泪之笔撰成了足以为历代统治者资治而鉴的皇皇巨著《史记》，书中充满了忧患意识与批判精神；汲黯“任气节、行修洁。其谏犯主之颜色”（《汉书·汲黯传》）。他们皆承认汉代政治的合法性，对专制政权忠心耿耿，志在忠君泽民，而又不愿屈服于圣上的淫威。但他们皆是纯正的儒士，不具备庄学精神，因而不同于曹植的“顺人而不失己”。况且，这样的纯正儒士在汉代社会并不多见。“两汉经生只是守章句，解训诂，在经典的大本大义上几乎是交了白卷，导致汉人文化精神上的空虚，这也未尝不是政治衰败，社会解体的主因之一。”[①]汉人极少提到庄子，更不用说理解庄子精神，即使提及者也多是对庄子思想的误解。东汉大儒马融博通经籍，为一代儒宗，他投靠外戚梁冀，助纣为虐。生活上“达生任性，不拘儒者之节”（《后汉书·马融传》）。正是这样一位毫无士节之人公开宣称自己的行为符合老庄思想。在他的心目中，老庄即是不持士节、不讲是非的代名词，显然这只是曲解老庄。

到了汉末，张衡、仲长统等士人已具备曹植儒道互补人格的萌芽，然终因时代、文化教养、人生经历、个人性格等，他们未能建构完整的儒道互补人格。曹植生于汉末乱世，前有党锢诸贤弘扬儒学天下为己任的豪壮之举，后有以曹操为首的建安士人平治天下的大业，使他对原始儒学精神有了深切的体认；后期在政治上、生活上的一系列挫折，使他对专制制度的罪恶有了切肤之感，此时庄子思想特别是庄子士大夫人格境界的理论便水到渠成地流入了他干涸的心田。这就使他具备了完整地建构出士—诗人基本人格模式的必要条件。

行文至此，我们无法回避如何评价中国历史上第一位大诗人屈原的人格结构的问题。简言之，屈原人格是一种伟大人格，其内涵接近于原始儒家“君子”人格的特征。正由于屈原人格结构中拒绝吸纳庄子的逍遥之境，因而在理想破灭之时，他毅然选择了以身殉道之路，投水自尽。屈原人格如日月，高悬于苍穹，得到了后世士—诗人的敬仰，但中国古代似乎再没有出现第二位以身殉道的诗人。相较之下，曹植人格是一种矛盾人格、二重人格，它反映出士人灵魂深处不息的骚动与冲突，它徘徊于高尚与

① 李焕明《方东美先生哲学嘉言》，文史哲出版社，1992年版，第315页。

卑俗之间，既有依附型人格的外在形式又有独立型人格的内在意蕴。正因为这样，才得到后世士—诗人的认同。这是一种同病相怜的认同。

综上所述，曹植的人格分为两个时期。前期人格以放纵本我与寄心儒学两个层面构成，这是一种特殊的人格；经过一系列挫折，其人格发生了裂变与重组，最终建构成儒道互补人格模式。此一人格的内涵是顺人而不失己，即既顺从专制主的意志，又不失平治天下之志向，不失超旷自由之襟怀。中国古代士—诗人基本人格因曹植后期人格的定型而宣告完成。

［原载《清华大学学报（哲学社会科学版）》1995年第4期］

陈思情采源于骚

——论曹植在实现汉乐府向文人抒情五言诗转化过程中对屈赋的继承

◎吴相洲

在中国诗歌发展史上，曹植和鲍照、庾信、杜甫一样，是一个继往开来的诗人。如李重华《贞一斋诗话》云："五言自汉迄魏，得思王始称大成。"葛晓音先生说："（曹植）在中国古典诗歌从朴实无华的民歌转向体被文质的文人诗这一发展阶段中，做出了巨大贡献。"[①]根据传统学的理论，人的任何创造都离不开对以往传统的继承，创造性地吸收前代创作成果，是曹植开创诗歌新局面的一个重要环节。然而人们对曹植诗歌创作源头似乎早就有一个比较确定的说法，即钟嵘在《诗品》中所说的"其源出于国风"。这种说法影响深远，如明代朱弁《风月堂诗话》就说："魏曹植诗出于《国风》，晋阮籍诗出于《小雅》，其余遂相祖袭，虽各有师承，而去《风》《雅》犹未远也。"[②]然而仔细阅读曹植的诗，觉得他的诗源于《骚》处真是不少。诗中虽兼采《国风》，但真正促使他的诗由汉乐府向文人抒情诗转化的是《骚》而不是《风》。可是对于曹植诗受到《骚》的影响，除清

① 葛晓音《八代诗史》，陕西人民出版社 1989 年版，第 68 页。

② 朱弁《风月堂诗话》卷二。

代刘熙载[1]以外，历代诗论家很少有人提及。本文拟对此做详细的分析。

从汉乐府向文人抒情五言诗转变的具体内涵是“一方面是乐府诗由叙事转向抒情，另一方面是指从朴质转向华茂”[2]，也就是说在内容上抒发情感，在形式上讲求词采，是曹植承前启后的关键。从这一转变内涵出发，我们可以提出如下几个问题：在曹植以前就有了文人抒情诗的写作，从叙事转向抒情不是从曹植开始的，何以把继往开来的功绩大多算在曹植的身上？如果曹植能当此“殊荣”，那么，他的抒情诗与汉末以来的文人抒情诗有何不同？这些不同与他继承屈赋有什么关系？这些是本文必须回答的问题。

汉乐府是带有抒情性的叙事诗，而汉末文人五言诗是抒情诗，可见在汉末文人诗那里，已经开始了由叙事向抒情的转变。那么王世贞为什么说“汉乐府之变，自子建始”[3]呢？这说明汉末文人五言诗转变的力度还不够。五言诗由叙事性的乐府转向表达个人情感的抒情诗是诗人继承《诗经》和《楚辞》的结果。但由于五言诗作者所处时代和个人生活经历的共同作用，他们在借鉴时侧重点又有所不同。也就是说，他们对《楚辞》借鉴得太少，因而没有彻底完成转变的使命，由于时代和自身的独特遭遇，曹植完成了这一使命。下面就从内容和形式两方面来具体分析。

首先表现在内容上。从现存的《古诗十九首》《古诗五首》《李陵录别诗二十一首》等诗中看出，他们所表现的情感，尽管情真意切，但并不广泛，绝大多数局限于个人生活的困苦。他们生活在汉末动荡之际，大都没有从政的经历，四处奔波飘荡，给

① 刘熙载《艺概·诗概》。
② 葛晓音《八代诗史》，陕西人民出版社 1989 年版，第 68 页。
③ 王世贞《艺苑卮言》。

他们最直接的刺激是生活上的困顿、相思的痛苦，较少顾及更高层次的追求。因而他们的诗还大都是一种对自然力量的控诉和抗争，而不是政治上的苦闷。在汉代文人诗中，只有张衡的部分作品因学习屈赋而呈现另一种风貌，而张衡恰恰和其他古诗作者不同，他是一个正直的官吏，所写的是政治上的苦痛。曹植由于特殊的时代和特殊的经历，能写出更多的政治上的苦闷。屈原是诗歌史上第一个大规模抒发政治苦闷的诗人，曹植正是借屈赋来表现这种情感，使这种情感有了更深的内容和更普遍的意义。例如古诗当中，十之八九是写离别相思之情的，但仅仅局限于个人的私情。曹植的诗中有许多作品同样表现漂泊无依，但这种痛苦却不是重复古诗中的游子思乡，是一种政治上的孤独。他把屈原那种政治上的悲哀融入相思离别的题材之中，使感情变得更加深厚。

这种深厚的情感具体说来有以下三个互相联系的方面，即表现出对国家事业一种高度的责任感，坚持正义的高洁志趣和自己的感情得不到他人理解的哀怨之情。

曹植自幼聪颖过人，十岁时就能诵读诗、论及辞赋数十万言，屈原的作品，自然已是烂熟于心，成为他作赋时心摹手追的对象。然而真正使他学《骚》的是他与屈原有相似的身世经历和遭遇。此前贾谊和司马迁都因他们特殊的遭遇而成为屈原的知音，曹植也因与屈原相似的经历而成为继贾谊、司马迁之后最能通屈原之心志的人。曹植是魏武帝之子、文帝之弟、明帝之叔，这使他同屈原（“楚之同姓”）一样，对王业有一种天然的责任感。他“生乎乱，长乎军”，满怀希望，想大干一场，甚至想继承父亲开创的基业，可是他这番远大的志向却因在家庭内部斗争的失败而付之东流。父亲死后，曹丕父子相继作了皇帝，不但不给他任何实际职务，反而将他放置外藩，加上种种管束，形同流放。这样的经历使他早年诵读的屈原的作品成了他心境的写照，于是借屈原的笔法来表明自己的心志。他写下了《九愁赋》《洛神赋》《白鹤赋》《离缴雁赋》《鹞雀赋》等。正如丁晏所评的那样："王既不用，自伤同姓见放，与屈子同悲。乃为《九愁》《九咏》《远游》等篇，以拟楚骚。又拟宋玉之辞，为《洛神赋》，托之宓妃神女，寄心君王，犹屈子之志也。"[①]

他在诗中也表现了屈子之志。屈原被怀王疏远之后，仍然心系楚国。曹植在诗中充分地表现了这一情感。在曹丕称帝之前，他就在诗中表现出一种强烈的济世之志。《白马篇》中游侠的心理就是他自己的志向："弃身锋刃端，性命安可怀？父母且不顾，何言子与妻！名在壮士籍，不得中顾私。捐躯赴国难，视死忽如归。"这种甘赴国难的责任感，并没有因曹丕当了皇帝、自己备受迫害而改变，他仍发出"闲居非吾愿，甘心赴国忧"的呼喊。曹丕死后，他给曹叡上了一个长篇的《求自试表》，强烈要求为国立功。他有感吴、蜀两国未平，想提一旅之师，前往征讨。他明明知道曹丕父子并不信任他，但他仍要为国出征。这一心理与屈原虽被疏远，仍"恐皇舆之败绩"，表示"来吾导夫先路"一样，正是出于那种割舍不了的对国家的责任感。

曹植这种对国家的责任感更多的是与他坚持高尚的人生志趣、追求真理和正义的精神联系在一起，使人仿佛看到了屈原在《离骚》当中，反复申说自己的高洁志向，不与世俗同流合污，上下求索，寻求真理的情形。屈原被疏远完全是小人谗毁的结果，他在诗中反复斥骂那些"竟进以贪婪""兴心而嫉妒"的"众人""党人"。曹植认为自己之所以被文帝疏远，也是因为小人从中谗毁。他在《黄初五年令》《黄初六年令》中曾向文帝请求除掉那些小人，并指出了他们的姓名。他在类似于《离骚》的一篇赋——《九愁赋》中写道："恨时王之谬听，受奸枉之虚

① 丁晏《曹集铨评·魏陈思王年谱序》。

辞……伤时俗之趋险，独怅望而长愁。……俗参差而不齐，岂毁誉之可同。竞昏瞀以营私，害予身之奉公。共朋党而妒贤，俾予济乎长江。”他在诗中更是反复地表现这一内容。其一首佚题乐府歌云：“胶漆至坚，浸之则离。皎皎素丝，随染色移。君不我弃，谗人所为。”在《怨歌行》中他还说：“为君既不易，为臣良独难。忠信事不显，乃有见疑患。周公佐成王，金縢功不刊。推心辅王室，二叔反流言。待罪居东国，泫涕常流连。”他还愤怒地写道：“龙欲升天须浮云，人之仕进待中人。众口可以铄金，谗言三至，慈母不亲。愦愦俗间，不辨伪真。愿欲披心自陈说，君门以九重，道远河无津。”[①]他认为君门不通，都是小人谗毁造成的。他想自己去剖白陈说，无奈君门九重，难以得进。这自然使人联想到《离骚》中诗人上下求索，欲向上帝陈词，而天帝的守门人却不给他开门一样。曹植曾写下了大量的弃妇诗，在这些诗中，他把那些妇女都写得美丽而坚贞，从而表明自己志向的高洁。恰如他在《九愁赋》中所说的那样：“知犯君之招咎，耻干媚而求亲。……宁作清水之沉泥，不为浊路之飞尘。”

屈原在痛苦中上下求索，也曾产生过远游的志向。曹植也有许多诗表现这种远游之志。他曾写过十多首游仙诗，其中除了个别的作品没用汉乐府的题材，表达对神仙的羡慕以外，大部分是寄托寻求自由世界的理想。其中有两首，都名为《远游篇》，他显然是在学习屈原。正如葛晓音先生所说：“曹植的十多篇游仙诗，其中一部分写世情险恶，有感而发，想借升天远游忘却人间烦恼，上承屈原《远游》的精神和表现手法，下启李白纵横捭阖的浪漫想象。”[②]

远游没能使屈原得到真正的解脱，因为他宁死也不愿改变

① 曹植《当墙欲高行》。
② 葛晓音《八代诗史》，陕西人民出版社1989年版，第64页。

他高洁的人格和政治理想，不能像江边渔父劝他的那样“与世推移”，当他真的要离开祖国时，仍然眷恋故乡。曹植也是一样，他虽然对受压迫处境感到不满，对现实社会感到厌倦，一度想出世远游，但他并不能远游，“仰天长太息，思想怀故邦”[①]，不忘故国的心情又占据了上风。他有时甚至将“屈子远游出世之意化为入世建功之志”[②]。

屈原在作品中以大量的篇幅抒写了不被人理解的哀怨之情。曹植的许多作品也表现了这一内容，据记载，“植每欲求别见独谈，论及时政，幸冀试用，终不能得。既还，怅然绝望”[③]。曹植后期大量诗作都表现了这种因不被信任而不能为国立功的痛苦。如《圣皇篇》中写道，由于大臣上奏，藩王不得在京城淹留，于是辞亲上路，“祖道魏东门，泪下沾冠缨。扳盖因内顾，俯仰慕同生。行行将日暮，何时还阙廷？车轮为徘徊，四马踌躇鸣。路人尚酸鼻，何况骨肉情。”丁晏《曹集铨评》云：“忠诚之诗，一字一泪。”曹植还把自己比作离开根本、被风吹来吹去、丝毫不能作主的转蓬[④]，寄居清水、随风东西漂流的浮萍[⑤]，他歌咏驰骋寒地的代马、“思彼蛮方”的越鸟，他同情那悠悠远行、离家千里的行客[⑥]。这种心境的描写，我们从屈原《九章》里的《抽思》《哀郢》《涉江》中可以看到，其《佚题诗》中“游鸟翔故巢，狐死但丘穴。我信归旧乡，安得惮离别”就是化用《哀郢》中“鸟飞反故乡兮，狐死必首丘。信非吾罪而弃逐兮，何日夜而忘之”几句。曹植常常借男女之情来表达得不到曹

① 曹植《盘石篇》。

② 葛晓音《八代诗史》，陕西人民出版社1989年版，第64页。

③ 《三国志·魏书·陈思王植传》，方壮辰《三国志注评》，陕西人民出版社1995年版，第977页。

④ 曹植《吁嗟篇》、《盘石篇》、《杂诗七首》（其二）。

⑤ 曹植《浮萍篇》。

⑥ 曹植《杂诗七首》。

丕父子理解的怨愤。这一点后面还要详细分析，这里暂不举例。

上面我们分析了曹植与屈原心志相通的几个方面。屈原的思想感情在《离骚》中得到了较为集中的表达。而曹植思想感情分散在许多篇章当中，但曹植的连章诗《赠白马王彪》和组诗《杂诗七首》，也可以把前面分析的几点内容大致概括进来。且以《赠白马王彪》为例，诗的第一、二、四章极写离开京城的眷恋和感伤，与他在《吁嗟篇》、《浮萍篇》、《杂诗七首》（其二）等中抒写的远离故都的痛苦是一样的。第三章写“鸱枭鸣衡轭，豺狼当路衢。苍蝇间白黑，谗巧令亲疏”，与《佚题乐府诗》《妒诗》《当墙欲高行》等诗斥骂小人挑拨离间，导致兄弟不能相亲是一样的。诗的第五、六、七章，由骨肉间生离死别的咏叹引入对人生价值的思考，特别是“苦辛何虑思？天命信可疑。虚无求列仙，松子久吾欺”几句，可以看作是他对求仙远游的真实态度。他想超越现实，追求长生和精神上的解脱，可残酷的现实仍然压迫着他，使他痛苦不堪。但他仍有一种节士的豪气，没有因此失去“四海之志”。整首诗写得哀怨悲愤，与其《九愁赋》一起，可以称为陈思王之《离骚》。清代宋徵璧就曾说：“《离骚》不可学，嗣此，其《白马王彪》一篇……庶几《骚》之变乎？”[①]

我们从以上分析中可以看出，曹植几乎对屈赋中所表现的几个重要内容都有继承和发挥。屈赋本来在中国诗歌史上就有着很强的原型意义，曹植将这种原型化入五言诗当中，从而加强了这种意义。后世举凡怀才不遇之悲，离别相思之苦，功业无成之叹，生命不永之痛，种种抒写人生志向和抱负的诗篇几乎可以在曹植的诗中找到原型。可以说曹植扩大了文人在诗中所表现情感的深度和宽度，赋予了文人感情以更高的价值。这是汉末乃至建

① 宋徵璧《抱真堂诗话》。

安其他诗人所少有的。后代的诗人，特别是盛唐诗人，正是大力抒写这种高远的情怀。李白的“人生飘忽百年内，且须酣畅万古情”，便是唐代诗人豪迈情怀的呼喊。总之，是曹植成功地把屈赋中高远政治情怀融入诗歌当中，使汉末文人诗由抒写个人的生活痛苦上升到社会政治等多方面的痛苦，从而产生了深远的影响。如果说，曹植实现了汉乐府由叙事转向抒情，首先应该从这个意义上来理解。

其次，表现在形式上。曹植对《楚辞》的借鉴大大增加了诗的词采。古诗的写作还是比较朴素的，可以看出从乐府脱胎出来的迹象，而曹植的诗词采华茂，已更近于后来的文人诗。古诗中也广泛地采用了比兴的手法，花木香草、越鸟胡马等在诗中也多处运用，但在用法上更近于《诗经》，而不似《楚辞》。《诗经》中采用比兴虽然增加了诗的色彩，但风格却是朴素的。东汉以来，特别是汉末文人诗当中也有一部分借鉴《楚辞》的作品，就呈现出另一种风貌。如张衡的《怨诗》借秋兰以咏美人、《同声歌》写新妇初夜的心理就是模仿《离骚》借香草以喻君子、借男女之情以喻君臣的写法。对《同声歌》，《乐府解题》说：“言妇人自谓幸得充闺房，愿勉供妇职，不离君子。……以喻臣子之事君也。”张衡和其他古诗作者不同，他是一个正直的官吏，目睹世风日下，“郁郁不得志，为《四愁诗》。效屈原以美人为君子，以珍宝为仁义，以水深雪雰为小人。思以道术为报，贻于时君，而惧谗邪之不得以通”[①]。他的《四愁诗》写得色彩瑰丽，情深意长，直启杜甫的《赠韩谏议》。另外《古诗十九首》当中的“涉江采芙蓉”“冉冉孤生竹”，《古诗五首》中的“兰若生春阳”，都是借鉴《楚辞》之作，相对于其他诗华美而情韵悠长。可以得出这样的结论，汉末

① 《四愁诗序》系后人伪托。

文人的诗歌创作，凡是借鉴《诗经》和乐府诗多的作品，就显得朴素；凡是借鉴《楚辞》多的作品，就显得华美。曹植的诗由于在借鉴《诗经》的同时，大量地引入了屈赋中的意象，不仅在句式上借鉴，而且全篇借鉴，从而形成了多姿多彩的局面。

比，是屈原作品中常用的手法。洪兴祖说："《三百篇》比赋少而兴多，《离骚》兴少而比赋多。"[①]比的大量运用，丰富了诗的词采，使得《骚》和《诗》呈现出鲜明的对比。曹植的诗中就大量采用了比的手法，如"浮萍""转蓬""代马""越鸟"等，这就大大丰富了诗的意象。屈原在世俗险恶的情况下，"独好修以为常"，他以香草自喻，表明自己高洁的人格，曹植也是这样，如《白鹊讴》歌咏"饥食苕华，渴饮清露。异于畴匹，众鸟是慕"的白鹊。白鹊食苕华，饮清露，不同于蝇营苟取的凡鸟。再如《佚题诗》中的"望云际兮有好仇，天路长兮往无由。佩兰蕙兮为谁修？嬿婉绝兮我心愁"，简直像《离骚》中的句子。

屈原常常借对爱情的追求以表明对君主的依恋。曹植在《出妇赋》《洛神赋》中使用了这一比喻。但他用得更多的还是诗歌。现存曹植诗有九十多首，而写妇女以及爱情的诗就有十三首，如《美女篇》、《妾薄命行》、《妾薄幸》、《妾薄相行》、《闺情诗》、《代刘勋妻王氏见出为诗》、《弃妇诗》、《七哀》、《怨诗行》、《杂诗七首》（其三、四、七）等，虽然有的是借用汉乐府的旧题和题材，但其中大多数作品的意思已完全不同于汉乐府劝世的主旨，而是借以表达自己的感情。在他的笔下，女子大都是美丽高洁，处境却是孤独凄清，或遭遗弃，或空房独守，价值得不到人们的珍视和承认。这与作者身怀济国之才却得不到任用一样，那些女子的处境正是他现实处

① 转引自《四溟诗活》。

境的写照。美女们希望得到爱，正如曹植的“愿与根荄连”[1]，希望曹丕父子能顾念同根之情，改变他眼前的处境一样。如《美女篇》，《乐府诗集》卷三十六云：“美女者，以喻君子。言君子有美行，愿得明君而事之，若不遇时，虽见征求，终不屈也。”对《七哀》，刘履评论道：“子建与文帝同母骨肉，今乃浮沉异势，不相亲与，故以孤妾自喻。”[2]再看他的《种葛篇》：

种葛南山下，葛藟自成阴。与君初婚时，结发恩意深。欢爱在枕席，宿昔同衣衾。窃慕《棠棣》篇，好乐和瑟琴。行年晚将莫，佳人怀异心。恩纪旷不接，我情遂抑沉。出门当何顾，徘徊步北林。下有交颈兽，仰有双栖禽。攀枝长叹息，泪下沾罗衿。良马知我悲，延颈对我吟。昔为同池鱼，今为商与参。往古皆欢遇，我独困于今。弃置委天命，悠悠安可任。

考曹植的生平，可以断定这不是纪实之作，而是另有寄托之篇。正如朱绪曾所说：“此亦不得于文帝，借弃妇而寄慨之辞。篇中葛藟、棠棣，皆隐寓兄弟意。”[3]曹植与曹丕本是兄弟，等长大以后，为了争夺继承权，各怀异心，终于一个作了皇帝，一个成了“被软禁的囚徒”[4]。诗的立意直接取法《离骚》：诗中的男女本是一对欢爱夫妻，后来“佳人怀异心”，出现“昔为同池鱼，今为商与参”的结局，这正与屈原与怀王本为政治上的盟友，后来怀王破坏“成言”，“悔遁而有他”的情形一样。

曹植这类诗大都写得很华美。诗中对美女的描写已不同于《陌上桑》中罗敷富于人间气息，而是带有一种浪漫奇异的色

① 曹植《吁嗟篇》。
② 黄节《曹子建诗注》。
③ 黄节《曹子建诗注》。
④ 葛晓音《八代诗史》，陕西人民出版社 1989 年版，第 60 页。

彩，这正是受屈赋影响的结果。如《妾薄命行》中对美女的描写："携玉手，喜同车，北上云阁飞除。钓台蹇产清虚，池塘观沼可娱。仰泛龙舟绿波，俯擢神草枝柯。想彼宓妃洛河，退咏汉女湘娥。日既逝矣西藏，更会兰台洞房。"我们看到，这仿佛是在神仙的世界里，其中汉水的宓妃、湘水的娥皇、女英，都是屈原作品中所歌咏的形象，而兰室洞房，更使人想起《九歌》中湘君为迎接湘夫人而精心布置的相会之所。再如《闺情诗》："有美一人，被服纤罗。妖姿艳丽，蓊若春华。"《杂诗七首》（其四）："南国有佳人，容华若桃李。朝游江北岸，夕宿潇湘沚。"《远游篇》："夜光明珠，下隐金沙。采之谁遗，汉女湘娥。"这些诗句写的都不是像罗敷那样的人间美女，都染上了神异的色彩，而这正是构成他的诗"词采华茂"的因素之一。诚如许学夷《诗源辨体》中所说的那样："子建、仲宣则才思逸发，华藻烂然，自是词家手笔。"

从上面的分析中可以看出，曹植由于把屈赋中"比"的手法大量地引入诗的创作之中，丰富了诗的词采，与质朴的汉乐府呈现出不同的风貌。

曹植融屈骚的情采入诗，是诗歌发展史上一件大事。他把在建安时代召唤下而产生的高尚的精神境界和屈原所抒发的政治上的苦闷结合起来，从而在诗中开创出一个崭新的局面：他增加了诗情的厚度，提高了文人抒情诗的思想品位；他增加了诗的词采，开创了诗歌文质彬彬的局面，影响甚为深远。钟嵘《诗品》云："魏陈思王植，其源出于《国风》，骨气奇高，词采华茂。"通过上面分析可以看出，钟嵘虽然指出曹植的诗出于《国风》大有疑问，但对曹植诗特点的概括非常准确。

［原载《首都师范大学学报（社会科学版）》1998年第4期］

论曹植的文艺思想

◎王　巍

曹植，这位“建安之杰”，不仅文学成就独冠群才，而且在文学理论和文学批评方面也做出了令人瞩目的贡献。他在《与吴季重书》《与杨德祖书》中都提出了很多重要的文学理论观点。特别是他在《与杨德祖书》中阐明的文学见解，是颇有见地的，因而也是建安时期重要的文学理论专论，与曹丕的《典论·论文》占有同样重要的地位。尽管刘勰认为此文“辩而无当”，颇有贬抑意味，但还是承认这是一篇重要的文论：“魏文述《典》，陈思序《书》，应玚《文论》，陆机《文赋》，仲洽《流别》，宏范《翰林》，各照隅隙，鲜观衢路。或臧否当时之才，或铨品前修之文，或泛举雅俗之旨，或撮题篇章之意。”（《文心雕龙·序志》）从这里可以看出，刘勰还是将这封书信摆在了重要的文论之首。另外，曹植的文学思想在他的其他作品中也有所表述。这些给时人和后人以很大的教益和启发。

一、重视和爱好文学艺术

曹植自幼就爱好文学艺术。据曹植本传记载，他年十余岁时，就能“诵读诗、论及辞赋数十万言”。在邺城时，当邯郸淳从荆州来归曹操，他与邯郸淳相见时竟能“诵俳优小说数千言”（《三国志》卷二十一《魏书·王粲传》注引《魏略》），并与邯郸淳谈论古今文章赋诔。可见，曹植读书之多、之熟。“古今文章”，他无所不读。由于他读书甚多，博学渊识，故其“文章绝伦”（《三国志》卷十九《魏书·陈思王植传》注引《文士传》）。曹植文思敏捷，才华横溢，常常即席为赋，挥笔即成，方东树曾评论曹植说：“大约陈思才大学富，力厚思周，每有一篇，如周公制作，不可更易，非如他家以小慧单美，取悦耳目也。”（《昭昧詹言》卷二）这并非是溢美之词。当然曹植的某些作品，也不是“不可更易”。用曹丕的话来说，“文非一体，鲜能备善”（《典论·论文》）。曹植自己也说：“世人之著述，不能无病，仆常好人讥弹其文，有不善者，应时改定。”（《与杨德祖书》）曹植的作品也毫不例外。但方东树很好地说明了曹植文章达到了“不可更易”的地步的原因，即学识广博。

曹植不仅喜好文学，而且对多种艺术都是精通娴熟的。书法、绘画、乐曲、舞蹈、击剑，等等，可谓是“世间术艺，无不毕善”（《法苑珠林》卷四十九）。他在第一次与邯郸淳相见时“科头拍袒，胡舞五椎锻，跳丸击剑”（《三国志》卷二十一《魏书·王粲传》注引《魏略》），令邯郸淳非常叹服。他的书法、绘画也是非常出色的，从后人对其字画的赞扬中也可以看出。杨广曾云：“余观夫字画沈快，而词旨华致，想像其风仪，玩阅不已，因书以冠于褾首。”（《全隋文》卷六）由此可见，杨广对曹植字画的风格特色、艺术造诣等给予了相当高的评价。另外，从曹植现存的《画赞序》《长乐观画赞》等文对绘画的鉴赏及评论中，也可以看出他在绘画方面的造诣是颇高的。曹植还精通乐曲。他在《鼙舞歌·序》中云：“汉灵帝西园鼓吹有李坚者，能鼙舞，遭乱播迁，西随段煨。先帝闻其旧有伎，召之。坚既中废，兼古曲多谬误，异代之文，未必相袭。故依前曲改作新歌五篇。不敢充之黄门，近以成下国之陋乐焉。”可见，他对乐曲是非常精通的。流传至今的《鼙舞歌》五首，就是他依古曲而改制的新作。这些事例说明，曹植艺术修养是多方面的。

曹植一生酷爱文学艺术，但长期以来，人们对曹植是否重视文学问题存在着不同看法。或认为“曹植对辞赋采取忽视态度”（《中国文学批评史》），或认为曹植“未能认识”“文章之重要”（《中国文学批评史大纲》），等等。产生这些看法的主要原因就是曹植在《与杨德祖书》中有这样一段话：

辞赋小道，固未足以揄扬大义，彰示来世也。昔扬子云先朝执戟之臣耳，犹称壮夫不为也，吾虽薄德，位为藩侯，犹庶几勠力上国，流惠下民，建永世之业，流金石之功，岂徒以翰墨为勋绩，辞赋为君子哉！若吾志未果，吾道不行，则将采庶官之实录，辩时俗之得失，定仁义之衷，成一家之言。

我们说，如果仅从这段话就得出曹植轻视文学的结论，那未免太片面了。鲁迅曾言：“世间有所谓‘就事论事’的办法，现在就诗论诗，或者也可以说是无碍的罢。不过我总以为倘要论文，最好是顾及全篇，并且顾及作者全人，以及他所处的社会状态，这才较为确凿。要不然，是很容易近乎说梦的。”［《且介亭杂文二集·“题未定”草（六至九）》，《鲁迅全集》第六卷］所论真可谓振聋发聩。

第一，按照鲁迅所言的“倘要论文，最好是顾及全篇”来看。曹植在《与杨德祖书》一文中，对建安文学的现状、文学的社会功能、文学批评和文学创作的关系、文学批评者应具备的条件和正确的批评态度等问题，都发表了很好的见解，特别是他还非常明确地提出要重视民间文学的主张：

夫街谈巷说，必有可采；击辕之歌，有应风雅，匹夫之思未易轻弃也。

这种见解确实是极为可贵的。我们知道，任何一种文体的兴起、任何一个成就卓著的作家都离不开民间文学的哺育和影响。胡应麟说：“余历考汉、魏、六朝、唐人诗，有三言、四言、五言、六言、七言、杂言、近体、排律、绝句，乐府皆备有之。”（《诗薮》内编卷一）可见，民间文学是文人创作的渊源。建安文学的繁荣自然离不开时代环境等诸种因素，但受乐府民歌的影响还是重要原因之一。建安文人对乐府民歌普遍重视，善于向民歌学习，这体现在他们的诗歌创作上。曹操的诗歌现存20多首，全是乐府歌辞，以乐府旧题写时事，给后世的诗人以深刻的启迪。曹丕的诗歌有40多首，乐府诗占一半以上。他的诗歌取材于“闾里小事”，民歌倾向最为明显。曹植的诗歌中，乐府诗占一大半。他很注意从民歌中吸收营养，例如《美女篇》就是他在学习民歌的基础上而创作的。由于他不断地吸取民歌中清新明快、质朴自然的特点，又努力地创新和发展，因而他的诗具有“文采缤纷，而不离闾里歌谣之质”（黄侃《〈诗品〉义疏》）的独特风格。仅从三曹的诗歌创作中，就可以看到建安文人是很注意向民歌学习的。在建安文人的作品中，还可以看到他们直接引用民谣、谚语。像曹操的《谣俗词》竟直接采用了民谣的形式写出，很有特色。陈琳的《饮马长城窟行》中的“生男慎莫举，生女哺用脯。君独不见长城下，死人骸骨相撑拄”四句，基本是引用秦始皇时的《长城歌》中的句子。曹操在《礼让令》里引“里谚曰：‘礼让一寸，得礼一尺。’”《选举令》里引“谚曰：‘失晨之鸡，思补更鸣。’”曹丕在《典论·论文》中引“里语曰：‘家有弊帚，享之千金。’”曹植于《黄初五年令》中引“谚曰：‘人心不同，若其面焉。’”在《陈审举表》中引“谚曰：‘相门有相，将门有将’”等，可见他们对里巷歌谣之重视。曹植将自己创作中的切身体会和建安文人重视民间文学的现状，从文学理论的角度加以概括，这确实是他在文学理论上的重要建树，为其后的文人创作指明了方向。就是说我们从他重视民间文学的角度可以看出他对文学之重视。总之，《与杨德祖书》一文，充分地表现了他的文学思想。因而，决不能孤立地看“辞赋小道”一段话，就得出曹植轻视文学的结论。

第二，从曹植所处的社会状态来看。建安时期，严重束缚人们的儒家思想失去了它原来的控制力，逐渐走向衰落，即“天下分崩，人怀苟且，纲纪既衰，儒道尤甚”。随着儒学的衰微，文学也摆脱了经学的束缚，不再是经学的附庸、阐发经义的工具了。建安文人冲破了传统思想的束缚，把它看成是“经国之大业，不朽之盛事”。这不仅使文学获得了独立的地位，而且提到了从未有过的全新高度。如此之伟业，文学家自然也摆脱了“倡优”的难堪境遇，纷纷从事文学创作，出现了一个“盖将百计”的局面，也就是说对文学的重视已成为时代的普遍观念了。在这样一个重视文学的时代，而文学成就又异常卓著，且发表了许多文学见解的曹植，又怎么能够轻视文学呢！

第三，从“作者的全人”来看。曹植的《与杨德祖书》一文，根据文中“仆少小好为文章，迄至于今二十又五年矣”两句，此文的写作时间一定是在建安二十一年（216）。考曹植生于初平二年（191），至建安二十一年，正好二十五岁，当时太子之位还没有定。这就是说，曹植给杨修写信之时，则杨修与丁仪兄弟为其羽翼，正是他志得意满之际，曹操对他宠爱有加，正欲“降大任于斯人”。在这种情况下，他把辞赋视为小道，正表明了他要“勠力上国，流惠下民，建永世之业，流金石之功”，而不甘愿“以翰墨为功绩，辞赋为君子”。如果建功立业之志未果，则愿等而下之，退而求其次，欲“成一家之言”。这就是说，在建功立业与文学创作这二者之间，他把建功立业摆在了第一位，而将文学创作摆在了第二位。曹植在他的《薤露行》一诗中，也表达了同样的思想。《薤露行》是一篇言志之作，表达了诗人“愿得展功勤，输力于明君，怀此王佐才，慷慨独不群”的理想与抱负。但在诗的最后他又写道：“孔氏删诗书，王业粲已分。骋我径寸翰，流藻垂华芬。”这显然是以孔子删诗书，为历史做出重大贡献为例，说明自己如果不能施展才能辅佐明君，也要以孔子为榜样，执笔著书，流芳后世。实际上曹植也正是以文采流传后世而名垂千古的。在立功与立言的问题上，曹植与曹丕的看法是相同的。曹丕曾在《与王朗书》中说：“生有七尺之形，死惟一棺之土。惟立德扬名，可以不朽。其次莫如著篇籍。”曹丕曾把文学创作看作“经国之大业，不朽之盛事”，但在“立德扬名”和“著篇籍”两者之间，他还是将“立德扬名”放在了首位，其次才是“著篇籍”。曹丕重视文学创作已成为人们的共识，那么，对与曹丕持有相同观点的曹植来说，怎么能得出其轻视文学的结论呢!

第四，联系曹植的创作实践来看。在建安文人中，曹植创作的诗、赋、散文等文学作品，数量是最多的。就以他视为“小道”的辞赋来说，现存较为完整的篇章是40余篇，还有些残缺不全或有题无义的，已经散佚流失的，就无法计算了。至于他从小就喜爱辞赋，更为人们所叹服，这一点信史有载，如前所述。曹植所说的要赠予杨德祖辞赋，就是他“少小所著”。他曾作《龟赋》赠陈琳，陈琳称赞此赋“音义既远，清辞妙句，焱绝焕炳”。另外，曹植又曾讥弹陈琳：“不闲于辞赋，而多自谓能与司马长卿同风，譬画虎不成反为狗也。”如此种种成就，都说明了曹植是喜欢辞赋，重视文学的。

第五，从曹植重视文学的价值与功能方面来看，也证明了曹植绝无轻蔑文学的思想。他在《汉二祖优劣论》中指出：“诗书礼乐，帝尧之所以为治也，而高帝轻之。”这就是说他把诗、书、礼、乐与治国相联系起来，赞扬帝尧重视诗书礼乐，批评汉高祖轻视诗书礼乐。另外，他还认为文学艺术能起到揭露丑恶、赞扬美善的作用。他在建安年间写的《柳颂序》中云："故著斯文，表之遗翰，遂因辞势，以讥当世之士。"在《画赞序》中说："观画者见三皇五帝，莫不仰戴；见三季暴主，莫不悲惋；见篡臣贼嗣，莫不切齿；见高节妙士，莫不忘食；见忠节死难，莫不抗首；见忠臣孝子，莫不叹息；见淫夫妒妇，莫不侧目；见令妃顺后，莫不嘉贵。是知存乎鉴者图画也。"从中可见，文与画作为文学艺术，其社会作用是很大的，人们以它为武器无情地鞭挞那些为恶者，热情地赞美那些为善者。曹植也认识到了人们常常用文艺来抒发内心的情态。他在《学官颂》中指出："歌以咏言，文以骋志。"在《文帝诔》中写道："奏斯文以写思兮，结翰墨以敷诚。"如此等等。从中可见，曹植是充分地认识到了文艺的价值与作用的。曹植出于这样的认识，也不会轻蔑文学的。

二、重视文学批评和文学创作的关系

曹丕在《典论·论文》中，指出了"文人相轻"的陋习，并且认为"善于自见"是产生"文人相轻"之病的重要原因。曹植对此问题也洞察入微，他在《与杨德祖书》中，开篇就指出：

昔仲宣独步于汉南，孔璋鹰扬于河朔，伟长擅名于青土，公幹振藻于海隅，德琏发迹于大魏，足下高视于上京。当此之时，人人自谓握灵蛇之珠，家家自谓抱荆山之玉。

这里，曹植指出了王粲等人在未归曹操之前就名声显著了。正因为如此，这些文人矜才自负。由于他们"人人自谓握灵蛇之珠，家家自谓抱荆山之玉"，所以，"以此相服，亦良难矣"。这种互不相服之弊与曹丕提出的"文人相轻"之陋习是相同的。如果每个作家都把自己的创作视为“灵蛇之珠”和“荆山之玉”而自珍，无视自己的短处，那么，就会裹足不前，有碍于文学的发展。为了针砭建安文坛这种文人自负的弊病，提高文学创作水准，推动文学的发展，曹植在《与杨德祖书》中提倡开展文学批评活动，他指出：

世人之著述，不能无病，仆常好人讥弹其文，有不善者，应时改定。昔丁敬礼尝作小文，使仆润饰之。仆自以才不过若人，辞不为也，敬礼谓仆：“卿何所疑难？文之佳恶，吾自得之，后世谁相知定吾文者耶？”吾常叹此达言，以为美谈。昔尼父之文辞，与人通流，至于制《春秋》，游夏之徒乃不能措一辞。过此而言不病者，吾未之见也。

曹植之所以主张开展文学批评，其原因就是“世人之著述，不能无病”。因而在这段文字里，他一再强调这个问题。曹植所云是与文学创作的实情相符的。曹丕曾将文体分成四科八类，并指出“文非一体，鲜能备善”，“故能之者偏也，唯通才能备其体”。任何一个作家都很难成为一个各体兼擅的“通才”。再加上文学创作本身就是一项艰苦的劳动，正如曹植在《与吴季重书》一文中所言：“夫文章之难，非独今也，古之君子，犹亦病诸！”曹植能够客观地对待文人的创作，当然，也包括他自己的创作在内，这是很可贵的。任何人的著述，都不能没有缺点，每个作家都应该看到自己的不足。那么，如何提高呢？“仆常好人讥弹其文，有不善者，应时改定”，这是曹植的做法。在文学创作中常请别人挑自己的毛病，虚心听取别人的意见，文人之间互相切磋，互相批评，“有不善者，应时改定”，以此来提高文学创作质量。这是一种极为可贵的见解，也是曹植自我创作经验的总结。曹植重视文学批评与文学创作的关系，强调文人在创作上要经常听取别人的批评，这不仅在当时，而且对后世也有相当深远的影响。

三、主张批评者应具有较高的文学修养及正确的批评态度

曹植在《与杨德祖书》中，不仅提出了文学批评和文学创作的关系，而且又提出了批评者要具有一定条件的观点，他认为：

盖有南威之容，乃可以论于淑媛；有龙泉之利，乃可以议于断割。刘季绪才不能逮于作者，而好诋诃文章，掎摭利病。昔田巴毁五帝，罪三王，呰五霸于稷下，一旦而服千人。鲁连一说，使终身杜口。刘生之辩，未若田氏，今之仲连，求之不难，可无叹息乎？

曹植在这段文字里说，批评者应具有较高的文学修养、丰富的创作实践的体验，才能去评论别人的创作，就像只有具备南威的美色天姿，才能够评论美女“淑媛”；具有龙泉宝剑的锋利，才能评议于断割一样。这是对批评家提出的更高要求，这种观点的提出也是有其现实意义的。当时存在着像刘季绪那样，“才不能逮于作者”，而随便诋诃文章的现象。一个没有文学修养，才能低下的人，难以正确地评论别人的创作。曹植这个观点的提出，是立足于现实的，针砭了当时某些批评者的弊病。为了实践正确批评，曹植也从自我做起。他感到自己才能赶不上丁敬礼，于是拒绝了丁敬礼请他修饰文章的要求：“昔丁敬礼尝作小文，使仆润饰之。仆自以才不过若人，辞不为也。”曹植这种对文学批评所抱的严肃态度，使我们得到了很大启发，但是这种主张也很容易被引向问题的另一方面，即文学批评家都首

先必须是才高八斗的第一流文学家，至于一般读者，自然更无权对文学作品评头品足了。这当然不是曹植的初衷。实际上，有些作品能够千古传诵，靠的还不是无数默默无闻的历代读者吗？正是他们才有权决定历代文学作品的地位和价值。

曹植认为要想很好地展开文学批评，除了批评者要有很高的才能外，还应有正确的批评态度：批评者不能随意评论，应慎重地对待一些人的创作。曹植不仅是这样提倡的，也是如此实践的。他曾在《与杨德祖书》中说：

> 夫钟期不失听，于今称之，吾亦不敢妄叹者，畏后世之嗤余也。

曹植，这位才高八斗的“建安之杰”，“世间术艺，无不毕善”，对善于知音的钟子期极为推崇，即使这样，他还表示“不敢妄叹”。曹植这种对文学批评采取极为慎重的态度，是很值得称道的。这正是批评者应持有的态度。曹植对一些作家作品的评论就是恪守这一准则的。他评论过的作家作品，基本都是符合作家作品的实际，如他赞叹孔子所作的《春秋》“游夏之徒乃不能措一辞”，这虽有些过誉，但观《春秋》，“笔则笔，削则削”（《史记·孔子世家》），“以一字为褒贬”（杜预《左传序》），含有“微言大义”，确实是令人推崇。再有他对王粲的文思才学评论说：“文若春华，思若涌泉。发言可咏，下笔成篇。”这也确实符合这位“七子之冠冕”的实际。又如他在《与杨德祖书》中批评陈琳说：“以孔璋之才，不闲于辞赋，而多自谓能与司马长卿同风，譬画虎不成反为狗也。”陈琳以书檄章表闻名于当时文坛，而在辞赋创作方面，确实不如建安其他文人。然而陈琳对自己的辞赋成就缺乏正确的估计，竟然认为自己与汉代著名的辞赋家司马相如具有同一创作风格，因而曹植对此提出了批评，而且与陈琳的实际相符。这些都说明了曹植对待文学批评是采取了慎重的态度的。

曹植认为在文学批评上的正确态度还在于批评者不能根据主观的好恶来批评文学作品。每个作家都有自己的审美情趣、创作风格。作为批评家应注意到这一点。对此，曹植曾明确指出：

世之作者，或好繁文博采，深沉其旨者；或好离言辨白，分毫析厘者。所习不同，所务各异，言势殊也。（引自刘勰《文心雕龙·定势》）

由于有的爱好为文鸿博、含义深奥；有的爱好斟酌字句、剖析毫厘，每个人的习惯不同，所致力的方面也不一样，因而形成了文势的种种差异以及不同的风格特色。这种情况是文学批评家不可忽视的。曹植所言，对于开展文学批评是有重要启发的。

由于曹植看到了作家的爱好不同，作品风格特色各异，因而他极力反对批评者用主观的好恶去代替文艺批评的客观标准。但曹植同时也认识到了要想做到这一点，也不是轻而易举的。这就是他在《与杨德祖书》中所指出的：

人各有好尚：兰茝荪蕙之芳，众人之所好，而海畔有逐臭之夫；《咸池》《六茎》之发，众人所共乐，而墨翟有非之之论，岂可同哉！

这里，曹植指出了批评者根据自己的好恶进行文学批评而出现的后果。由于批评者的爱好不同，所以对“众人之所好”的“兰茝荪蕙之芳”，还有人持不同态度。对“众人所共乐”的《咸池》《六茎》，还有“非之之论”。这里曹植不仅指出了文艺批评不囿于自己的好恶之难，同时也说明了文艺批评还是有客观标准的，那就是说“兰茝荪蕙之芳”，是“众人之所好”，“《咸池》《六茎》之发”，也是“众人所共乐”的，只要能做到不从自己的好恶出发，是能够去臭逐芳的。

四、重视文学作品的美学要求

建安诗文所以倍受人们青睐，就是因为它在内容与形式上达到了完美的结合，也就是说它不仅内容充实，而且形式华美。以五言诗而言，它由汉代第一首文人五言诗的“质木无文”，发展到建安时期的“词采华茂”，这不能说不是巨大的飞跃。建安文学所以能取得这么大的成就，与建安文人的努力是分不开的。这里，曹植起到了很大的作用，他主张“歌以咏言，文以骋志”（《学官颂》），这样以情为文，其作品才能充实有力。但只有内容的饱满而缺乏艺术美的作品，同样不能感染人，为此曹植又进一步强调文学作品要达到“文义相扶”的境地（《答明帝诏表》）。这就是说内容美与形式美是缺一不可的。他在《前录自序》中明确地指出：

故君子之作也，俨乎若高山，勃乎若浮云。质素也如秋蓬，摛藻也如春葩。汜乎洋洋，光乎皓皓，与《雅》《颂》争流可也。

这里是说一个造诣颇高的文学家创作的作品，应该像高山那样具有高义，像浮云那样具有勃然之貌，像秋蓬开放的白花一样内容素朴，像色彩斑斓的春花一样文辞华美，在内容与形式上都达到美的境地，可与《雅》《颂》争高下。这是曹植对文学作品在内容与形式上的要求，也就是说好的文学作品在思想内容与艺术形式上必须达到完美的统一，这样才具有审美价值。他是如此主张的，也是如此实践的。他现有的文学作品，无论是诗、赋，还是散文，可以说皆达到了“汜乎洋洋，光乎皓皓”的境地。胡应麟称赞其诗“词藻宏富，而气骨苍然”，“辞极赡丽，然句颇尚工，语多致饰”。王世贞赞之曰“悲婉宏壮，情事理境，无所不有”（《艺苑卮言》），其言颇为肯綮。

建安文学注重形式美的倾向是很突出的。曹丕曾提出“诗赋欲丽”的主张，这正是文学走向自觉的表征。在这一点上，曹植与曹丕是相同的。曹植极为称赞那些具有形式美的作品。他在《七启·序》中云：“昔枚乘作《七发》，傅毅作《七激》，张衡作《七辩》，崔骃作《七依》，辞各美丽，余有慕之焉。”这就是说曹植对枚乘《七发》等作品辞语华美是很赞叹的。也正是在上述作品的影响下他才创作了《七启》。曹植在《酒赋·序》中云：“余览扬雄《酒赋》，辞甚瑰玮。”在《王仲宣诔》中云：“文若春华，思若涌泉。”在《文帝诔》中云：“才秀藻朗，如玉之莹。”在《答明帝昭表》中云：“章章殊兴，句句感切。”由此可见，曹植是极力称赞这些作品所具有的形式美的。曹植重视文学作品的美学要求，更说明了“曹丕的一个时代可说是‘文学的自觉时代’，或如近代所说是为艺术而艺术的一派”，也可以说曹植为这个时代的到来，做出了重大的贡献。

五、提倡继承与革新

我国文学发展的历史，是不断地批判继承与革新的历史，鲁迅曾指出：“新的阶级及其文化，并非突然从天而降，大抵是发达于对于旧支配者及其文化的反抗中，亦即发达于和旧者的对立中，所以新文化仍然有所承传，于旧文化也仍然有所择取。”（《〈浮士德与城〉后记》，《鲁迅全集》第七卷）生活在一千多年前的曹植，虽不能如此深刻地理解文学创作上的继承与革新的辩证关系，但对此问题他还是很重视的。曹植对古代文学遗产极为推崇，在他的诗歌创作中，多次提到《诗经》，或借用其诗义，或借用和化用《诗经》的句子。他在《情诗》中写道“游者叹《黍离》，处者歌《式微》”。《情诗》主要写远行服役而有思归之情。《黍离》是《诗经·王风》的一个篇名。其首章云：“彼黍离离，彼稷之苗。行迈靡靡，中心摇摇。知我者，谓我心忧，不知我者，谓我何求。悠悠苍天，此何人哉？”写行役之人的感慨忧伤。曹植在《情诗》中借用行役而悲之意。《式微》是《诗经·邶风》中的一个篇名。其首章云：“式微，式微，胡不归？微君之故，胡为乎中露？”这里表现了人民对繁重劳役的不满。曹植在《情诗》中借用其归劝之意。《朔风》诗中的“别如俯仰，脱若三秋”两句，化用《诗经·王风·采葛》中的“一日不见，如三秋兮”两句。此诗中的“昔我初迁，朱华未希；今我旋止，素雪云飞”四句，是从《诗经·小雅·采薇》“昔我往矣，杨柳依依；今我来思，雨雪霏霏”变化而来。“载离寒暑”是借用《诗经·小雅·小明》中的成句。《种葛》一诗中写道：“窃慕《棠棣》篇，好乐和瑟琴。”《棠棣》是《诗经·小雅》中的一个篇名。其中有“妻子好合，如鼓瑟琴”之句，说的是两情融洽像琴音般和谐。从这些例子中我们可以看到，曹植是将《诗经》作为自己学习的典范。曹植对《楚辞》的继承也是相当明显的。《楚辞》的代表作《离骚》，表现了诗人驰骋的想象。楚国社会黑暗，屈原报国无门，陈情无人，因此，他便幻想上天下地寻求贤君明主，寻求志同道合之人。曹植也有与屈原相同的际遇。在其生活的后期，屡徙封地，受尽了压抑与迫害，深有“圈牢之养物”之感。为此，他觉得“九州不足步，愿得凌云翔”，于是在《五游》中描写了上游天界的盛况：“逍遥八纮外，游目历遐荒。披我丹霞衣，袭我素霓裳。华盖芬晻蔼，六龙仰天骧。曜灵未移景，倏忽造昊苍。阊阖启丹扉，双阙曜朱光。徘徊文昌殿，登陟太微堂。上帝休西棂，群后集东厢。带我琼瑶佩，漱我沆瀣浆。踟蹰玩灵芝，徙倚弄华芳。”不难看出，这祖于屈原的《远游》篇。屈原在《远游》篇中写道：“悲时俗之迫厄兮，愿轻举而远游。质菲薄而无因兮，焉托乘而上浮。”“吾将从王乔而娱戏，餐六气而饮沆瀣兮，漱正阳而含朝霞。……命天阍其开关兮，排阊阖而望予。召丰隆使先导兮，问大微之所居。集重阳入帝宫兮，造旬始而观清都。”读了之后，我们可以发现曹植的《五游》与屈原《远游》是多么相似。因此，黄节说：“子建《游仙》《五游》《远游》诸篇，则尤极意模仿屈原者也。”（《曹子建诗注》）曹植对汉赋、汉乐府民歌及《古诗十九首》的学习与借鉴也是很明显的。他直接继承了汉乐府民歌“感于哀乐，缘事而发”的现实主义精神，创作出许多反映社会现实的作品。汉赋的铺排的手法直接为他所用。《古诗十九首》无论是五言形式，还是抒情特色，都是曹植非常重视的。

一个优秀的文学家，不仅重视继承，而且还必须注重创新。正如鲁迅所言：“我们不仅是文艺上的遗产的保留者，而且也是开拓者和建设者。”（《〈引玉集〉后记》，《鲁迅全集》第七卷）“没有冲破一切传统思想和手法的闯将，中国是不会有真的新文艺的。”（《论睁了眼看》，《鲁迅全集》第一卷）曹植在这方面做出了贡献。在文学创作上，他反对呆板的因袭模仿，提倡改革与创新，曾在《鼙舞歌·序》中指出：

古曲多谬误，异代之文未必相袭，故依前曲，改作新歌五篇。

《鼙舞歌》五首自然就是他根据前曲而改作的新歌了。由于他持有这样的主张，因而极力称赞那些增损古辞者。刘勰在《文心雕龙·乐府》中有这样一段话：

> 凡乐辞曰诗，诗声曰歌，声来被辞，辞繁难节；故陈思称李延年闲于增损古辞，多者则宜减之，明贵约也。

陈思之言无考。关于增损之义，黄叔琳指出：“增损古词者，取古词以入乐，增损以就句度也。是以古乐府有与原本违异者，有不可句度者。或者以古乐府不可句度，遂嗤笑以为不美，此大妄也。”（《〈文心雕龙辑注〉评点》）从黄先生的笺释中，可知“增损古辞”就是一种创新。曹植对李延年“增损古辞”之举表示赞许。曹植不仅这样主张，更是这样实践的。他的乐府诗极少有协于音律的。可以说基本上从乐府中独立出来，摆脱了音乐的束缚。不独如此，有时甚至“脱离了一切文学的常轨，而有它的独特底作派”。这从他的许多诗中都能看到，如《当墙欲高行》：“龙欲升天须浮云，人之仕进待中人。众口可以铄金，谗言三至，慈母不亲。愦愦俗间，不辨伪真。愿欲披心自说陈，君门以九重，道远河无津。”这首诗的形式极为自由，可以说是随心所欲；其他如《苦思行》《桂之树行》等诗也都如此。这种十分自由的形式，若从乐府角度立论，被称为“乖调”，就不足为奇了。然而这种创作恰恰是曹植在文学史上的重要贡献，使拟作乐府进入了文人化的里程。因而曹植的乐府诗，不仅“兼笼前美”，而且是“作范后来”。

［原载《清华大学学报（哲学社会科学版）》2005年第5期］

曹植及其作品的效果史研究

◎王　玫

一、曹植作品流传情况

效果史既连接着文学史（对具体作家作品进行评析）又连接着批评史（由具体评析上升为范畴、命题、观念、理论），起着中介、枢纽的作用。在建安时期，曹植作品已在流传，如曹植曾示《龟赋》于陈琳，还给杨修送去自己的著作。而从丁仪、吴质、杨修等人对曹植的评价，可知曹植作品已为当时邺下文人所接受，而且曹植生前已将己作抄录结集。据韩国学者朴现圭说，当时至少还编有三种目录：一是曹植嘱杨修刊定的赋集（曹植与杨修书云："今往仆少小所著辞赋一通相与。"杨修答书云："猥受顾赐，教使刊定。"按：曹植信中并没有让杨修刊定，只是"相与"而已，会不会另有一书给杨修谈论此事）；二是曹植自编的《前录》七十八篇赋。其《前录自序》云："余少而好赋，其所尚也，雅好慷慨，所著繁多。虽触类而作，然芜秽者众，故删定，别撰为《前录》七十八篇。"朴现圭将此二者顺序颠倒过来[①]，未必恰当。应该是杨修的刊定在前，曹植自编的《前录》在后，后者甚或是在前者的基础上编成的。前人

① ［韩］朴现圭《曹植编纂过程与四种版本之分析》，《文学遗产》1994 年第 4 期。

则将杨修刊定者与曹植《前录》视同一物[1]。三是曹植自己手定的诗文目录。此据《晋书·曹志传》载："（晋武）帝尝阅《六代论》，问（曹）志曰：'是卿先王所作邪？'志对曰：'先王有手所作目录，请归寻按。'还奏曰：'按录无此。'帝曰：'谁作？'志曰：'以臣所闻，是臣族父冏所作。以先王文高名著，欲令书传于后，是以假托。'帝曰：'古来亦多有是。'顾谓公卿曰：'父子证明，足以为审。自今已后，可无复疑。'"[2]朴现圭以为此手定目录可能是曹植晚年所编定，收录其所有的作品，是全集类，而前两种似非全集类。此外，魏明帝下诏纂辑曹集，"凡百余篇，副藏内外"，从原七十八篇到此时凡百余篇，数量增多，不仅有赋，还包括论及其他文体。由此来看，曹植集编纂得很早，这对其作品得以广泛传播显然很重要。魏晋时期，曹植作品已广为流传，诗人陆机就受其影响。钟嵘《诗品》说陆机诗出于曹植，而曹道衡先生认为："可能确是曹植之作在吴亡前已传入南方，陆机早年即已学习，并非到洛阳后才学习的。"他还指出三国时代虽处割据状态，文化交流还是很多的[3]。这是符合事实的论断。如张纮在东吴作《楠榴枕赋》，陈琳时在北地而能见其文。同样，张纮也能在异地读到陈琳的《武库赋》《应机论》。文学交流的现实环境为曹植作品在当时的传播提供了可能。

入晋之后曹植作品的流传状况可从傅玄、左思、陈寿等人对曹植的评价得知。傅玄《七谟序》对曹植《七启》作了肯定；左思在其《魏都赋》中对曹植的才华予以了赞美，陈寿所撰《三

① 姚振宗《隋书经籍志考证》卷三十九之三云："即此前录，尝以属杨修审定者，时为建安十九年徙封临菑之后事也。"见《二十五史补编》第四册，中华书局1955年版，第5709页。

② 房玄龄等《晋书》卷五十，中华书局1974年版，第1389页。

③ 曹道衡《南朝文学与北朝文学研究》，江苏古籍出版社1999年版，第119页。

国志》则对曹植的文学才能与成就加以全面评价。东晋时期有关曹植接受的资料不多，但是曹集的流传并没有中断。《晋书·羊昙传》载，羊昙平生极为服膺谢安，谢安殁后，羊昙行经故地，悲伤不已，诵曹植《箜篌引》“生存华屋处，零落归山丘”诗句，恸哭而去。此外，李充《翰林论》认为曹植表文“可以成文矣”。这是在刘勰之前，较早对曹植表文加以肯定的评论。曹作也投射到书画领域，如王羲之、王献之父子皆有《洛神赋》书帖，顾恺之也作有《洛神赋图》《清夜游西园图》[①]。曹植的诗文作品甚至传至北地，《魏书》《北齐书》都载有魏静帝嫔赵国李氏能诵曹植《赠白马王彪》中诗句一事，可见曹植文名早已远播异域。即使清人辑补的《晋书·艺文志》亦无反映曹集著录的情况，但从这些零散资料已不难看到曹植作品在当时的接受状态。

曹植生前已有声名，但由于处境特殊，为曹丕父子所拘，其声名传播受到一定的限制。东晋时又因玄风兴盛，文学趣尚不同，其作品接受或许受到一定的阻碍。南北朝时期是曹植接受史上的黄金期。这时期曹植的接受盛况具体表现在三方面：一是拟作盛行；二是理论总结；三是编入《文选》。下面我们着重讨论六朝时期曹集的传播情况及《文选》选录流传的过程。

《隋书·经籍志》著录有陈思王曹植集三十卷。这三十卷本似非七十八篇赋集，亦非明帝下诏编定的曹植诗文集，因为此集大概不止“百余篇”之数。姚振宗以为此三十卷本或是“前录”（《唐志》中除三十卷外又另有二十卷为“后录”），此说根据不足。不仅是姚氏对“前后”二字理解有误，而且《前录》

① “清夜游西园”是曹植《公宴》中的句子。唐代李绰《尚书故实》曰：“《清夜游西园图》，顾长康画。有梁朝诸王跋尾处云：‘图上若干人，并食天厨。’贞观中，褚河南装背，题处具在。本张维素家收得，传至相国张公（宏靖）。元和中，准宣索，并钟元常写《道德经》，同进入内。”可见，顾恺之《清夜游西园图》在唐时尚存。见清代陈世熙所辑《唐人说荟》卷二引，乾隆五十七年（1792）挹秀轩刻本。

明说是赋集，此三十卷却显然不是。《唐志》所载二十卷本恐是另一版本系统的集子。从宋人纂辑曹集所载的篇数，竟有二百余篇，近人所编则增至三百余篇[①]，故知曹集曾经聚而又散，散而又聚。《宋史·艺文志》载有《曹植集》十卷，陈振孙《直斋书录解题》著录二十卷，多是从六朝及唐代类书中辑录而来，这恰好从另一方面证明曹植作品为多种类书转录流传的情况，其事实本身就是效果史范畴的内容。虽然曹集具体流传情况无法确知，但从这些类书的转录摘引，便可以看出曹集在流传过程的实际影响力。如果景初中奉敕编定的曹集“百余篇”是实数的话，那么后代增至二三百篇的曹集中多出的一二百之数看来是在集外流传的作品，也就是说，宋代以后，曹作比原来（百余篇）翻出一倍甚至更多，其中若无伪托之作，便是在本集之外的其他书籍中保存了曹植的作品，并一代代流传下来。而这些作品不曾湮没，不正说明了曹作本身的魅力吗?

《文选》的编定不仅是文学史、批评史及书籍史方面的重大事件，也是文学传播、接受史上的一件大事。先唐诸多作品有赖《文选》选入而流传后世。随着唐宋以后《文选》地位的不断提高，这些入选作家作品不仅本身的价值得到肯定，而且还对后代文学创作产生了典范性的影响。《文选》的编定必然带有编者的选录标准，反映了当时的审美思想，但某篇作品或某位作家能为《文选》所选中，说明该作家或作品在当时已拥有一定的影响力或者社会效果。另一方面，由于《文选》越来越为世所重，有无入选或入选作品数量的多寡便成了判断作家声誉和地位高低的依据。

曹植是建安作家中入选作品最多者，在《文选》中居第三（前两人为陆机、谢灵运），共三十九篇。具体入选作品如下：

① ［韩］朴现圭《曹植编纂过程与四种版本之分析》，《文学遗产》1994 年第 4 期。

诗：《责躬》《应诏》（献诗类）；《公宴》（公宴类）；《送应氏二首》（祖饯类）；《三良诗》（咏史类）；《七哀》（哀伤类）；《赠徐幹》《赠丁仪》《赠王粲》《又赠丁仪王粲》《赠白马王彪》《赠丁廙》（赠答类）；《乐府四首》（《箜篌引》《美女篇》《白马篇》《名都篇》）（乐府类）；《朔风诗》《杂诗六首》《情诗》（杂诗类）。

赋：《洛神赋》（情类）。

其他：《七启八首》（七类）；《求自试表》《求通亲表》（表类）；《与杨德祖书》《与吴质书》（书类）；《王仲宣诔》（诔类）。

这些入选的作品以诗的数量最大（二十五首），其次是七体（八首），再次为书表（各二篇）；赋、诔各一篇。值得注意的是，这些入选诗文后来多成为曹作名篇，如《洛神赋》《白马篇》《美女篇》《七哀》《箜篌引》《公宴》《送应氏二首》《赠白马王彪》《杂诗》《求自试表》《求通亲表》《与杨德祖书》等。后代对曹植作品的接受大体也都集中在这些篇目。这些作品之所以能入选，固然不能排除其本身所具有的价值，但入选之后显然更有利于其传播。曹植集在唐以后一度失传，《文选》在唐宋时期却声誉日隆，这对曹集的传播显然极有裨益。除此之外，《艺文类聚》《北堂书钞》《初学记》《白孔六帖》《古文苑》及宋人编撰的《乐府诗集》等，都对保存曹作及促其传播发挥了积极作用。

二、声名显晦及读者接受态度

曹植作品接受史也经历了一个演变过程。六朝之所以是曹植接受史上的黄金时期，主要在于颜延之、谢灵运、鲍照、沈约、江淹、钟嵘、刘勰、萧统、刘孝绰、萧子显、萧绎、江总、庾信这些在当时或以后享有盛名的诗人、作家、评论家以各种形式对曹作的接受。唐代是曹植接受史上的第二个黄金时期。李白、杜甫等诗人皆表示过对曹植及其作品的接受态度，唐诗中袭用或化用曹作主题、意象、词句者更是不可胜数。不同的是，在接受方式上，六朝读者的接受更多体现在对曹作的模拟上，而唐代诗人则以吟咏与曹植有关的史事，间接表示对曹植及其作品的接受态度为主。唐代之前，曹植的文学史地位已完全确立，曹植本人也被看作“文学才华”的象征。宋代读者对曹植的接受在整体上不能与该时期热火朝天的对陶渊明的接受相比，在效果史、影响史范畴的接受活动相对比较低落，比如为西晋傅玄所推崇的《七启》，宋代洪迈却认为“规仿太切，了无新意”①，但阐释史范畴的影响却有增无减。宋代众多诗话都对曹植的文学成就予以充分肯定，张戒就认为曹作以“韵胜”，“古今诗人推陈王及《古诗》第一，此乃不易之论”②。刘克庄、范晞文等人对曹植也有公允的评价。《文选》在宋代的流传，客观上也有助于曹植作品的传播。在此基础上，明清以后曹植及其作品的接受活动进入平稳阶段。但有一个现象值得注意，即原本历史上多同情曹植的遭遇，不满曹丕兄弟阋墙的做法，故抑丕扬植之风盛行。唐以后，贬抑曹植的情况不时出现，这一趋向到20世纪40年代郭沫若发表《论曹植》一文时达到顶峰。当然，曹植的声名并不因此而衰竭下去，问题是我们从这种发展趋向中能得到什么启示。

历代读者对曹植的接受大体集中在其为人和创作两方面，总体上说对二者皆给予了肯定的评价。为人方面包括以下几点：

（一）推崇曹植不以词赋为重，而要建功立业的志向。《梁

① 洪迈《容斋随笔》卷七，上海古籍出版社1978年版。

② 张戒《岁寒堂诗话》卷上，丁福保《历代诗话续编》上册，中华书局1983年版。

书·刘孝绰传》载刘孝绰评曹植语："悉与杨修，未殚宝笥，顾惭先哲……当欲使金石流功，耻用翰墨垂迹。"[①]王勃《平台秘略论·艺文三》也说："君子所役形劳神，宜于大者远者，非缘情体物，雕虫小技而已。是故思王抗言词赋，耻为君子。"[②]

（二）同情其有志不展，为乃兄所不容的遭遇。《世说新语·文学》载曹植曾作七步诗。《太平广记》卷一百七十三《俊辩》"曹植"条注也载其曾奉诏赋《死牛诗》及三十言自悯诗（即七步诗）。这些记载是否属实姑且不论，但事件本身足以证明后人对曹植遭遇的同情。同情曹植的遭遇一直是曹植生平接受的热点。《魏书·彭城王传》记载了东魏静帝与其弟彭城王元韶的一段对话，对曹植为其兄所制不得展其怀抱深表同情，而对曹丕的骨肉相轻颇示不屑。《旧唐书·马周传》载，马周曾就魏武宠爱曹植，以至文帝即位后对曹植"防守禁闭，有同狱囚"之事，劝唐太宗不可溺爱子弟。《旧唐书·让皇帝李宪传》中，唐玄宗对曹丕"西山一何高"诗发了一通议论："朕每思服药而求羽翼，何如骨肉兄弟天生之羽翼乎！陈思有超代之才，堪佐经纶之务，绝其朝谒，卒令忧死。魏祚未终，遭司马宣王之夺，岂神丸之效也！"宋人甚至从曹植遭遇分析其为人品性。葛立方以为立太子事乃因"植狂性，不自雕励，又太子御之有术，故易宗之计不行，盖非逊丕性也"[③]。刘克庄也认为曹植不被立为太子，只是他"素无此念，深自敛退"，否则"使其少加智巧，夺嫡犹反手耳"。黄初中，曹植不为乃兄所察，却"不敢废恭顺之义，卒以此自全，可谓仁且智矣"[④]。这方面的观点，在明代以李梦阳为

① 姚察、姚思廉《梁书》卷三十三，中华书局1973年版。

② 《文渊阁四库全书·集部·别集类》第1065册，台湾商务印书馆1986年版第131、132页。

③ 葛立方《韵语阳秋》卷十，何文焕《历代诗话》下册，中华书局1981年版。

④ 刘克庄著，王秀梅点校《后村诗话》前集卷一，中华书局1983年版。

代表。

（三）由曹植夺宗失利，猜测其原因。或认为曹植是以天下让，或说是忠于汉室。前者如王通的看法："陈思王可谓达理者也，以天下让，时人莫之知也。"[①]后代对此颇多响应，刘克庄、李梦阳亦有类似语。后者如明代张凤翼认为，曹植《情诗》"有不忘汉室之意。子建所以不得于文帝者，大都以此，非独以才见嫉也"[②]。

（四）由曹植遭遇不幸，想象其悲愤忧思。比如庾信《经陈思王墓诗》《过建章故台诗》，唐代李群玉《将之京国赠薛员外》"赵壹赋命薄，陈思多世忧"等。

（五）嘉其不妄赞、不虚美，好人讥弹的态度。《梁书·伏挺传》载伏挺致书徐勉曰："昔子建不欲妄赞陈琳，恐见嗤哂后代。今之过奢余论，将不有累清谈。"[③]《南史·陆厥传》载陆氏致沈约书道："夫思有合离，前哲同所不免；文有开塞，即事不得无之。子建所以好人讥弹，士衡所以遗恨终篇。"[④]颜延之也说："江南文制，欲人弹射，知有病累，随即改之。陈王得之于丁廙也。"[⑤]

（六）认为曹植对佛乐有贡献。此说最早见于刘敬叔《异苑》，说曹植"尝登鱼山，临东阿，忽闻岩岫里有诵经声，清通深亮，远谷流响，肃然有灵气，不觉敛衿祗敬，便有终焉之志，即效而则之。今梵唱皆植依拟所造。一云陈思王游山，忽闻空里诵经声，清远遒亮，解音者则而写之，为神仙声。道士效

① 王通《文中子》卷三《事君篇》，《四库全书存目丛书·子部·杂家类》第162册，齐鲁书社1995年版。

② 张凤翼《文选纂注》卷六，《四库全书存目丛书·集部·总集类》第285册，齐鲁书社1995年版。

③ 姚察、姚思廉《梁书》卷五十，中华书局1973年版。

④ 李大师、李延寿《南史》卷四十八，中华书局1975年版。

⑤ 王利器《颜氏家训集解》，上海古籍出版社1980年版。

之，作步虚声也”[①]。此后，《高僧传》《广弘明集》《法苑珠林》等皆有类似记载。直到现在，日本僧人仍然奉曹植为“鱼山梵呗”的创始人。

曹植接受史中也有不少反面的意见。概括而言，唐以前持否定意见的较少，即使《南史·檀超传》记载刘宋时吴迈远“好自夸而蚩鄙他人，每作诗，得称意语，辄掷地呼曰：‘曹子建何足数哉！’”但其行为在当时是被当作笑料的，檀超就说：“昔刘季绪才不逮于作者，而好抵诃人文章。季绪琐琐，焉足道哉。至于迈远，何为者乎？”[②]刘勰《文心雕龙》对曹植作品提出了一些批评意见，但总体上还是肯定其才华和成就的。唐代以后，各种否定接受逐渐增多。约言之，有如下几点：

（一）在其个性和行事方面，所谓“人谓不密”[③]。明代都穆引曹子建《杂诗》“闲居非吾志，甘心赴国忧”，“国雠谅不塞，甘心思丧元”等句，谓“老瞒而有是儿，宁不助其奸雄”[④]。

（二）创作方面的否定意见，有的是针对单篇作品，有的是就其整体状况而言，其中以明代居多。徐祯卿认为《野田黄雀行》“譬如锥出囊中，太索露矣”[⑤]。谢榛说《白马篇》“俯身散马蹄”句能尽驰马之状；《斗鸡诗》“嘴落轻毛散”句善形容斗鸡之势。“俯”“落”二字有力，一“散”字相应，只是“造语太工，六朝之渐也”[⑥]。对曹植创作整体上的评价，则有王世贞云：“子建天才流丽，虽誉冠千古，而实逊父兄。何以故？材太

① 刘敬叔《异苑》卷五，《文渊阁四库全书·子部·小说家类》第1042册，台湾商务印书馆1986年版。

② 李大师、李延寿《南史》卷七十二，中华书局1975年版。

③ 王通《文中子》卷八《魏相篇》，《四库全书存目丛书·子部·杂家类》第162册，齐鲁书社1995年版。

④ 都穆《南濠诗话》，丁福保《历代诗话续编》下册，中华书局1983年版，第1351页。

⑤ 徐祯卿《谈艺录》，何文焕《历代诗话》下册，中华书局1981年版，第769页。

⑥ 谢榛《四溟诗话》卷四，丁福保《历代诗话续编》下册，中华书局1983年版。

高，辞太华。”[①]陆时雍也说：“子建任气凭材，一往不制，是以有过中之病。”[②]

曹植作品现存二百六十余篇（据赵幼文《曹植集校注》统计。若包括残篇佚句则不止于此），比其最早的七十八篇、百余篇来说，数量大有增加。考察历代史籍、评论资料中所提到的曹植作品，主要有《文选》中选录的诸篇，其中最广为人接受的有《白马篇》《美女篇》《名都篇》《野田黄雀行》《七哀》《箜篌引》《公宴》《斗鸡诗》《赠白马王彪》《杂诗》《送应氏二首》《三良》《七步诗》《怨歌行》等，这些诗几乎都是名篇。除此之外，引用零章碎句的篇目还包括《赠丁仪》（“狐白足御冬，焉念无衣客”）、《赠丁仪王粲》（“从军度函谷，驱马过西京”）、《赠丁廙》（“滔荡固大节，世俗多所拘。君子通大道，无愿为世儒”）、《柳颂序》（苏彦仿作《女贞颂序》）、《武帝诔》、《仙人篇》（“仙人揽六箸”）、《游仙》（“人生不满百，戚戚少欢娱”），还有《矫志》《应诏》《种葛篇》《鼙舞歌》《怨歌行》《飞龙篇》《豫章行》《薤露行》《朔风》《皇子生颂》《门有万里客》《求自试表》《求通亲表》《陈审举表》《洛神赋》等。在这些作品中，诗歌所占的比重仍然最大。曹植时代所看重的辞赋，在后代却没有太多为人所记诵的作品，除了《洛神赋》。《文选》赋类中，曹植所作也仅选此篇。《文心雕龙·诠赋》于建安作家中只提到王粲与徐幹的赋，对曹植及其赋作只字未提，不知是否因为刘勰受了曹丕《典论·论文》的影响（刘勰显然对曹丕颇为推重）。《典论》认为王粲的《初征》《登楼》《槐赋》《征思》，徐幹的《玄猿》《漏卮》《团扇》《橘赋》等“虽张、蔡不过”，但若依陈

① 王世贞《艺苑卮言》卷三，丁福保《历代诗话续编》中册，中华书局1983年版。

② 陆时雍《诗镜总论》，丁福保《历代诗话续编》下册，中华书局1983年版，第1405页。

琳、杨修等人的看法，曹植的赋作也很可观。不管读者接受中是否包含有个人喜好及其他原因，南朝以后，曹植赋作远不如其诗广为人所接受则是不争的事实。这一接受状况在建安第一代读者那里已经决定了，特别是曹丕《典论》在后代具有深远影响，其接受态度不能不影响到后代的读者（陈琳和杨修就没有这样的影响力）。此外，曹植《前录》有赋七十八篇，加上后期所作，应该数量不少，但从今天所存曹植赋作数量来看，其赋丢失近半。

三、结语

与陶渊明接受史所呈示的状况不同，曹植接受史呈现出早熟的特征。在宋代以前，陶渊明的成就未得到广泛充分的认识，而曹植的成就在当时就为人们所认可而声名显著。晋宋之后，曹植诗文更加为人所推崇。钟嵘、刘勰皆予以高度评价，视之为“建安之杰”“群才之英”。在影响史上，曹植诗文对魏晋南北朝作家的投射更是极为广泛。郑振铎就说：“六朝诸诗人，谁不曾映子建之余晖者。”[1]六朝是曹植接受史上的第一个高潮期，建安时期第一代读者的接受决定了六朝读者接受的基本方向。与建安读者的接受多停留在对曹植文学才华的肯定有所不同，六朝时期随着对曹植接受的全面展开，曹植的生平所为，尤其是与曹丕之间的太子之争及与甄后扑朔迷离的恋情，也成为六朝读者所乐于接受的内容。出众的才华与不幸的遭遇形成鲜明对比，激起了后人普遍的同情，这也就是刘勰所说的曹丕“以位尊减才”，曹植“以势窘益价”。

唐代是曹植接受史上的第二个高潮期。这时期读者对曹植的接受基本上出于对曹植才华的认同，其次是对其慷慨豪迈之情

① 郑振铎《文学大纲》第一册，商务印书馆国际有限公司 1998 年版，第 276 页。

的赞赏。盛唐气象与建安精神遥相呼应。但是，在这一时期也蕴含着某些衰变的因素，即曹植诗文的形式已不完全符合日益成熟的唐诗创作的要求。唐前期诗人在扬弃六朝遗风、丰富自己的创作之时，视曹植为重要的研究、学习的对象。但是，当唐代诗人从前人创作中吸取了充足的养分，诗歌的规模体式不断成熟完善，创作实绩更为可观，风格愈加丰富多样之后，诗人似乎已无心借鉴更早的文本，曹植的诗文逐渐不再成为人们热衷研习的范本。然而，曹植的声名及创作日渐浓缩成一个抽象的概念，成为“才华”的一个标志。人们在对曹植的文本进行接受的同时，更多混杂着对其生平行迹的好奇心理，如铜雀台作赋、七步成诗、才高八斗、叔嫂情恋等。宋代以后，众多的接受史例似乎都是在引证曹植的才华，而非像六朝人那样着重模仿其创作，汲取其养分，也就是说，阐释史、效果史方面的接受更加显著。于是，总结性的评论产生了，随意性、感悟性的褒贬也出现了。在宋代（其实从中唐已开始），曹植的为人和创作更多的是作为历史典故而为人所接受，曹植接受史也渐趋低落，直至进入明清时期的平稳阶段。

（原载《齐鲁学刊》2005年第1期）

论《古诗十九首》与曹植的关系

——兼论《涉江采芙蓉》为曹植建安十七年作

◎木　斋

笔者此前发表了有关《古诗十九首》（以下简称“十九首”）和汉魏五言诗演变历程的系列论文，从各个侧面论证了“十九首”是五言诗在建安十六年“成立”之后的产物。两汉对五言诗而言，还仅仅是涓涓细流的“发生”时期，而不是“成立”时期。“十九首”是成熟的具有“穷情写物”审美特质的抒情五言诗，不可能产生于建安十五年之前，五言诗的这种意象抒情体制，是由三曹六子以及曹彪、甄后等诗人所共同创造的，“十九首”的作者应该就在这个范围之内。可以说，笔者此前的论文，都还仅仅是铺垫，从本文开始，笔者将进一步系统考察“十九首”的作者和写作背景。

一、曹植之原罪及其作品的遗失

曹植作品的遗失，是一个历史的发展链条：首先与曹、甄之间的隐情有关。所谓隐情，含有两个层面的含义，一个是曹植与甄后之间，确实存在着男女之间的爱情；另一个层面，是指曹丕、曹叡父子认为曹、甄之间有暧昧之原罪。这是两种性质的问题，需要分别清楚。曹叡由于不能容忍这种暧昧关系对皇室的侮辱和损害，遂有景初中临终前撰录曹植文集的行为。

以笔者之见，曹甄之间，确有隐情，这一隐情，主要体现在曹植现存的作品之中及《魏书》《魏略》《三国志·魏书》等史料中，其中王沈的《魏书》和鱼豢的《魏略》，提供了比陈寿《三国志·魏书》更为真实的信息，而此两种史书早于《三国志·魏书》，更为可信，这些有关曹魏时代的最早记录，分别体现在甄后、曹植、曹叡、卞太后、曹丕等多人的言行中，散见于各种史料中，史料记载连同曹植诗文作品及散失的曹植作品，就像是一颗颗非常有价值的珍珠，单独来看，似乎不能说明问题，但当把它们使用逻辑的、理性的线索串联起来，同时，摒弃宋明以来学者给予我们先入为主的陈腐观念，重新冷静客观来审视曹、甄之关系，考虑曹植文集的重新撰录，我们不难得出“十九首”之从曹植文集中的删除，正与曹、甄隐情有着密切的关联。详论参见笔者稍后将发表的《论曹甄隐情与十九首的关系》一文。

“十九首”达到了空前的艺术水平，在一个重视诗歌的国度里，若有人写出如此优秀的诗作而又失去作者姓名，只有两种可能，一种是作者本人由于某种不愿意被人知道的原因而自行删毁，另一种是当时的当权者不愿意被人所知，任其失传，或者是有意删毁。而曹植恰恰具备这两个条件。曹植作品的版本情况，正如赵幼文先生在《曹植集校注·前言》所说：“《曹植集》，曹魏王朝中叶，产生两种集本，一是曹植手自编次的，另一是景初中明帝曹叡下令编辑的。由于史料缺乏，很难了解两种集本的具体内容。但根据景初编辑的，计赋、颂、诗、铭、杂论凡百余篇；曹植所写的《前录自序》所载，赋是七十八篇，两相比勘，显然已存在详略的差异。”[1]有学者认为，魏明帝撰录曹植

① 赵幼文《曹植集校注》，人民文学出版社1984年版，第1页。

文集，“从原七十八篇到此时凡百余篇，数量增多”[①]。这是不正确的，曹植《前录自序》所指的78篇，仅仅指的是“少而好赋”的文赋之作[②]，并不包括诗作；而景初中所撰录的，则是诸体并包的曹植文集，景初中对曹植作品重新“撰录”之后的数量为“百余篇”，与曹植现存全部作品之总和的数量相似。也正如王玫先生所说：“宋人纂辑曹集所载的篇数，竟有二百余篇，近人所编则增至三百余篇，故知曹集曾经聚而又散，散而又聚。”[③]可知曹植作品流失之多。其中诗作散失更多，以黄节注《曹子建诗注》统计，仅收曹植“诗”23题30首，另有《乐府》38篇41首，一共约71篇作品，与现存辞赋作品共45篇相比，短小的诗歌理应更多一些。再将三曹之间的作品来作一个比较：三曹之中，以曹植诗歌成就最高，名气最大，人生最苦，感慨最深，理应诗作繁多，但从现存诗作来看，曹丕“今存诗四十四首，半为乐府，半为徒诗”[④]，则曹植的徒诗仅比曹丕多二十余首而已。

曹植的作品，除了曹植自己曾经“删定别撰”其赋作之外，在曹植死后的景初中，又被魏国官府重新“撰录”删改一次。《三国志·魏书·陈思王植传》记载：“景初中，诏曰：‘陈思王昔虽有过失，既克己慎行，以补前阙。且自少至终篇籍不离于手，诚难能也。其收黄初中诸奏植罪状，公卿已下议尚书、中书、秘书三府大鸿胪者，皆削除之。撰录植前后所

① 王玫《建安文学接受史论》，上海古籍出版社2005年版，第220页。

② 曹植曾于晚年自己删定他的文赋作品，《前录自序》有“余少而好赋，其所尚也，雅好慷慨，所著繁多。虽触类而作，然芜秽者众，故删定别撰，为《前录》七十八篇”的记录，或认为这是发生于建安时期的事情，是请杨修删定“辞赋一通”的，但曹植此文已经被学者证明是晚年所作：“（曹植）手定目录，则写序必在晚年。”参看赵幼文《曹植集校注》，人民文学出版社1984年版，第435页。另，本文所引曹植诗文，若无特别说明，均据《曹植集校注》。

③ 王玫《建安文学接受史论》，上海古籍出版社2005版，第223页。

④ 冯沅君、陆侃如《中国诗史》，人民文学出版社1983年版，第293页。

著赋、颂、诗、铭、杂论凡百余篇，副藏内外。’”[①]这一诏书，表面来看，是曹叡对曹植的宽宥，但其实质，是要对所有有关曹、甄隐情的档案材料进行掩盖封杀。其中主要有两大类，其一，是黄初二年（221）三台九府公卿大臣的弹劾奏章，包括灌均的弹劾奏章；其二，是曹植文集中涉及甄氏的作品。对于前者明确说明是“其收”，“皆削除之”，而对于曹植文集，则隐匿其内容，只说“撰录”，也就是重新编辑和抄写，并且将这重新编辑的版本“副藏内外”，以替代外面流行的曹集文本。曹植文集的重新撰录以及对公卿大臣奏章的销毁铲除，史书记载是“景初中”，但魏明帝景初只有两年一个月，曹叡于景初三年正月驾崩，可知，这次事件乃是曹叡临死前之所为，是曹叡临死之前不解决就不能瞑目的心头大患。正如曹植在太和六年（232）离京不久就死亡一样，曹叡整理完曹植的文集并销毁了当年的所有档案材料之后才瞑目，一切都是历史的巧合吗？“十九首”等优秀的古诗，正应该是这次事件的结果，它们都应该是与曹植有关的作品，删除之后被以不同的名目存留了下来。

曹植私家之中，在其子曹志的时候，还有曹植诗文著作的比较全的目录。《晋书·曹志传》记载：

曹志，字允恭，谯国谯人，魏陈思王植之孽子也。……帝尝阅《六代论》，问志曰：“是卿先王所作邪？”志对曰：“先王有手所作目录，请归寻按。”还奏曰：“按录无此。”帝曰：“谁作？”志曰：“以臣所闻，是臣族父冏所作。以先王文高名著，欲令书传于后，是以假托。”帝曰：“古来亦多有是。”顾谓公卿曰：“父子证明，足以为审。自今已后，可无复疑。”[②]

① 陈寿撰，裴松之注《三国志》，中华书局 1982 年版，第 576 页。
② 房玄龄等《晋书》，中华书局 1982 年版，第 1389—1390 页。

这后一段的记载非常重要，它说明：1.到了晋武帝的时候，曹志家中还有曹植对自己作品全集的“手所作目录”，而这个目录，是与皇府所藏的目录不一样的；2.说明皇府所藏的目录，就连晋武帝本人也是不相信的，乃至于晋武帝在阅读《六代论》怀疑是曹植所作的时候，需要询问曹志，由曹志回家查询才能得到确认。这段记载，非常清晰地说明了曹植的文集，经过景初中的官府整理编辑，已经是面目全非的曹植文集了。曹植文集中的作品，不论是文、赋、诗等不同的体裁，围绕曹甄关系为主题遗失的，都更为值得关注。譬如有学者作《曹植佚文辑考》，兹引数例：

如关于黄初二年三台九府对曹植的处理意见，根据《文选》卷二十李善注：“植集曰：‘博士等议，可削爵土，免为庶人。’”此当为曹植失题之文。又，《文选》卷二十曹植《上责躬应诏诗表》李注：“植集曰：‘植抱罪，徙居京师，后归本国。’”此当为曹植失题之文。《文选》卷二十李注：“《求出猎表》曰：‘臣自招罪衅，徙居京师，待罪南宫。’”又李注：“植《求习业表》曰：虽免大诛，得归本国。”[1]又，《远游篇》：“夜光明珠，下隐金沙。采之遗谁？汉女湘娥。”《曹集考异》卷六、《先秦汉魏晋南北朝诗·魏诗》卷六据以辑入[2]。当然，曹植文集中还有大量从目前来看与曹甄隐情无关的作品遗失，说明曹集作品的遗失是多方面、多层次的历史原因造成的，但这并不能影响对其中有关曹甄隐情诗文之作遗失原因的拷问。

① 梁春胜《曹植佚文辑考》，《古籍整理研究学刊》2008年第5期。三者所言当为一事。根据这些资料，可知黄初二年在将甄后赐死之后，对曹植的处理，先是徙居京师，待罪南宫，最后得归本国，也就是所谓封为鄄城侯。曹植与甄后在黄初二年六月所犯罪行为同罪，参见后文论证。

② 梁春胜《曹植佚文辑考》，《古籍整理研究学刊》2008年第5期。“采之遗谁”，与《涉江采芙蓉》“采之欲遗谁”同一机杼，假定曹叡欲彻底删除《涉江采芙蓉》的历史痕迹，则此诗的删除就在情理之中。

曹丕父子对曹甄关系，一向是讳莫如深，希望将其磨灭的愿望，开始于黄初二年事发之时。《三国志·高柔传》记载："文帝践阼，以柔为治书侍御史，赐爵关内侯，转加治书执法。民间数有诽谤妖言，帝疾之，有妖言辄杀，而赏告者。……帝不即从，而相诬告者滋甚。帝乃下诏：'敢以诽谤相告者，以所告者罪罪之。'于是遂绝。校事刘慈等，自黄初初数年之间，举吏民奸罪以万数，柔皆请惩虚实；其余小小挂法者，不过罚金。四年，迁为廷尉。"[①]这段资料清晰地记载了在曹丕赐死甄后、惩罚曹植之后天下臣民的震惊。民间的议论甚嚣尘上，以至于"帝疾之，有妖言辄杀，而赏告者"，一直到采用"敢以诽谤相告者，以所告者罪罪之"的法令，民众才不敢议论此事。刘慈等，"自黄初初数年之间，举吏民奸罪以万数"，也应是指的此事。张可礼先生《三曹年谱》，也同样认为如此，故将曹丕的诏书以《禁诽谤诏》为题，说："诏当作于黄初元年十月后，四年前。"[②]其实，准确地说，应当作于黄初二年六月甄后赐死之后到黄初四年之前。

《三国志·方技传》记载曹丕问卦于周宣：

文帝问宣曰："吾梦殿屋两瓦堕地，化为双鸳鸯，此何谓也？"宣对曰："后宫当有暴死者。"帝曰："吾诈卿耳！"……无几，帝复问曰："我昨夜梦青气自地属天。"宣对曰："天下当有贵女子冤死。"是时，帝已遣使赐甄后玺书，闻宣言而悔之，遣人追使者不及。帝复问曰："吾梦摩钱文，欲令灭而更愈明，此何谓邪？"宣怅然不对。帝重问之，宣对曰："此自陛下家事，虽意欲尔而太后不听，是以文欲灭而明耳。"

① 陈寿撰，裴松之注《三国志》，中华书局1982年版，第684—685页。

② 张可礼《三曹年谱》，齐鲁书社1998年版，第193页。

时帝欲治弟植之罪，逼于太后，但加贬爵。[①]

这一段资料，清晰记载了曹丕在接到灌均弹劾之后的震怒、焦躁、不安的心境，既要惩治曹植和甄后，又不希望惹得天下臣民议论纷纷，不成体统，以梦境来问卦，本身就说明了曹丕的这种不希望张扬的心情，同时，“吾梦摩钱文，欲令灭而更愈明”，更是清楚道出了曹丕的本意。而周宣的对言，“此自陛下家事，虽意欲尔而太后不听，是以文欲灭而明耳”，更清楚说明，曹丕所问正是曹甄之事，陈寿随后的说明，更是明确将与甄后事件发生关联的男方人物曹植点明出来。

可知，对在曹丕、曹叡父子眼中的曹甄“丑闻”，如何在对其肉体消灭和惩治之外，并将其“欲令灭而更愈明”的现象历史地消亡，是他们处心积虑要做的大事，而事实也是如此，到了现在，已经很少有人相信这是历史的真实了，反而需要从各种史料中勾勒出来论证。

曹植亲手所写的全集目录，只有一份珍本，由其子曹志保管。那么，这份最能说明曹植作品全貌的目录，又是怎么丢失的呢？这就需要进一步来研究曹志其人：“志又常恨其父不得志于魏……于是有司奏收志等结罪，诏惟免志官，以公还第，其余皆付廷尉。顷之，志复为散骑常侍。遭母忧，居丧过礼，因此笃病，喜怒失常。九年卒。”[②]可知曹植家族的苦难，并非到曹植一代结束，而是一直延续到其子曹志。曹志后来开罪于晋武帝，以至于“因此笃病，喜怒失常”。在喜怒失常的情况下，原先视为一家之传家珍宝的曹植“手所作目录”的丧失，也就在情理之中。笔者的这一判断，赵幼文先生也有过相似的论述：“如果景

① 陈寿撰，裴松之注《三国志》，中华书局1982年版，第810—811页。

② 房玄龄等《晋书》，中华书局1982年版，第1390—1391页。

初辑本已包括曹植全部作品，而副藏内外，司马炎欲知作者，即命人检查中秘所藏曹集便可判断，又何须等待曹志反家查核曹植手订目录之后，才能解决作品属谁写作的问题。因此，景初所录，或属于选本的范畴，曹植手自编次的，可为全集了。”[①]这个推断无疑是正确的，只不过，赵先生未能指出，景初所录之所以“属于选本的范畴”之隐秘原因，正是由于曹叡担心曹植所写涉及其生母甄后的隐情关系流传后世。

曹志之后，再也没有人提起曹植的这一“手所作目录”。当然，若这份目录至今犹存，就不会有“十九首”和苏李诗的存在，其中的大部分应该出现在曹植全集之中。

简单来说，无论是曹植自认为自己的文集“芜秽者众，故删定别撰”，还是曹叡下诏的重新撰录，都应该与曹甄之间的这段隐情有关，这才引发了曹植作品的大量流失。

二、曹植与“十九首”的关系

这些诗如果真为曹植所作，必然会有人得知。到西晋，陆机曾拟作14首（现存12首），所谓“十九首”和苏李诗这些诗作在当时曾经流传，也有人知道这些诗作是曹植等所作，钟嵘《诗品》即说：“旧疑是建安中曹王所制。……人代冥灭，而清音独远。”[②]“旧疑”，是谁疑并没有明说，说明是众口相传之说，而不是哪个学者的个人见解。

或说，既然曹植是“十九首”的主要作者之一，那么，当时人为何不提及？这是因为，这些诗作放在曹植的全集中，与曹植的其他诗作并没有本质的区别，譬如“十九首”之《西北有高

① 赵幼文《曹植集校注》，人民文学出版社 1984 年版，第 1—2 页。
② 陈延杰《诗品注》，人民文学出版社 1961 年版，第 17 页。

楼》一篇，与曹植的《七哀》“明月照高楼”，孰优孰劣？这是难以评说的，有些可能是所谓“十九首”的优秀，有些可能是曹植的更为优秀。因为，即便是一个人的作品，前后时期也有风格的些微差异。何况，“十九首”中可能为曹植写作的这些作品，多数为黄初之后所作，作为皇帝的政敌兄弟，哪个人又愿意去特意称赞呢？

“十九首”、苏李诗等，其水平、风格只有曹植五言诗可以与之相提并论。这一点，古人论述颇多，如刘勰认为“十九首”是“五言之冠冕”①；钟嵘《诗品》则说：“陈思为建安之杰……五言之冠冕”②；曹植与“十九首”不仅同出于《国风》，而且同出于乐府，都具有文人汲取乐府歌诗的性质，钟嵘《诗品》说“古诗”：“其体源出于《国风》”，同时，也说曹植诗“其源出于《国风》”③；宋人张戒《岁寒堂诗话》说：“古今诗人，推陈王及《古诗》第一，此乃不易之论”④；吕本中《吕氏童蒙训》：“读《古诗十九首》及曹子建诗……诗皆思深远而有余意”⑤；明人胡应麟《诗薮》外编卷四说：“《十九首》后，得其调者，古今曹子建而已。”⑥这些见解，不仅准确，而且深刻。确实如此，不仅在两汉时期，而且在整个建安时期，除了曹子建，罕有具备写出“十九首”、苏李诗之才华者，更罕有不仅具备曹植、曹彪这样的身世经历和痛苦深刻的人生体验，还具有这种敏锐的诗人情怀和高超的诗歌表现能力者。胡应麟之说距离

① 周振甫《文心雕龙注释》，人民文学出版社 1981 年版，第 49 页。
② 陈廷洁《诗品注》，人民文学出版社 1961 年版，第 1—2 页。
③ 陈廷洁《诗品注》，人民文学出版社 1961 年版，第 1、20 页。
④ 张戒《岁寒堂诗话》卷上，丁福保《历代诗话续编》下册，中华书局 1983 年版，第 451 页。
⑤ 河北师范学院中文系古典文学教研组《三曹资料汇编》，中华书局 1980 年版，第 109 页。
⑥ 胡应麟《诗薮》，上海古籍出版社 1958 年版，第 185 页。

曹植为“十九首”作者之说只有一步之遥，可惜他仍然受着种种历史谣传的蒙蔽，误以为曹植是借鉴“十九首”：“子建《杂诗》，全法‘十九首’意象，规模酷肖，而奇警绝到弗如。《送应氏》《赠王粲》等篇，全法苏李……然东西京后，惟斯人得其具体。”①在“十九首”的作者之谜未能真正破译之前，论者也只能做如是说，但说“子建《杂诗》，全法‘十九首’意象”，已经是看出了两者之间的惊人相似之点，“东西京后，惟斯人得其具体”，更指出了两汉之后唯有曹植与“十九首”诗风相似。

曹植五言诗与“十九首”、苏李诗确实写法相似，多有相似的语句，胡应麟曾列举说：“‘人生不满百，戚戚少欢娱’，即‘生年不满百，常怀千岁忧’也；‘飞观千余尺，临牖御棂轩’，即‘两宫遥相望，双阙百余尺’也；‘借问叹者谁，云是荡子妻’，即‘昔为倡家女，今为荡子妇’也；‘愿为比翼鸟，振翮起高翔’，即‘思为双飞燕，衔泥巢君屋’也。子建诗学‘十九首’，此类不一。”又说：“‘明月照高楼，想见余光辉’，李陵逸诗也。子建‘明月照高楼，流光正徘徊’，全用此句而不用其意，遂为建安绝唱。”②说曹植学“十九首”，毫无根据，但这些诗句比对，确实可以看出两者如出一辙、同出一手的关系。胡应麟看出了两者之间的其“然”，却无法解释其“所以然”，故强为之分源流优劣。

曹植五言诗与“十九首”同样“多言情”，吴乔《围炉诗话》卷一：“古诗多言情，后世之诗多言景，如十九首中之‘孟冬寒气至’，建安中之子建《赠丁仪》‘初秋凉气发’者无几。日盛一日，梁、陈大盛，至唐末而有清空如话之说，绝无关

① 胡应麟《诗薮》，上海古籍出版社 1958 年版，第 30 页。
② 胡应麟《诗薮》，上海古籍出版社 1958 年版，第 31 页。

于性情，画也，非诗也。”①

曹植五言诗与“十九首”同样工于发端。清人费锡璜《汉诗总说》：“前辈称曹子建、谢朓、李白工于发端，然皆出于汉人。试举数句，请学者观之。‘良时不再至，离别在须臾’，‘携手上河梁，游子暮何之’，‘黄鹄一远别，千里顾徘徊’……‘西北有高楼，上与浮云齐’，‘去者日以疏，来者日以亲’……”谢、李之后人工于发端，自不必论，曹植与“十九首”的同样工于发端，正是同出一人所致。曹植五言诗之工于发端，如《七哀》：“明月照高楼，流光正徘徊”，《赠徐幹诗》：“惊风飘白日，忽然归西山”，《野田黄雀行》：“高树多悲风，海水扬其波”等，“十九首”、苏李诗之工于发端与曹子建之工于发端，孰优孰劣？如双兔傍地，难分雌雄。

曹植五言诗与“十九首”具有共同的“引事”方法。明人许学夷《诗源辩体》卷七所说：“汉魏人诗，但引事而不用事，如十九首‘谁能为此曲，无乃杞梁妻’，‘仙人王子乔，难可与等期’，曹子建‘思慕延陵子，宝剑非所惜’……皆引事也。”②

曹植五言诗与“十九首”具有相似或共同的用韵、换韵方法。王士禛等《诗友诗传录》记载萧亭答语：“十九首《行行重行行》《冉冉孤生竹》《生年不满百》，皆换韵。魏文帝《杂诗》‘弃置勿复陈，客子常畏人’，曹子建‘去去勿复道，沉忧令人老’，皆末二句换韵，不胜屈指。”

或说，现存的曹植五言诗，比之“十九首”，确实是有细微区别，主要表现在：1.从外形来看，曹植五言诗比“十九首”篇幅为长；2.从字面来看，曹植五言诗较“十九首”为华美；3.从写作方法来看，曹植五言诗多有铺排的色彩，“十九首”更为精练奇

① 吴乔《围炉诗话》卷一，郭绍虞《清诗话续编》，上海古籍出版社 1983 年版，第 478 页。

② 许学夷《诗源辩体》卷七，人民文学出版社 1987 年版，第 114 页。

警。若“十九首”中的多数作品，真是曹植遗失之作，又何以解释这些区别呢?

这些说法，都未能深入曹植作品之里，未能将曹植五言诗作视为一个有着发展变化的整体，一个拥有不同特质的复杂的综合体。曹植拥有的两种不同诗风，从表面来看，可以理解为前后时期因为曹操去世由“锦绣黼黻”向“沉着清老”转型而带来的不同诗风；从深层次来看，则有因植甄关系的隐秘性，所带来的由辞藻华美、主旨清晰而转向含蓄凝练、隐晦寄托方式的另一种诗风。

先看第一种说法，即曹植前后期诗风所发生的巨大变化。黄初期间的一系列事件，不仅使曹植其人成熟，而且促使他的诗风发生了变化，扬弃了前期的黼黻锦绣之作，而转向质朴的风骨追求。曹植的诗风，以曹操去世、曹丕登基的黄初元年为界，可以划分为前后两个时期。公元220年，曹植二十九岁，这一年为建安二十五年、延康元年、黄初元年，是曹魏历史上的多事之秋，也是曹植人生命运的分水岭，由父王宠儿变为时时处处受到监视的皇帝政敌，由“不及世事，但美遨游”的公子而为“颇有忧生之叹”的缧绁罪臣。在文学写作上，也必然地发生质的飞跃。吴淇《六朝选诗定论》卷五评曹植黄初之作：“陈思入黄初，以忧生之故，诗思更加沉着。故建安之体，如锦绣黼黻，而黄初之体，一味清老也。”[①]这是极有见地之论，我们可以借用之，以“锦绣黼黻”和“沉着清老”来概括曹植两个时期的不同诗风。

曹植前期诗作词采飞扬、擅长铺叙的一个主要原因，是曹植前期之作主要以赋为主，赋的铺张扬厉的特有风格，对曹植的早期诗风产生了很大的影响。建安五言诗人，在开始大量

① 河北师范学院中文系古典文学教研组《三曹资料汇编》，中华书局1980年版，第66页。

写作五言诗之前，基本都是赋体作家，建安十六年之前，赋一直是文学家的主要载体，如七子在建安十六年之前，几乎没有五言诗作，但赋的作品却美不胜收，如陈琳先后作《武军赋》（199）、《神武赋》（207）、《神女赋》（209），阮瑀作《纪征赋》（208），徐幹作《序征赋》（208），应场作《撰征赋》（205）。曹丕兄弟在建安十六年之后，一方面开始写作五言诗，一方面也大量写作赋。如建安十六年，曹丕作《感离赋》，曹植作《离思赋》《洛阳赋》《述行赋》；十七年，曹丕、曹植各作《登台赋》；曹丕作《寡妇赋》；十八年，曹植作《叙愁赋》，曹丕作《校猎赋》，并命陈琳、王粲、刘桢等并作；十九年，曹丕作《槐赋》，并命王粲作，曹植也作《槐树赋》，并作《东征赋》；二十年，曹丕作《柳赋》；二十一年，曹植作《籍田赋》《大暑赋》。

自建安二十二年以来，赋作渐次稀少，直到黄初二年，曹植才有《洛神赋》的赋体写作。而此时的赋作，也与前期的唯美主义的赋作有了天壤之别，是有别于汉大赋、寄托了深邃情感的新一代赋体。可以说，五言诗一方面是从乐府诗中脱胎，另一方面，又植根于赋这一载体，五言诗诗人基本都是先写赋，然后从建安十六年开始大量写作五言诗，因此，在早期的五言诗中，不可避免地带有许多赋的痕迹。譬如曹植《斗鸡》："游目极妙伎，清听厌宫商。主人寂无为，众宾进乐方。长筵坐戏客，斗鸡观闲房。群雄正翕赫，双翘自飞扬。挥羽邀清风，悍目发朱光。嘴落轻毛散，严距往往伤。长鸣入青云，扇翼独翱翔。愿蒙狸膏助，常得擅此场。"这里不仅仅是篇幅长短的问题，更为重要的，是诗中显示出来的那种铺张扬厉的带有赋体色彩的诗风和细腻铺排的体物描绘。

但这只是问题的一个方面，另一方面，曹植又并非是以黄初元年曹丕的登基为分水岭，形成前后时期不同的五言诗风格。应该说，曹植诗风的变化，潜移默化，是从建安十七年左右，就开始悄悄发生着转型，笔者在后文将要论证，“十九首”中的《涉江采芙蓉》《庭中有奇树》《行行重行行》《青青河畔草》《青青陵上柏》，这些诗作，都应是曹植于建安十七年至黄初四年之间写作的，其中的主题，大多与甄氏有关。这种不能公示于他者的诗作，在客观上制约着曹植的风格转型，客观上提出要写作一种只有当事人才能读懂的含蓄的、主旨不明的诗歌。在这些诗作中，辞藻的使用以及体物入微的描绘都退居到了次要的地位，诗人要渲染的某种惆怅的情绪、某种思念的心境，成了诗作的主体构成。而这种心境，常常是含混的、含蓄的、写意的，点到为止的，因此，也就表现出一种精练的审美方式。如曹植的《杂诗六首》。《杂诗六首》不一定为同时所作，《文选》收录在一起，题为“六首”。黄节注曰：“《文选》李善注云：‘此六篇，别京已后，在鄄城思乡而作。’”他还提出六首分别为雍丘前后之作的看法[①]。《杂诗六首》（其一）：“高台多悲风，朝日照北林。之子在万里，江湖迥且深。方舟安可极？离思故难任。孤雁飞南游，过庭长哀吟。翘思慕远人，愿欲托遗音。形影忽不见，翩翩伤我心。”此诗与“十九首”中的《行行重行行》是同一个笔法，特点都是不仅情感深邃，怊怅述情，而且都“沉吟铺辞”，骨力奇高，异常精练，都将那些具体的真实的场景省略，只剩下一些原型的意象而已。譬如“高台”“北林”“江湖”“方舟”“孤雁”“过庭”“远人”“形影”等，这些物象可以是任何场景中的景物，但实际上又必须是此一个场景中的有意之象；它们是具体的，但又不是具体的凝重之物，这就是刘勰所说“捶字坚而难移，结响凝而不滞”的“风骨之力”[②]。其二：

① 黄节《曹子建诗注》，人民文学出版社 1957 年版，第 10 页。
② 周振甫《文心雕龙注释》，人民文学出版社 1981 年版，第 320 页。

“转蓬离本根，飘摇随长风。何意回飚举，吹我入云中。高高上无极，天路安可穷？类此游客子，捐躯远从戎。毛褐不掩形，薇藿常不充。去去莫复道，沉忧令人老”；其四：“南国有佳人，容华若桃李。朝游江北岸，日夕宿湘沚。时俗薄朱颜，谁为发皓齿。俯仰岁将暮，荣耀难久恃。”这两者与《青青河畔草》手法亦相同。

还有曹植的《失题》（“双鹤俱遨游，相失东海旁。雄飞窜北朔，雌惊赴南湘。弃我交颈欢，离别各异方。不惜万里道，但恐天网张”）、《杂诗》（“悠悠远行客，去家千余里。出亦无所之，入亦无所止。浮云翳日光，悲风动地起”）等，也都是后期之作。曹植此类作品，已经与“十九首”、苏李诗渐次合流、雌雄难辨了。钟嵘曾指出曹植诗风：“骨气奇高，词采华茂，情兼雅怨，体被文质。”这“骨气奇高，词采华茂”也是矛盾的两个方面，概而言之，就是“体被文质”。曹植前后两个时期，其诗风变异的重大表现之一，就是由华美的追求而转向情感的深邃。这一点，在总体上制约着曹植诗风的各种具体写法上的变化。

三、早期思甄之作及《涉江采芙蓉》为曹植所作

曹植五言诗和“十九首”之间，从艺术评价来说，两者相差无几，但似乎对“十九首”的评价更高一些。笔者也注意到古今许多学者对“十九首”的评价都高于曹植五言诗，他们主要认为“十九首”更为自然，如同家常，不说官话，更为精练奇警，如胡应麟认为曹植诗比之“十九首”：“词藻气骨有余，而清和婉顺不足。”[①]当代学者如叶嘉莹所论：“至于曹王之说，则就其

① 胡应麟《诗薮》，上海古籍出版社 1958 年版，第 30 页。

风格而言，似乎又嫌时代太晚了一点，因为曹王诸人，对于诗歌之写作，已有极浓厚之文士习气，其为诗已经不免于‘有心为之’的‘作意’，而且已经逐渐注意到辞采之华美，往往流露有夸饰之迹，这与《古诗十九首》的‘结体散文，直而不野’的风格，是并不相合的。而且如果曹王果有此等作品，则魏文帝《典论·论文》及其《与吴质书》等，权衡当时文士的评论中，也不会全无一语及之，所以此说之不可信，亦复极为明显。”[①]

叶先生所说“曹王之说”又嫌时代稍晚，其理由主要是：曹植五言诗“已经逐渐注意到辞采之华美，往往流露有夸饰之迹”。以笔者所见，曹植具有两种诗风，这两种诗风，有前后期之不同：总体而言，前期作为贵胄公子游宴斗鸡，主体风格呈现了辞藻华赡、为文而文的一面；后期之作，经历人生苦难之后的忧生之叹，则一洗繁华而为风骨之作。但这仅仅是问题的一个方面，另一个方面，曹植诗作中原本就存在着两种不同的诗作，呈现出两种不同的诗风，个中缘由，正与曹植与甄后的隐情有关。由于两者之间感情不可言传的私情性质，客观上需要曹植表达的情感是隐秘、简约的。换言之，曹植作为公子的游宴斗鸡写作，是一种情感外露的性质，由此带来了曹植文风的辞藻外露、逞才使气、为文而文一类的特点，而另一种是写给自己和甄氏两人阅读的，则必然是含蓄的、意象式的，这一点，与后来李商隐那种深情绵邈之作类似。也就是说，前者辞藻有余，而后者正为“清和婉顺”，而这些写作隐情的“清和婉顺”之作，大多涉及甄后，多为曹叡于景初中撰录的曹集中剔除，因此，才会出现认为曹植此种风格之作欠缺的印象。

又，叶先生关于魏文帝“《典论·论文》及其《与吴质

① 叶嘉莹《谈〈古诗十九首〉之时代问题——兼论李善注之三点错误》，《迦陵论诗丛稿》，中华书局2005年版，第12页。

书》等，权衡当时文士的评论中，也不会全无一语及之”的问题，笔者认为：恰恰是由于“十九首”若为曹植所作，曹丕才不会提及，正如胡应麟所说：“曹氏兄弟相忌，他不暇言……子桓《典论》绝口不及陈思，临菑书尺只语无关文帝，皆宇宙大缺陷事，而以同气失之，何也？”[①]胡应麟的这一疑问，既从客观上说明了丕、植兄弟间互不评论的事实，另一方面也说明：若是“十九首”真是在曹植之外独立存在，以“十九首”的优异水准，曹丕断无不论之理。曹植一生中并没有爱过其他的女性，曹植的妻子崔氏，是崔琰的侄女。曹操在继承人问题上曾经询问过崔琰，崔琰却以应该立长为由，并不支持曹植，因此他受到了曹操的赞赏，但崔氏随后在建安二十一年被赐死。《三国志·魏书·崔琰传》记载：“时未立太子，临菑侯植有才而爱。……唯琰露板答曰：‘盖闻《春秋》之义，立子以长，加五官将仁孝聪明，宜承正统。琰以死守之。’植，琰之兄女婿也。”[②]若说“立子以长”无可非议，但若说曹丕“仁孝”，却是胡言，《世说新语》记载，曹丕在曹操死后，悉取曹操宫人自侍，被卞太后骂为“狗鼠不食汝余”，而且，“至山陵，亦竟不临”[③]，不能说仁孝；若说聪明，曹植才是盖世才华。由此可知，曹植与岳丈家族关系并不好。曹植作为大诗人，未闻有哪首诗作写给其夫人崔氏，甚至其妻被赐死[④]，曹植也未有只言片语道及，迄今为止，甚至连曹植的岳父其名也难以寻觅。曹植在崔氏死后续弦，太和六年被封为陈王之时，曹植曾有《谢妻改封表》，但其诗文也没有只言片语道及崔氏。

① 胡应麟《诗薮》，上海古籍出版社 1958 年版，第 140 页。

② 陈寿撰，裴松之注《三国志》，中华书局 1982 年版，第 368 页。

③ 徐震堮《世说新语校笺》，中华书局 1984 年版，第 364 页。

④ 裴松之注引《世语》曰：“植妻衣绣，太祖登台见之，以违制命，还家赐死。”见陈寿撰，裴松之注《三国志·魏书·崔琰传》，中华书局 1982 年版，第 369 页。

曹植一生中有大量记载的爱情的作品，仅仅是与甄后一人而已，李善注《洛神赋》引《记》记载的，曹植于建安九年于邺城一见甄氏“昼思夜想，废寝与食”：“魏东阿王，汉末求甄逸女，既不遂。太祖回，与五官中郎将。植殊不平，昼思夜想，废寝与食。”[①]除此之外，再也没有与其他女性相爱的记载或是传闻。看来，确实是少年时代情窦初开的一次初恋，成了曹植一生永远的痛。这种内心深处的隐秘私情，是无法启齿的。曹、甄隐情，大量地体现在曹植的作品之中，其中《愍志赋》《感婚赋》可以视为曹植最早的思甄之作，如《愍志赋》借口“人有好邻人之女者，时无良媒，礼不成焉。彼女遂行适人。有言之于予者，予心感焉”之事，抒发自我“思同游而无路，情壅隔而靡通。哀莫哀于永绝，悲莫悲于生离”的痛苦，只能“登高楼以临下，望所欢之攸居”，长久地登高窥视所爱之人的居所。其背景应是曹植在曹丕“擅室数岁”之后迎娶甄氏时所写，但此两赋还不能证明两者相恋，可以视为一种单相思的痛苦。

那么，曹植与甄后是何时开始相互发生恋情并开始写入诗赋作品之中的呢？以笔者的研究来看，当是发生于建安十六年暑期之后，也就是曹丕带着曹植以及刘桢等六子大量写作游宴诗的时候，曹丕有时候在诸人酒酣耳热之际，让甄氏出来与大家见面，刘桢曾经因为平视甄氏而被量刑，这很可能是对曹植少年时代初恋的一种冲动，可能平视者也有曹植，才有了曹操对刘桢的惩罚以警告曹植。笔者之所以有这样的猜测，是因为曹植在建安十六年七月之后，写作了一系列暗指甄氏的思念之作。

《艺文类聚》记载：“魏陈王曹植，建安十六年，大军西讨马超，太子留监国，植时从焉。意有怀恋，遂作离思之赋：‘在肇秋之嘉月，将耀师而西旗。余抱疾以宾从，扶衡轸而不怡。虑

① 萧统著，李善注《文选》，中华书局1977年版，第269页。

征期之方至，伤无阶以告辞。念慈君之光惠，庶没命而不疑。欲毕力于旌麾，将何心而远之？愿我君之自爱，为皇朝而宝己。水重深而鱼悦，林修茂而鸟喜。’”①此赋曹植文集不载，幸赖《艺文类聚》传世，看来，曹叡重新撰录的，何止是诗，赋也在其中。

此赋写于建安十六年七月，曹操西征马超之前，曹植抱病从征，却心事重重，说自己“余抱疾以宾从，扶衡轸而不怡”，其所“不怡”者为何？乃是“虑征期之方至，伤无阶以告辞”。那么，曹植所“无阶以告辞”者为谁？不可能是曹丕，别说两人竞争，即便是当时关系还不那么紧张，也不会是“无阶以告辞”。说“无阶以告辞”，所谓“无阶”，并非真正意义上的没有台阶，而是一个抽象意义上的“无阶”，他无法找到这个台阶去与心中思念之人告辞。《离思赋》，顾名思义，离别之思也，是谁人能让曹植尚未出征就开始这么思念呢？“念慈君之光惠，庶没命而不疑。欲毕力于旌麾，将何心而远之”，慈君，当指曹操，意谓自己虽然万般思念，但父亲的慈爱，恩惠于己，自己又怎能不没命不疑，勉力从征呢？虽然自己想要毕全力于父亲的旌麾之下，但又怎样安放自己的那颗渐渐远离思念者的心呢？阅读到此处，我们已经能深切体会到曹植那种愁肠百结、婉转悱恻的矛盾心境了。曹植最后的选择是“愿我君之自爱，为皇朝而宝己。水重深而鱼悦，林修茂而鸟喜”，说虽然如此，自己只能勉力向前，和思念者别离，但愿你能自爱自珍，要为皇朝、为父亲所开创的事业保重，因为，水若是深清鱼儿就会快乐，林茂密鸟儿就会欢喜呀！从全赋语气来看，曹植内心深处所记挂的，只能是一位自己深爱而又不能去爱的人，而此人对皇朝至关重要：“愿我君之自爱，为皇朝而宝己。”结尾将所思念者比喻为水、林，而将自己比喻为依附于水、林的鱼、鸟，不难看出，这

① 欧阳询《艺文类聚》卷二一，上海古籍出版社 1999 年版，第 390 页。

正是写给甄氏而无从奉达的表白。史书记载曹植从十三岁就爱恋甄氏，苦于甄氏被曹丕捷足先登，“擅室数岁”。迄今为止，尚未发现曹植在此文之前关于这一恋情的文字，因此，此文的出现，也许能标志曹甄之间，在此期间有所发展，从曹植系念的强度来说，应该说正是相互之间的恋情之始。

曹植有《离友》诗，其二曰：“凉风肃兮白雾滋，木感气兮柔叶辞。临渌水兮登重基，折秋华兮采灵芝。寻永归兮赠所思，感隔离兮会无期，伊悒郁兮情不怡！”赵幼文在该诗下作案语说：“《魏志·武帝纪》：‘建安十八年夏四月至邺’，而此篇所述皆秋日景物，疑与前作异，似非怀念夏侯威者，未能考其写作岁月”[①]，所疑为是。那么，此首骚体诗应该作于何时何地呢？笔者认为，《武帝纪》记载，曹操于建安十七年十月征讨孙权，曹植从征，则此诗应该写于这次从征，南方气候炎热，是故虽为冬十月，却仍是深秋景色，曹植说自己“临渌水兮登重基，折秋华兮采灵芝”，采灵芝为何？是要“寻永归兮赠所思”，也就是说，采撷灵芝是为了等到归程之后赠给所思之人；“永”，长也，曹植从父出征孙权，不知归期，故云“永归”。归程漫长，因此心中悒郁不乐：“感隔离兮会无期，伊悒郁兮情不怡。”很难想象，曹植在水边采撷灵芝，是为了归程之后赠送给一位男子，而且，由于“感隔离兮会无期”，而产生“伊悒郁兮情不怡”，这在情理上说不通，古人也无采撷花草赠送男性的习俗。无怪乎学者怀疑说：“似非怀念夏侯威者。”此首诗作连同另外一首一并在《离友》二首诗下，而《离友》诗前有序，说“乡人有夏侯威者”云云。显然，曹植也许是有意将这首在南方水边采撷灵芝思念远人之作，置于写给夏侯威的另外一首诗作中，以方便保存，也有可能是曹叡整理曹植文集所做的

① 赵幼文《曹植集校注》，人民文学出版1984年版，第56页。

软处理的结果。总之，曹植此作置于《离友》诗题之下，并在诗作之前说明是写给夏侯威的，而这个夏侯威，以后在曹植其他的篇章中，再也没有出现。这正是欲遮盖真正思念之人为甄氏的结果，现在来看，诚所谓欲盖弥彰是也。

曹植这首诗的意思，可以和“十九首”中的《涉江采芙蓉》对照来读：“涉江采芙蓉，兰泽多芳草。采之欲遗谁？所思在远道。还顾望旧乡，长路漫浩浩。同心而离居，忧伤以终老。”两者都是在水中采撷，不过曹植采撷的是灵芝，而“十九首”所采撷的是芙蓉，其实，芙蓉就是水中灵芝的美称而已。两者的采撷者，都在思念远处之人。“临渌水兮登重基，折秋华兮采灵芝”，就是“涉江采芙蓉”的意思；“寻永归兮赠所思”，就是“采之欲遗谁？所思在远道”的意思，“感隔离兮会无期，伊悒郁兮情不怡”，就是“还顾望旧乡，长路漫浩浩。同心而离居，忧伤以终老”的意思。

曹魏时代，盛行一个题材采用多种文学体裁写作的方式，这首《涉江采芙蓉》，正应是曹植在建安十七年十月之际，写作于长江边上思念甄氏之作，是曹植骚体诗《离友》的五言诗表达。芙蓉是南方之花，其花八九月始开，耐霜，因此也被称为拒霜花。苏轼《和陈述古拒霜花》：“千株扫作一番黄，只有芙蓉独自芳。”“冬十月，公征孙权”，曹植从征，正是芙蓉花盛开的时候；另，“涉江采芙蓉”之江，指狭义的长江，而整个汉魏时期，长江两岸还没有出现有人会写五言诗的记载，这种状况一直延续到陆机因为去洛阳才学会写作五言诗，只有曹植这样的由北方邺城而来的诗人才会写这种五言诗。诗中所说的“还顾望旧乡，长路漫浩浩。同心而离居，忧伤以终老”，正说明写诗的人并非本地人，而是远方来客。曹植此时身在长江之畔，而旧乡却在数千里之外的邺城，故曰“还顾望旧乡，长路漫浩浩”，但这千里、万里，还仅仅是空间的阻隔；叔嫂的世俗身份，是比这空间阻隔更为遥远难越的障碍，因此，才有“同心而离居，忧伤以终老”的喟叹。他们之间，注定是一辈子都不能恩爱同居的。考察《涉江采芙蓉》全篇，其语词意思皆与曹植的《离友》诗惊人的一致，而两汉一直到曹魏时期才出现会写这种五言诗的诗人群体，其中又只有曹植与此诗情况完全吻合，故《涉江采芙蓉》为曹植所作无疑。

曹植另写有《芙蓉赋》，当为从南方归来邺城为赠送甄后南行所采撷芙蓉而作。赋中赞美芙蓉的“览百卉之英茂，无斯华之独灵”，“竦芳柯以从风，奋纤枝之璀璨。其始荣也，皦若夜光寻扶桑；其扬辉也，晃若九阳出旸谷。芙蓉蹇产，菡萏星蜀。丝条垂珠，丹荣吐绿，焜焜烨烨，烂若龙烛。观者终朝，情犹未足”，不难看出，其中有一些正是《洛神赋》的雏形：“远而望之，皎若太阳升朝霞；迫而察之，灼若芙蕖出渌波。”芙蓉、荷花，也就成了曹植赞美甄后的一个隐语、一个意象。

再看曹植的《朔风诗》，此诗写作背景和时间一直争论不休，或如李周翰说：“时为东阿王在藩，感北风思归而作。”或如刘履所说：“黄初四年还雍丘所作。”或如朱绪曾所说：“明帝太和三年还雍丘作。”或如黄节所说：“此诗盖黄初六年在雍丘时作也。”[①]其诗如下：“仰彼朔风，用怀魏都。愿骋代马，倏忽北徂。凯风永至，思彼蛮方。愿随越鸟，翻飞南翔。四气代谢，悬景运周。别如俯仰，脱若三秋。昔我初迁，朱华未希。今我旋止，素雪云飞。俯降千仞，仰登天阻。风飘蓬飞，载离寒暑。千仞易陟，天阻可越。昔我同袍，今永乖别。子好芳草，岂忘尔贻？繁华将茂，秋霜悴之。君不垂眷，岂云其诚？秋兰可喻，桂树冬荣。弦歌荡思，谁与消忧！临川慕思，何为泛舟！岂无和乐？游非我邻。谁忘泛舟？愧无榜人！”考察其诗，诗作者

① 赵幼文《曹植集校注》，人民文学出版1984年版，第175页。

本人应是在南方，所思念者在北方之魏都："仰彼朔风，用怀魏都。愿骋代马，倏忽北徂。"而曹植真正身在南方赤岸，仅有建安十七年十月至翌年正月还归一次，《魏书·武帝纪》："十八年春正月，进军濡须口……乃引军还。"[①]因此，此诗应写于前文所析的《涉江采芙蓉》的两个月之后，魏都指邺城。"仰彼朔风，用怀魏都"，是说感受到北风劲吹，使"我"怀念邺城魏都。

或说，曹操于建安十八年五月才自封为魏公，曹植写作于十八年初的这首《朔风》，何以称邺城为"魏都"呢？《后汉书·献帝本纪》记载，建安十八年"夏五月丙申，曹操自立为魏公，加九锡"[②]。但《魏书》更记载了曹操集团自建安十七年开始就确立了"魏郡"："十七年春正月，公还邺。……割河内之荡阴、朝歌、林虑，东郡之卫国、顿丘、东武阳、发干，巨鹿之瘿陶、曲周、南和，广平之任城，赵之襄国、邯郸、易阳以益魏郡。"[③]可知，在建安十七年正月，曹操的领地已经被称为"魏"，则其中心所在，称为"都"是必然的。另，袁绍在更早的时候，曾经给曹操去书，劝曹操以鄄城为都[④]，赵一清《三国志注补》："注，又绍与臣书云：'可都甄城'，'甄'当作'鄄。'"[⑤]故虽未有王公之封号，亦可称其所在之中心为都。

此诗前八句看似矛盾，前四句是说自己对魏都的思念，后面四句忽然又说"凯风永至，思彼蛮方。愿随越鸟，翻飞南翔"，似乎是说自己愿意随着越鸟翻飞南翔。其实，此四句可以理解为从对面着笔，说诗人所思念之人，也一定思念着自己，愿意跟随着越鸟翻飞而南翔。这身在魏都的被思念之人，只能是甄

① 陈寿撰，裴松之注《三国志》，中华书局 1982 年版，第 37 页。
② 范晔撰，李贤等注《后汉书·献帝本纪》，中华书局 1982 年版，第 387 页。
③ 陈寿撰，裴松之注《三国志》，中华书局 1982 年版，第 36 页。
④ 洪颐煊《诸史考异》1，《丛书集成初编本》，中华书局 1991 年版，第 5 页。
⑤ 赵一清《三国志注补》，《续修四库全书：史部 274 册》，上海古籍出版社影印 2008 年版，第 14 页。

氏；这“越鸟”，也应该成为曹甄之间的一个暗喻，越鸟当指甄后——并非指甄后为南方人，而是由于在一次使用之后，它就成为两人之间的一个隐语，这是恋人之间常有的语言。到黄初二年，曹植与甄后生离死别，曹植写作《行行重行行》一首，其中“胡马依北风，越鸟巢南枝”，正从此诗化出，只不过将“代马”替换为“胡马”而已。情人之间，往往有一些只有当事人懂的隐私话语，“芙蓉”“灵芝”“越鸟”“芳草”等用语，由于有了曹植这次南征途中由思念而写作成的诗歌语汇，从而成为只有两者之间才能读懂的隐语，是可以理解的。

以下说“别如俯仰，脱若三秋”，正是曹植当时的真实心境。“昔我初迁，朱华未希。今我旋止，素雪云飞”，曹植于建安十七年随父南征，当时长江边上的芙蓉、灵芝尚未凋谢，有前文可证，朱华，荷花，就是芙蓉，李善注：“希与稀同，古字通也。”王尧衢《古唐诗合解》释为朱华之未落[①]，可知，正与前文所论初到江边时的节令吻合；而“今我旋止，素雪云飞”，应指曹植回来之时的景况。曹操于建安十八年四月还邺，按理说已经过了下雪的季节，则有可能写于将归未归的晚冬之际。“俯降千仞，仰登天阻。风飘蓬飞，载离寒暑。千仞易陟，天阻可越”，天阻既可以解释为北归之高山，也可以理解为暗指两者之间的隐情难以实现。“子好芳草，岂忘尔贻。繁华将茂，秋霜悴之”，正与前文所述的采撷芳草相互对应，说你喜欢芳草，我怎会忘记采摘赠送呢？但我是繁华将茂之时采撷的，而现在这芙蓉花已经在秋霜下憔悴。芙蓉本不惧怕秋霜，但采撷下来，时间一久，难免枯萎，同时，使用这个意象来暗喻自己由于长久思念而憔悴。

“君不垂眷，岂云其诚”，李善注：“言君虽不垂眷，已

① 赵幼文《曹植集校注》，人民文学出版1984年版，第174页。

则岂得不言其诚？”以下两句“秋兰可喻，桂树冬荣”是说：秋兰之芳馨可以比喻我爱之纯洁，桂树的冬荣可以见证我的坚贞。“弦歌荡思，谁与消忧”，李善注：“言弦歌可以荡涤悲思，谁与共奏以消忧也”，是说：若是能够弦歌以荡涤悲思，还可以消解我的幽思，但你不在身边，谁能为我弹奏歌唱呢？甄氏是否会弹琴？《太平广记·萧旷》中有萧旷和甄后的一段对话，颇有意味：“女曰：有之，妾即甄后也。为慕陈思王之才调，文帝怒而幽死。后精魄遇王洛水之上，叙其冤抑，因感而赋之，觉事不典，易其题……妾为袁家新妇时，性好鼓琴，每弹至《悲风》及《三峡流泉》，未尝不尽夕而止。”[①]由于三国时期是个血腥杀戮的时代，许多史事扑朔迷离，史书语焉不详，幸赖各种笔记传说给予记载，虽不能全信，但也不可全然不信，信与不信，需要有诸多方面的史料及逻辑联络考辨，方可破除迷雾，见得历史之本原。以甄氏之聪慧素养，则《太平广记》关于甄氏擅长鼓琴的记载，当为可信。

结尾处使用《诗经·邶风·柏舟》的典故，说自己也很想临川泛舟，泛舟中也有和乐，但可惜皆非我之所爱。案：宋刊本《曹子建文集》“邻”作“怜”，疑作“怜”字是[②]。联络上下文，正应该指甄氏不在身边，因此，才有“游非我怜”的感慨。结句“谁忘泛舟，愧无榜人”，是说自己不会忘记泛舟而济，但又有谁能作自己的“榜人”呢？表达困境无法解决的心境。

从全诗来看，将《朔风诗》解释为曹植于建安十八年正月将归未归之时思念甄后之作，基本能圆通。通过此篇的分析，得知甄氏“好芳草”的爱好和曹植“岂忘尔贻”的采遗细节，正与曹植所写多篇采遗之作相互呼应。甄后“好芳草”的习惯，还可

① 李昉等《太平广记》卷三百一十一，中华书局1961年版，第2459页。

② 赵幼文《曹植集校注》，人民文学社出版1984年版，第174页。

以从曹丕诗作中得到验证，曹丕《秋胡行》：“朝与佳人期，日夕殊不来。嘉肴不尝，旨酒停杯。寄言飞鸟，告余不能。俯折兰英，仰结桂枝；佳人不在，结之何为？”诗中说，自己想和佳人早晨约会，但到晚上佳人还没有来，以至于自己佳肴不尝，旨酒停杯，在等待中采撷兰英芳草。佳人不来，采撷又有何用处呢？曹丕接着说：“泛泛绿池，中有浮萍，寄身流波，随风靡倾。芙蓉含芳，菡萏垂荣。朝采其实，夕佩其英。采之遗谁？所思在庭。双鱼比目，鸳鸯交颈。有美一人，婉如清扬，知音识曲，善为乐方。”[①]从曹丕诗作来看，当写于建安十六年（211）暑期，为曹丕早期诗作。建安十六年暑期之前曹丕的诗作多为四言。建安十六年暑期二曹六子游宴诗之后，则多为五言，所写之地，当为铜雀台西园，西园内有芙蓉，如曹植的《公宴》：“清夜游西园……朱华冒绿池。”曹丕亦有《芙蓉池作诗》：“乘辇夜行游，逍遥步西园。”两诗均说明西园有芙蓉池；曹丕“采之遗谁，所思在庭”，正指当时还非常受宠的甄氏，而甄氏的“知音识曲，善为乐方”，也从各种史料中可以得到验证。曹丕、曹植兄弟同写采遗之作，采遗同样献给吻合于“所思在庭”和“所思在远道”的甄氏，“子爱芳草”的嗜好正是甄氏。

此外，曹植之作，题目一般是明显的，如《斗鸡》《公宴》《侍太子坐》《三良》《送应氏二首》《赠王粲》等，主题都很明确；使用首句或是诗句中的语词作为题目的，多为女性题材的，如《种葛篇》《美女篇》《浮萍篇》等，可能都与甄氏有关；或是采用乐府诗题，如《七哀》等。“十九首”的一些篇章由于是从曹植文集中删除来的，是故原诗是否有题，已经不可确考，但其中多为与甄氏有关之作，以首句或是以首句中的中心词

① 曹丕《秋胡行》，黄节《黄节注汉魏六朝诗六种》，人民文学出版社2008年版，第135页。

作题，也未可知。《朔风诗》正在此类。

既然破译了《涉江采芙蓉》的隐情，再读“十九首”之《庭中有奇树》：“庭中有奇树，绿叶发华滋。攀条折其荣，将以遗所思。馨香盈怀袖，路远莫致之。此物何足贡，但感别经时。”读后我们不难看出《庭中有奇树》与《涉江采芙蓉》有异曲同工之妙，两者皆可视为采遗以赠所思的主题，应都是曹植写给甄氏的，但两首并非写作于同时、同地。《涉江采芙蓉》写作于前，为建安十七年十月于长江北岸思念甄氏之作；而《庭中有奇树》则为黄初二年春作于鄄城曹植自己的庭院藩邸，与《青青河畔草》为同时之作[①]。曹植《上九尾狐表》称“黄初元年十一月二十三日于鄄城县北，见众狐数十首在后”，曹植自己的这一上表与史书记载的曹植于黄初二年、三年就国鄄城，哪一个更为准确呢？这也是学术界一直没有搞清楚的问题之一。

关于曹植在曹操死后首次去鄄城的时间，一直有争论，曹植《求祭先王表》云：“臣虽比拜表，自计违远以来，已逾旬日。垂竟夏节方到，臣悲伤有念先王。公以夏至日终，是以家俗不以夏日祭。至于先王，自可以令辰告祠……臣欲祭先王于北河之上。”[②]俞绍初先生据此考证：“‘河’在古籍中专指黄河，东汉、三国时期的文献以‘河’称黄河的例证比比皆是。”“因此，《表》《诏》所说的河上，当是黄河之畔。”“可以肯定曹植在太和四年以前居住过的三个都邑是：鄄城、雍丘、东阿”，“鄄城，据《水经注·河水注》，‘在河南十八里’，属于‘河上之邑’”，“鄄城西北至邺五百里”，曹植这次上表的时间，是延康元年四月，因为夏至日在此年为五月初三或初

① 木斋《试论曹植与古诗十九首的女性题材写作——兼论〈青青河畔草〉的作者和写作背景》，《新疆大学学报（哲学·人文社会科学版）》2006年第4期。

② 曹植《求祭先王表》，严可均《全上古三代秦汉三国六朝文》，中华书局1958年版，第1133页。

四，又根据曹植《表》中所说“自计违远以来，已逾旬日”计算，推定曹植初次就国是在延康元年四月十五日左右，其时离曹操下葬相去不远，而就国之地，也就是这次祭奠曹操的地方，正是鄄城，因为，曹丕的答诏“得月二十八日表”，曹植若在临菑，距离鄄城约1200千米，以日急行150千米计，道途所花费的时间就超过了八天，不可能于曹植请求祭奠的夏至日之前抵达[①]。此论可以说是准确的，但有一个关键性的问题论者未能解释清楚，那就是曹植此次去鄄城的性质和身份究竟是什么。

以笔者所见，曹植确实是在延康元年四月去鄄城的，但此次去鄄城，并非是作为鄄城侯归藩就国，因为曹植此时的身份还是曹操在世时所封的临菑侯，鄄城侯是在黄初二年、三年之际，由安乡侯转封的，他随后封为鄄城王，《三曹年谱》由此认定曹植是以临菑侯就国临菑[②]，而俞绍初先生的考辨已经证明曹植所去之地为鄄城。唯一的可能，就是曹植在延康元年四月所在之地是鄄城，而其身份却并非鄄城侯，换言之，曹植此次去鄄城，乃是一次先斩后奏的个人行为。从曹丕兄弟之间的诏表来看，曹植是先到鄄城而后上表的，《表》说离别之后，已逾旬日，自己来到此地，是由于悲伤有念先王，“欲祭先王于北河之上”，再看曹丕《诏》的回复：“得月二十八日表，知侯推情，欲祭先王于河上，览省上下，悲伤感切。将欲遣礼以纾侯敬恭之意，会博士鹿优等奏……顾迫礼制，推侯存心，与吾同之。”[③]是故，曹丕此诏应是《三曹年谱》所说的《止临菑侯植求祭先王诏》[④]。

因此，大体可以确定，曹植于延康元年四月左右，以临菑

① 俞绍初《曹植初次就国时地考辨》，《中州学术论集·古代文学卷》第1辑，中华书局2000年版，第135—141页。

② 张可礼《三曹年谱》，齐鲁书社1998年版，第174页。

③ 李昉等《太平御览》卷五百二十六，中华书局1960年版，第2390页。

④ 张可礼《三曹年谱》，中华书局1998年版，第174页。

侯的身份来到鄄城。他离开鄄城的时间不明，各种史书皆含混不清，但曹植的《上九尾狐表》写于黄初元年十一月二十三日于鄄城，已经足以证明曹植在黄初元年岁末之前仍然逗留在鄄城，并且可能一直逗留到黄初二年六月甄后赐死之前。因此，曹植是在黄河边上的鄄城写《庭中有奇树》诗，其时间的范围从延康元年四月到黄初二年五月之间（但从诗中所用“贡”字来看，黄初春夏之际的可能更大，曹丕于延康元年十月登基），随后才发生了灌均等人的弹劾奏章。

试看《庭中有奇树》，“将以遗所思”正是曹植于建安十七年前后写给甄氏采遗诗作的反复吟唱，“路远莫致之”正与曹植在鄄而甄后在邺的经历相吻合，“莫致之”三字说出了两者之间的阻隔绝非仅仅是地理的空间，“此物何足贡”更道出了两者之间名分上的君臣关系。“贡”的本意是“进献方物于朝廷”，而甄氏在黄初二年春天由世子夫人升格为皇后，故采用“贡”字。“别经时”则说明曹植于黄初元年四月已在鄄城，至写作此诗思甄，已经是翌年春夏之际，正是别于经年。

“十九首”中的女性题材之作，如《西北有高楼》与《七哀》相似，《冉冉孤生竹》与曹植《浮萍篇》相似，《行行重行行》与曹植《杂诗》以及甄后《塘上行》相似，等等，不一而足。限于篇幅，本文主要列举建安十六年到十七年的相关作品来加以分析，其中特别是《涉江采芙蓉》与曹植其他作品的对比，已经足以能证明“十九首”中的多数作品为曹植所作。如果按照时间次序来说，“十九首”中最早的作品是《今日良宴会》，应为曹植于建安十七年正月写作于邺城。同年十月，曹植写作《涉江采芙蓉》于长江北岸。建安二十一年至二十二年之际，曹植应是在邺城写作《西北有高楼》。黄初二年春，曹植应于鄄城写作《青青河畔草》和《庭中有奇树》。同年五月至六月之间，曹植应是在邺城写作《行行重行行》。所有这些，本文限于篇幅，不能一一论证，敬请参考稍后发表之论文。看来，曹植的一生，正毁在与甄后的非分情爱上，但这种违背伦理的叔嫂之爱，也成就了曹植深邃的情感和深永的爱情，成就了曹植写成“一字千金”，令人“惊心动魄”的诗作。

（原载《社会科学研究》2009年第4期）

主题史和心态史上的曹植

◎蒋　寅

文学和艺术作为一种生命活动，其成就无疑与生命的长度密切相关，活到77岁的海顿（1732—1809）的创作当然是享年38岁的门德尔松（1809—1847）无法比拟的；享寿82岁的托尔斯泰（1828—1910）的阅历和经验，也是只活了38岁的普希金（1799—1837）难以望其项背的。这是显而易见的常识，但人们在评论艺术家时经常无意中忽略了这一点。像画家中的凡·高（1853—1890），作曲家中的莫扎特（1756—1791）、舒伯特（1797—1828），诗人中的李贺（790—816）、王令（1032—1059）、黄景仁（1749—1783）、叶赛宁（1895—1925），小说家中的芥川龙之介（1892—1927）、萧红（1911—1942），人们在惊叹其天才卓绝时常忘记他们只活了短暂的二三十岁，如果他们活到贝多芬（1770—1827）、里尔克（1875—1926）甚至雨果（1802—1885）或毕加索（1881—1973）的年龄，成就将达到什么样的高度？这些英年早逝的艺术家，唯一让后人觉得幸运的是可以通过他们的作品来探究天才的奥秘。尤其是中国古代，长寿的艺术家总是不满意自己的少作，晚年编集作品时往往痛加删汰，以致除了极少数作家（比如唐代权德舆）外，一般很少保留下青年时代的作品[①]。我们要了解神童或天才青少年时代的表现，只能求诸上述早逝的天才。他们有限的生命，使他们的天才停留在或许还未臻成熟的时代。

曹植（192—232）是中国文学史上第一位这样的天才作家，他40年短暂生涯中留下的作品为我们认识这位生于战乱年代的身份特殊的年轻作家提供了可能。但这只是曹植创作对于文学史的重要意义之一，随着我们的研究转向精神史的视角，他的作品显示出越来越重要的价值。最近有学者从思想境界、审美情趣和语言风范三个方面来论述曹植创作对中国诗歌文人化的奠基作用，相当有眼光。曹植的意义远不限于现有文学史的评述，从主题学的角度看，曹植应该说是中国诗史上第一位重要的诗人。前人之所以说“五言自汉迄魏，得思王始称大成”，就因为中国诗歌的许多基本主题都萌生于他的诗中，而这些主题全异于《诗经》基于农耕社会文化传统上形成的主题系统。家庭伦理、政治关怀、爱情悲欢等《诗经》主要书写的主题，都围绕着人与社会、与群体的关系，或许可以说是社会化的主题，植根于一种很深的集体意识。而曹植的主题则是非常个人化的，忧讥畏谗，感士不遇，虚度青春的焦虑和建立功名的渴望交织在一起，形成他诗歌特有的躁动不安而又郁郁寡欢，更因抑郁而悲慨激越的复杂情调。这在曹植纯然是出于个体生存境遇的真切感受，只关系到自我实现的个人价值问题，因而不具有普遍的社会意义。但由于他是曹操的儿子，一度可能成为太子，他诗歌所表现的情感成为一种独特心态的典型。

① 邹弢《三借庐赘谭》：“余于丁丑岁作《浇愁集》，稿甫脱即为坊贾携去。其中大半点勘未精，书出重阅，颇不满意，至今悔之。黎芥航云：‘书以轻传名少作，事因易处悔心多。’颇得我心。”此即悔其少作一例也。

一、三个志愿

正像所有禀赋异才的年轻人一样，曹植虽自幸“得生贵门，遇以亲戚，少荷光宠，窃位列侯，荣曜当世”，但决不甘以“身被轻煖，口厌百味，目极华靡，耳倦丝竹”的慵懒生活终老于富贵，他追求的是一种生而有为、死而不朽的人生。“士之羡永生者，非徒以甘食丽服，宰割万物而已。将有补益群生，尊主惠民，使功存于竹帛，名光于后嗣。”[①]胸怀这不凡的抱负，他很早就设定了自己的人生目标。在致杨修的书信中，他这样写道：

夫街谈巷说，必有可采；击辕之歌，有应风雅，匹夫之思未易轻弃也。辞赋小道，固未足以揄扬大义，彰示来世也。昔扬子云先朝执戟之臣耳，犹称壮夫不为也。吾虽薄德，位为藩侯，犹庶勠力上国，流惠下民，建永世之业，流金石之功，岂徒以翰墨为勋绩，辞赋为君子哉！若吾志未果，吾道不行，则将采庶官之实录，辩时俗之得失，定仁义之衷，成一家之言，虽未能藏之于名山，将以传之于同好，非要之皓首，岂今日之论乎！[②]（《与杨德祖书》）

他在此表达的人生理想，首先是在政治上有所作为，经国济世，建立功勋。在《求自试表》中他自陈“志欲自效于明时，立功于圣世。每览史籍，观古忠臣义士，出一朝之命，以殉国家之难，身虽屠裂，而功勋著于景钟，名称垂于竹帛，未尝不抚心而叹息也！”[③]青年曹植衷心向往的就是像古忠臣义士那样立奇功于疆场，书殊勋于竹帛。不过同时他仿佛也有某种预感，觉得这

① 曹植《自试表》，题应据张本作《请招降江东表》。
② 赵幼文《曹植集校注》，人民文学出版社 1984 年版，第 154 页。
③ 赵幼文《曹植集校注》，人民文学出版社 1984 年版，第 370 页。

个目标不一定能实现，于是又提出第二志愿，即研究史官的实录，思考社会发展的方向，确立伦理道德的规范，形成自己的理论体系，即所谓“成一家之言”。在当时，司马迁的修史或徐幹写作《中论》式的子书，都可以称为一家之言[①]。曹植“采庶官之实录”云云，明显是本自司马迁《报任安书》“网罗天下放失旧闻，考之行事，稽其成败兴坏之理，凡百三十篇，亦欲以究天人之际，通古今之变，成一家之言”及《史记·太史公自序》“藏之名山，副在京师，俟后世圣人君子”，因此他的“成一家之言”更像是修史。至于后来借以名世的诗文辞赋，他一开始就视为小道，似乎不算个志愿——这毫不奇怪，从扬雄称“雕虫篆刻，壮夫不为”（《法言·吾子》）到钱钟书《论文人》，自古以来就鲜有声称以文学为平生最大理想的人。曹植先肯定“街谈巷说必有可采”，其实已为辞赋预留了地步，于是两大志愿陈述完毕，最后还是回到“今日之论”的语境——这封书信本来就是为送一篇少作给杨修而作。联系当时普遍以文章为不朽之业的观念来看，“今日之论”倒更像是作者用意所在。尽管未曾明言，但文学写作被曹植视为第三志愿，似乎是不用怀疑的。他在《学官颂》里也曾说过：“歌以咏言，文以骋志。予今不述，后贤曷识？”[②]以文章垂名后世的念头，他应该是有的，不过在青年时代，他也确实未将文学写作视为自己托身的事业，当时他正渴望在政治上有所作为，而且相信自己有能力并有机会，所以还不甘心以文人终老。

曹植虽自幼养尊处优，却绝非金玉其外的纨绔子弟。他少读百家之书，长而随父征战，多识行军用兵之道。《求自试表》

① 曹丕《与吴质书》称徐幹“著《中论》二十余篇，成一家之言”。（《文选》卷四十二）

② 一题作《孔庙颂》。引自赵幼文《曹植集校注》，人民文学出版社 1984 年版，第 115 页。

称“臣昔从先武皇帝，南极赤岸，东临沧海，西望玉门，北出玄塞，伏见所以行师用兵之势，可谓神妙也”[①]。这些经历培养了他的政治见识和军事谋略。我们读他的《与司马仲达书》《陈审举表》《谏伐辽东表》等文章，都能感到曹植绝对是个头脑清醒、有谋略、有见识的年轻才俊，而且必定也弓马娴熟，《白马篇》应该就是他的自画像：

白马饰金羁，连翩西北驰。借问谁家子，幽并游侠儿。少小去乡邑，扬声沙漠垂。宿昔秉良弓，楛矢何参差。控弦破左的，右发摧月支。仰手接飞猱，俯身散马蹄。狡捷过猴猿，勇剽若豹螭。边城多警急，虏骑数迁移。羽檄从北来，厉马登高堤。长驱蹈匈奴，左顾凌鲜卑。弃身锋刃端，性命安可怀。父母且不顾，何言子与妻？名在壮士籍，不得中顾私。捐躯赴国难，视死忽如归。[②]

诗题虽出于乐府，带有明显的虚拟色彩，但对侠少矫捷身手的描写却生动准确，一看就是行家里手；而那慷慨赴难、视死如归的气概更是曹植一贯的胸襟。他绝不是那种好作大言而没什么实际才能的儒生，如果得到任用，应该是能有所作为的。他的不幸遭遇一半源于皇位继承制度导致的权力之争，一半要归咎于他轻狂浮躁的个性。

曹植固然有争夺太子地位的野心，但目标却不在于权力本身，而在于要有所作为，是出于“勠力上国，流惠下民”的政治抱负。清人盛大士《读魏志陈思王传》有云：

① 赵幼文《曹植集校注》，人民文学出版社，1984 年版，第 368 页。
② 赵幼文《曹植集校注》，人民文学出版社，1984 年版，第 411 页。

汉祚将倾，魏国初建，植心不忘汉。其作《情诗》则云："游子叹黍离，处者歌式微。"其《送应氏》诗则云："洛阳何寂寞，宫室尽烧焚。"其作《三良诗》则云："功名不可为，忠义我所安。"盖怆然于山河风景，举目皆非，而身为魏氏子臣，则又忠孝不能两尽，不得已而诗歌游览中微寓其意。后人乃谓公子不及世事，但美遨游，岂知植之心事乎？[①]

曹植感伤世乱之意当然是有的，但要说对汉朝心存眷念则不尽然。曹植集中咏叹历代明君的一系列"赞"表明，他将自古以来的王朝兴替看成很自然的事，而对历代帝王的评价则一概以是否造福于天下民生为标准，故《惟汉行》写道：

太极定二仪，清浊始以形。三光照八极，天道甚著明。为人立君长，欲以遂其生。行仁章以瑞，变故诫骄盈。神高而听卑，报若响应声。明主敬细微，三季瞢天经。二皇称至化，盛哉唐虞庭。禹汤继厥德，周亦致太平。[②]

上天为人立君主，就是要他造福于民的。遇到商纣王这样的乱世昏君，便要以贤君取而代之。如《丹霞蔽日行》所说的："纣为昏乱，虐残忠正。周室何隆，一门三圣。牧野致功，天亦革命。汉祚之兴，秦阶之衰。虽有南面，王道陵夷。炎光再幽，忽灭无遗。"[③]这样，革命就不是一个伦理问题，而是历史的自然结果。如果说《周文王赞》称文王"三分有二，犹服事商；化加虞芮，傍暨四方"[④]，好像同时是在歌颂曹操的不祧汉室，那

① 盛大士《蕴素阁文集》，道光六年刊本。
② 赵幼文《曹植集校注》，人民文学出版社 1984 年版，第 364 页。
③ 赵幼文《曹植集校注》，人民文学出版社 1984 年版，第 416 页。
④ 赵幼文《曹植集校注》，人民文学出版社 1984 年版，第 79 页。

么《周武王赞》歌颂“桓桓武王，继世灭殷；咸任尚父，且作商臣；功冒四海，救世济民”的业绩，就等于是在为魏代汉寻找历史依据了。

因为民生的康乐依赖于没有战争、四方太平的统一国家，于是天下三分的局面在他看来就是战乱的根源：“顾西尚有违命之蜀，东有不臣之吴，使边境未得税甲、谋士未得高枕者，诚欲混同宇内，以致太和也。”[①]（《求自试表》）这正是《鰕䱇篇》所表达的忧虑：“仇高念皇家，远怀柔九州。抚剑而雷音，猛气纵横浮。泛泊徒嗷嗷，谁知壮士忧？”[②]刘蜀远在四川，较少与魏形成直接的冲突；孙吴隔江而治，始终威胁着魏的安全。因此吴国更成为他意识中的敌国。《杂诗》（其五）写道：

仆夫早严驾，吾行将远游。远游欲何之，吴国为我仇。将骋万里途，东路安足由。江介多悲风，淮泗驰急流。愿欲一轻济，惜哉无方舟。闲居非吾志，甘心赴国忧。[③]

《杂诗》（其六）继续抒发“烈士多悲心，小人媮自闲。国仇亮不塞，甘心思丧元。抚剑西南望，思欲赴太山”慷慨豪情[④]。直到太和二年（228），曹植还上《求自试表》拳拳陈情：“窃不自量，志在授命，庶立毛发之功，以报所受之恩。若使陛下出不世之诏，效臣锥刀之用，使得西属大将军，当一校之队；若东属大司马，统偏师之任。必乘危蹈险，骋舟奋骊，突刃触锋，为士卒先。”[⑤]前人说：“志气以精力为盛衰，故建业立功多

① 赵幼文《曹植集校注》，人民文学出版社 1984 年版，第 368 页。
② 赵幼文《曹植集校注》，人民文学出版社 1984 年版，第 381 页。
③ 赵幼文《曹植集校注》，人民文学出版社 1984 年版，第 379—380 页。
④ 赵幼文《曹植集校注》，人民文学出版社 1984 年版，第 65 页。
⑤ 赵幼文《曹植集校注》，人民文学出版社 1984 年版，第 369 页。

在强壮。”[1]年轻和强壮确实可以为建功立业提供更多的机会和可能，但是志气及其文学表达常常能超越年龄和精力的限制，它取决于人们建功立业和博取荣名的决心。在这一点上曹植和李白十分相像，始终都怀有从军效力的渴望，永远等待着铅刀一割的机会。这种抱负化为恒久不息的热情，涌动在他们内心，无形中延长了他们心理的青春期。

二、青春的欢乐

曹植自幼因才华出众为曹操所钟爱。曹操一度曾有立他为太子的念头，终因曹丕的阴险和曹植自己的过失而作罢。曹操死后，曹植失去庇护，从此处于兄、侄辈的猜忌和排挤中，彷徨无助，迁徙不宁。少年得宠的佻达和失宠后的抑郁，形成他生活经历中两个反差强烈的阶段，而青春的欢乐和苦闷也构成他诗歌的两大主题。这两大主题，曹植都是诗歌史上的创始者。在他之前，诗歌的个人化写作原本不多，具名的作者更少，享年不永而又留下丰富作品的曹植就历史地成了青春主题的第一个书写者。

自周代以来，受统治者敬天保民的意识和儒家礼仪规范的束缚，中国人士大夫养成谨言慎行、温良恭敬的风度，加上社会缺少体育、娱乐等群众性的狂欢形式，我们从古籍中读到的古人似乎都是褒衣大祒、少年老成的形象，看不到青春年少的放纵和逸乐。如果没有《诗经》里狡童、静女的“伊其相谑”，我们几乎要怀疑古人是否有血气方刚的青春年华存在。沿着历史时代回溯，我发现对青春主题的全面书写，竟然要到曹植才开始，其标志就是他的作品中出现了最早的描绘少年游乐的作品。

曹植因身为贵胄，长于京城，自幼置身于繁华的都市之

① 徐元美《艾言》，王晫、张潮《檀几丛书》二集，上海古籍出版社 1992 年影印本。

中，大多数诗作都有一个鲜明的都市文学背景，而且明显继承了战国文学中城市书写的传统。这只要将《游观赋》“静闲居而无事，将游目以自娱。登北观而启路，涉云际之飞除。从罴熊之武士，荷长戟而先驱。罢若云归，会如雾聚，车不及回，尘不获举。奋袂成风，挥汗如雨”[①]一段，与《战国策·齐策一》描绘都城繁盛景象的文字略加对照就知道了。都城对于普通人来说是政治、文化和商业中心，意味着帝王的威严和经济的繁荣；而在曹植眼中，满目“窈窕淑女美胜艳，妃戴翡翠珥明珠”的京城（杜笃《京师上巳篇》），首先是少年驰逐声色的场所。他笔下的《名都篇》简直就是他少年生活的自述：

名都多妖女，京洛出少年。宝剑直千金，被服丽且鲜。斗鸡东郊道，走马长楸间。驰骋未能半，双兔过我前。揽弓捷鸣镝，长驱上南山。左挽因右发，一纵两禽连。余巧未及展，仰手接飞鸢。观者咸称善，众工归我妍。我归宴平乐，美酒斗十千。脍鲤臇胎鰕，炮鳖炙熊蹯。鸣俦啸匹侣，列坐竟长筵。连翩击鞠壤，巧捷惟万端。白日西南驰，光景不可攀。云散还城邑，清晨复来还。[②]

从《名都篇》的标题看，应该属于乐府体裁，但诗取第一人称的视角叙述，又不同于传统的乐府体裁。乐府一般是以第三人称叙事的，像后来卢照邻的《长安古意》等，都像个局外人那样冷眼旁观。而曹植以第一人称叙事，就无争议地成了诗的主人公，也即京城这个舞台的主角。诗中竭尽铺张之能事，大肆描写自己奢华的游猎和飨宴，声色驰逐中还不忘展示自己骄人的武艺

① 赵幼文《曹植集校注》，人民文学出版社 1984 年版，第 66 页。
② 赵幼文《曹植集校注》，人民文学出版社 1984 年版，第 484—485 页。

和技能。“白日西南驰”两句隐约地流露出时间的焦虑，但一笔带过，没有影响全诗浓烈的贵游气氛和享乐情调。诗结束于日复一日、无忧无虑的少年逸乐生活，完成了翩翩佳公子的自画像。

曹植自幼就生活在名都洛阳，出则游乐，居则飨宴，声色娱情、诗征酒逐是日常生活的主要内容，自然也成为诗文的重要素材。《酒赋》写道：“尔乃王孙公子，游侠翱翔，将承芬以接意，会陵云于朱堂。献酬交错，宴笑无方。于是饮者并醉，纵横喧哗，或扬袂屡舞，或叩剑清歌；或嚬蹴辞觞，或奋爵横飞，或叹骊驹既驾，或称朝露未晞。”[①]赋里提到了游侠，但像他这样的贵公子又有什么行侠的机会呢？除了《白马篇》那种虚拟的侠客形象，他的日常生活不外乎就是《名都篇》所写的游猎宴饮而已。除了《芙蓉池》《登台赋》等流连光景之作，他还曾在《斗鸡》一诗中叙述了这种典型的公子哥儿的玩乐：“游目极妙伎，清听厌宫商。主人寂无为，众宾进乐方。长筵坐戏客，斗鸡观闲房。”[②]诗中提到他厌倦了听音乐，宾客就找来斗鸡这个乐子，似乎当时他身边颇有一批帮闲的清客。为此他专门写有一篇《娱宾赋》，叙述和这些人游处的快乐：“遂衎宾而高会兮，丹帏晔以四张。办中厨之丰膳兮，作齐郑之妍倡。文人骋其妙说兮，飞轻翰而成章。谈在昔之清风兮，总贤圣之纪纲。欣公子之高义兮，德芬芳其若兰。扬仁恩于白屋兮，逾周公之弃餐。听仁风以忘忧兮，美酒清而肴甘。”[③]就这样，游览、娱戏和宴饮构成了曹植生活的主要内容。宴饮还伴有文人清谈和即兴的诗文创作，建安文人留下的文学作品多半是在这种场合写作的。

曹丕《与吴质书》曾回忆：“昔日游处，行则连舆，止则接席，何曾须臾相失？每至觞酌流行，丝竹并奏，酒酣耳热，仰而

① 赵幼文《曹植集校注》，人民文学出版社1984年版，第125页。
② 赵幼文《曹植集校注》，人民文学出版社1984年版，第1页。
③ 赵幼文《曹植集校注》，人民文学出版社1984年版，第47页。

赋诗。当此之时，忽然不自知乐也，谓百年已分可长共相保。”[①] 这种生活显然是他乐于享受并志满意足的。但曹植不一样，纵然置身于声色享乐之中，内心深处仍不能摆脱时间的焦虑。这一点后人都看得很清楚，所以谢灵运《拟魏太子邺中集诗八首·平原侯植》一首说：“公子不及世事，但美遨游，然颇有忧生之嗟。”[②]我们看《箜篌引》一诗所述：

置酒高殿上，亲友从我游。中厨办丰膳，烹羊宰肥牛。秦筝何慷慨，齐瑟和且柔。阳阿奏奇舞，京洛出名讴。乐饮过三爵，缓带倾庶羞。主称千金寿，宾奉万年酬。久要不可忘，薄终义所尤。谦谦君子德，磬折何所求。惊风飘白日，光景驰西流。盛时不再来，百年忽我遒。生存华屋处，零落归山丘。先民谁不死，知命复何忧？[③]

诗结尾的旷达，说明他终究是明白生死之理而乐天知命的。事实上，他集中虽也有《游仙》《五游咏》《飞龙篇》《驱车篇》等游仙之作，脱弃轩冕，向往仙界，高唱“齐年与天地，万乘安足多”（《远游篇》），试图用《古诗十九首》以来的游仙来消解忧虑，但理性告诉他：“苦辛何虑思，天命信可疑。虚无求列仙，松子久吾欺。变故在斯须，百年谁能持？”[④]［《赠白马王彪》（其七）］在青春勃发的少年时代，如果对未来充满希望，建功立业的前景仿佛在不可知的前方召唤，唾手可得，那么时间的焦虑就不会太沉重；而声色犬马的享乐，驰骋游衍的放纵，也可以成为一种对抗时间的方式，以逢场作戏、及时

① 萧统《文选》，中华书局 1987 年版，第 591 页。
② 萧统《文选》，中华书局 1987 年版，第 439 页。
③ 赵幼文《曹植集校注》，人民文学出版社 1984 年版，第 459—460 页。
④ 赵幼文《曹植集校注》，人民文学出版社 1984 年版，第 300 页。

行乐的态度流连光景，享受人生。曹植正是这样的，既然良辰不再，便要及时寻欢尽乐。于是《送应氏二首》诗云："清时难屡得，嘉会不可常。天地无终极，人命若朝霜。愿得展嬿婉，我友之朔方。亲昵并集送，置酒此河阳。中馈岂独薄，宾饮不尽觞……"[①]曹魏政权鄙弃儒学、崇尚通脱的文化习尚，无疑也助长了曹植不拘礼法、放纵享乐的倾向[②]。在《赠丁廙》一诗中，他曾公然表示对儒家礼法的蔑视，称"滔荡固大节，世俗多所拘。君子通大道，无愿为世儒"[③]。诗中大肆铺陈了宴饮之乐："嘉宾填城阙，丰膳出中厨。吾与二三子，曲宴此城隅。秦筝发西气，齐瑟扬东讴。肴来不虚归，觞至反无余。我岂狎异人，朋友与我俱……"当此之际，我们看不到那个意气慷慨的侠少子建，眼前只有纵情飨宴的陈王，后人印象中的曹植也往往与这个形象联系在一起。但这实在只是曹植的一半人生，如果他以这样的生活终老，文学史将少一个杰出的诗人。

三、青春的苦闷

争夺太子之位的失败，让曹植过早地结束了放纵的公子生活，同时对权力产生幻灭的感觉。自黄初二年（221）改封鄄城侯并就国，十一年中三徙郡，"常汲汲无欢"[④]就成了他后半生的常态。《闺情二首》虽没什么系年的线索，但看上去像是他心态转变的象征。前一首写思妇的怨慕之情，还怀有希望："人皆弃旧爱，君岂若平生。寄松为女萝，依水如浮萍。赍身奉衿带，朝夕

① 赵幼文《曹植集校注》，人民文学出版社 1984 年版，第 4 页。
② 关于曹魏政权的文化习尚，可参看周勋初《魏氏"三世立贱"的分析》，《文史探微》，上海古籍出版社 1987 年版。
③ 赵幼文《曹植集校注》，人民文学出版社 1984 年版，第 141 页。
④ 陈寿撰，裴松之注《三国志》，中华书局 1959 年版，第 576 页。

不堕倾。傥终顾盼恩，永副我中情。”[1]而后一首却陡然变得颓废沉溺，显出对理想和信念的绝望：

有一美人，被服纤罗。妖姿艳丽，蓊若春华。红颜韡晔，云髻嵯峨。弹琴抚节，为我弦歌。清浊齐均，既亮且和。取乐今日，遑恤其他。[2]

《曹子建集》中经当代学者考定为被贬后所作的诗文，已很少有建安之作那种游宴逸乐的内容，倒不乏忏悔之情。屈于环境的逼迫，曹植不得不努力做出一副悔过自新的姿态，内心虽惘惘不甘，却又不能不绝望而至于消极，于是就有了《玄畅赋》这样的反省一身所历而归于消沉隐遁的情调：“侥余生之幸禄，遘九二之嘉祥。上同契于稷卨，降合颖于伊望。思荐宝以继佩，怨和璞之始镌。思黄钟以协律，怨伶夔之不存。嗟所图之莫合，怅蕴结而延伫。希鹏举以抟天，蹶青云而奋羽。企驷跃而改驾，任中材之展御。望前轨而致策，顾后乘而安驱。匪逞迈之短修，长全贞而保素。弘道德以为宇，筑无怨以作藩。播慈惠以为圃，耕柔顺以为田。”[3]《潜志赋》也说：“退隐身以灭迹，进出世而取容。且摧刚而和谋，接虔肃以静恭。亮知荣而守辱，匪天路以为通。”以往快意恣肆的游览，虽还为他所眷恋，但已不得不改弦更张，换作《节游赋》自诫的主题，归于敬天自律的传统观念：“念人生之不永，若春日之微霜。谅遗名之可纪，信天命之无常。愈志荡以淫游，非经国之大纲。”尽管中间对游衍的铺张描写仍不无汉赋“讽一劝百”的味道，客观上渲染了笙歌美酒的遨

① “君岂若平生”，四库全书本“若”作“忘”，于义为长。引自赵幼文：《曹植集校注》，人民文学出版社 1984 年版，第 515 页。

② 赵幼文《曹植集校注》，人民文学出版社 1984 年版，第 516 页。

③ 赵幼文《曹植集校注》，人民文学出版社 1984 年版，第 242 页。

游之乐，但毕竟已不同于少年时代的放纵逸乐。心境不同，作品的基调就大不一样了。

曹植最终也未能得到兄、侄辈的信任，“抱利器而无所施”[①]，不得不在忧谗畏讥的郁郁寡欢中度过余生。他由此成为屈原以后文学史上第一个刻意抒写怀才不遇之感的诗人，围绕着这一主题形成的一系列歌咏，贯穿着他全部的青春意识，较之前贤后圣更有一种特殊的心态史意味。《薤露行》本是挽歌体裁，曹植的主题却由伤悼引向了志气的摅发，神情激越：

天地无穷极，阴阳转相因。人居一世间，忽若风吹尘。愿得展功勤，输力于明君。怀此王佐才，慷慨独不群。鳞介尊神龙，走兽宗麒麟。虫兽犹知德，何况于士人？孔氏删《诗》《书》，王业粲已分。骋我径寸翰，流藻垂华芬。[②]

由“愿得展功勤，输力于明君”的口吻来看，诗应作于曹丕执政以后。比起向杨修陈述的三个志愿来，对施展王佐之才他明显已灰心，于是转而将志向定位于第二志愿修史。但这又岂是一厢情愿就能实现的？

曹植的不遇之感，远非到后来备遭打击才深切地体会到。建安十九年（214），曹操挥师东征孙吴，曹植留洛阳“典禁兵卫宫省”，虽然他心怀“神武一举，东夷必克”的振奋，但作《东征赋》仍隐约流露出不得施展才能的遗憾：“登城隅之飞观兮，望六师之所营。幡旗转而心异兮，舟楫动而伤情。顾身微而任显兮，愧责重而命轻。”[③]除了直接抒发不得为国效力的憾恨之情，曹植还继承了《楚辞》香草美人的象喻传统，用男女关系来

① 陈寿撰，裴松之注《三国志》，中华书局 1959 年版，第 565 页。
② 赵幼文《曹植集校注》，人民文学出版社 1984 年版，第 433 页。
③ 赵幼文《曹植集校注》，人民文学出版社 1984 年版，第 63 页。

隐喻君臣，凡《杂诗》及写到怨妇独守空闺的作品，几乎都有可解释为不遇之恨的理由。而《杂诗》（其四）则是最明显的一篇：

南国有佳人，容华若桃李。朝游北海岸，夕宿潇湘沚。时俗薄朱颜，谁为发皓齿？俯仰岁将暮，荣曜难久恃。[①]

这是典型的寓言化的作品，以美人盛年不偶、虚度青春隐喻自己的怀才不遇。虽然“时俗薄朱颜”句充满对时俗的鄙夷和自我肯定的意味，但末句终究流露出抑制不住的焦虑。曹植一再用类似的隐喻来表达这种时不我待的焦虑，足见他于此感触之深。《感婚赋》云：“悲良媒之不顾，惧欢媾之不成。慨仰首而太息，风飘飘以动缨。”[②]同样是取盛年不偶的隐喻，但更具体到婚媾，由此又派生出《愍志赋》的隐喻：“登高楼以临下，望所欢之攸居。去君子之清宇，归小人之蓬庐。欲轻飞而从之，迫礼防之我拘。”[③]赋里的女主人公虽得出嫁，却所适非偶，难以挽回命运的遗憾，因此作品的核心仍落在小序“时无良媒，礼不成焉”两句。这似乎又是在忧惧：若无正常出路，不知会沦落到什么下场。

由于自己常怀不遇之感，曹植也特别能体会他人的类似心情。试读一读《赠丁仪》诗：“在贵多忘贱，为恩谁能博！狐白足御冬，焉念无衣客！思慕延陵子，宝剑非所惜。子其宁尔心，亲交义不薄。”[④]足见曹植虽养尊处优，却能设身处地分享文士丁仪的贫寒，“慰藉深至，而己之困厄无聊自见”[⑤]（乔亿《剑

① 赵幼文《曹植集校注》，人民文学出版社 1984 年版，第 387 页。
② 赵幼文《曹植集校注》，人民文学出版社 1984 年版，第 31 页。
③ 赵幼文《曹植集校注》，人民文学出版社 1984 年版，第 32 页。
④ 赵幼文《曹植集校注》，人民文学出版社 1984 年版，第 129 页。
⑤ 郭绍虞《清诗话续编》，上海古籍出版社 1983 年版，第 1077 页。

溪说诗》卷上）。其间除了出自对弱者的同病相怜之情，不也有着深刻的自我反省能力与推己及人的仁厚襟怀吗？

在屈原的作品中我们已看到，对时间的焦虑肇始于人生目标的确立，而人生目标的确立又与个人意识的觉醒有关。意识到自己的特别，优异于众人，是个人意识的开始，同时也是人生痛苦的根源——没有优越感就没有野心，人生目标的确立总是伴随着自信和骄傲。读曹植的诗文，自信是无处不在的，这就注定他遭受挫折后，会更强烈地感到焦虑。碌碌无为和虚度青春，让他对时间的流逝倍加感伤。无论是《箜篌引》“惊风飘白日，光景驰西流。盛时不再来，百年忽我遒”的夸张表现，还是《愁思赋》“居一世兮芳景迁，松乔难慕兮谁能仙”的绝望结论，都不同于当时流行的人生无常感，而更与虚度年华的憾恨联系在一起。《感节赋》乃是摅写这种感触最为深刻动人的一篇作品。“感节”即感时，是魏晋时期很流行的主题，也是那个时代普遍的悲怆情怀的集中表达！[①]曹植此赋由“冀消日忘忧”[②]开篇，然而登高四望，感物增思，阳春之景非但不足以遣怀，适足引愁助恨。不论是随飞蓬远飘，还是从飞鸟高翔，皆属虚妄之想；寿非金石，百年倏忽，怀古抚今，无以自解，只能流连感伤，凄怆心惊。这种情绪我们在陆机的诗赋中随处可见，但曹植言外更有一种难以诉说的悲哀，那就是孤独。赋虽开篇就说“携友生而游观”，但不久便陷入个人的独白中，再没有与他人的交流和对理解的呼唤。置身于宾客的包围中，却仿佛决然独处，伶俜无友。这种孤独感加剧了他对时间和生命的悲哀体验。

曹植虽贵为藩王，但因见弃于文帝和明帝，一再迁徙，境遇形同软禁。自丁氏兄弟被杀，身边再无可亲信之人。《求通亲亲

① 参看蒋寅《言志·感物·缘情——有关诗歌观念转变的考察》，《古典诗学的现代诠释》（增订本），中华书局2009年版。

② 赵幼文《曹植集校注》，人民文学出版社1984年版，第141页。

表》自陈："至于臣者，人道绝绪，禁锢明时，臣窃自伤也。不敢乃望交气类，修人事，叙人伦。近且婚媾不通，兄弟永绝，吉凶之问塞，庆吊之礼废，恩纪之违，甚于路人；隔阂之异，殊于胡越。"由此可见，其境况绝非一般的孤寂和不自由，"每四节之会，决然独处，左右唯仆隶，所对惟妻子，高谈无所与陈，发义无所与展，未尝不闻乐而拊心，临觞而叹息也！"[①]为此他诗中常常流露出难言的孤独感。《美女篇》主题虽接近前引《杂诗》（南国有佳人）一篇，但情调是无比的孤独：

容华耀朝日，谁不希令颜。媒氏何所营，玉帛不时安。佳人慕高义，求贤良独难。众人徒嗷嗷，安知彼所观？盛年处房室，中夜起长叹。[②]

前诗着重表现美而见遗，此诗则着重表现佳偶难觅，言外更有曲高和寡的深刻悲哀。此外像《幽思赋》这样的题材，一般表现隐逸之致，但曹植归结于无法诉说的孤独："仰清风以叹息，寄余思于悲弦。信有心而在远，重登高以临川。何余心之烦错，宁翰墨之能传。"[③]还有《闲居赋》，同样也结束于无可与语的孤寂之感："何吾人之介特，去朋匹而无俦。出靡时以娱志，入无乐以消忧。何岁月之若骛，复民生之无常。感阳春之发节，聊轻驾之远翔。"[④]至于《杂诗》一类直抒胸臆之作，就更不用说了："悠悠远行客，去家千余里。出亦无所之，入亦无所止。"[⑤]这种与他身份很不相称的无可归依之感，不用说是精神孤

① "殊于胡越"，"胡"原作"吴"，据《文选》改。引自赵幼文《曹植集校注》，人民文学出版社 1984 年版，第 436—437 页。

② 赵幼文《曹植集校注》，人民文学出版社 1984 年版，第 385 页。

③ 赵幼文《曹植集校注》，人民文学出版社 1984 年版，第 141 页。

④ 赵幼文《曹植集校注》，人民文学出版社 1984 年版，第 130 页。

⑤ 赵幼文《曹植集校注》，人民文学出版社 1984 年版，第 512 页。

独的象征，是青春固有的孤独感中更复杂的心理经验。

正像前引《感节赋》所示，曹植身边不是没有宾客，但他觉得这些人根本无法理解自己内心的忧伤。《言志》说："庆云未时兴，云龙潜作鱼。神鸾失其俦，还从燕雀居。"[①]这应该是他对自身境遇的真实写照。正因为摆脱不了孤独，曹植诗文中始终流露出对友谊的渴望。从曹植诗文和传记来看，他亲近的朋友好像不多，杨修（175—219）应该算一个，后来却被曹操杀掉；王粲（177—217）看来也是比较亲近的，《赠王粲》倾诉了一种只有他们彼此才能意会的曲衷：

端坐苦愁思，揽衣起西游。树木发春华，清池激长流。中有孤鸳鸯，哀鸣求匹俦。我愿执此鸟，惜哉无轻舟。欲归忘故道，顾望但怀愁。悲风鸣我侧，羲和逝不留。重阴润万物，何惧泽不周？谁令君多念，自使怀百忧。[②]

诗中的孤鸳鸯形象及其喻指今已难得确解，但其中必隐含复杂的人际关系及彼此共同的体验，则是毫无疑问的。自建安二十二年（217）王粲病故后，除丁氏兄弟之外，就再无人可诉心腹。《朔风》完全是他晚年境遇的一个隐喻："秋兰可喻，桂树冬荣。弦歌荡思，谁与消忧！临川慕思，何为泛舟！岂无和乐，游非我邻。谁忘泛舟，愧无榜人！"[③]情如手足的亲人、朋友都已逝去，君主嫌忌未休，所与游处之辈无可言者。曹植最终实际上是陷于一个无君可事、无业可为、无人可友的境地，许多作品都表现出进退无据的绝望。

曹植不少作品从题目看像是咏物或乐府，而内容却指向同一

① 赵幼文《曹植集校注》，人民文学出版社 1984 年版，第 539 页。
② "欲归忘故道"，"故"原作"古"，据《文选》改。引自《曹植集校注》，第 29 页。
③ 赵幼文《曹植集校注》，人民文学出版社 1984 年版，第 173 页。

个方向——自身境遇。如《种葛篇》《浮萍篇》用男女始亲终疏来比喻自己被抛弃的经历；《蝉赋》《鹦鹉赋》等写以美质而见逼，本清心寡欲却无端受到迫害的境遇。《磐石篇》写无所逃于天地之间的绝望："仰天长叹息，思想怀故邦。乘桴何所志，吁嗟我孔公！"①《怨歌行》又借吟咏历史上周公的遭际祈望免于猜忌。《离缴雁赋》虽幸雁得免于鼎镬，"于是纵躯委命，无虑无求，饥食稻粱，渴饮清流"②，但他同时也清楚这是很难实现的奢望。《吁嗟篇》用寓言的方式写自己谪迁不定，无可归依的命运：

飘飖周八泽，连翩历五山。流转无恒处，谁知吾苦艰！愿为中林草，秋随野火燔。糜灭岂不痛，愿与株荄连。③

因一直遭到猜忌，曹植许多作品都用咏史、寓言的比兴手法来表现。只有《临观赋》这类即事之作，才明白诉说内心彷徨失据的情态，但仍摆脱不了固有的象征倾向：

乐时物之逸豫，悲予志之长违。叹《东山》之诉勤，歌《式微》以咏归。进无路以效公，退无隐以营私。俯无鳞以游遁，仰无翼以翻飞。④

这只能说曹植内心所有的感触都已凝结为一种固定的心境，无论涉笔什么题材，随处都会流露出来。清代批评家乔亿曾说："陈思篇什既富，端绪纷然，大旨不越《求自试》《通亲亲》二表意，至《远游》《游仙》等篇，盖亦幽愁忧思而作，其

① 赵幼文《曹植集校注》，人民文学出版社 1984 年版，第 261 页。
② 赵幼文《曹植集校注》，人民文学出版社 1984 年版，第 101 页。
③ 赵幼文《曹植集校注》，人民文学出版社 1984 年版，第 383 页。
④ 赵幼文《曹植集校注》，人民文学出版社 1984 年版，第 505 页。

词旷以荡，其情怆以悲。”[①]如果我们要看曹植忧愁哀怨情绪的集中表达，读一下《九愁赋》就足够了。但若要认识曹植诗歌的艺术特征，理解曹植对阮籍以降的后代诗人的影响，就必须研究和熟悉他的全部作品。

及时行乐和建功立业是曹植诗文也是建安文学中两个最常见的醒目主题，二者交织成“建安风骨”悲歌慷慨的复调色彩，豪迈与悲慨相兼，放达与绝望并存，时而互相交融，时而又互相转化，其分际往往只在一念之间，全然取决于作者写作时的心态。建功立业虽是个人目标，但具有一种合目的性，因此不完全是个人意识，它同时还带有普遍意义的价值追求，也可以说是一种群体性的社会意识。在世道和个人境遇都顺泰时，这种社会意识会成为社会的主流意识；但一旦遇到社会环境和个人境遇不顺泰，这条路走不通，群体的社会意识就会消沉，个人意识会向反社会的方向去。曹植在遭受政治打击后，有《矫志》诗自诫，力图转变不理性的想法和心态：“芳树虽香，难以饵烹；尸位素餐，难以成居。磁石引铁，于金不连；大朝举士，愚不闻焉。抱璧途乞，无为贵宝；履仁遘祸，无为贵道。鹓雏远害，不羞卑栖；灵虬避难，不耻污泥。都蔗虽甘，杖之必折；巧言虽美，用之必灭。”[②]诗中自诫不必坚持理想，不必为行道而贾祸，要学鹓雏、灵虬那样全身远害。很显然，这“不羞卑栖”“不耻污泥”的姿态，正是后来阮籍“招摇安可翔，不若栖树枝”［《咏怀》（其四十六）］的苟生之志的先声。

尽管如此，这些作品并没有改变曹植后半生的命运，甚至也没能改变他以往作品留给人的印象。无论他后来写了多少悔恨、反省和自诫的作品，要向人们表达什么样的意愿，他都给

① 乔亿《剑溪说诗》卷上，郭绍虞《清诗话续编》，上海古籍出版社 1983 年版，第 1076—1077 页。

② 赵幼文《曹植集校注》，人民文学出版社 1984 年版，第 141 页。

后人留下了“昔日陈王宴平乐，斗酒十千恣欢谑”（李白《将进酒》）的放浪形象。只有很少一部分境遇相同的人，比如阮籍，才能体会到他的苦情。通常人们一想到曹植，脑海中出现的不会是那个抑郁无聊的文人形象，而总是走马长楸、斗酒平乐的少年王子，才高八斗，意气勃发，笑傲谑浪，神采飞扬。由于有《名都篇》《斗鸡》《白马篇》《赠白马王彪》这些诗篇，曹植首次在诗歌中留下了青春和理想的颂歌，享乐和放浪的主题，年轻的陈王成为古典诗歌中最初的青春形象，也因此成为青春年少的象征和青春主题的标志。

［原载《西北大学学报（哲学社会科学版）》2010年第1期］

曹植与甄妃的学术公案

——《文选·洛神赋》李善注辨析

◎傅　刚

关于《洛神赋》中的洛神是甄妃的说法，影响最大的资料来源是《文选》李善注。李善注说："《记》曰：魏东阿王，汉末求甄逸女，既不遂。太祖回，与五官中郎将。植殊不平，昼思夜想，废寝与食。黄初中入朝，帝示植甄后玉镂金带枕，植见之，不觉泣。时已为郭后谗死，帝意亦寻悟，因令太子留宴饮，仍以枕赉植。植还，度轘辕，少许时，将息洛水上，思甄后。忽见女来自云：'我本托心君王，其心不遂。此枕是在我家时从嫁，前与五官中郎将，今与君王。遂用荐枕席，欢情交集，岂常辞能具。为郭后以糠塞口，今被发，羞将此形貌重睹君王尔。'言讫，遂不复见所在，遣人献珠于王，王答以玉佩，悲喜不能自胜，遂作《感甄赋》。后明帝见之，改为《洛神赋》。"此说之荒诞无稽，历代学者续有辩证。清人何焯《义门读书记》卷四十五说："植既不得于君，因济洛川，作为此赋，托辞宓妃，以寄心文帝，其亦屈子之志也，自好事者造为感甄无稽之说，萧统遂类分入于情赋，于是植几为名教罪人，而后世大儒如朱子者，亦不加察，于众恶之余，以附之楚人之词之后，为尤可悲也已。"何焯认为《洛神赋》是曹植寄托之作，同时他又援据史实，考证注文的荒诞无稽说："按《魏志》，后三岁失父，后袁绍纳为中子熙妻。曹操平冀州，丕纳之于邺，安有子建尝求为妻之事？小说家不过因赋中‘愿诚素之先达’二句而附会之。注又曰：‘黄初中入朝，帝示植甄后玉镂金带枕，植见之，不觉流涕。时已为郭后谗死，帝意亦寻悟，因令太子留宴饮，仍以枕赉植。’按，示枕赉枕，里老之所不为，况帝又方猜忌诸弟？留宴从容，正不可得，感甄名赋，其为不恭！夫岂特酗酒悖慢劫胁使者之可比耶？注又曰：‘此枕是我在家时从嫁，前与五官中郎将，今与君王。’按数语俚俗，不复有文义。注又曰：‘遣人献珠于王，王答以玉佩。’按此二句因‘玉佩明珰之文’而附会者，然忘其尚有‘抗琼珶以和余’句，何也？”何焯从史实和情理方面考订其事之不可能，确为卓见。然其称萧统编《文选》因好事者造为感甄无稽之说，而遂类分入于情赋，则将感甄说提前到了萧统之前，是不符合事实的。《洛神赋》之寓有寄托，是后人研究曹植作品得出的结论，但在当时，人们还是将它简单地视作言情的，如顾恺之作《洛神赋图》，就是以曹植与宓妃的人神爱情故事为题而画。所以萧统才将曹植的《洛神赋》置于楚人宋玉之后，名列赋选的最后一篇。

然而李善为何用此注呢？清人何琇《樵香小记》说：“李善注《文选》，字字必著其出典。惟《洛神赋》注感甄事，题为《传》曰，究不知为何传也。”对李善未出示来源，表示困惑。其实，这是后人援小说家文字，阑入李善注，并非李善原文。按，《文选》载有此注者，今仅见宋尤袤刻本，其他的六家本、六臣本均无此注。胡克家《文选考异》说：“此二百七字，袁本、茶陵本无。案：二本是也。此因世传小说有《感甄记》，或以载于简中而尤延之误取之耳。何尝驳此说之妄，今据袁、茶陵本考之，盖实非善注。又案：后注中此言微感甄后之情，当亦有误字也。”胡克家认为这个注是尤袤所加，非李善原注。这个看法是对的，今传各本均无此注可证，但说是尤袤所加，也不是事实。早于尤袤的姚宽，在《西溪丛语》卷上亦曾引用过此注，可见尤袤也是有底本的。这则注释的材料根据现存的版本，可以断为是后人所加，像这样阑入并被后人认为是李善注的内容，在今传李善注本中是很多的，所以清代学者用了毕生的精力来清理李善注，以图恢复李善注原貌。应该说清代学者做出了非常卓越的贡献，为我们当代学者的研究打下了良好的基础。但是版本之复杂，就在于不见到原本，无论多么精深的理校，都不一定正确。即如胡克家约请顾广圻所作的《文选考异》说，其中还是有许多误判的地方。因为顾广圻所能见到的版本，宋版仅有南宋尤袤的刻本，至于再早的北宋国子监本，以及最早合并六家的秀州州学本、明州本、赣州本，都无法见到，更不用说发现于二十世纪末日本藏的唐写本《文选集注》了。即如这条材料，我们可以肯定说是后人所阑入，也有版本来证明，但是就在《洛神赋》文中有一句："恨人神之道殊兮，怨盛年之莫当。"现在所有的《文选》版本李善注都这样注："盛年谓少壮之时，不能得当君王之意，此言微感甄后之情。"这"微感甄后之情"，显然也是后人阑入的，但就我们能够见到的版本，都有这条注文，可见它的阑入时间，可能还要早。胡克家《文选考异》认为这条注文有误字，其实当是后人阑入的文字。

关于曹植感甄的传说，并不始于宋人，胡克家说此注出于小说《感甄记》，但到底是哪一种小说，则不甚清楚。姚宽说裴铏《传奇》载有《感甄赋》，裴铏《传奇》今佚，仅《太平广记》中录有数篇。《太平广记》卷三百一十一"萧旷"条引《传记》[1]一篇，说：“太和处士萧旷，自洛东游至孝义馆，夜憩于双美亭。时月朗风清，旷善琴，遂取琴弹之。夜半调甚苦，俄闻洛水之上有长叹者，渐相逼，乃一美人。旷因舍琴而揖之曰：‘彼何人斯？’女曰：‘洛浦神女也。昔陈思王有赋，子不忆与？’旷曰：‘然。’旷又问曰：‘或闻洛神即甄皇后谢世，陈思王遇其魄于洛滨，遂为《感甄赋》，后觉事之不正，改为《洛神赋》，托意于宓妃，有之乎？’女曰：‘妾即甄后也，为慕陈思王之才调，文帝怒而幽死，后精魄遇王洛水之上，叙其冤抑，因感而赋之，觉事不典，易其题，乃不谬矣。”这个故事较尤刻本《文选》李善注引更为完整，不过《太平广记》是北宋初年所编，所引材料当出自唐人，说明唐人已经开始流传这个故事了。姚宽说裴铏《传奇》所载《感甄记》，文字浅俗，不可信，是对赋入《传奇》表示不可信为唐人所作，还是对这个故事不可信呢？观其下句说：“元微之《代曲江老人百韵》有‘班女恩移赵，思王赋感甄’，何也？”似乎对唐人已经出现这个传说表示不可理解。元稹是中唐时人，则见在中唐时已经流传曹植和甄妃的爱情故事了。在元稹之后，李商隐也有关于这个传说的描写，李商隐《东阿王》（《全唐诗》卷五百四十)写道：“国事分明属灌均，西陵魂断夜来人。君王不得为天子，半为当时赋《洛神》。”又《无题》（《全唐诗》卷五百三十九）：“飒飒东风细雨来，芙蓉塘外有轻雷。金蟾啮锁烧香入，玉虎牵丝汲井回。贾氏窥帘韩掾少，宓妃留枕魏王才。春心莫共花争发，一寸相思一寸灰。”以上材料都说明在中晚唐时这个故事已经广

① 李时人《全唐五代小说》卷六五《笺》说，谈恺刻本误作出《传记》，野竹斋沈氏钞本作《传奇》。《类说》卷三十二节引，题《洛浦神女感甄赋》。《绀珠集》卷十一节题《感甄赋》。《古今说海》说渊卷二题《洛神传》，不署撰人。王铚《默记》卷下：“裴铏《传奇》曰：陈思王《洛神赋》乃思甄后作也。”姚宽《西溪丛语》卷上：“裴铏《传奇》载《感甄赋》之因，文字浅俗，不可信。”皆指本篇。所引各家均以为本篇即姚宽所说之《感甄赋》。

泛流传了。中唐之前，我们见到李白也写过这样的题材，其《感兴》（其一）（《全唐诗》卷一百八十三）：“洛浦有宓妃，飘飖雪争飞。轻云拂素月，了可见清辉。解佩欲西去，含情讵相违。香尘动罗袜，绿水不沾衣。陈王徒作赋，神女岂同归。好色伤大雅，多为世所讥。”但这首诗并没有说宓妃就是甄妃，李白只是就《洛神赋》发表感慨而已，则见感甄说在盛唐时还未见流传。以上是目前我们能够见到最早的有关感甄的材料，发生在中唐时期。此外，魏晋以来的诗、文，似乎都没有记载这种传说，南北朝流传的小说，比如专写佚事的《世说新语》，也没有记载。是唐人开始对名人的风流倍加注意了，还是因为曹植和甄妃的遭遇受到后人的同情，一个诗人，一个美女，于是开始产生这样的传说。

就目前所能见到的材料看，我们能够得出的结论就是这个传说产生在中唐时期。这个时期是安史之乱之后，百姓饱受流离，于是在乱世之后的安定生活中，开始酝酿起世俗的爱情理想，这个时候产生的各种传奇正是这个背景下的产物。如李隆基与杨贵妃的爱情故事，就是一个鲜明的证明。杨贵妃本来被唐代的百姓视为祸国的女子，所以才有马嵬坡兵变，逼玄宗赐贵妃自缢之事。但到了中唐时期，李、杨二人竟得到了民间的同情，他们的故事亦被描绘为绮丽感人的爱情传奇，于是出现了《长恨歌传》传奇和《长恨歌》诗，所谓“白头宫女在，闲坐说玄宗”，这个闲坐之说，是人们对盛唐时的追忆和留恋，而李、杨二人正是过去繁华时光的代表人物。曹植与甄妃的爱情，当亦从这个历史背景中产生。

但是，追究历史的痕迹，似乎又并不像以上所说的那样，我们发现至少在东晋时已经暗示出曹植和甄妃的联系，这就是顾恺之的《洛神赋》。

顾恺之《洛神赋》图，现在仅有宋人临本传世，但还是能够如神地传达了顾恺之的原貌。顾恺之画依据曹植《洛神赋》原文，构成了曹植与洛神相逢却不能相通的惆怅凄美的境界。顾恺之是否以甄妃作为洛神的原型呢？没有文字材料表明这一点，但是，我们注意到画中的洛神梳的发髻是灵蛇髻，这就暗示了洛神与甄妃的关系。据周汛、高春明《中国传统服饰形制史》说，顾恺之画《洛神赋图》，洛神梳灵蛇髻。据民间传说，灵蛇髻为甄后发明，故顾恺之所画洛神，即据甄后为原型。案，这个传说出自《邺中记》及《采兰杂志》，《邺中记》为晋陆翙所撰，《采兰杂志》阙名，则所谓甄后创灵蛇髻，可能是托名，但顾恺之确绘为灵蛇髻，亦证这一传说于东晋时已经流传。如果是这样的话，世人将曹植写《洛神赋》附会为感甄，有可能在东晋时已经产生。不过，对于这一则材料所具有的意义，我们还需要更多的材料来证明它，所以，我们还是不敢遽下结论。

曹植《洛神赋》写洛神的发髻是“云髻峨峨”，形容发髻高如云，并未明说是灵蛇髻，顾恺之却将其画成灵蛇髻，是因灵蛇髻在东晋时已经广为流行而入顾恺之画中呢，还是别有暗示，则不得而知。曹植写作《洛神赋》，有些是采用了洛阳宫中的服饰，比如他写洛神“凌波微步，罗袜生尘”，沈自南《艺林汇考》卷八引《炙毂子》说：“三代谓之角袜，前后两只相成，中心系带，至魏文帝吴妃，始以绫罗裁缝为之。曹子建《洛神赋》曰：‘凌波微步，罗袜生尘。’”据此，可见曹植所写罗袜即取材于在当时刚刚流行的吴妃袜。这一点，也是非常有趣的史实。

（原载《中国典籍与文化》2010年第1期）

在汉代诗学背景下看曹丕、曹植诗歌之比较

◎汪春泓

关于诗人创作成就之高下，在读者一边，自然仁者见仁、智者见智，诗歌评价兼有客观和主观诸因素，有时意见相左，且水火不容，亦成为中国诗歌批评史上的公案。

建安文学彪炳史册，三曹、七子之盛名，成为时代的标志，而曹操之子曹丕、曹植，既为政治上的对手，又是文学上的劲敌，正因为两者均属大家，所以轩轾高低，就尤其不易。自古以来，见解纷纭，可谓莫衷一是矣。

清初王夫之《姜斋诗话》卷二《夕堂永日绪论内编》云：

建立门庭，自建安始。曹子建铺排整饰，立阶级以赚人升堂，用此致诸趋赴之客，容易成名，伸纸挥毫，雷同一律。子桓精思逸韵，以绝人攀跻，故人不乐从，反为所掩。子建以是压倒阿兄，夺其名誉。实则子桓天才骏发，岂子建所能压倒邪？故嗣是而兴者，如郭景纯、阮嗣宗、谢客、陶公，乃至左太冲、张景阳，皆不屑染指建安之羹鼎，视子建蔑如矣。降而萧梁宫体，降而王、杨、卢、骆，降而大历十才子，降而温、李、杨、刘，降而“江西宗派”，降而北地、信阳、琅邪、历下，降而竟陵，所翕然从之者，皆一时和哄汉耳。宫体盛时，即有庾子山之歌行，健笔纵横，不屑烟花簇凑。唐初比偶，即有陈子昂、张子

寿扢扬大雅。继以李、杜代兴，杯酒论文，雅称同调；而李不袭杜，杜不谋李，未尝党同伐异，画疆默守。沿及宋人，始争疆垒。欧阳永叔亟反杨亿、刘筠之靡丽，而矫枉已迫，还入于枉，遂使一代无诗，掇拾夸新，殆同觞令。胡元浮艳，又以矫宋为工。蛮触之争，要于兴、观、群、怨，丝毫未有当也。伯温、季迪以和缓受之，不与元人竞胜，而自问风雅之津。故洪武间诗教中兴，洗四百年三变之陋。是知立“才子”之目，标一成之法，扇动庸才，旦仿而夕肖者，原不足以羁络骐骥。唯世无伯乐，则驾盐车上太行者，自鸣骏足耳。[①]

王夫之此说，不可谓无见地，此是在《文心雕龙·才略》的基础上，进一步翻案，甚至说：“曹子建之于子桓，有仙凡之隔，而人称子建，不知有子桓，俗论大抵如此。”[②]关于这样的观点，今人需加以辨析。通观曹氏兄弟文章，首先，钟嵘《诗品》谓曹丕诗作，当时能见到的不过“百许篇”，而按诸姚振宗《隋书经籍志考证》卷三十九之三指出，《魏文帝集》在梁代保存23卷，而至于《宋史·艺文志》则仅残剩为1卷，明代张溥编辑《汉魏六朝百三家集》收《魏文帝集》2卷，而严可均《全上古三代秦汉三国六朝文》则编辑魏文帝文章于《全三国文》之卷四至卷八[③]；逯钦立在明人冯惟讷等人基础上辑校成《先秦汉魏晋南北朝诗》，其中魏文帝曹丕列于《魏诗》卷四，共计大约有长短不齐的诗歌作品47首，分别属四言、五言、六言、七言和杂言，可以肯定，王夫之当年所见，盖不出此47首之范围，已非宋、齐全貌

① 王夫之著，戴鸿森笺注《姜斋诗话笺注》，上海古籍出版社 2012 年版，第 105—106 页。

② 王夫之著，戴鸿森笺注《姜斋诗话笺注》，上海古籍出版社 2012 年版，第 118 页。

③ 《隋书经籍志考证》，收于《二十五史补编》第四册，中华书局 1955 年版，第 5707—5708 页。

矣[①]。而逯钦立《魏诗》卷六、卷七主要载录曹植诗作，其中保存完整的五言诗就有55首，数量远超曹丕五言之作[②]。王夫之有感于明代诗人好主持坛坫，党同伐异，故为斯论，意见较为偏激。实际上，钟嵘《诗品》专论“五言”，而曹丕最具成就的当数乐府七言，萧涤非《汉魏六朝乐府文学史》谈曹丕曰：“是故传世七言，不用兮字，且出于一人手笔者，实以曹丕《燕歌行》二首为嚆矢！萧子显《南齐书·文学传论》云：‘魏文之丽篆，七言之作，非此谁先？’”[③]然则此《燕歌行》之外，要在曹丕为数不多的五言诗中，竟然看出曹丕、曹植非但不相伯仲，而且曹丕远在其弟之上，此种裁断就有失客观。王夫之认为曹丕“精思逸韵，以绝人攀跻”，激赏其人在诗史上空前绝后，独树一帜，而追随曹植者，却代不乏人，由是即认为两者高下立判，虽借古讽今，有的放矢，却实在缺乏根据。

《世说新语·文学》第五十二条：“谢公因子弟集聚，问：‘《毛诗》何句最佳？’遏称曰：‘昔我往矣，杨柳依依；今我来思，雨雪霏霏。’公曰：‘吁谟定命，远猷辰告。’谓此句偏有雅人深致。”[④]王夫之谓：“作者用一致之思，读者各以其情而自得……‘吁谟定命，远猷辰告’，观也，谢安欣赏，而增其遐心。”[⑤]观上述曹氏兄弟之品第，显示王夫之本人作为读者，若过度地“各以其情而自得”，就会有失允当。

首先，中国诗歌历来秉承《诗》《骚》之传统，为传统承

① 逯钦立辑校《先秦汉魏晋南北朝诗》，中华书局1983年版，曹丕诗载于第389—406页。
② 逯钦立辑校《先秦汉魏晋南北朝诗》，载曹植诗于第421—464页。
③ 萧涤非《汉魏六朝乐府文学史》第三编《魏乐府——附吴》第三章《曹丕七言乐府》，人民文学出版社1984年版，第135页。
④ 刘义庆撰，杨勇校笺《世说新语校笺》，中华书局2006年版，第216页。
⑤ 《姜斋诗话》卷一《诗译》，见王夫之著，戴鸿森笺注《姜斋诗话笺注》，上海古籍出版社2012年版，第5页。

前启后，这本是诗人的荣耀，而非瑕疵。而曹丕亦并非逸韵孤响，他在诗歌史上同样具有开创之功，对此，在本文后边将会论及；其次，曹植身后，考察诗歌史上的伟大诗人，何曾“不屑染指建安之羹鼎，视子建蔑如矣”？此种叙述有违事实，颇不可信，属于无稽之谈[①]。比较曹丕、曹植诗歌的价值、地位及影响，绝不可意气用事，而今人则必须从中国诗歌发展脉络的角度，更加冷静地来审视两者的不同之处，方可最终找到实事求是的答案。

奏刀之切入点，应该在乎汉代诗学之大背景，沈德潜《古诗源》卷五指出：“孟德诗犹是汉音，子桓以下，纯乎魏响。”[②]故而，三曹是在汉魏诗歌转型期的代表诗人，自然得联系汉代诗学理论，来观照其渊源、变迁。至于汉代诗学，要以《毛诗大序》最具价值，它在《尚书·尧典》之“诗言志”说以及“孔子诗论”等儒家经典基础上，充分体现“通变”之精髓，堪谓极具推陈出新之功绩。其词曰：

《关雎》，后妃之德也……诗者，志之所之也，在心为志，发言为诗。情动于中而形于言，言之不足，故嗟叹之，嗟叹之不足，故永歌之，永歌之不足，不知手之舞之，足之蹈之也。

情发于声，声成文谓之音。治世之音安以乐，其政和；乱世之音怨以怒，其政乖；亡国之音哀以思，其民困。故正得失，动天地，感鬼神，莫近于诗。先王以是经夫妇，成孝敬，厚人伦，美教化，移风俗。[③]

上述阐释既论志，又谈情，前者阐述诗之功能，后者则发微诗之缘起，而“诗者，志之所之也”云云，一望而知，乃祖述

① 譬如传说谢灵运就曾盛赞曹子建“才高八斗”。

② 沈德潜《古诗源》，中华书局 1963 年版，第 103 页。

③ 《毛诗正义》，《十三经注疏》上册，中华书局 1980 年版，第 269 至 270 页。

《尚书·尧典》，此文最具价值者，乃在于志之外，还能看到情在《诗》中所具原动力的作用，虽未交代如何从志过渡到情，然而，“情动于中而形于言”，它与“在心为志，发言为诗”有着相提并论之地位，意识到《诗》在“言志”之余，还有“抒情”之特质，广义之诗，乃由于情之不可遏制之产物，若《诗》仅具“言志”之功效，它就只会凸显政治性、群体性之一边，未免存在“偏枯”的局限，而若有“抒情”性，则可以润泽“言志”，使《诗》兼备抒写人生和个我之悠长、低回，与“言志”之刚健、激昂，恰可互为补充，刚柔并济，相映成趣。而在经学笼罩下，汉代精英阶层之诗歌趣味偏于“言志”，短于“抒情”，而作为开魏诗之风气的曹丕、曹植，也正好代表着“抒情”和“言志”之两端，于是，若要轻易品评其高下，则确实有简单化之嫌疑。因此，以下分别为之剖析，从而彰显二曹在诗歌史上的特殊意义。

一、曹植坚守诗学传统，其诗以“言志”为主，兼顾“抒情”，体现以志帅情之特征

《魏书》记述，当曹操出征，与家人告别时，曹丕“泣而拜”，而曹植却“称述功德，发言有章”。去除阴谋论的理解，曹丕、曹植兄弟确实有性格上的差异，在情感处理上，曹丕比较人性化、世俗化，且表露自然，细腻体贴，不喜宏大叙事；而曹植则相反，他将天然感情儒家教义化，化情为志，实际上就有点儿不能善解人意，此决定了两者命运的不同，也导致他们诗风之迥别。

文学史谈曹魏时期作家，有多种称谓：魏之三祖、三曹、建安七子、曹王、曹刘，等等，而如《文心雕龙·明诗》描述建安文学“慷慨以任气，磊落以使才”，按其所指，乃三曹之曹操和

曹植，或三祖之曹操耳，曹丕并不具备此种建安风骨，而曹王（曹植、王粲）、曹刘（曹植、刘桢）则更属此种风格的典型作家。

由于曹植最终失宠于其父曹操，在兄长曹丕——篡汉之后的魏文帝，以及魏明帝的监控之下，基本失去了人身自由，曹植在《与杨德祖书》中曰："吾虽德薄，位为蕃侯，犹庶几勠力上国，流惠下民，建永世之业，流金石之功，岂徒以翰墨为勋绩，辞赋为君子哉？"[①]此段文字中，"岂徒以翰墨为勋绩，辞赋为君子哉"，这是曹植一以贯之的人生目标。故而，一旦受阻，愿望落空，壮志难酬，此种志向和怀抱就只能发泄于诗文之间，以达成内心的平衡和慰藉。曹植人生被迫局限于"寄身于翰墨，见意于篇籍"[②]，所谓画地为牢者也。所以曹植诗作均抒写其内心的呐喊，尚无暇顾及第一人称之外的人和事。英国伯特兰·罗素著《权力论》之第一章《权力欲的冲动》说："在人的各种无限欲望中，主要的是权力欲与荣誉欲。两者虽有密切关系，但并不等同……但是，获得权力往往是获得荣誉的最便捷的途径。"[③]而在权力和荣誉之间，曹植渴望得到权力，深谙权力就是一切，反之，若失去权力，则意味失去一切；而曹丕竭力限制曹植的权力欲望，甚至许诺曹植及其他士人以将来的荣誉，所谓"声名自传于后"也，这种画饼充饥的诈骗，在七子均难以接受，何况曹植呢！一旦成为曹操继承人，曹丕消减了"权力欲"所导致的焦灼感，便从一己命运的挣扎中解脱出来，自可以游目骋怀于世间百态，作隔岸观火式的欣赏、品鉴，因而与曹植的诗风迥然不同。

在先秦至两汉时期，所谓"志"，具有坚韧不拔、顽强抗争之意义，按《史记·陈涉世家》云："陈涉太息曰：'嗟乎，燕

① 萧统编，李善注《文选》卷四十二，中华书局 1977 年版，第 594 页。

② 曹丕：《典论·论文》。

③ ［英］伯特兰·罗素著，吴友三译《权力论》，商务印书馆 2012 年版，第 3 页。

雀安知鸿鹄之志哉！’”《史记·屈原列传》引淮南王刘安说：“《国风》好色而不淫，《小雅》怨诽而不乱。若《离骚》者，可谓兼之矣……推此志也，虽与日月争光可也！”可以为之佐证。故而，朱自清《诗言志辨》指出“志”就是“怀抱”①，其理解比较接近真实。此在曹植的诗文当中，处处体现其志趣。

《盘石篇》云：“仰天长叹息，思想怀故邦。乘桴何所志，吁嗟我孔公！”

《责躬》之《小序》云：“臣等绝朝，心离志绝。”

《矫志》云：“道远知骥，世伪知贤。”

《矫志》云：“仁虎匿爪，神龙隐鳞。”

《赠徐幹》云：“惊风飘白日，忽然归西山……志士营世业，小人亦不闲……慷慨有悲心，兴文自成篇。宝弃怨何人？和氏有其愆。”

《赠白马王彪》之六云：“心悲动我神，弃置莫复陈。丈夫志四海，万里犹比邻。”

《杂诗六首》云：“仆夫早严驾，吾将远行游……江介多悲风，淮泗驰急流。愿欲一轻济，惜哉无方舟。闲居非吾志，甘心赴国忧。”

《妒》云：“嗟尔同衾，曾不是志，宁彼冶容，安此妒忌。”

《言志》云：“庆云未时兴，云龙潜作鱼。神鸾失其俦，还从燕雀居。”

《洛神赋》云：“收和颜而静志兮，申礼防以自持。”②

从上述文字当中，可以体悟到曹植积极入世、期盼建功立业

① 朱自清《诗言志辨》，北京古籍出版社1956年版，第31页。

② 以上均为曹植作品，见赵幼文《曹植集校注》，人民文学出版社1984年版。

的内心世界，他不愧是曹孟德之子，与曹操之“壮心不已”[①]，堪谓一脉相承。曹植坚持“志士营世业”“丈夫志四海”“闲居非吾志”，胸襟开阔，志存高远，然而他遭遇了现实的阻碍，强势的碰撞，激发一股悲愤的力量，却更令其诗作激情饱满。所以，其作品中多有势大力沉的种种意象，譬如其《杂诗》云：

高台多悲风，朝日照北林。
之子在万里，江湖迥且深。
方舟安可极，离思故难任。
孤雁飞南游，过庭长哀吟。
翘思慕远人，愿欲托遗音。
形景忽不见，翩翩伤我心。

高台、悲风、万里、孤雁等，一起构成悲壮、哀怨之意境，而作者虽心潮澎湃，然其不屈不挠之心志却依然不减，形成孤独却执着、受压却反抗的巨大张力，笔端多次流露“悲风”一词，甚至连风卷云舒，都裹挟着其悲怆，比兴之间，真正焕发出感发意志的光芒，矢志不渝，穷且弥坚，堪谓儒家诗学“诗言志”精神之嫡传。故清潘德舆《养一斋诗话》卷一称：“然子建真《风》《雅》之苗裔，非陶公、李、杜则无媲美之人也。”[②]按《左传·昭公九年》曰：“味以行气，气以实志，志以定言，言以出令。”[③]《孟子·公孙丑》说：“夫志，气之帅也；气，体之充也。夫志至焉，气次焉。”《庄子·达生》篇云：“用志不

① 《步出夏门行》，见曹操著，中华书局编辑部编《曹操集》之《诗集》，中华书局 1959 年版，第 11 页。

② 潘德舆著，朱德慈辑校《养一斋诗话》，中华书局 2010 年版，第 11 页。

③ 左丘明撰，杜预集解，李梦生整理《春秋左传集解》，凤凰出版社 2010 年版，第 643 页。

分，乃凝于神。”陆贾《新语》卷下《怀虑》第九说：“养气治性，思通精神，延寿命者，则志不流于外。”[①]贾谊《新书》卷第八《道德说》说：“《诗》者，志德之理而明其指，令人缘之以自成也，故曰‘《诗》者，此之志者也’。”[②]《汉书·二疏传》记载：“（疏）广曰：‘……贤而多财，则损其志；愚而多财，则益其过。”综上所引，可见“志”反映诗人坚定的主体意识，具有自信、正义的品格，凝聚了儒家所肯定的高尚精神和人生信念，如《孟子》所言，人格培养，需要养气，而终究要靠“志”来为人生指出向上一路。

钟惺《古诗归》卷七云：“子建柔情丽质，不减文帝，而肝肠气骨，时有磊块处，似为过之。”由于政治处境之不同，令曹子建诗在“肝肠气骨”和“磊块”特征方面，为曹丕所不及，而这也是所谓建安风骨之主要特质。

许学夷《诗学辨体》卷四第二十三则曰：“建安七子虽以曹刘为首，然公幹实逊子建。子桓《与吴质书》称公幹‘五言诗之善者，妙绝时伦’，正以弟兄相忌故耳。”[③]由于曹植较好地处理了诗歌中志与情的融合关系，而刘桢却虽“贞骨凌霜”，“但气过其文，雕润恨少”[④]，显然存在着“言志”有余而“抒情”不足之缺失，所以子建成就当远在公幹之上。曹植诗作，主文而谲谏，俊逸而低回，钟嵘《诗品》为之推崇备至，其词曰：“其源出于《国风》。骨气奇高，词采华茂，情兼雅怨，体被文质，粲溢今古，卓尔不群。嗟夫！陈思王之于文章也，譬人伦之有周孔，鳞羽之有龙凤，音乐之有琴笙，女工之有黼黻。俾尔怀铅吮

① 陆贾著，王利器撰《新语校注》，中华书局1986年版，第129页。

② 贾谊著，阎振益、钟夏校注《新书校注》，中华书局2000年版，第324页。

③ 许学夷著，杜维沫校点《诗学辨体》，人民文学出版社1987年版，第79页。

④ 《诗品》上品之《魏文学刘桢诗》，见钟嵘著，曹旭集注《诗品集注》，上海古籍出版社1994年版，第110页。

墨者，抱篇章而景慕，映余辉以自烛。故孔氏之门用诗，则公幹升堂，思王入室，景阳、潘、陆，自可坐于廊庑之间矣。”此对照刘安所言：“《国风》好色而不淫，《小雅》怨诽而不乱。若《离骚》者，可谓兼之矣。”意指曹植五言诗作，只不过去掉了“兮”字，实质上，乃屈《骚》之同调，两者可谓异曲而同工，曹子建诗歌志、情兼得，并且属以志帅情者也，为五言诗写作树立了典范。

二、曹丕诗以情掩志，缘情婉丽，开齐梁绮靡之先声

在汉末曹魏之际，若以文人五言诗为一种诗歌体式，“诗言志”的诗多数是四言，故而，五言就算是新形式了，而曹植、曹丕作品思想、情感存有差异，然则，相对而论，曹植更属新瓶旧酒，归属“言志”的一派；而曹丕则更多属于新瓶新酒，因为他偏离了“诗言志”的儒家诗学传统，偏向乎“缘情”一路。当时，诗歌创作日益趋向泯灭志和情之界限，早在汉武帝《秋风辞》即曰：“欢乐极兮哀情多。”在诗歌中自然流露出悲情。根据王应麟《〈汉书·艺文志〉考证》（八）引吕氏说：“太乐令丞所职，雅乐也；乐府所职，郑卫之乐也。”[1]汉代音乐分雅、俗，联系乐府诗之入乐，其分野主要表现在“志”与“情”的不同。见清朱彝尊《经义考》卷九十八《诗一》记载刘歆云：“诗以言情，情者，性之符也。”[2]公然标举“诗以言情”，显然是和“诗言志”分庭抗礼，认为诗是用来抒情的，它代表了一种新的诗学观，隐约与“诗缘情”相通。钟嵘《诗品序》说：“五言居文词之要，是众作之有滋味者也，故云会于流俗。”曹

① 收录于《四库全书》卷八五《史部·目录类一》。

② 林庆彰等《经义考新校对》，上海古籍出版社 2010 年版，第 1830 页。

丕《善哉行》（其二）云：“流郑激楚，度宫中商。”反映俗乐之流行，所以，五言诗兴起，在某种意义上而论，乃俗情突破雅志，亦预兆着抒情时代的来临。

刘勰《文心雕龙·明诗》曰：“人禀七情，应物斯感，感物吟志，莫非自然。”《礼记·礼运》曰：“何为人情？喜怒哀惧爱恶欲，七者弗学而能。”所以广义的诗之抒情，相较于“诗言志”，凸显出自然的状态，甚或潜意识的流露，似乎在不经意间，吟咏内心之七情。许慎《说文解字》解释“情”为“人之阴气有欲者”[①]。所以，抒情还连带着人欲望之呈露。按《文心雕龙·明诗》曰：“大舜云：‘诗言志，歌永言’；圣谟所析，义已明矣。是以‘在心为志，发言为诗’；舒文载实，其在兹乎！诗者，持也，持人情性；‘三百’之蔽，义归无邪；持之为训，有符焉尔。”[②]刘勰回应了《毛诗大序》所涉志、情两端，关于“诗言志”，自不待言，而至于“情动于中”云云，他借鉴了“诗者，持也，持人情性”的观点，足见刘勰恪守汉儒诗学，对于诗歌抒情性心存保留，还是要以“言志”来节制“缘情”，切忌对诗歌“缘情”放任自流，以致颠覆“诗言志”的悠久传统。

而关于此种诗学新趋势，在古人论述中尚有迹可循。西晋陆机《文赋》云：“颐情志于典坟。”[③]其“情志”并举，已见端倪，并且倡言“诗缘情而绮靡”，显然对诗这一文体具有革命性的改造，“缘情”和“言志”之间的差异，相去甚远，这种差异恰好体现在曹丕、曹植兄弟的诗歌创作之中。

沈约《宋书·谢灵运传论》叙述：“周室既衰，风流弥著，屈平、宋玉，导清源于前，贾谊、相如，振芳尘于后……自

① 许慎撰，段玉裁注《说文解字注》，上海古籍出版社 1981 年版，第 501 页。
② 《诗含神雾》曰“诗者，持也，以手维持，则承负之义，谓以手承下而抱负之。”见[日]安居香山、中村璋八辑《纬书集成》，河北人民出版社 1993 年版，第 464 页。
③ 陆机著，张少康集释《文赋集释》，人民文学出版社 2002 年版，第 20 页。

兹以降，情志愈广……若夫平子艳发，文以情变，绝唱高踪，久无嗣响。至于建安，曹氏基命，二祖、陈王，咸蓄盛藻，甫乃以情纬文，以文被质。”两汉文学主要凸显《尚书·尧典》“诗言志”的传统，陆机提倡“诗缘情而绮靡”，故其所谓“情志愈广”与陆机合若符契，隐含着诗歌“言志”和“缘情”两股力量的角力，“志”者既指怫然激昂，又洋溢着心胸向外扩张的力量；而“情”者则指向内心，显得低回优柔，感触纷杂[1]。两者大致分别代表美学上“崇高”和“优美”的特点，亦适合不同之语境。尤其值得关注者，此节文字突出地叙及“若夫平子艳发，文以情变，绝唱高踪，久无嗣响”，何谓“艳发”，乃指张衡某些特定的作品，譬如，王士禛《带经堂诗话》卷一《体制类》第十则曰：“王弇州云：‘平子《四愁》，千古绝唱。’”[2]张衡《四愁诗》之一曰：“一思曰：我所思兮在太山，欲往从之梁甫艰；侧身东望涕沾翰。美人赠我金错刀，何以报之英琼瑶。路远莫致依逍遥，何为怀忧心烦劳？”[3]此作或可作多层次的解读，然而其思念美人的大胆表白，还是不容否认的。此诗遂特具风人之致，成为这个时代罕见的作品。

而曹丕诗歌在精神气韵方面恰好上承张衡的“艳发”“情变”，堪称一脉相承者也。徐祯卿《谈艺录》云：“《燕歌》开其靡。”[4]其所指不言而喻，认为六朝之“绮靡”，曹丕《燕歌行》实有肇始之功。《燕歌行》（其一）云：

秋风萧瑟天气凉，草木摇落露为霜。

① 徐祯卿撰，何文焕辑《谈艺录》云：“情者，心之精也。情无定位，触感而兴，既动于中，必形于声。”见中华书局1981年版，第765页。

② 王士禛著，张宗柟纂集，戴鸿森校点《带经堂诗话》，人民文学出版社1963年版，第24页。

③ 张衡著，张震泽校注《张衡诗文集校注》，上海古籍出版社2009年版，第3页。

④ 徐祯卿撰，何文焕辑《谈艺录》，第768页。

群燕辞归雁南翔，念君客游思断肠。
慊慊思归恋故乡，君何淹留寄他方？
贱妾茕茕守空房，忧来思君不敢忘，
不觉泪下沾衣裳。援琴鸣弦发清商，
短歌微吟不能长。明月皎皎照我床。
星汉西流夜未央。牵牛织女遥相望，
尔独何辜限河梁？

此作所营造的诗歌意境纯然是柔情思念，哀怨清婉，并与“草木摇落”的悲秋情调相结合，更凸显感人的力量，沈德潜《古诗源》的读后感曰：“和柔巽顺之意，读之油然相感。”然而，此诗关乎男女私情，却与政治无涉，属于“缘情”而非“言志”。所以在署名徐陵编《玉台新咏》中，既收录张衡的《同声歌》《四愁诗》，亦收入上述曹丕之《燕歌行》和《于清河见挽船士新婚与妻别》[①]，看来宫体艳情一派视张衡和曹丕为同调，且尊之犹如先驱。梁慧皎《高僧传》卷第十三《经师》云：“论曰：夫篇章之作，盖欲申畅怀抱，褒述情志。咏歌之作，欲使言味流靡，辞韵相属。故《诗序》云：情动于中，而形于言。言之不足，故咏歌之也……”[②]此处“篇章”大概指诗歌除外的“文”，它们亦须“申畅怀抱”，且“褒述情志”，“情”“志”尚且兼容，而诗歌则纯粹以唯美抒情为风尚，这里作者将《毛诗大序》后边部分“故变风发乎情，止乎礼义”忽略，以“缘情”诗学观遮蔽“言志”诗学传统，令“诗缘情”后来者居上，以致后之学者产生误解，如唐代孔颖达在《左传·昭公廿五年》“民有好恶喜怒哀乐，生于六气，是故审则宜

① 使用明小宛堂覆宋本，徐陵编《玉台新咏》，人民文学出版社 2010 年版。
② 慧皎著，汤用彤校注《高僧传》，中华书局 1996 年版，第 507 页。

类，以制六志”下，其《正义》曰：“此‘六志’，《礼记》谓之‘六情’，在己为情，情动为志，情、志一也。所从言之异耳。”[①]孔氏就几乎将“情”来置换“志”了，而这种置换，若在具体历史时段作考察，就并不符合实际，仅在曹丕和曹植兄弟诗歌写作中，“情”与“志”就不可混为一谈。

曹丕《陌上桑》云：“伴侣单，稍稍日零落，惆怅窃自怜，相痛惜。”

《善哉行》（其四）云：“乐极哀情来，憀亮摧肝心。”

《燕歌行》（其二）云：“展诗清歌聊自宽，乐往哀来摧肺肝。”

《黎阳作诗》曰：“彼桑梓兮伤情。”

《善哉行》（其一）云：“忧来无方，人莫之知。人生若寄，多忧何为！”

曹丕偏好抒发一种不可自持的感伤之情，哀情袭来，诗人似乎难以承受，多情缠绵，百感交集，此几乎可视作典型的文人情怀，与其政治人物理应端重的身份不相符合，方东树《昭昧詹言》卷二说：“文帝《芙蓉池》……收四句义意亦本前人习语，然足以窥其全无整躬经远之志，但极荒乐而已。”[②]此或许并非失态，而是要以“纯文学”来麻痹其他士人的政治热情，即转移或回避敏感政治话题之谓也；尤其引人注目者在于，曹丕虽然也有慷慨之作，但作品更多展现“以悲为美”的美学思想，当然，同样写悲，曹植属于悲壮与俊逸，而曹丕则显得悲伤而凄清，譬如《寡妇诗》，竟以当时副丞相的身份，在友人阮瑀死

① 孔颖达《春秋左传正义》，见《十三经注疏》本，中华书局1991年版，第2108页。

② 方东树著，汪绍楹校点《昭昧詹言》，人民文学出版社1961年版，第68页。

后，作诗玩味阮瑀妻子的悲苦之情。故而，假如其书写属于一种政治谋略，然则，无意之间却与“缘情”“绮靡”之文学路径相通，具有开六朝风气的作用。中唐白居易《与元九书》发表了极其偏激的言论，认为汉末时期“六义始缺”，至于“晋、宋以还，得者盖寡……于时，六义寖微矣”，而“陵夷至于梁陈间……于时，六义尽去矣”[①]。无论如何，此从一个侧面反映曹丕所代表的新诗风，其转移风习之力，不可谓不既深且广矣。

江淹《杂体诗序》曰：“然五言之兴，谅非夐古。但关西邺下，既已罕同；河外江南，颇为异法。”[②]此序追溯五言诗之发展，指出这是一种晚近出现的文体，然而，在关西、邺下以及河外、江南，不同时空环境之中，五言诗出现种种变异，其内在原因十分复杂，然而，诗风流转，邺下和江南并非无所关联，其间之关系，隐约看见曹丕与南朝宋齐文学存在着某种衔接性。谢榛《四溟诗话》卷一云：“陆机《文赋》曰：‘诗缘情而绮靡，赋体物而浏亮。’夫‘绮靡’重六朝之弊，‘浏亮’非两汉之体。徐昌穀曰：‘诗缘情而绮靡，则陆生之所知，固魏诗之查秽耳。’”[③]徐昌穀彻底否定陆机《文赋》所代表的诗学方向，实质上，此种观点与钟嵘《诗品》并无二致，《诗品》推崇曹植，则以曹丕为非主流，萧子显《南齐书·文学传论》曰：“少卿离辞，五言才骨，难与争骛。桂林湘水，平子之华篇，飞馆玉池，魏文之丽篆，七言之作，非此谁先。”其所谓“少卿离辞”，指李陵《与苏武诗》，“桂林湘水”，乃指张衡《四愁诗》，而“飞馆玉池”则隐喻曹丕与七子及吴质等人之交游[④]，而

① 顾学颉校点《白居易集》卷四十五《书序》，中华书局1979年版，第959页。

② 江淹撰，胡之骥注，李长路、赵威点校《江文通集汇注》卷四，中华书局1984年版，第136页。

③ 谢榛著，宛平校点《四溟诗话》，人民文学出版社1961年版，第18页。

④ 《文心雕龙·明诗》形容为：“并怜风月，狎池苑，述恩荣，叙酣宴。慷慨以任气，磊落以使才。”

此三者并列，说明萧子显也认同沈约《宋书·谢灵运传论》“平子艳发”的见解，体察曹丕诗歌趣味风格近乎李陵和张衡，所以，钟嵘《诗品》指曹丕“其源出于李陵”，并非空穴来风，只是此种判断稍嫌虚而不实，曹丕和李陵之间的渊源关系从宏观着眼，大致上基于排斥此辈于“诗言志”主流传统之外的考虑。而对此三者，沈约、萧子显及南朝其他诗学学者则特加表彰，以为弥足珍贵，其意亦在为自己张目。关于近代以来诗歌发展的趋势，沈约、萧子显和江淹之所见，大致殊途同归，其间沈约、萧子显持新变的观点，而江淹则属于调和派，足证针对当时诗歌发展，诗坛产生了意见分歧。尤其钟嵘矫矫立异，虽时人也赞美曹植诗歌成就，但他扬植而抑丕，却别有意味，昭示着对儒家诗学传统的坚守，钟嵘将所评骘的诗人分归于《国风》《小雅》及《楚辞》三个源流，而李陵、曹丕追根溯源至于《楚辞》，而非《风》《雅》，就是暗指其人其作有所不正。

关于五言诗主题，钟嵘亦崇尚抒写悲怨，然而与曹丕依然存在不同之处。在五言诗技巧方面，钟嵘认为曹植达到完美境界，而曹丕则难免尚未能找到五言诗的语言，时而琭琭如玉，时而却落落如石，显得良莠不齐，曹丕以情掩志，多写悲秋闺怨等主题，而钟嵘所提倡的“至于楚臣去境，汉妾辞宫，或骨横朔野，或魂逐飞蓬”云云，两者相较，则曹丕诗歌显得纤细柔弱，消减了钟嵘所谓“诗可以怨”的浑厚力度，实际上，其所不满于曹丕者，得无正是当时诗坛所显露出来的绮靡之风乎？

［原载《上海师范大学学报（哲学社会科学版）》2014年第1期］

曹植《白马篇》本事新说

◎王京州

一、问题的提出

曹植《白马篇》的创作有没有原型和本事呢？一般的看法是否定的。《白马篇》里的“游侠儿”形象与作者本人即具有契合性：幽并游侠儿的高超武艺和爱国精神，正合得上曹植对建功立业的渴望和憧憬，因此“自况”说一直占据主流的位置[①]。然而细绎此诗，发现很多表述隐含指向性，似非泛泛而谈。

这种指向性首先表现在两方面：一是诗中对地理方位和敌军族名的描写，具有写实的特征，主要包括“连翩西北驰”“羽檄从北来”“长驱蹈匈奴，左顾陵鲜卑”四句。其中“西北驰”“从北来”表明敌情起于北方，显然与曹植笔下的“吴国为我仇”［《杂诗》（其五）］、“擒权馘亮”（《求自试表》）等表述是“南辕北辙”的，而匈奴、鲜卑固然可能连类而及，未必全是实录，但也不至于尽出寓托。

二是诗中的细节描写十分逼真，使人身临其境，具有某种既视感。不管是描述主人公的精湛射术与骑术：“控弦破左的，右发摧月支。仰手接飞猱，俯身散马蹄”；还是描述突然降临的战

① 朱乾《乐府正义》“此寓意于幽并游侠，实自况也”的说法具有代表性，此后对《白马篇》的解读一般都采用此种说法。详参黄节《曹子建诗注》，人民文学出版社1957年版，第71页。

情：“边城多警急，虏骑数迁移。羽檄从北来，厉马登高堤”；以及诗末对捐躯报国的慷慨陈词，均像是作者在亲见某一原型或事件的基础上，再加以艺术创造的结果。

有鉴于此，学者相继对曹植《白马篇》的原型和本事进行了探索，先后形成三种说法：一是古直提出的张辽说①，二是徐公持提出的曹彰说②，三是张应斌提出的曹丕说③。前两种说法具有相似性，均将《白马篇》的发生背景置于北方的战场，徐公持还特别强调了曹彰北征代郡乌桓，“代郡属并州，在今山西省北部，自邺出发，则正当‘西北驰’”。后一种说法则滤去了战争的因素，而止于认定其为曹植在“兄长超群的骑术箭术和惊心动魄的英雄事迹”感召下的产物。与此同时，《白马篇》中还有一些重要的辞内证据，被以往的研究者忽略了。一是曲题和首句中的“白马”，除了出于同“金羁”在颜色上的搭配，具有惊艳的效果之外，是否还有特定的指向和含义？一般来说，曲名是本事记载的关键字眼，也是本事内容的精当概括。《白马篇》以首句前两字为曲题，看似是循例，实际上也蕴含了对本事的指认，需要特别予以考察。

二是“连翩西北驰”的“连翩”，具有络绎不绝、连续不断之意，《名都篇》亦写“连翩击鞠壤，巧捷惟万端”，由此则“连翩西北驰”的游侠儿并不是，至少不仅仅是孤独的将帅和英雄，此处描述的重点应是战士群体的形象。再联系“名编壮士籍，不得中顾私”，也指向普通的士兵，以及士兵群体，则对于本事的考索，似不能只瞩目于将帅。

三是“父母且不顾，何言子与妻”的描述过于激切，已不是

① 古直《曹子建诗笺定本》，《层冰堂五种》之一，中华书局聚珍仿宋本，1935年版。

② 徐公持《曹植诗歌的写作时间问题》，《文史》第6辑，第152—153页。

③ 张应斌《曹植〈白马篇〉的原型蠡测》，《汕头大学学报》2006年第6期，第41—44页。

一般意义上的英勇赴敌和奋不顾身，在某种程度上甚至背离了儒家伦理，可以说是闯入了禁区。如果说《白马篇》的原型是曹彰或曹丕，曹植怎么可能在歌颂嫡亲兄长的事迹时，掺入这种不顾父母和妻子的“愚勇”呢？

二、本事新证

近读俞绍初辑校《建安七子集》所附王粲《英雄记》，发现其中详细记载了公孙瓒的事迹，由此大胆假设公孙瓒及其组建的“白马义从”为曹植《白马篇》的原型和本事，并结合《后汉书》《三国志》等相关史料，小心求证如下：

（一）曲辞：白马饰金羁，连翩西北驰。

本事：王粲《英雄记》[①]：瓒每与虏战，常乘白马，追不虚发，数获戎捷。虏相告云：“当避白马。”因虏所忌，简其白马数千匹，选骑射之士，号为“白马义从”。一曰胡夷健者常乘白马，瓒有健骑数千，多乘白马，故以号焉。

《后汉书·公孙瓒传》：瓒常与善射之士数十人，皆乘白马，以为左右翼，自号“白马义从”。乌桓更相告语，避白马长史。乃画作瓒形，驰骑射之，中者咸称万岁。虏自此之后，遂远窜塞外。[②]

考证：《英雄记》所载包含三层含义：一是公孙瓒常乘白马，二是胡族将士常乘白马，三是公孙瓒因势利导，建立了号为

① 王粲《英雄记》又称《汉末英雄记》《英雄交争记》，该书久已亡佚，唐宋类书多有征引，《汉魏丛书》《黄氏逸书考》等据以采辑，各编为一卷（刘志伟《中国历史上第一部英雄传记——试论王粲〈英雄记〉》，《兰州大学学报》2002年第3期，第74—79页。顾农《关于王粲〈英雄记〉》，《国学》2013年第8期，第46—47页）。俞绍初先生校点《王粲集》时，收入《建安七子集》附录《建安七子杂著汇编》（中华书局2005年版，第219—261页），下引该书均据此本。

② 范晔撰，李贤等注《后汉书》，中华书局1965年版，第2359页。

"白马义从"的骑兵部队。纯色的白马在当时并非寻常，"数千"疑为"数十"之讹，《后汉书》所记更像实录。由于白马的珍稀以及"将军不敢骑白马"[①]的避忌，公孙瓒敢于突破传统，临阵而自标异，在与鲜卑、乌桓等强敌的战争中屡屡告捷。"白马义从"的命名乃以战马的颜色为标识，在当时应该是独树一帜，极为引人瞩目的。五臣之刘良在注释《白马篇》时指出"见乘白马者故有此曲"[②]，或许便是对这一本事的含糊指认。

（二）曲辞：借问谁家子？幽并游侠儿。少小去乡邑，扬声沙漠垂。

本事：《后汉书·公孙瓒传》：公孙瓒字伯珪，辽西令支人也。[③]

《三国志·蜀书·赵云传》注引《云别传》：时袁绍称冀州牧，瓒深忧州人之从绍也，善云来附，嘲云曰："闻贵州人皆愿袁氏，君何独回心，迷而能反乎？"云答曰："天下讻讻，未知孰是，民有倒县之厄，鄙州论议，从仁政所在，不为忽袁公私明将军也。"遂与瓒征讨。[④]

考证：公孙瓒本人为辽西令支人，今属河北迁安，正在古幽州的境域之内。观《赵云传》所载，知其所招募的将士也多从幽州而来，而赵云很可能便是白马义从的成员，由此推知"幽并游侠儿"的描述，是对公孙瓒及其"白马义从"籍贯的实录。

（三）曲辞：宿昔秉良弓，楛矢何参差。控弦破左的，右发摧月支。仰手接飞猱，俯身散马蹄。狡捷过猴猿，勇剽若豹螭。

本事：王粲《英雄记》：瓒步兵三万余人为方阵，骑为

---

① 何宁《淮南子集解》，中华书局1998年版，第1118页。

② 萧统选编，吕延济等选注《日本足利学校藏宋刊明州本六臣注文选》，人民文学出版社2008年版，第1697页。

③ 范晔撰，李贤等注《后汉书》，中华书局1965年版，第2357页。

④ 陈寿撰，裴松之注《三国志》，中华书局1971年版，第948—949页。

两翼，左右各五千余匹，白马义从为中坚，亦分作两校，左射右，右射左，旌旗铠甲，光照天地。

考证：《英雄记》此载白马义从覆灭的界桥之战，并非是此段曲辞的本事，然而描述白马义从作战的场景，以此段最为详细。白马义从与鲜卑、乌桓作战情形，可据此以推。《英雄记》与《后汉书·公孙瓒传》均强调白马义从为“骑射之士”“善射之士”，却不详其骑射之术的具体情况，曹植在《白马篇》对骑术、射术描绘时应当加入了作者的合理想象和艺术加工。

（四）曲辞：边城多警急，虏骑数迁移。羽檄从北来，厉马登高堤。长驱蹈匈奴，左顾陵鲜卑。

本事：王粲《英雄记》：公孙瓒除辽东属国长史，连接边寇。每有警，辄厉色愤怒如赴仇，敌望尘奔，继之夜战。虏识瓒声，惮其勇，莫敢犯之。

《后汉书·公孙瓒传》：瓒还郡，举孝廉，除辽东属国长史。尝从数十骑出行塞下，卒逢鲜卑数百骑。瓒乃退入空亭，约其从者曰：“今不奔之，则死尽矣。”乃自持两刃矛，驰出冲贼，杀伤数十人，瓒左右亦亡其半，遂得免。[1]

考证：曹植对举匈奴、鲜卑，可偏指其中一名，但不应与二者皆无涉。前人指认张辽、曹彰为《白马篇》原型，殊不知二人所征讨的对象主要是乌桓。乌桓为东胡部落联盟中的一支，不仅与鲜卑不同，更与匈奴是不同的两个古族。曹彰北征乌桓，鲜卑

① 范晔撰，李贤等注《后汉书》，中华书局1965年版，第2358页。

大人轲比能“观望强弱”从而“请服”，并未发生正面冲突[①]。而在边地与公孙瓒对抗的部族除了乌桓，还有鲜卑，与曹植《白马篇》更为相合。

（五）曲辞：弃身锋刃端，性命安可怀？父母且不顾，何言子与妻！名编壮士籍，不得中顾私。捐躯赴国难，视死忽如归！

本事：袁绍《与公孙瓒书》：足下超然自逸，矜其威诈，谓天罔可吞，豪雄可灭，果令贵弟殒于锋刃之端。[②]

《三国志·魏书·公孙瓒传》：绍候者得其书，如期举火。瓒以为救兵至，遂出欲战。绍设伏击，大破之，复还守。绍为地道，突坏其楼，稍至中京。瓒自知必败，尽杀其妻子，乃自杀。[③]

考证：公孙瓒兵败自杀，而且在自杀前先杀妻与子，《后汉书·公孙瓒传》记载“悉缢其姊妹妻子”[④]，则当时是举族自毁，异常惨烈。曹植《白马篇》“父母且不顾，何言子与妻”，含有对公孙瓒之死的悲悯，唯其紧承对捐躯赴难、视死如归的描写，一气呵成，使人浑然不觉。

---

① 《三国志·魏书·曹彰传》载曹彰除大破乌桓外，还有“降服辽东鲜卑大人轲比能”之事迹，然而曹彰率领的魏军并未与鲜卑发生直接的正面冲突，而是轲比能“观望强弱”、判断形势从而“请服”的结果（陈寿撰，裴松之注《三国志》，第556页）。鲜卑强盛并与曹魏交战的时代晚出，所以赵幼文先生将《白马篇》系于魏明帝太和时期，称“曹叡时代，鲜卑强盛。部帅轲比能与蜀汉联结，给曹魏西北边防以强大压力。而匈奴部族散居在长城之内，也予魏国安全以威胁”（赵幼文《曹植集校注》，人民文学出版社1984年版，第413页），其着眼点也是诗中的“左顾陵鲜卑，长驱蹈匈奴”两句。关于乌桓、鲜卑与曹魏之间的关系，还可参阅曹永年《三国两晋时期的内蒙古》，《古代北方民族史丛考》，上海古籍出版社2012年版，第137—148页。

② 陈寿撰，裴松之注《三国志》，中华书局 1971 年版，第 245 页。

③ 陈寿撰，裴松之注《三国志》，中华书局 1971 年版，第 244 页。

④ 范晔撰，李贤等注《后汉书》，中华书局 1965 年版，第 2364 页。

三、本事的背景

以上所证曹植《白马篇》本事为公孙瓒及其统帅的“白马义从”，其契合度远高于张辽及曹丕、曹彰兄弟。曹植以公孙瓒及“白马义从”为本事进行创作，并非出于亲见，而应是通过取阅《英雄记》一书。王粲的《英雄记》成书于建安十三年（208）归曹前后，以王粲与曹植的关系来看，曹植一定是《英雄记》的潜在读者。曹植在阅读该书时尤瞩目于公孙瓒“白马义从”的相关事迹，“感于哀乐，缘事而发”，在此本事的基础上，精鹜神游，援笔命辞，最终撰成《白马篇》。

曹植取用公孙瓒为原型写作《白马篇》，在军阀混战、政治社会异常复杂的汉末时代，有没有违碍之处？换言之，曹操与公孙瓒两派的关系是友好还是敌对？假如二人彼此对立、水火不容，曹植怎么可能用赞颂的笔调，将公孙瓒的事迹作为创制曲辞的本事呢？

曹操在公孙瓒与袁绍的争论过程中，曾与公孙瓒书，对袁绍佯助而实攻，见陈琳《为袁绍檄豫州》，“往者伐鼓北征公孙瓒，强寇桀逆，拒围一年。操因其未破，阴交书命，外助王师，内相掩袭”①。事实上，曹操与袁绍之间的长期争战，与公孙瓒前期与刘虞、后期与袁绍之间战争的性质是一样的，都是军阀割据势力的互相征伐和兼并。只不过，针对共同的敌人袁绍来说，曹操是一个胜利者，公孙瓒则是一个失败者。

曹操不仅与公孙瓒有共同的利益和敌人，可能还曾发生过联盟和合作，而且二人的家族出身与人才政策也有相似之处。公孙瓒“家世二千石”，“以母贱，遂为郡小吏”。虽然出身于世

① 萧统编，李善注《文选》，中华书局1977年版，第618页。方诗铭：《从〈汉末英雄记〉看公孙瓒》，《史林》1986年第2期，第36页。

家大族，却由于“母贱”，便在封建礼法约束之下，无法获得重用。曹操出身于宦官之家，也不受清流士族的认可。公孙瓒的用人政策是排斥衣冠子弟，正如方诗铭所揭示的：“与世族、豪杰的代表人物袁绍不同，公孙瓒所依靠的，不是当地的大姓豪族，而是所谓的‘商贩庸儿’。”[①]公孙瓒依靠贾人富室的财力支持，并且大量招募出身于“徒附”之类的死士，而对衣冠子弟多所抑制，“瓒统内外，衣冠子弟有材秀者，必抑使困在穷苦之地”（《英雄记》）。曹操的高明之处在于，他既能充分发掘来自底层的势力，“唯才是举”，同时还尽可能争取大姓豪族的支持。

公孙瓒在平定黄巾军时建立奇功，以及率先实行屯田政策，与曹操的勋绩和政见均有相似之处。《后汉书·公孙瓒传》载：“初平二年，青、徐黄巾三十万众入勃海界，欲与黑山合。瓒率步骑二万人，逆击于东光南，大破之，斩首三万余级。”[②]曹操更是“破降黄巾三十万众”（《让县自明本志令》），并在此基础上组建了“青州兵”。《太平御览》卷三十五引《英雄记》：“幽州岁岁不登，人相食，有蝗旱之灾，民人始知采稆，以枣椹为粮，谷一石十万钱。公孙伯圭开置屯田，稍稍得自供给。”[③]而曹操实行屯田政策，一般认为始于建安元年（196），“公孙瓒推行屯田开始于汉献帝兴平二年，较之曹操的屯田还要早一年”[④]。

此外，曹操组建名为“虎豹骑”的骑兵部队，可能也借鉴了公孙瓒的“白马义从”。曹操注重骑兵部队的冲击近战作用，从北方草原地区大力引进战马和骑兵，征调乌桓骑兵参军，并先后任命族子曹真、曹仁等为“虎豹骑”统领，是对汉末北方军阀战

① 方诗铭《从〈汉末英雄记〉看公孙瓒》，《史林》1986 年第 2 期，第 33 页。
② 范晔撰，李贤等注《后汉书》，中华书局 1965 年版，第 2359 页。
③ 李昉等《太平御览》，中华书局 1960 年版，第 166 页。
④ 方诗铭《从〈汉末英雄记〉看公孙瓒》，《史林》1986 年第 2 期，第 36 页。

争经验的总结和发展；而在北方军阀中，以公孙瓒的骑兵实力为最强[①]。由此，曹操对“虎豹骑”的建立和使用，既是迫于当时的战争发展态势，并因获致先机而异军突起，同时在对前人经验的汲取中，公孙瓒及其统帅的“白马义从”自是不可或缺的。

综合上述，公孙瓒并非曹操的直接敌对势力，而且还很可能在诸多方面有示范作用。我们怀疑在曹魏集团的内部，对公孙瓒是持同情态度的；而且早期的公孙瓒对乌桓、鲜卑等族的抗击，具有正义性质，这也容易得到志在“荡平天下”“除残去秽”的曹操的好感。曹植以公孙瓒及“白马义从”为原型和本事创作《白马篇》，应该是可以获得曹操首肯和赞许的。

四、本事的回响

清人纪迈宜《俭重堂诗》卷五《赤城集》载其咏史诗曰：

鼓角鸣地中，梯冲舞城上。借问困者谁？白马义从长。摧黄巾，追乌桓，一人勇怯乃尔悬。背刘虞，呼张燕，尘世茫茫恩与怨。易京荡荡铁为门，楼橹千重高入云，簿书汲上何纷纷。妇人习大声，空劳百步闻。[②]

这首诗咏怀的对象是公孙瓒。但与曹植创作乐府“始辞”的《白马篇》不同，它的本事一望即知，甚至根本称不上是本事。纪迈宜所咏公孙瓒事迹，集中在其生涯末路的“易京之围”，与曹植《白马篇》以“白马义从”英勇抗敌为本事，恰成

① 李硕、张景平《三国政权的骑兵建设与运用研究》，《中华文史论丛》2013年第4期，第239—259页。

② 纪迈宜《俭重堂诗》卷五，《四库未收书辑刊》8辑26册，北京出版社2000年版，第608页。

鲜明对照。

值得点出的是，纪氏“鼓角鸣地中，梯冲舞城上。借问困者谁？白马义从长”的开篇方式，明显是乐府诗的写作手法，而且很可能便是从曹植《白马篇》“白马饰金羁，连翩西北驰。借问谁家子？幽并游侠儿”借鉴而来的。明谢榛盛赞曹植《白马篇》起首，在《四溟诗话》中特别撷出此四句，称“此类盛唐绝句”；严羽《从军行》“翩翩双白马，结束上幽燕。借问谁家子？邯郸侠少年”，他也说是“起承全袭子建《白马篇》”[①]。“借问”并作答俨然已成为曹植《白马篇》谋篇布局的标识。

纪迈宜在咏公孙瓒时借鉴曹植《白马篇》的起篇方式，显示他可能已对曹植取用公孙瓒及“白马义从”为曲辞本事的做法孤明先觉。遗憾的是，这位被纪昀称为“寄托遥深”的“偲亭伯父”的诗集，受到世人的关注实在是太少了。

（原载《文献》2018年第5期）

① 谢榛《四溟诗话》，人民文学出版社1961年版，第26、43页。

佛道关系背景下曹植“鱼山梵呗”传说的再审视

◎张振龙

曹植是否创制了“鱼山梵呗”，考之正史并无明文记载，然佛家典籍却对其传说记载不绝。这些典籍主要有南朝刘敬叔的《异苑》、刘义庆的《宣验记》、释僧祐的《出三藏记集》与释慧皎的《高僧传》，唐代释道宣的《广弘明集》、释道世的《法苑珠林》、窥基的《法华玄赞》，宋代赞宁的《宋高僧传》等。对此学界主要有肯定与否定两种观点，尤其是近年来否定之论不断，但并不能令人信服。我们认为要判定曹植是否创制了“鱼山梵呗”，其关键之一是要厘清曹植是否受过佛教的影响，而这又与曹植生活时代佛教和道教的关系密切相关。虽然目前学者在探讨“鱼山梵呗”这一问题时对佛教和道教的关系有所涉及，但或偏重于佛教，或偏重于道教，缺乏佛道关系背景下对曹植创制“鱼山梵呗”全面系统的审视。为此笔者不揣简陋，也谈谈自己的看法。笔者仍然坚持在无确凿证据发现之前，还不应否定曹植创制“鱼山梵呗”这一传说的真实性。因为对此尽管正史无载，但如结合曹植所处时代佛教与道教关系背景下佛教的方术化、曹植对待方术的态度、曹植交往的文人与作品等诸种情势，曹植存在着接受佛教影响的可能。所以典籍所载“原夫梵呗之起，亦兆自陈思”[①]并不全是子虚乌有。

一、佛教的方术化

就佛教从汉代传入中土之后与道教的关系而言，佛教并不是作为一种独立的文化现象被中国文人所看待的，而是依附于道教而存在的，呈现出浓郁的方术化特征。不管对汉代的统治者而言，还是对汉代一般的文人来说，佛教常被视为道教方术的一种。汤用彤先生在论述汉代佛教流传的情况时曾言：“佛教在汉世，本视为道术之一种。其流行之教理行为，与当时中国黄老方技相通。其教因西域使臣商贾以及热诚传教之人，渐布中夏，流行于民间。上流社会，偶因好黄老之术，兼及浮屠，如楚王英、明帝及桓帝皆是也。至若文人学士，仅襄楷、张衡略为述及，而二人亦擅长阴阳术数之言也。”[②]在此汤先生指出从东汉明帝到东汉后期，在国人看来，佛教通常是被作为道教道术的一种，黄老之术和浮屠是混而未分的，所以出现了上层社会中如楚王英、明帝、桓帝等，因喜爱黄老之术而兼及浮屠的现象，文人学士中如襄楷、张衡等，因擅长阴阳术数之言而述及浮屠的情况。

这在相关文献中皆有明确的记载。史云：“（楚王英）晚节更喜黄老，学为浮屠斋戒祭祀。八年，诏令天下死罪皆入缣赎。英遣郎中令奉黄缣白纨三十匹诣国相曰：‘讬在蕃辅，过恶累积，欢喜大恩，奉送缣帛，以赎愆罪。’国相以闻。诏报曰：‘楚王诵黄老之微言，尚浮屠之仁祠，洁斋三月，与神为誓，何嫌何疑，当有悔吝？其还赎，以助伊蒲塞桑门之盛馔。’因以班示诸国中傅。英后遂大交通方士，作金龟玉鹤，刻文字以为符

① 慧皎撰，汤用彤校注，汤一玄整理《高僧传》卷十三《经师》，中华书局 1992 年版，第 508 页。

② 汤用彤《汉魏晋南北朝佛教史》（上），中华书局 1983 年版，第 83 页。

瑞。”[①]文中不仅说明了楚王刘英把黄老和浮屠一同祭祀，而且其行为还受到了统治者的肯定，所以明帝才下诏还其缣帛，“以助伊蒲塞桑门之盛馔”。与此相关的还有《后汉书·西域传》的记载：“世传明帝梦见金人，长大，顶有光明，以问群臣。或曰：‘西方有神，名曰佛，其形长丈六尺而黄金色。’帝于是遣使天竺问佛道法，遂于中国图画形像焉。楚王英始信其术，中国因此颇有奉其道者。后桓帝好神，数祀浮图、老子，百姓稍有奉者，后遂转盛。”[②]此文与前面所引文字相比，其所传达的信息更为丰富，既为我们展示了因受明帝、楚王刘英的影响，中土也出现了奉其道者这一史实，又传达了东汉后期佛教经桓帝的提倡和实践，以致“百姓稍有奉者，后遂转盛”，获得了进一步的发展。襄楷和张衡是此时文人中信奉佛教的典型代表。《后汉书》卷三十下载：“襄楷字公矩，平原隰阴人也。好学博古，善天文阴阳之术。”[③]曾上疏桓帝云：“又闻宫中立黄老、浮屠之祠。此道清虚，贵尚无为，好生恶杀，省欲去奢。今陛下嗜欲不去，杀罚过理，既乖其道，岂获其祚哉！或言老子入夷狄为浮屠。浮屠不三宿桑下，不欲久生恩爱，精之至也。天神遗以好女，浮屠曰：‘此但革囊盛血。’遂不眄之。其守一如此，乃能成道。今陛下淫女艳妇，极天下之丽，甘肥饮美，单天下之味，奈何欲如黄老乎？”[④]作为善天文阴阳之术的襄楷，在上桓帝的疏中以黄老、浮屠的清虚无为，“好生恶杀，省欲去奢”，尤其是浮屠的戒色思想来讽劝桓帝，可见他对浮屠思想的接受、理解与楚王刘英相比已有所深化。《后汉书》卷五十九云：张衡“善机巧，尤

① 范晔撰，李贤等注《后汉书》卷四十二《楚王英传》，中华书局1965年版，第1428—1429页。

② 范晔撰，李贤等注《后汉书》卷八十八《西域传》，中华书局1965年版，第2922页。

③ 范晔撰，李贤等注《后汉书》卷三十下《襄楷传》，中华书局1965年版，第1075页。

④ 范晔撰，李贤等注《后汉书》卷三十下《襄楷传》，中华书局1965年版，第1082—1083页。

致思于天文、阴阳、历算。……安帝雅闻衡善术学，公车特征拜郎中，再迁为太史令。遂乃研核阴阳，妙尽璇机之正"①。在东汉安帝时以善术学闻名的张衡，也接受过佛教的影响，其作品中就有对佛教的书写。如其《西京赋》中的"含利颬颬，化为仙车"②"眳藐流眄，一顾倾城。展季桑门，谁能不营？"③文中直接运用了"桑门"等佛教词语。正如日本学者野上俊静等人所云："后汉之世，神仙、方术、图谶等之迷信，非常风行，将黄帝与老子神仙化的方士，因善行咒术而获得世人的信仰。对于这种现象的中国人，当外国沙门到达时，见到穿着奇装异服，并对偶像（佛像）烧香礼拜，诵持着汉人所听不懂的经文，举行着宗教仪式，给予中国的印象，不过也是方士之类；他们舍弃世俗的生活方式，与道家的隐逸之士相比，也没有不自然的感觉。伴随这一印象，佛陀也被比作黄帝和老子来加以想象。"④不过整体来说，这个时期统治者和文人对佛教的认识还是比较表层的，即对佛教所宣传的教义和教理还没有深入理解，所以常常表现出以道教的方术来同化或比附，使佛教呈现出鲜明的方术化特征。

东汉后期的灵帝时期，佛教被视为道教方术的一种仍是国人对待佛教的态度。如《道行经》作为此时被翻译成为汉文的重要佛教经典，根据《道行经后记》的记载，当时参与翻译《道行经》的共七人，他们分别是负责口授的天竺菩萨竺朔佛、传译的月支菩萨支谶、笔受的河南洛阳孟元士以及侍者南阳张少安和南海子碧，劝助者孙和与周提立。其中洛阳孟元士、南海子碧的名字曾出现在立于灵帝光和年间（178—184）的《三公碑》《神君碑》的碑文之中，这一史

① 范晔撰，李贤等注《后汉书》卷五十九《张衡传》，中华书局 1965 年版，第 1897—1898 页。

② 张衡著，张震泽校注《张衡诗文集校注》，上海古籍出版社 2009 年版，第 78 页。

③ 张衡著，张震泽校注《张衡诗文集校注》，上海古籍出版社 2009 年版，第 85 页。

④ ［日］野上俊静等撰，圣严法师译《中国佛教史概说》，台湾商务印书馆 1998 年版，第 15 页。

实被汤用彤先生所发现。他说："按《三公碑》云：'或有隐遣辟语言兮，或有恬淡养浩然兮，或有呼吸求长存兮。'白石神君祠祀之立，由于巫人盖高之请求（参看《曝书亭集跋语》）。此项祭祀，均涉于神仙家言。元士、子碧如为《般舟》译时助手，则汉末佛教信徒仍兼好道术方技，汉代佛教之特性，于此又可窥见也。"[①]可见，灵帝时期佛教被视为道教方术仍是文人的习尚。

曹植生活的建安和魏初时期，佛教与道教的关系虽然出现了佛道二者彼此颉颃[②]和佛教玄学化的趋势[③]，但由于是佛教与道教相颉颃、佛教玄学化的初始阶段，佛道混而未分的现象仍占主导，故从根本上讲二者的关系也没有发生大的改变。这在该期牟子所作的《理惑论》中就有体现。如文中在解释"佛"的特性时说："佛者，谥号也，犹名三皇神、五帝圣也。佛乃道德之元祖，神明之宗绪。佛之言觉也，恍惚变化，分身散体，或存或亡，能小能大，能圆能方，能老能少，能隐能彰，蹈火不烧，履刃不伤，在污不染，在祸无殃，欲行则飞，坐则扬光，故号为佛也。"[④]从中可以看出在牟子看来，"佛"的特性与道家的"道"和神仙、神人并无二致。再如牟子又在谈佛教"道"的内涵时说道："道之言导也，导人致于无为，牵之无前，引之无后，举之无上，抑之无下，视之无形，听之无声，四表为大，绵绖其外，毫厘为细，间关其内。故谓之道。"[⑤]佛教所追求的境界和道教所追求的境界也有极大的相似之处，佛教的方术化倾向依然十分突出。

① 汤用彤《汉魏晋南北朝佛教史》（上），中华书局 1983 年版，第 49—50 页。

② 参见［日］福井文雅《佛道二教的相互关系史》一文，载《道教》第二卷，上海古籍出版社 1992 年版。

③ 汤用彤《汉魏晋南北朝佛教史》（上），中华书局 1983 年版，第 85—87 页。

④ 僧祐撰，李小荣校笺《弘明集校笺》卷一《牟子理惑论》，上海古籍出版社 2013 年版，第 14 页。

⑤ 僧祐撰，李小荣校笺《弘明集校笺》卷一《牟子理惑论》，上海古籍出版社 2013 年版，第 15 页。

佛教的这种方术化特征在此时西来的僧人身上也有表现。其原因主要在于这些僧人为了让中国人尤其是统治者和文人接受佛教，不得不主动迎合中华文化，学习中华文化。这样与佛教有相似之处，且在文人与统治阶层中颇为流行的道教的方术也就自然成为僧人学习的对象，所以他们也常常兼及方术。如《出三藏记集》载：安世高“七曜五行之象，风角云物之占，推步盈缩，悉穷其变。兼洞晓医术，妙善针脉，睹色知病，投药必济。乃至鸟兽鸣呼，闻声知心”①；支谦也“博览经籍，莫不究练，世间艺术，多所综习”②。安世高和支谦作为东汉末年和建安时期来华传播佛教的西域僧人，为了达到传播佛教的目的，也积极学习中国当时盛行的方术，成为西域僧人接受道教方术的代表。

从上可知，从汉代佛教传入中土开始，一直到曹植生活时代，佛教被视为道教方术的一种是当时国人对待佛教的普遍风尚，从而使佛教呈现出明显的方术化特征。这是曹植所处时代佛教和道教即佛道关系的大背景，也是其创制“鱼山梵呗”传说的重要背景，而这一背景也决定了曹植创制“鱼山梵呗”传说存在的可能性。当然这还要取决于曹植对待道教方术的态度、与可能接受过佛教影响的文人和方术之士是否有过交往等因素。

二、曹植对待方术的态度

通过前面的分析，我们知道曹植生活的建安和魏初，道教与佛教的关系总体上继承了东汉的遗风，佛教被视为道教方术之一种的状况并无根本改变。受时代道教与佛教关系这一文化生态的

① 僧祐著，苏晋仁、萧炼子点校《出三藏记集》卷十三《安世高传》，中华书局1995年版，第508页。

② 僧祐著，苏晋仁、萧炼子点校《出三藏记集》卷十三《支谦传》，中华书局1995年版，第516页。

影响，对曹植和同时代的其他文人来说佛教与道教的方术也是混而未分的。现在重要的问题是我们要通过对相关文献的分析，来探讨一下曹植对待道教神仙方术的态度是肯定的还是否定的。因为曹植对待道教方术的态度如何，是我们判定其是否受到佛教影响，进而是否具备创制“鱼山梵呗”可能性的重要依据。那么曹植对待道教方术的态度究竟如何呢？

据文献记载，曹植对待道教方术的态度有一个前后发展变化的过程。前期曹植认为道教的神仙长生之术是虚妄的，但对那些可以疗疾和养生的方术还是肯定的。如他在《辨道论》中就曾直接表达了这一观点：“夫神仙之书、道家之言，乃云：传说上为辰尾宿；岁星降为东方朔；淮南王安诛于淮南，而谓之获道轻举；钩戈死于云阳，而谓之尸逝柩空。其为虚妄甚矣哉！”[①]认为其父曹操之所以招致天下方术之士聚之魏国，是“诚恐此人之徒，接奸诡以欺众，行妖恶以惑民，故聚而禁之也”[②]，并不是为“观神仙于瀛洲，求安期于边海，释金辂而顾云舆，弃文骥而求飞龙”[③]，指出对待神仙长生之术，“自家王与太子及余兄弟，咸以为调笑，不信之矣”[④]。表现出对神仙长生之术的怀疑。但我们认为这只是曹植对神仙之书、道家之言中所宣传的神仙长生之术可以助人成仙长生不死的否定，表明的是其对神仙长生之术能够使人成仙长生的态度，并不能代表他对待所有方术的态度。因为神仙长生之术只是方术中的部分内容，并不是方术的全部。缘此我们自然也不能以曹植对神仙长生之术的态度来等同于曹植对待所有方术的态度，曹植怀疑甚至否定神仙长生之术，并不等于他怀疑和否定所有方术，更不能得出他怀疑和否定那些具有疗疾、养生等功效的方术。相反曹植

① 赵幼文《曹植集校注》卷一，人民文学出版社1984年版，第187页。
② 赵幼文《曹植集校注》卷一，人民文学出版社1984年版，第188页。
③ 赵幼文《曹植集校注》卷一，人民文学出版社1984年版，第188页。
④ 赵幼文《曹植集校注》卷一，人民文学出版社1984年版，第188页。

不但不反对那些可以疗疾、养生的方术，反而还表现出对这些方术的极大兴趣。如他在上文表达对神仙长生之术的态度后，接着又说：“余尝试郗俭，绝谷百日，躬与之寝处，行步起居自若也。夫人不食七日则死，而俭乃如是。然不必益寿，可以疗疾，而不惮饥馑焉！左慈善修房内之术，差可终命。然自非有志至精，莫能行也。甘始者，老而有少容，自诸术士咸共归之。然始辞繁寡实，颇有怪言。余尝辟左右，独与之谈，问其所行；温颜以诱之，美辞以导之。”①后期随着曹植对道教道术了解的深入，其对神仙长生之术的看法也发生了改变。如其后来创作的《释疑论》就记载了他的这一变化：“初谓道术，直呼愚民诈伪空言定矣！及见武皇帝试闭左慈等令断谷，近一月，而颜色不减，气力自若。常云可五十年不食。正尔，复何疑哉！令甘始以药含生鱼而煮之于沸脂中，其无药者，熟而可食；其衔药者，游戏终日，如在水中也。又以药粉桑以饲蚕，蚕乃到十月不老。又以住年药食鸡雏及新生犬子，皆止不复长。以还白药食犬，百日毛尽黑。乃知天下之事不可尽知，而以臆断之，不可任也。但恨不能绝声色，专心以学长生之道耳。”②作者开篇就说自己起初认为道教的道术是愚民诈伪的空言，但了解了左慈、甘始等人方术的效果之后，对道教的道术有了新的认识，不仅转而以肯定的态度待之，而且还说自己如今才“知天下之事不可尽知，而以臆断之，不可任也。但恨不能绝声色，专心以学长生之道耳”。知道了这些，我们或许对曹植为何创作《游仙诗》有了更全面的理解。尽管他创作的《游仙诗》有抒发自己追求自由之情的需要，但也应与他对道教的方术并不完全反对的态度有一定的关联。

曹植对待道教方术的态度如此，其父曹操、其兄曹丕等人对待道教方术的态度也是这样。如曹操、曹丕对道教方术的益

① 赵幼文《曹植集校注》卷一，人民文学出版社 1984 年版，第 188 页。

② 赵幼文《曹植集校注》卷三，人民文学出版社 1984 年版，第 396 页。

寿、强身健体等功效也持肯定的态度。西晋张华的《博物志》有云：魏武帝“好养性法，亦解方药，招引方术之士……又习啖野葛至一尺，亦得少多饮鸩酒”[①]。曹操不仅喜好养性之法，而且还招引庐江的左慈、谯郡的华佗、甘陵的甘始等方术之士，亲自实践他们的养性之术，同时他还主动向掌握延年益寿、强身健体之术者学习、请教。如他在《与皇甫隆令》中就说过：“闻卿年出百岁，而体力不衰，耳目聪明，颜色和悦，此盛事也。所服食施行导引，可得闻乎？若有可传，想可密示封内。”[②]曹丕对导引之术也颇感兴趣，且经常付诸实践。《困学纪闻》卷二十《杂识》载《唐六典》注引崔寔《政论》云：“熊经鸟伸延年之术。故华佗有六禽之戏，魏文有五捶之锻。”[③]不仅如此，他们还对善于养生、导引之术的文人予以重用。如华佗“晓养性之术，时人以为年且百岁而貌有壮容”[④]，“太祖闻而召佗，佗常在左右”[⑤]，“得病笃重”期间，还使其“专视”[⑥]；沛国人朱建平，“善相术，于闾巷之间，效验非一。太祖为魏公，闻之，召为郎。文帝为五官将，坐上会客三十余人，文帝问己年寿，又令遍相众宾。”[⑦]周宣，善占卜，尤精于解梦，曹丕经常向其请教，并“以宣为中郎，属太史”[⑧]。可见，曹操、曹丕并不反对道教的方术。

总之，曹植对道教的方术是肯定的，尤其是到了他人生的后

---

① 张华《博物志》，陈寿撰，裴松之注《三国志》卷一裴注引，中华书局1982年版，第54页。

② 夏传才校注《曹操集校注》，河北教育出版社2013年版，第198页。

③ 王应麟撰，翁元圻注《困学纪闻》卷二十《杂识》，商务印书馆1935年版，第1482页。

④ 陈寿撰，裴松之注《三国志》卷二十九《方技传》，中华书局1982年版，第799页。

⑤ 陈寿撰，裴松之注《三国志》卷二十九《方技传》，中华书局1982年版，第802页。

⑥ 陈寿撰，裴松之注《三国志》卷二十九《方技传》，中华书局1982年版，第802页。

⑦ 陈寿撰，裴松之注《三国志》卷二十九《方技传》，中华书局1982年版，第808—809页。

⑧ 陈寿撰，裴松之注《三国志》卷二十九，中华书局1982年版，第811页。

期，对道教的神仙长生之术也改变了他之前所持的怀疑态度。其父曹操、其兄曹丕对道教的道术也与曹植相仿。正像我们在前文所分析的，在曹植生活的时代，佛教只是道教方术中的一种，而曹植又肯定方术，且生活在其父、其兄也爱好方术这一家庭之中，这就为曹植通过道教的方术接受佛教影响奠定了在自身与家庭文化方面的基础，不仅使其接受佛教成为可能，而且为其创制“鱼山梵呗”提供了可能的条件。

三、曹植交往的文人及其作品

曹植接受佛教影响的可能性，还可以从其交往的文人与作品中找到支撑。首先从曹植交往的文人来看，其中就有可能受佛教影响者，曹植在和这些人的交往中自然也就有可能接受佛教的影响。如曹操、曹丕、邯郸淳、曹冲和方术之士等就是其中的代表。有关曹操、曹丕可能与佛教有关的文献，一方面是与方术之士的联系。曹植在《辩道论》所提到的甘陵甘始、庐江左慈等方术之士，和曹操、曹丕父子皆有程度不同的交往。以这个时期道教和佛教的关系而论，佛教被视为道教方术的一种，我们不能排除这些方术之士中就存在着与佛教有关联者，或者就有接受佛教影响的。缘此曹操、曹丕在与可能受过佛教影响的方术之士交往过程中，也存在着通过这些方术之士接受佛教影响的可能，不管他们之间是有意的还是无意的。另一方面是曹操、曹丕与佛教有关的材料，据南朝刘宋时期陆澄的《法论目录》载，曹操曾在写给孔融的书信中谈到了佛教。尽管书信的具体内容今已不存，但汤用彤先生认为：“陆序有曰：‘魏祖答孔，是知英人开尊道之情。’（《佑录》卷十二）《弘明集后序》亦云：‘魏武英鉴，书述妙化。’……以汉代方术浮屠之关系言之，则魏武书中称述佛教，或亦有其事也。”[①]至于曹丕与佛教相关的例证，则是延康元年（220）曹丕登基前，在家乡谯县犒劳将士：“乃陈秘戏：巴俞丸剑，奇舞丽倒，冲夹逾锋，上索蹹高，舩鼎缘橦，舞轮擿镜，骋狗逐兔，戏马立奇之妙技，白虎青鹿，辟非辟邪？鱼龙灵龟，国镇之怪兽，瑰变屈出，异巧神化。”[②]其中来自西南地区的“巴俞丸剑”等杂技幻术就隐含着早期的佛教活动[③]。所以，这两个方面无论从哪个角度，我们皆可判定曹操、曹丕都存在着接受佛教影响的可能。由此也可推知曹植同样有可能通过曹操、曹丕而接触佛教。

邯郸淳曾为临菑侯文学，和丁仪、丁廙、杨修合称曹植的“四友”，与曹植交往颇深。曹冲是曹植的兄弟，其关系自不必多说。而邯郸淳、曹冲恰恰也存在受佛经影响的极大可能性。如邯郸淳编撰的俳谐小说《笑林》，今存佚文二十余条，其中两条推断应与佛经故事有一定关联。一条见宋代李昉等编《太平广记》卷二百六十二引《笑林》曰：“有民妻不识镜，夫市之而归。妻取照之，惊告其母曰：‘某郎又索一妇归也。’其母亦照曰：‘又领亲家母来也。’”[④]钱钟书先生疑此故事滥觞于《杂譬喻经》[⑤]，因为《杂譬喻经》中也记载有相似的故事，此不赘引。第二条见《续谈助》引《笑林》曰：“平原人有善治伛者，自云：‘不善，人百一人耳。’有人曲度八尺，直度六尺，乃厚货求治。曰：‘君且□。’欲上背踏之。伛者曰：‘将杀我！’曰：‘趣令君直，焉知死事？’”[⑥]《百喻经》卷三有

① 汤用彤《汉魏晋南北朝佛教史》（上），中华书局1983年版，第88—89页。

② 洪适《隶释·隶续》卷十九《魏大飨碑》，中华书局1985年版，第185页。

③ 何志国《东汉外来杂技幻术与佛像关系及影响》，《民族艺术》2016年第1期，第76—81、92页。

④ 李昉等编《太平广记》卷二百六十二引《笑林》，中华书局1961年版，第2051页。

⑤ 钱钟书《管锥编》第二册，中华书局1979年版，第751页。

⑥ 鲁迅校录《古小说钩沉》，齐鲁书社1997年版，第42页。

“医治脊偻喻”也与此类似。再如曹冲，陈寅恪先生认为《三国志》所载曹冲称象的故事即受口头流传的佛经故事影响[①]。由以上钱钟书先生和陈寅恪先生的判断可知，曹植生活的时代，佛教对邯郸淳、曹冲等文人影响的可能性不仅存在，而且很大。而邯郸淳、曹冲等人，或是与曹植有过长期交往的生活经历，或是曹植的弟弟，这就使他们在与曹植的交往过程中，可能受到的佛教影响，也会对曹植产生作用。这也为我们提供了曹植受佛教影响的间接佐证。

曹植一生中还与方术之士有过密切的接触。这些方术之士主要有郗俭、左慈、甘始、华佗等，这在其《辩道论》《释疑论》中有明确的记载。由于汉末的建安和魏初佛教仍被国人视为道教的一种道术，所以这些与曹植交往的方术之士中，或存在着不乏受佛教影响者，他们也会有意无意地对曹植产生影响。

其次，从曹植的作品中也可以寻出其可能受佛教影响的蛛丝马迹。南朝刘宋时期刘敬叔的《异苑》卷五有云：“陈思王曹植，字子建。尝登鱼山、临东阿，忽闻岩岫里有诵经声，清通深亮，远谷流响，肃然有灵气。不觉敛衿祗敬，便有终焉之志。即效而则之。今之梵唱皆植依拟所造。一云陈思王游山，忽闻空里诵经声，清远遒亮，解音者则而写之，为神仙声。道士效之，作步虚声也。”[②]从这则文献中我们可以得知，曹植创制“鱼山梵呗”的传说与道教的“神仙声”“步虚声”之间的关联，而这种关联又正好与此时佛教和道教的关系相一致。我们认为这两者不是偶然的巧合，或是人为的附会，而是有一定依据的。因为这种关联不仅仅是当时佛教与道教之间关系的反映，更重要的是我们还可以征之于曹植创作的作品。如曹植创作的游仙文学作品

① 陈寅恪《寒柳堂集》，生活·读书·新知三联书店 2009 年版，第 177 页。

② 刘敬叔《异苑》，载王根林等点校《汉魏六朝小说笔记大观》，上海古籍出版社 1999 年版，第 641 页。

中就出现了与“步虚曲”中“步虚”相似的词语，像《游仙》诗中“意欲奋六翮，排雾陵紫虚”[①]中的“陵紫虚”；《驱车篇》诗中“隆高贯云霓，嵯峨出太清”[②]中的“出太清”；《仙人篇》诗中“万里不足步，轻举陵太虚”[③]中的“凌太虚”等就是代表。我们认为这些词语和“步虚”皆是道教中的词语，其含义大体相当。尤其值得一提的是，曹植的游仙诗中还出现了与道教中的“步虚曲”非常相似的描绘。如其《仙人篇》云：“仙人揽六著，对博太山隅。湘娥拊琴瑟，秦女吹笙竽。玉樽盈桂酒，河伯献神鱼。四海一何局！九州安所如？韩终与王乔，要我于天衢。万里不足步，轻举陵太虚。飞腾逾景云，高风吹我躯。回驾观紫薇，与帝合灵符。”[④]诗中对仙人伴随着仙乐在虚空中盘旋飞行意境的展示，与后来道教中的“步虚曲”在本质上几无差别，二者的境界也非常相似，而这种境界与“鱼山梵呗”的境界又有一致之处。此外，在其《列女传颂》中还残留有“尚卑贵礼，来世作程”[⑤]一句，其中“来世”一词，我们尽管不能否认是对《尚书·仲虺之诰》中成汤所云“予恐来世以台为口实”[⑥]一语中“来世”的引用，但我们也不能完全排除曹植受佛教轮回报应和神不灭思想影响的可能。因为此时佛教的轮回报应和神不灭思想已传入中土，并和道教的浴神不死之说相资为用，这在《牟子理惑论》中就有表现。如其文有云：“佛经前说亿载之事，却道万世之要。太素未起，太始未生，乾坤肇兴，其微不可握，其纤不

① 赵幼文《曹植集校注》卷二，人民文学出版社 1984 年版，第 265 页。
② 赵幼文《曹植集校注》卷三，人民文学出版社 1984 年版，第 404 页。
③ 赵幼文《曹植集校注》卷二，人民文学出版社 1984 年版，第 263 页。
④ 赵幼文《曹植集校注》卷二，人民文学出版社 1984 年版，第 263 页。
⑤ 赵幼文《曹植集校注》卷三，人民文学出版社 1984 年版，第 528 页。
⑥ 李民、王健《尚书译注》，上海古籍出版社 2004 年版，第 110 页。

可人。佛悉弥纶其广大之外，剖析其寂窈妙之内，靡不纪之”[①]；“怀善者应之以祚，挟恶者报之以殃”[②]；“人临死，其家上屋呼之；死已，复呼谁？或曰呼其魂魄。牟子曰：神还则生，不还，神何之呼？曰成鬼神。牟子曰：是也，魂神固不灭矣，但身自朽烂耳。”[③]牟子所云在当时应该不是个案，而是一部分文人的看法。既然如此，曹植作为当时文化领域文人的代表之一，也很可能接受了这种思想，或者说存在着受这种思想影响的极大可能。

综上所述，由于佛教传入中土时受当时社会上颇为流行的道教方术的影响，佛教被视为道教方术的一种。曹植生活的时代佛教和道教的这种关系并没有发生大的改变。这种文化生态就为曹植接受佛教的影响奠定了坚实的文化基础。所以只要曹植对道教的方术有所接触，与可能接受过佛教思想的文人和方术之士有过交往，无论是哪种途径都存在着佛教作为道教的方术来影响曹植的可能，进而也存在着曹植创制“鱼山梵呗”的可能。经过我们对相关文献的分析，曹植不仅与道教的方术有过接触，且表现出一定的兴趣，同时还与可能接受过佛教影响的曹操、曹丕、邯郸淳、曹冲等文人和方术之士有过密切往来，更在其作品中出现了可能与佛教有着一定关联的思想和词语。以上种种皆表明，曹植一生中受佛教影响的可能性不仅存在，而且可能性极大。由此我们认为佛教典籍中有关对曹植创制“鱼山梵呗”传说的记载，是有一定依据的，在没有发现可靠证据之前，不能轻易予以否定。

（原载《世界宗教研究》2019年第4期）

① 僧祐撰，李小荣校笺《弘明集校笺》卷一《牟子理惑论》，上海古籍出版社 2013 年版，第 17 页。

② 僧祐撰，李小荣校笺《弘明集校笺》卷一《牟子理惑论》，上海古籍出版社 2013 年版，第 35 页。

③ 僧祐撰，李小荣校笺《弘明集校笺》卷一《牟子理惑论》，上海古籍出版社 2013 年版，第 27 页。

论曹植《辨道论》的思想立场与现实指向

◎吴怀东

六朝以来，曹植"才高八斗"、天才文士的形象即被定型，论者历来关注曹植的文学才能和文学著述，却较少关注曹植的政治才能和思想，对其政治活动与其思想的关联更是知之甚少。曹植虽在继位之争中败北，但其政治智慧、政治才干和思想见识皆不输于乃兄曹丕。生逢乱世的曹植凭借天才聪慧，在其独特经历的基础上形成了相对深刻的思想，尽管系统性不及曹丕（著有《典论》）与徐幹（著有《中论》），深刻性不及何晏、王弼，但在曹魏时期诸文士中亦属卓荦者。虽然《辨道论》没有展现出曹植的诗文才华，未被收入以"事出于沉思，义归乎翰藻"为选文标准的《文选》①，刘勰认为其"体同书抄"②，评价很低③，但其却是建安时期少有的讨论重要思想认识问题的"大块文章"，是曹植对其时重大政策与政治问题的严肃思考。在今天看来，亦属于古代无神论思想史上的重要篇章。既往学者对此

① "事出于沉思，义归乎翰藻"乃萧统《文选序》论史书赞论、序述得入《文选》之标准，后代学者多视其为《文选》选文的一般标准。《文选》选录曹植作品共6类32篇，即赋1篇、诗25首、七体1篇、表2篇、书2篇、诔1篇，无《辨道论》。清代古文大家姚鼐的《古文辞类纂》没有选录曹植之文；近代著名选家高步瀛的《魏晋文举要》选录曹植文4篇，《辨道论》也不在其列。

② 刘勰《论说》，王运熙、周锋《文心雕龙译注》，上海古籍出版社2019年版，第174页。

③ 刘勰讥评《辨道论》并非持平之论另有原因，见本文后面的论述。

文内容已大致有所揭示[①]，本文则从前人较少关注的《辨道论》与曹植生平经历、政治活动以及建安政治、学术、思想环境关系的角度展开讨论，试发掘相关隐情，阐发其思想内涵、现实指向及深远影响，以揭示曹植人生的丰富性、才能的多面性及独特的文化贡献。

一、《辨道论》[②]的基本内容及批判方术的思想立场

题目中“辨道”二字其实已点明此文所论话题和观点。“道”这个重要概念起源甚早，后被道家用来概述其思想，或指道家义理，或指谶纬信仰[③]，或指道家方士擅长的养生之术。《辨道论》中所指正是方士养生之术，即通过行气导引、辟谷、房中等方法，求得延年益寿、长生不老。之所以“辨道”是因为此问题仍存争议，所以才需郑重其事地进行辨析和讨论，可见作者态度的庄重严肃[④]，所谓“君子之论，必尽事类之宜而循理”[⑤]。

《辨道论》大致分为五个层次，第一层次，表明了曹植的核心观点，即“神仙之书，道家之言”“为虚妄”；第二层次，引用两汉之交著名学者桓谭与刘向的对话，证明所谓“抑嗜欲，阖

---

① 郭沫若（《郭沫若全集·历史编》第4卷《历史人物·论曹植》，人民出版社1982年版）、钟优民（《曹植新探》，黄山书社1984年版）、赵幼文（《曹植集校注》，人民文学出版社1984年版）、张作耀（《曹操评传》附《曹植传》，南京大学出版社2000年版）等对《辨道论》的内容都有所讨论，不过根据现存文献还可以进行更具体、明确、深入的阐释。

② 赵幼文《曹植集校注》，人民文学出版社1984年版，第187—189页。

③ 黄巾起义就是以此为信仰。参见陈华昌《曹操与道教及其游仙诗研究》，陕西人民出版社2002年版，第103—213页。

④ “道”后指重大理论、根本原则，学者讨论重大理论问题多以“道”为题，如刘勰的《文心雕龙·原道》、韩愈的《原道》，汪懋麟、方东树都有文《辨道论》。

⑤ 徐幹撰，龚祖培校点《中论》，辽宁教育出版社2001年版，第35页。

耳目”并不能延年益寿，“事莫贵乎有验，言莫弃乎无征”[①]；第三层次，用身边的例子进一步证明自己的观点。甘始、左慈、郗俭据说各有延年益寿之秘术，曹植亲自考验时，三人却“不敢进虚诞之言，出非常之语”，证明他们所谓的秘术皆为唬人之谈；第四层次，论人变化为仙之虚妄；第五层次，论道家所追求的“无味之味”“无声之乐”“无采之色”毫无意义，不如“玄黄所以娱目，铿锵所以耸耳，媛妃所以绍先，刍豢所以悦口”，还是人间世俗生活有趣。文章最后的结论是“寿命长短，骨体强劣”每人各不相同，重要的是，要“善养”身体。

从总体上看，曹植在此文中运用朴素的观察验证方法否定神仙之说，否定当时世俗大众沉溺其中的道家养生秘术，提出要尊重生命自然，享受人间世俗欢乐，正如清代学者丁晏所论，“卓然正论，足以唤醒痴迷”[②]。

二、《辨道论》的政治智慧及其对重大政策的宣示

曹植为什么创作此文？此文所论主题有何现实意义？《辨道论》的文体性质其实已透露了此文所论问题的重大意义。《辨道论》属于辩、论体。辩，起源于先秦有一套公认的规则和方法。《墨子·兼爱》曰：“天下之士君子，特不识其利，辩其故也。”[③]辩就是讨论、辨析以批判错误的认识，提出正确的观点，“能谈辩者谈辩，能说书者说书，能从事者从事，然后义事成也”[④]。徐幹《中论·核辩》论证了“辩”的性质及重

① 徐幹撰，龚祖培校点《中论》，辽宁教育出版社2001年版，第14页。
② 曹植撰，丁晏纂，叶菊生校订《曹集铨评》卷九，文学古籍刊行社1957年版，第155页。
③ 李小龙译注《墨子》，中华书局2007年版，第65页。
④ 李小龙译注《墨子》，中华书局2007年版，第187页。

要性，“辩之为言，别也”，“君子之辩也，欲以明大道之中也”[①]。伴随着文章写作风气的形成，汉代形成了自觉的文体意识，但直到献帝建安时期才出现曹丕的文体辨析思想，其《典论·论文》云，“夫文本同而末异，盖奏议宜雅，书论宜理，铭诔尚实，诗赋欲丽。此四科不同，故能之者偏也；唯通才能备其体”[②]。所谓“四科八体”显然是按文体重要性和适用范围进行的排序，其中第二科第四体就是“论”体。口头之“辩”与“论”体之文走向结合。中古时期，“论”是十分重要的文体，刘勰《文心雕龙·论说》将论、说与“经”并论：“圣哲彝训曰经，述经叙理曰论”，“论也者，弥纶群言，而研精一理者也”[③]。论体文所论都是重大的政治或思想理论问题。保存至今的汉魏时期的作品也可证实，以“论”为文或专书者都是“重头大著”，如贾谊《过秦论》、桓谭《新论》、王充《论衡》、徐幹《中论》以及曹丕《典论》等。今存曹植文集中保存了多篇以“论”为题的单篇文章，《汉二祖优劣论》《成王汉昭论》讨论帝王短长，《魏德论》是曹丕继位后的祝颂文，《相论》《令禽恶鸟论》《辅臣论》讨论为臣之道，《征蜀论》论对蜀政策，《仁孝论》《辨道论》《辨疑论》[④]论重要思想政策。虽然建安诗人关注现实社会问题，其诗赋也反映了丰富的社会现实，但仍多以抒发作家情感感受为主，而并不以此参与现实政治。建安十六年（211）七月，曹植随父曹操西征马超，途经洛阳，被认为

① 徐幹撰，龚祖培校点《中论》，辽宁教育出版社 2001 年版，第 20—21 页。

② 夏传才、唐绍忠《曹丕集校注》，河北教育出版社 2013 年版，第 237 页。

③ 王运熙、周锋《文心雕龙译注》，上海古籍出版社 2019 年版，第 173 页。

④ 据曹植《前录自序》，其生前曾自编文集。曹植去世后，明帝下诏编辑其集，此集唐末宋初间散佚。南宋人重新辑成曹植别集，今存南宋嘉定六年《曹子建集》十卷本。《四库全书总目提要》称：“唐以前旧本既佚，后来刻植集者率以是编为祖，别无更古于斯者。”同治年间，丁晏汇集佚文，编成《曹集铨评》，文字较全；光绪年间，朱绪曾《曹集考异》对文字多有校正，今大体可读。

是送别应玚时所作的诗歌《送应氏二首》表现了对现实的强烈关怀："洛阳何寂寞，宫室尽烧焚。垣墙皆顿擗，荆棘上参天。不见旧耆老，但睹新少年。侧足无行径，荒畴不复田。游子久不归，不识陌与阡。中野何萧条，千里无人烟。念我平生亲，气结不能言。"[①]此类诗重在抒情，而不是论政。《辨道论》不似诗、赋单纯抒情[②]，而是严肃讨论方术、方士问题。如果放眼建安政局就会发现，这个问题并非无聊的谈资，而是当时社会普遍关注的问题，关系曹操的重大政治决策。此题材和论题在曹植个人文章乃至建安文学家的著述中都是十分突出的。

方术之士的出现实为秦汉时期重要的社会文化现象[③]。人类从蒙昧中解放后不得不直面死亡，具有理性精神的先秦诸子主要思考的是个体与社会关系问题，而秦汉时期主流社会思考和关注的主题是如何避免死亡。秦始皇、汉武帝在掌控人间至高权力之后尤其渴望长生不老，希望借方术实现梦想。方术既包含一定粗浅的医学与体育知识，也包含某些荒诞不经的做法，其目的很明确，就是帮助人长生不老，甚至白日飞升成为神仙[④]。两汉之际的桓谭、东汉的王充基于经验主义的唯物论，认为物质性

---

① 赵幼文《曹植集校注》，人民文学出版社 1984 年版，第 3 页。

② 中古时期，辞赋有时也有现实的政治功能，参见王德华对东汉初年京都赋创作背景的考论（《东汉前期京都赋创作时间及政治背景考论》，《文学遗产》2008 年第 2 期）。建安诗人的辞赋创作有的也并非单纯为抒发个人感情，也有其现实功能。如建安二十二年（217）王粲随曹操东征孙权（王粲即于此次随军途中感染瘟疫而去世），创作《浮淮赋》："从王师以南征兮，浮淮水而遐逝。背涡浦之曲流兮，望马邱之高澨。泛洪橹于中潮兮，飞轻舟乎滨济。建众樯以成林兮，譬无山之树艺。于是迅风兴，涛波动，长濑潭浘，滂沛汹溶。钲鼓若雷。旌旄翳日，若鹰飘逸，递相竞轶。凌惊波以高骛，驰骇浪而赴质。加舟徒之巧极，美榜人名闲疾。白日未移，前驰已届。群师按部，左右就队。舳舻千里，名卒亿计。运慈威以赫怒，清海隅之蒂芥。济元勋于一举，垂休绩于来裔"，既为行军壮行的需要，也有借歌功颂德以获得曹操信任的目的，其实用性很明显。

③ 参见顾颉刚《秦汉的方士与儒生》，上海古籍出版社 2005 年版。

④ 参见李零《战国秦汉方士流派考》，《传统文化与现代化》1995 年第 2 期。

的"气"构成万物，根据现实日常生活经验观察到万物的荣枯兴衰，不相信谶纬之学、神仙方术。王充肯定桓谭云："论世间事，辩照然否，虚妄之言，伪饰之辞，莫不证定，彼子长、子云论说之徒，君山为甲。"[①]他还认为："人生于天地也，犹鱼之于渊，虮虱之于人也，因气而生，种类相产，万物生天地之间，皆一实也"，"人之死，犹火之灭也。火灭而耀不照，人死而知不慧，二者宜同一实……火灭光消而烛在，人死精亡而形存，谓人死有知，是谓火灭复有光也"[②]。桓谭、王充、张衡的思想成为南朝范缜《神灭论》批判佛教、提倡无神论的主要来源。汉末无名氏《古诗十九首》感叹"服食求神仙，多为药所误"[③]，这种不信方士甚至反方术的思想认识揭示了直观的事实，也为曹操、曹植所认同。曹操《善哉行》中的"痛哉世人，见欺神仙"[④]，表明他不信方士长生不老之说[⑤]，因此后代学者明确说"魏武帝父子不惑仙术"[⑥]。《辨道论》和曹植其他文字彼此呼应，表明其亦不信长生之术。清代学者桂馥肯定曹植以实验法证明方术之荒谬"诚有见矣"[⑦]。然而汉末"董卓杀主鸩后，荡覆王室。是时四海既困中平之政，兼恶卓之凶逆。家家思乱，人人自危"[⑧]，战乱导致尸骸枕藉，"白骨露于野，千里无鸡鸣"[⑨]。建安二十二年（217），"建安七子"中的王粲和徐幹、陈琳、应玚、刘桢因感

① 张宗祥《校注论衡》，浙江古籍出版社2017年版，第512页。
② 张宗祥《校注论衡》，浙江古籍出版社2017年版，第137—138、748页。
③ 曹旭《古诗十九首与乐府诗选评》，上海古籍出版社2019年版，第104页。
④ 曹操《曹操集》，中华书局1974年版，第24页。
⑤ 徐公持认为曹操不信神仙，其游仙诗有"娱乐'调笑'性质"。参见徐公持《魏晋文学史》，人民文学出版社1999年版，第44页。
⑥ 周召《双桥随笔》卷九，楼含松主编《中国历代家训集成》第8册，浙江古籍出版社2017年版，第4627页。
⑦ 桂馥《晚学集》卷五，商务印书馆1936年版，第158页。
⑧ 夏传才、唐绍忠《曹丕集校注》，河北教育出版社2013年版，第247—248页。
⑨ 曹操《曹操集》，中华书局1974年版，第6页。

染疾疫先后去世，生命转瞬即逝，触目惊心。曹操对于死亡与延年益寿问题非常关注，其于建安十二年（207）率师北征乌桓，写下《步出夏门行》，感叹道，“神龟虽寿，犹有竟时。螣蛇乘雾，终为土灰”，表示“老骥伏枥，志在千里。烈士暮年，壮心不已。盈缩之期，不但在天；养怡之福，可得永年”[①]。他不相信长生不死，但相信自我保养之术，更重要的是他知道人生苦短，所以才积极作为。《三国志·魏书·武帝纪》注引张华《博物志》云，曹操“又好养性法，亦解方药，招引方术之士，庐江左慈、谯郡华佗、甘陵甘始、阳城郤俭无不毕至，又习啖野葛至一尺，亦得少多饮鸩酒”[②]。《备急千金要方》引曹操《与皇甫隆令》云：“闻卿年出百岁，而体力不衰，耳目聪明，颜色和悦，此盛事也。所服食施行导引，可得闻乎，若有可传，想可密示封内。”[③]曹操同乡华佗也是知名的方术之士，《辨道论》中“世有方士，吾王悉所招致”[④]句客观地揭示了这一事实。

辟谷、房中术等方术只是帮助个体解决延年益寿的问题，而高级的方士以及信仰方术的文人则利用谶纬参与政治[⑤]。如论者云：“到了东汉时，谶纬神学成为统治者所崇奉的指导思想。”[⑥]在社会动荡之际，方士不仅关注养生，而且传布谶纬，指向政治革命。汉代谶纬流行，民间也利用谶纬进行舆论宣传。《史记·陈涉世家》记载，陈涉欲谋反，与吴广合谋，利用卜者发动士卒，“卜者知其指意，曰：‘足下事皆成，有功。然足下卜之鬼乎！’陈胜、吴广喜，念鬼，曰：‘此教我先威众耳。’乃丹

① 曹操《曹操集》，中华书局 1974 年版，第 20 页。
② 陈寿撰，裴松之注《三国志》，中华书局 1999 年版，第 39 页。
③ 李景荣等《备急千金要方校释》，人民卫生出版社 1998 年版，第 575 页。
④ 赵幼文《曹植集校注》，人民文学出版社 1984 年版，第 187 页。
⑤ 最早对此进行系统性论述的是 1935 年出版的顾颉刚的《汉代学术史略》，是书后改名为《秦汉的方士与儒生》并多次再版。
⑥ 钟肇鹏《谶纬论略》，辽宁教育出版社 1991 年版，第 150 页。

书帛曰‘陈胜王’，置入所罾鱼腹中。卒买鱼烹食，得鱼腹中书，固以怪之矣。又间令吴广之次所旁丛祠中，夜篝火，狐鸣呼曰‘大楚兴，陈胜王’。卒皆夜惊恐。旦日，卒中往往语，皆指目陈胜”[①]。光武帝刘秀利用《河图赤伏符》《河图会昌符》神化自己。东汉末年，朝政混乱，谶纬巫术盛行。顺帝时期，于吉编写《太平清领书》传播道教，此时东汉王朝社会危机日趋严重，困于饥饿流亡的苦难百姓求生无门、求死不得，崇奉道教，将其作为精神上的支柱。灵帝初年，巨鹿人张角自称“大贤良师”，传播《太平清领书》的教义，用符水咒语帮人医病。张角所传的道教——太平道发展很快，十多年间，徒众发展到几十万人之多。“张角传教目的是非常明确的，就是要想推翻腐朽的东汉王朝，宗教是他号召群众、组织群众的工具。他提出的口号是‘苍天已死，黄天当立。岁在甲子，天下大吉’”，其利用“五德终始说”发动民众[②]。在王纲解纽、群雄纷争之中趁乱而起的曹操要统一中原占据霸主地位，一方面须与各路军阀争雄，另一方面则必须控制风起云涌的农民起义军。黄巾起义军的组织力很大一部分就来自民间谶纬与方术。曹操深知民间信仰的巨大影响力，早年为济南相时就强力禁绝“淫祀”。面对数量巨大的黄巾

① 司马迁撰，裴骃集解，司马贞索隐，张守节正义《史记》卷四八，中华书局 1959 年版，第 1950 页。

② 参见王仲荦《魏晋南北朝史》，上海人民出版社 2003 年版，第 13 页。

起义军，曹操对其采取打击、限制与利用相结合的策略[①]。初平三年（192）夏，青州黄巾百万人攻入兖州（今山东金乡西北），转攻东平，曹操率兵抵寿张，初率步骑1000余人进攻青州，之后率军追至济北（今山东长寿东南），青州黄巾军30万人以及义众男女百万口投降，曹操将其精锐改编为“青州兵”，作为逐鹿中原的主要力量。可见，曹操充分利用了民间信仰的号召力和组织力[②]。《典论》记载：“光和中，北海王和平亦好道术，自以当仙，济南孙邕少事之，从至京师，会和平病死，邕因葬之东陶。有书百余卷，药数囊，悉以送之。后弟子夏荣言其尸解，邕至今恨不取其宝书仙药。刘向惑于鸿宝之说，君游眩于子政之言，古今愚谬，岂唯一人哉。”所记为汉灵帝时事，表明了曹丕对方术的否定。曹丕还说：“颍川郤俭，能辟谷，饵伏苓。甘陵甘始，亦善行气，老有少容。庐江左慈，知补导之术。并为军吏。初俭之至，市伏苓，价暴数倍。议郎安平李覃，学其辟谷，餐伏苓，饮水中寒，泄利，殆至殒命。后始来，众人无不鸱视狼顾，呼吸吐纳。军谋祭酒弘农董芬为之过差，气闭不通，良久乃苏。左慈到，又竞受其补导之术。至寺人严峻往从问受，阉

① 曹操与青州兵的关系很复杂，《三国志·魏书·贾逵传》注引《魏略》记载，曹操去世，“时太子在邺，鄢陵侯（曹彰）未到，士民颇苦劳役，又有疾疠，于是军中骚动……而青州军擅击鼓相引去。众人以为宜禁止之，不从者讨之。（贾）逵以为‘方大丧在殡，嗣王未立，宜因而抚之’。乃为作长檄，告所在给其廪食”。参见田余庆《汉魏之际的青徐豪霸》，载《秦汉魏晋史探微》，中华书局2004年版，第97—128页。曹操与青州兵的关系至今仍是学术界研究的一大热点和难点，曹操如何利用谶纬仍有待于进一步研究。参见姜生《曹操与原始道教》，《历史研究》2011年第1期。后来曹丕代汉的“禅让”，不仅模仿了尧舜禹禅让，也利用了谶纬的说法。参见［日］吉川忠夫著，王启发译《六朝精神史研究》，江苏人民出版社2012年版，第66—86页。

② 杨宽《论黄巾起义与曹操起家》，《文汇报》1959年7月4日。关于曹操与黄巾军太平道暨《太平经》的关系，学术界在20世纪50年代有过激烈的争论，详论参见《曹操论集》（生活·读书·新知三联书店1960年版）与陈华昌的《曹操与道教及其游仙诗研究》（陕西人民出版社2002年版）。

竖真无事于斯术也，人之逐声，乃至于是。”[①]正是在此背景下，曹操营幕中出现大量方士的身影。建安九年（204），从袁绍子袁尚手中夺取邺城之后，曹操集聚天下文人、大量方士于邺城，可见当时人们迷信方术之盛况。

《辨道论》着重说明曹操招致方士的政治目的：“本所以集之于魏国者，诚恐斯人之徒，挟奸诡以欺众，行妖恶以惑民，故聚而禁之也。岂复欲观神仙于瀛洲，求安期于边海，释金辂而顾云舆，弃六骥而求飞龙哉！自家王与太子及余兄弟，咸以为调笑，不信之矣。然始等知上遇之有恒，奉不过于员吏，赏不加于无功，海岛难得而游，六绂难得而佩，终不敢进虚诞之言，出非常之语。”这段话说得很清楚，曹操、曹丕把方士集中起来，并不是相信其长生之术真的灵验，而是防范、阻止方士造谣惑众。当时的邺城虽相对安全、稳定，但军阀纷争并未结束，形势依然十分复杂。因此，邺城并非曹丕、曹植兄弟带领众文人吟风弄月的场所，而仍旧是曹操征战的大后方、大本营，其间还交织着曹丕、曹植为争夺继位权的明争暗斗以及由此引起的属官圈子的分化。《辨道论》批评的矛头既明确指向方术对人身保健的无用，也指出方术对社会稳定的负面影响，此论不仅关系社会风俗问题的整顿，实涉曹操对待谶纬和黄巾军的重大现实政策。清晰

① 夏传才、唐绍忠《曹丕集校注》，河北教育出版社 2013 年版，第 254 页。

解读曹操的政策是曹植给自己确定的撰写任务①，这也正是曹植此文与众不同之处。曹植从政治层面揭示曹操对方士、方术既利用又限制的政策，足见其见识远高于侪辈与时流。清人方东树云：“陈思天质既高，抗怀忠义，又深以学问、遭遇、阅历，操心虑患。”②

曹丕《又与吴质书》云：“昔日游处，行则连舆，止则接席，何曾须臾相失！每至觞酌流行，丝竹并奏，酒酣耳热，仰而赋诗。当此之时，忽然不自知乐也。”③占据邺城后，曹丕、曹植兄弟确实与文人贵游唱和，“列车息众驾，相伴绿水湄”④。曹丕、曹植兄弟与众文人貌似亲密无间，其实等级与权力区分仍十分明晰⑤。曹丕、曹植除了“怜风月，狎池苑，述恩荣，叙酣

① 曹操善用谋士，如鲍信提出的“规大河以南，以待其变”、毛玠提出的“奉天子以令不臣”、枣祗提出的屯田等建议，其皆予以采纳。但曹操对待以“建安七子”为代表的文士与对待荀彧、崔琰等政治、军事谋士的态度大不相同。曹操虽然高度重视文士的文学（文字）才能，但在职务安排上，基本皆给予了文学侍从的职务，允许文士参与政治决策的程度较低，曹植即亲自安抚过从荆州到邺下后因未受重用而产生“不满情绪”的王粲（参见徐公持《魏晋文学史》，人民文学出版社 1999 年版，第 132 页）。而研究治国之术的徐幹是个“恬淡寡欲”之士，其宁愿作独立的思想家而不做“帮闲文人”或仰人鼻息的政客，徐幹的《中论》讨论了人才、君臣关系等问题，曹丕称其“成一家之言”（《典论·论文》），但其中并未直接评议曹操的政治与政策，也没有论及方术问题。众所周知，汉末王纲解纽，“处士横议”，清议、“谈论”之风流行，汉末曹魏时期议论的主题主要是人物品评，尤其是对个体道德、相貌、气质的品评，两晋更是远离现实，较少涉及当权者大政。详论参见刘大杰《魏晋思想论》，上海古籍出版社 1998 年版与刘季高《东汉三国时期的谈论》，上海古籍出版社 1999 年版。

② 方东树《昭昧詹言》卷二，人民文学出版社 2006 年版，第 70 页。

③ 夏传才、唐绍忠《曹丕集校注》，河北教育出版社 2013 年版，第 110 页。

④ 王粲《杂诗》，逯钦立辑校《先秦汉魏晋南北朝诗》，中华书局 1983 年版，第 364 页。

⑤ 《世说新语·言语》注引《典略》记载：建安十六年，“世子为五官中郎将，妙选文学，使桢随侍太子。酒酣坐欢，乃使夫人甄氏出拜，坐上客多伏，而桢独平视。他日公闻，乃收桢，减死输作部”。参见徐震堮《世说新语校笺》，中华书局 1984 年版，第 38 页。

宴”①，吟风弄月甚至雕章琢句之外，他们还高度关注时局并且积极参与政治，《辨道论》就是曹植对当代政治与重大社会现象的敏锐观察和深度思考。赵幼文认为，此文有鉴于曹操招致方术之士，“却鼓动群众对方士虔诚的崇奉”，“曹操在镇压黄巾农民起义之后，深惧由此导致不测事变之发生，而有所戒惧”，“所以论中着重申明曹操聚方士于邺下，是具有严肃政治目的性，从而给信仰者提出警告”②。建安时期，文章写作已成为一时风气，文人以写作相标榜，以曹植的身份来作此文，表达对曹操重要政策的鲜明立场，可以想见在当时一定产生了巨大影响，想必亦为敢作敢当的一时枭雄曹操所欣赏。

三、《辨道论》的写作动机与隐情

《辨道论》创作时间不明，但文中称曹操、曹丕为“家王”“太子”可大致推断创作时间③，据此可以使我们了解其主要写作背景，对理解隐埋于字里行间的复杂动机与政治隐情有所帮助。

建安十三年（208）六月，曹操废三公，恢复丞相制度，并自任汉朝丞相，欲乘势消灭孙、刘，平定南方，统一天下。是年底却遭遇赤壁之败，此事促使曹操不得不强化自己在朝廷中的地位。建安十七年（212），汉献帝准许曹操“赞拜不名，入朝不趋，剑履上殿”④；建安十八年，汉献帝册封曹操为魏公，加九

① 王运熙、周锋《文心雕龙译注》，上海古籍出版社 2019 年版，第 46 页。

② 赵幼文《曹植集校注》，人民文学出版社 1984 年版，第 196 页。

③ 学者刘汝霖认为作于建安二十三年（218），其认为“本文称东汉为‘中兴’，知为魏未代汉时所作。又有‘吾王’‘家王’‘太子’诸说，必为曹丕立为太子后所作”。参见刘汝霖《汉晋学术编年》，华东师范大学出版社 2010 年版，第 464 页。当代学者基本承袭此说，如陈华昌《曹操与道教及其游仙诗研究》，陕西人民出版社 2002 年版，第 221 页。

④ 陈寿撰，裴松之注《三国志》，中华书局 1999 年版，第 36 页。

锡、建魏国，定国都于邺城；建安二十一年（216）二月，汉献帝册封曹操为魏王，邑三万户，位在诸侯王上，奏事不称臣，受诏不拜，以天子冕旒、车服、旌旗、礼乐郊祀天地，出入得称警跸，宗庙、祖、腊皆如汉制，国都邺城，王子皆为列侯。曹操巩固霸主地位后，接班人问题势必提上议事日程，曹丕、曹植的继位之争进入白热化阶段，直到建安二十二年冬十月，汉献帝赐予曹操王冕十有二旒，乘金根车，驾六马，设五时副车，曹操则以五官中郎将曹丕为魏太子，似乎兄弟俩的斗争已尘埃落定。建安二十五年（220）正月，曹操还军洛阳，不久病逝；十月，曹丕取代汉献帝，自立为帝，国号魏，追尊曹操为武皇帝，庙号太祖。《辨道论》称曹丕为太子，显然应作于建安二十二年冬以后、建安二十五年前。此文与这个时期激烈的继位之争有深刻关联，而据其中论及方士集聚于邺城等情形推断，此文应该作于邺城。

改变曹植命运的主要事件就是他与曹丕的继位之争。曹操原来看重的继承人并非曹丕，而是嫡长子曹昂以及环夫人所生的早慧的曹冲。可是，建安二年（197）曹昂随曹操出征张绣，张绣降而复叛，曹昂为救曹操被杀，而曹冲十三岁时病死，曹操不得不在次子曹丕和曹丕同母弟曹植间游移。从建安十八年（213）曹操进封魏公时接班人问题提出来，曹丕、曹植二人的继承人之争就已开始。曹丕偏文弱的性格起初确实不太会被曹操欣赏。曹丕在《典论·自叙》中说自己“生于中平之季，长于戎旅之间，是以少好弓马，于今不衰；逐禽辄十里，驰射常百步，日多体健，心每不厌”，“余又学击剑，阅师多矣”[①]，显然有夸大其

① 夏传才、唐绍忠《曹丕集校注》，河北教育出版社2013年版，第249、251页。

词、自我炫耀甚至自我神化的功利动机[①]。曹操早年明显属意于曹植，不仅带领曹植南征北战，还安排曹植留守邺城，如建安十九年（214），曹植"徙封临菑侯"，曹操南征孙权，命令曹植留守，并指示："吾昔为顿邱令，年二十三。思此时所行，无悔于今。今汝年亦二十三矣，可不勉与！"[②]景蜀慧认为："按照曹魏制度，这一责任通常只有身为储贰的世子才能承担……从曹操此次临行前的一番安排和殷切告诫曹植之语中，不难看出当时曹操的用心和期待。"[③]但是，曹植也许是过于自信，其"既以才见异，而丁仪、丁廙、杨修等为之羽翼，太祖狐疑，几为太子者数矣"[④]，《三国志·魏书·陈思王植传》还记载："（曹）植尝乘车行驰道中，开司马门出。太祖大怒，公车令坐死。由是重诸侯科禁，而植宠日衰"。注引《魏武故事》载令曰："始者谓子建，儿中最可定大事。"又令曰："自临菑侯植私出，开司马门至金门，令吾异目视此儿矣。"[⑤]类似的低级错误导致曹操逐渐失去对曹植的信任，最后于建安二十二年十月立曹丕为太子，曹植则作为临菑侯"就国"，之后只是偶尔回邺城完成曹操临时交办的任务。虽然曹植与曹丕的大位继承权之争初落帷幕，但从史料看，曹操并没有就此放弃曹植，《三国志·魏书·陈思王植传》记载："（建安）二十四年，曹仁为关羽所围。太祖以（曹）植为南中郎将，行征虏将军，欲遣救仁，呼有所敕戒。（曹）植醉

① 徐公持认为，曹丕"在《典论·自叙》中写自己剑术如何高超，击败了一位武术家、将军邓展。还说比武中三次取胜，并且'截其颡'，正中咽喉！他的话可信吗？不可信！道理很简单，因为他当时以魏太子之尊，谁敢跟他认真比武？击败他不难，但还想不想在曹操手下干了？曹操心狠手辣，得罪了曹氏父子，连能否生存都是问题"。参见中国社会科学院文学研究所《甲子春秋——我与文学所六十年》，社会科学文献出版社2013年版，第357页。

② 陈寿撰，裴松之注《三国志》，中华书局1999年版，第417页。

③ 景蜀慧《魏晋诗人与政治》，中华书局2007年版，第50页。

④ 陈寿撰，裴松之注《三国志》，中华书局1999年版，第417页。

⑤ 陈寿撰，裴松之注《三国志》，中华书局1999年版，第417页。

不能受命，于是悔而罢之。”裴注引《魏氏春秋》云：“（曹）植将行，太子饮焉，逼而醉之。王召植，植不能受王命，故王怒也。”[①]可惜曹植没有把握住大好机会，表明当时曹植与曹丕的斗争仍十分激烈。《辨道论》既是曹植在继位之争中暂时落败的情况下继续保持对政治高度关注和自信的反映，也是他向曹操和曹丕表明忠诚的体现——文中特别提到的“家王与太子”显然不是随意信笔为之，实表明曹操以及曹丕才是曹植此文真正的目标读者。《辨道论》表达的卓见和清醒、隐忍的心理，亦证明曹植具有政治家的潜质。

曹植在争夺大位继承权中失败，由此产生了曹丕、曹植比较优劣论及大量相关记载和传说[②]，古今学者亦议论纷纭，莫衷一是，其内容一是有关曹丕不择手段、精于算计的记载和评论，二是突出曹植过人的文学才华（如“七步成诗”的传说）、不拘小节的文人浪漫气质、“拙诚”[③]的个性等记载和评论。《文心雕龙·才略》论曹丕、曹植文学才能之高下云：“魏文之才，洋洋清绮。旧谈抑之，谓去植千里，然子建思捷而才俊，诗丽而表逸；子桓虑详而力缓，故不竞于先鸣。而乐府清越，《典论》辩要，迭用短长，亦无懵焉。但俗情抑扬，雷同一响，遂令文帝以位尊减才，思王以势窘益价，未为笃论也。”[④]刘勰反对流俗的说法，认为曹丕的文学才华不减于曹植。我们循着刘勰的思路进一步思考就会发

① 陈寿撰，裴松之注《三国志》，中华书局1999年版，第417、420页。

② 有关曹丕、曹植明争暗斗的记载很多，其中真伪杂陈，有的属于外人不知真相的传说，有的可能只是有意丑化对方的“舆论”战的言论。因此，对这类记载需要严格辨析。扩大一点看，不少有关这一时期历史记载的材料都存在此类问题，如东吴人编写的《曹瞒传》就捏造了很多有关曹操的负面“史实”，曹操后来被视作“奸雄”正来源于此类记载。参见吴怀东《曹操是“英雄”还是“奸雄”？——东晋史学家孙盛论曹证实》，《皖西学院学报》2014年第1期。

③ 清代学者朱乾《乐府正义》语。转引自黄节注《曹子建诗注》，人民文学出版社1957年版，第104页。

④ 王运熙、周锋《文心雕龙译注》，上海古籍出版社2019年版，第280页。

现，曹植不仅早慧、好学、文才过人，而且政治能力不亚于曹丕。

首先，从曹操的态度看，当初曹操属意于曹植，固然有曹植文才过人的因素，如建安十五年（210），铜雀台落成，《三国志·魏书》本传记载，“时邺铜爵台新成，太祖悉将诸子登台，使各为赋。植援笔立成，可观，太祖甚异之”[①]，但是，作为政治家、军事家的曹操不可能不关注政治军事能力，他带领曹植南征北战，自己出行前安排曹植留守，这既是刻意地栽培与训练，也是看中曹植所具备的政治军事能力。换言之，曹植的政治能力应不同寻常。其次，从曹植的人生期许看，虽然曹植文学才能过人，但其人生目标不是文学创作，而是政治作为。曹植明确表明其人生目标是“勠力上国，流惠下民，建永世之业，流金石之功”[②]，“捐躯赴国难，视死忽如归”[③]，即使作文，也不作辞赋——“辞赋小道，固未足以揄扬大义，彰示来世也”，他要“采庶官之实录，辩时俗之得失，定仁义之衷，成一家之言”[④]。生活在天下纷争、思想解放的时代，曹植的思想不拘于传统经学形态，其诗文抒情写意，具有很强的现实指向性[⑤]。曹丕则说“盖文章经国之大业，不朽之盛事”[⑥]，与曹植的观点恰成对照。再次，虽然征战未息，曹操亲自指挥，曹植并没有机会展示其实际的政治能力，不过从曹植的文章中还是能充分体现其见识和智慧。胡明对此有所论述：“我们试读读他的《求自试

① 陈寿撰，裴松之注《三国志》，中华书局 1999 年版，第 416 页。

② 曹植《与杨德祖书》，载赵幼文《曹植集校注》，人民文学出版社 1984 年版，第 154 页。

③ 曹植《白马篇》，载赵幼文《曹植集校注》，人民文学出版社 1984 年版，第 412 页。

④ 曹植《与杨德祖书》，载赵幼文《曹植集校注》，人民文学出版社 1984 年版，第 154 页。

⑤ 参见徐俊祥《建安学术史大纲》，广陵书社 2009 年版，第 355—363 页。不过，其中以“布衣”称曹植，不够准确。

⑥ 曹丕《典论·论文》，载夏传才、唐绍忠《曹丕集校注》，河北教育出版社 2013 年版，第 238 页。

表》《求通亲亲表》《陈审举表》《谏取诸国士息表》《谏伐辽东表》《请招降江东表》等，他的这一系列奏表中对魏国的政权建设，外交政策，用人制度，乃至国力储备，军事方针等重大领域都有许多用心良苦而切合实际的建言，很可见出曹植的政治眼光”，“曹植绝不是一个华而不实的文学之士，他在政治上是个——尤其他晚期头脑清醒时——有才干，有雄心，有城府，并善于忍让韬晦的‘精明人’”[①]。

曹丕一定算计了曹植，曹植也一定毫无疑问使用了手段，在争夺大位的政治斗争中尔虞我诈，导致父子反目、兄弟相残，确属家天下专制集权社会的常态[②]，不必依据后代的道德标准而厚此薄彼[③]。曹植的失败，除了思想观念等根本因素之外，也有生活中偶然因素的作用，其原因可能不是“对手太强”，而是曹植太过自信[④]。曹植“任性而行，不自雕励，饮酒不节”[⑤]，私开司马门、与高门之子杨修等人过从甚密、醉酒不能领命等——曹

① 胡明《关于三曹的评价问题》，《文学评论》1993年第5期。刘勰《文心雕龙·章表》认为“章、表、奏、议，经国之枢机”，“魏初表章，指事造实；求其靡丽，则未足美矣”，刘勰特别赞赏曹植公文写作方面的成就，曹植上表的写作也反映出其政治见识和政治能力。论者注意到曹植在《陈审举表》中提出：“盖取齐者田族，非吕宗也；分晋者赵、魏，非姬姓也，惟陛下察之。苟吉专其位，凶离其患者，异姓之臣也。欲国之安，祈家之贵，存共其荣，没同其祸者，公族之臣也。今反公族疏而异姓亲，臣窃惑焉。”其注意到曹丕、曹叡父子为了巩固皇位刻意疏远甚至打压亲族对曹魏政权产生的严重威胁，曹氏政权最后也正是被异姓的司马氏所取代，这证明了曹植的远见卓识。

② 参见张作耀《曹操评传》，南京大学出版社2001年版，第238—268页。

③ 景蜀慧受陈寅恪“凡士大夫阶级之转移升降，往往与道德标准与社会风习之变迁有关”（参见陈寅恪《元白诗笺证稿》，上海古籍出版社1978年版，第82页）之说启发，认为曹丕、曹植之争实代表两种思想观念的冲突，而曹操对曹丕、曹植兄弟二人的选定亦反映出两种人才取舍乃至治国理念之不同。参见景蜀慧《魏晋诗人与政治》，中华书局2007年版，第29—84页。所见者深，可备一说。

④ 曹植犯错的根源，除了传说中曹丕的刻意算计，以及曹植过于自信导致的“大意失荆州”外，也与曹植较为率性的文学气质有一定关系。

⑤ 陈寿撰，裴松之注《三国志》，中华书局1999年版，第417页。

植在关键时刻偶然犯了这一系列低级的错误，导致失去曹操的信任，并因此丧失做接班人的机会。成则为王，败则为“囚”，曹植的政治才能和宏伟抱负亦无从施展。

曹植《辨道论》明确辨析方术之虚妄，并分析曹操不信方术却罗致方士的政治意图，是对曹操政策的积极辩护和有力宣传，是曹植表明自己“政治正确”的重要举措。在遭遇政治上的巨大挫折后并没有自暴自弃，显示了曹植自信、隐忍、坚毅的精神品格和心理素质。

四、从《辨道论》到《释疑论》：曹植心态、思想的转变及意外收获

历史不容假设，曹植虽然因一系列的低级错误在与曹丕争夺大位的斗争中败北，但并没有因此颓废消极，《辨道论》证明曹植仍然高度关注政治，也显示出其微妙的处境和复杂的感受。也正是由于处境的严重恶化，导致曹植在曹丕即位后思想发生了与创作《辨道论》时完全相左的重大转变。《辨道论》检验了长生不老的不可信，否定了方术的虚诞，最后说：

若夫玄黄所以娱目，铿锵所以耸耳，媛妃所以绍先，刍豢所以悦口也。何以甘无味之味，听无声之乐，观无采之色也。然寿命长短，骨体强劣，各有人焉。善养者终之，劳扰者半之，虚用者夭之，其斯之谓与！①

曹植关注政治的同时也关注生活和养生。《辨道论》根据前人的论述以及个人朴素的现实观察和体验，提出寿命长短自有规

① 赵幼文《曹植集校注》，人民文学出版社1984年版，第189页。

律，个人能做的就是顺从自然，不要“劳扰”，不要过度消耗精神和体力，要努力做到“善养”，多多保重，善自珍摄，而且要尽情享受人间欢乐。看来曹植的生活态度仍然十分积极。关注养生是当时普遍的风尚，曹植在面对巨大打击之后仍然能够保持对生活、对养生的关注，显示了其自我隐忍能力之强大，亦显示了曹植当时处境并不如曹操病死、曹丕登基后时备尝打压之艰难。

曹丕被立为太子到正式称帝前的曹植，因为有曹操在，其生活状态还可大致保持原状，而在曹操病死、曹丕登基后，曹植便不断遭到打压。曹丕死后，曹叡继承乃父作风，更加严厉地打压曹植。《三国志·魏书·陈思王植传》记载：“文帝即王位，诛丁仪、丁廙，并其男口。（曹）植诸侯并就国。”[①]曹植党羽遭到大清洗，曹植也被逐出京城，封地一再变更，爵位一再降级。《三国志·魏书·文帝纪》记载：黄初三年（222），“三月乙丑，立……帝弟鄢陵公彰等十一人为王。夏四月戊申，立鄄城侯植为鄄城王。”[②]清代史学家钱大昕考证发现：“鄄城王植以四月戊申封，与任城诸王不同日，且是县王，非郡王，故不在此数”[③]。足见曹丕对曹植防范之严。曹叡继位后，曹植处境并未好转，“（曹）植每欲求别见独谈，论及时政，幸冀试用，终不能得。既还，怅然绝望……常汲汲无欢，遂发疾薨，时年四十一”[④]。其实，曹丕、曹叡父子对曹植的种种打压，证明曹植对大位一直构成威胁，也间接证明了曹植确有出色的政治才能和巨大的社会影响力，如《魏书·明帝纪》裴注引《魏略》记载：太和二年（228）春正月，明帝曹叡行幸长安，“是时（洛

① 陈寿撰，裴松之注《三国志》，中华书局 1999 年版，第 420 页。

② 陈寿撰，裴松之注《三国志》，中华书局 1999 年版，第 59 页。

③ 钱大昕撰，方诗铭、周殿杰校点《廿二史考异》，上海古籍出版社 2014 年版，第 279 页。

④ 陈寿撰，裴松之注《三国志》，中华书局 1999 年版，第 430 页。

阳）讹言云帝已崩，从驾群臣迎立雍丘王植。京师自卞太后群公尽惧。及帝还，皆私察颜色。卞太后悲喜，欲推始言者，帝曰：‘天下皆言，将何所推？’”[①]曹植在《九愁赋》中借咏叹屈原抒写个人幽怨。其《释愁文》述己愁丝萦怀，苦楚弗释，“形容枯悴，忧心如醉”，“愁之为物，惟惚惟恍。不召自来，推之弗往。寻之不知其迹，握之不盈一掌”，时遇玄虚先生取“无为之药”“淡泊之汤”医之，良药入口“众愁忽然，不辞而去”[②]，子建曰：如此难觅之症，独以“淡泊”“无为”之方医之。曹植借老庄淡泊无为思想消解内心的压抑和痛苦。在《髑髅说》中，曹植采用自己与骷髅对话的方式，赞美死亡。“夫死之为言归也。归也者，归于道也。道也者，身以无形为主，故能与化推移。阴阳不能更，四时不能亏。是故洞于纤微之域，通于恍惚之庭，望之不见其象，听之不闻其声；挹之不充，注之不盈，吹之不凋，嘘之不荣，激之不流，凝之不停，寥落冥漠，与道相拘，偃然长寝，乐莫是逾”，并表达了在人间生活遭遇的无限痛苦，假借髑髅之口倾诉，“昔太素氏不仁，无故劳我以形，苦我以生。今也幸变而之死，是反吾真也。何子之好劳，而我之好逸乎？子则行矣，予将归于太虚”[③]。曹植后期的游仙诗也有明显的隐遁之感。《游仙》：“人生不满百，岁岁少欢娱。意欲奋六翮，排雾陵紫虚。蝉蜕同松乔，翻迹登鼎湖。翱翔九天上，骋辔远行游。东观扶桑曜，西临弱水流。北极玄天渚，南翔陟丹邱。”[④]《升天行》（其一）：“乘跷追术士，远之蓬莱山。灵液飞素波，兰桂上参天。玄豹游其下，翔鹍戏其巅。乘风忽登举，仿佛见众仙。”其二：“扶桑之所出，乃在朝阳溪。中心陵

① 陈寿撰，裴松之注《三国志》，中华书局 1999 年版，第 72 页。

② 赵幼文《曹植集校注》，人民文学出版社 1984 年版，第 467、468 页。

③ 赵幼文《曹植集校注》，人民文学出版社 1984 年版，第 524—525 页。

④ 赵幼文《曹植集校注》，人民文学出版社 1984 年版，第 265 页。

苍昊，布叶盖天涯。日出登东干，既夕没西枝。愿得纡阳辔，回日使东驰。”[①]似乎完全进入幻想的神仙世界，心态转向消极。

丁晏《曹集铨评》从葛洪《抱朴子》中辑出佚文《释疑论》，此文的思想立场与《辨道论》似乎针锋相对：“初谓道术，直呼愚民诈伪为空言定矣！及见武皇帝试闭左慈等令断谷，近一月，而颜色不减，气力自若……正尔，复何疑哉！……但恨不能绝声色，专心以学长生之道耳！”[②]当代学者钟优民怀疑其为葛洪伪托[③]。郭沫若认为是曹植所作，并以曹植具有“双重性格”解释其与《辨道论》观点相左的原因：“公平地说，曹子建毕竟是一位才子。他的思想既不怎么高明，也不怎么坚定。他时而像儒家，时而又像道家，而两方面都不甚深入。有时他在‘辨道’，反对当时的一些术士，以为‘若遭秦始皇、汉武帝，则复为徐市、栾大之徒’；时而又在‘释疑’，以为‘天下事不可尽知而臆断……恨不能绝声色，专心以学长生之道。’”[④]其实，未必是曹植具有“双重性格”，而是其生平遭遇以曹丕登基为界限形成前、后期的巨大变化，所以其思想必然发生转变。这里，我们认同《释疑论》并非伪作，实反映了曹操后期人生观念、神仙观念的变化[⑤]。以此为背景，重新审视此前的《辨道论》就会发现，曹植当时处境还不像后来那么备受压制和打击，所以曹植的思想与心态表现出鲜明的积极性特征，显示出他的理性和坚忍，这当然是曹植政治上成熟乃至智慧的重要表现，是一种十分

① 赵幼文《曹植集校注》，人民文学出版社1984年版，第266、267页。

② 赵幼文《曹植集校注》，人民文学出版社1984年版，第396页。

③ 参见钟优民《曹植新探》，黄山书社1984年版，第73—75页。

④ 郭沫若《郭沫若全集·历史编》第4卷，人民出版社1982年版，第126页。

⑤ 参见王保国《曹植的神仙艺术世界研究———论曹植的神仙方术观与神仙题材的文学创作》（宁夏大学中文系硕士学位论文，2005年）、徐锦博《曹植的神仙方术态度———兼论〈释疑论〉是否为葛洪伪作》（《天水师范学院学报》2015年第5期）等文的论述。

清醒的现实主义的生活立场和态度。

遭遇重大的人生挫折丰富了曹植的生命经验，意外地催生了他的文学激情，政治上的不得志使他不得不在文学创作中实现人生价值，最后走向时代文学创作的高峰。曹植创作出大量优秀作品，如上表《求通亲亲表》《求自试表》《陈审举表》《谏取诸国士息表》《谏伐辽东表》等即获得刘勰的充分肯定，“陈思之表，独冠群才，观其体赡而律调，辞清而志显；应物制巧，随变生趣，执辔有余，故能缓急应节矣”[①]。还有很多优秀的诗赋作品，如《责躬》、《赠白马王彪》、《洛神赋》、《美女篇》、《杂诗》（南国有佳人）、《七哀》等。尤其值得注意的是，曹植被禁绝活动的隔离环境使他的乐府诗创作不得不脱离对音乐的依赖，“进一步使音乐与文学灵活化，形成多种曲、题、辞的关系，并且改变了音乐第一、文学第二的关系，突出了文学的地位，‘乐府歌辞’才真正完成了向‘乐府诗’的过渡”[②]。在内在精神气质上也逐步完成向文人诗的演变[③]，“骨气奇高，辞采华茂，情兼雅怨，体被文质，粲溢古今，卓尔不群。陈思之于文章也，譬人伦之有周、孔，鳞羽之有龙凤，音乐之有琴笙，女工之有黼黻”[④]，并成为“建安风力”“建安风骨”的主要代表。曹植早年积极追求建功立业、豪情万丈——“弃身锋刃端，性命安可怀！父母且不顾，何言子与妻！名在壮士籍，不得中顾私。捐躯赴国难，视死忽如归”[⑤]，极其轻视辞

① 刘勰《章表》，载王运熙、周锋《文心雕龙译注》，上海古籍出版社 2019 年版，第 222 页。

② 徐公持《魏晋文学史》，人民文学出版社 1999 年版，第 90 页。

③ 参见吴怀东《论曹植与中古诗歌创作范式的确立》，《吉首大学学报（社会科学版）》2001 年第 3 期。

④ 钟嵘著，古直笺，许文雨讲疏，杨焄辑校《诗品》，上海古籍出版社 2020 年版，第 44 页。

⑤ 曹植《白马篇》，赵幼文《曹植集校注》，人民文学出版社 1984 年版，第 412 页。

赋——“辞赋小道”，可能他自己也未曾料到最后是文学成就了他的精彩人生。

五、《辨道论》的历史影响：与佛教的关联

明确站在无神论思想立场的《辨道论》后来竟与佛教发生了联系，《辨道论》不仅与当时的政治相关，也与中古时期重大的思想运动有深刻的联系。思想史后来的运动也折射出曹植重要的文化影响。

建安时期，论早慧，论才华之全面，论政治观察之深入，曹植无疑为文人之冠冕。《三国志·魏书》本传记载：曹植“年十岁余，诵读诗、论及辞赋数十万言，善属文[①]。”《三国志·魏书·王卫二刘傅传》裴注引《魏略》有一段生动的记载：“（邯郸淳）博学有才章，又善苍、雅、虫、篆、许氏字指。初平时，从三辅客荆州。荆州内附，太祖素闻其名，召与相见，甚敬异之。时五官将博延英儒，亦宿闻淳名，因启淳欲使在文学官属中。会临菑侯植亦求淳，太祖遣淳诣植。植初得淳甚喜，延入坐，不先与谈。时天暑热，植因呼常从取水自澡讫，傅粉。遂科头拍袒，胡舞五椎锻，跳丸击剑，诵俳优小说数千言讫，谓淳曰：‘邯郸生何如邪？’于是乃更著衣帻，整仪容，与淳评说混元造化之端，品物区别之意，然后论羲皇以来贤圣名臣烈士优劣之差，次颂古今文章赋诔及当官政事宜所先后，又论用武行兵倚伏之势。乃命厨宰，酒炙交至，坐席默然，无与伉者。及暮，淳归，对其所知叹植之材，谓之‘天人’。而于时世子未立。太祖俄有意于植，而淳屡称植材。”[②]曹植郁郁而终后，明帝曹叡曾说

① 陈寿撰，裴松之注《三国志》，中华书局 1999 年版，第 416 页。

② 陈寿撰，裴松之注《三国志》，中华书局 1999 年版，第 449 页。

曹植“自少至终，篇籍不离于手”[①]，可见曹植极其好学，他不仅关注政治，深谙经学[②]、诗学，而且熟悉流行文化，如方术、小说、杂技等，了解社会思想动态。

佛教自东汉明帝永平年间由西域东传入中原[③]，洛阳白马寺是佛教传入中原后最早建立的寺院，汉末曹魏时期正是佛教由民间向上层社会传播、从最初被视为外来的方术到独立传播的关键时期，张衡《西京赋》提及的“桑门”被后代学者认为即是“沙门”之意，表明上层文人已开始关注佛教，而以曹植的聪慧、敏锐以及长期生活于佛教传播的主要地区——中原重镇洛阳的经历，他确有接触佛教的可能。南朝以来的文献中出现过曹植接触佛教的有关记载。

南朝刘宋时期刘敬叔《异苑》最早记载：“曹植，字子建。尝登鱼山，临东阿，忽闻岩岫里有诵经声，清通深亮，远谷流响，肃然有灵气，不觉敛衿祗敬，便有终焉之志，即效而则之。今之梵唱，皆植依拟所造。一云：‘陈思王游山，忽闻空里诵经声，清远遒亮。解音者则而写之，为神仙声。道士效之，作步虚声。’”[④]另有佛典记载：“（曹）植每读佛经，辄流连嗟玩，以为至道宗极也……尝游鱼山，忽闻空中梵天之响……乃摹而传于后。”[⑤]“梵唱”就是传自天竺后在中古大兴的佛教念诵经典之术梵呗，曹植被尊为中国佛教声明之祖。此事在佛家典籍中多有记载，如刘义庆《宣验记》、释僧祐《出三藏记集》、释慧皎《高僧传》，唐代释道宣《广弘明集》、释道世《法苑珠

① 陈寿撰，裴松之注《三国志》，中华书局 1999 年版，第 430 页。

② 曹氏家族并非没有经学根底。参见吴怀东《经学盛衰与曹操诗歌革新》，《江淮论坛》1999 年第 3 期。

③ 佛教另有海上传入江南之路线。此与本文无关，兹不详论。

④ 刘敬叔等撰，范宁等校点《异苑》，中华书局 1996 年版，第 48 页。

⑤ 释道宣《广弘明集》卷五，载《大正新修大藏经》第 52 册，新文丰出版公司 1996 年版，第 119 页。

林》、窥基《法华玄赞》以及宋代赞宁《宋高僧传》等，但考之正史并无明文记载，至今学者仍在争论记载之真实性[①]。汤用彤云："初植登鱼山，临东阿，喟然有终焉之心。但于其造梵契则正史不载。其所作《辩道论》，佛徒恒引之（《广弘明集》《佛道论衡》并载之）。然其旨在斥方士，于佛教则不必信也。"[②]应该承认，虽然从曹植思想认识的系统性、统一性及其后期的幽愤心态来看，目前所见文献与事实尚不足以证明曹植具有看破红尘、自我解脱的佛教出世思想，但是南朝以来文献中记载曹植接触佛教的情况，当不是空穴来风。

道家认为可以通过修炼实现人身肉体的长生不老，乃至白日飞升，成神成仙，而佛教则认为世界一切物、象皆空，"诸法因缘生，缘谢法还灭"[③]，"诸行无常，是生灭法。生灭灭已，寂灭

① 陈寅恪《四声三问》云："考《瑞应本起经》为支谦所译。……鱼山在东阿境。植果有鱼山制契之事，必在太和三年至六年之间。然当日魏朝之法制，待遇宗藩，备极严峻，而于植尤甚。若谓植能越境远交吴国，删治支谦之译本，实情势所不许。其为依托之传说，不俟详辨。……今僧祐《出三藏记集》贰载有支谦译《瑞应本起经》二卷。并无'魏东阿王植详定'之语。《出三藏记集》全袭道安经录，可知道安经录中无此语。道安录成于晋孝武帝宁康二年（见《出三藏记集》五引道安经录自序），又可知晋孝武以前无曹植删定《瑞应本起经》之说也。然则此语必出于《始兴录》。此录今不传。……是《始兴录》中曹植详定《瑞应本起经》之语乃受经呗新声之影响，采用东晋末年之传说。其书晚出，远在刘敬叔《异苑》及刘义庆《宣验记》之后也。又考《高僧传》载江左"善声沙门"始于昙籥。籥于东晋孝武时梦天神授以声法，觉因裁制新声。证以成于孝武时之道安经录未有曹植详定《瑞应本起经》之语。可知东晋中晚时代经声虽已流行，而尚无"鱼山制契"之神话。逮东晋末年，始有此传说。"参见陈寅恪《金明馆丛稿初编》，生活·读书·新知三联书店 2001 年版，第 378—380 页。最新的讨论参见范子烨《曹植和鱼山梵呗》（《文史知识》2019 年第 10 期）、张振龙《佛道关系背景下曹植"鱼山梵呗"传说的再审视》（《世界宗教研究》2019 年第 4 期）等文。

② 汤用彤《汉魏两晋南北朝佛教史》，北京大学出版社 2011 年版，第 74 页。

③ 北京八大处辽塔砖铭，参见赵朴初《佛教常识答问》，北京出版社 2003 年版，第 24 页。

为乐”[①]，紧密人的肉体只是精神的依附与寄托，肉体必然要经历生老病死，但精神却可以脱离肉体，实现轮回。在佛教看来，正是追求肉体长生的妄念痴心给人造成了更多的痛苦。曹植在《辨道论》中认同桓谭批判谶纬、道家方术和长生不死之虚妄的认识。从逻辑上说，既然曹植同桓谭一样否定长生不死之说，主张人生死自然，就不可能认同佛教“神不灭”论，反对神仙之术的《辨道论》应该是一篇反佛的重要文献。刘勰在《文心雕龙·论说》中从文章学的角度批评“曹植《辨道》，体同书抄。言不持正，论如其已”[②]。钟嵘《诗品·总论》中批评刘宋大明、泰始中的诗歌创作过度用典，造成“文章殆同书钞”[③]，《隋书·经籍志》著录有《东方朔书钞》二卷（今亡），可见“书抄”就是资料的辑录，评之“体同书抄”即批评文章没有什么观点，显然并非肯定的评价。《辨道论》确实引用了桓谭、刘向等人的观点，也引用了不少资料——这可能正是《文选》弃选的原因，但《辨道论》并非没有观点。在《辨惑论》（《弘明集》卷八）和《文心雕龙·正纬》中强烈批判神仙方术的刘勰，却对同样否定方术的《辨道论》如此讥评，显然另有原因。朱绪曾一语道破：“刘彦和晚年披剃为僧，名慧地，盖崇尚虚妄，不喜此论。”[④]（《曹集考异》卷十）然而，有趣的是，《辨道论》却在后来贯穿中古的儒、释、道三教论衡中被佛教徒引以批判道教，唐释道宣编《广弘明集》“辩惑篇第二”所收第一篇文献就是《辨

① 《大般涅槃经》，段晴等译《汉译巴利三藏·经藏·长部》，中西书局 2012 年版，第 266 页。

② 王运熙、周锋《文心雕龙译注》，上海古籍出版社 2019 年版，第 174 页。

③ 钟嵘著，古直笺，许文雨讲疏，杨焄辑校《诗品》，上海古籍出版社 2020 年版，第 22 页。

④ 详论参见洪润基《〈文心雕龙〉对曹植四篇散文的批评涵义——〈皇太子颂〉〈诰咎文〉〈七启〉和〈辨道论〉》，载中国《文心雕龙》学会编《文心雕龙研究》第 5 辑，河北大学出版社 2002 年版，第 256—262 页。

道论》。《辨道论》“在历史上，是古人作为佛教徒对道教进行非难的最早的一个”[①]，用以批判俗众惑于肉体长生不死的神仙信仰。这种情况的出现可能是受曹植“鱼山梵呗”记载影响的结果。佛教学者认可《辨道论》对道家神仙思想的批判，也即表明认可曹植的理论水平及其在建安时期思想领域的重要地位和影响。

曹植自南朝以来就被视作才华优异的文学天才。南朝刘宋时期异常崇拜曹植的文学才华、推崇曹植“才高八斗”的谢灵运在《拟魏太子邺中集诗》中评论曹植：“公子不及世事，但美遨游，然颇有忧生之嗟。”[②]宋代敖陶孙《诗评》云：“曹子建如三河少年，风流自赏。”[③]在今天看来，谢灵运评曹植“颇有忧生之嗟”是准确的，而说曹植“公子不及世事，但美遨游”，并不符合历史事实。此类认识显然只注意到曹丕、曹植兄弟在建安十四年（209）至十六年（211）间于邺城与陈琳、王粲、徐幹等建安文人“怜风月，狎池苑，述恩荣，叙酣宴，慷慨以任气，磊落以使才。造怀指事，不求纤密之巧；驱辞逐貌，唯取昭晰之能”[④]的活动及其创作[⑤]，如著名的南皮之游、西园之游及其同题创作，却轻视曹植卓越的政治见识和政治才能，忽视曹植争权失败后创作的变化，尤其是忽视了曹植的政治活动与文学创造的内在关联。因此，认识未免皮相，对曹植的生平与遭遇、个性与才能、思想与创作难免产生误解。

我们当然承认曹植文学上的早慧和身为文学家的曹植作为

① ［日］久保田量远著，胡恩厚译《中国儒道佛交涉史》，金城书屋 1986 年版，第 22 页。

② 逯钦立辑校《先秦汉魏晋南北朝诗》，中华书局 1983 年版，第 1184 页。

③ 敖陶孙撰，程兆胤录《诗评》，中华书局 1985 年版，第 1 页。

④ 刘勰《明诗》，载王运熙、周锋《文心雕龙译注》，上海古籍出版社 2019 年版，第 46 页。

⑤ 参见俞绍初《“南皮之游”与建安诗歌创作———读〈文选〉曹丕〈与朝歌令吴质书〉》，《文学遗产》2007 年第 5 期。

“建安之杰”的才华与地位，但要指出的是，正是曹植政治理想未能实现，经历了几乎沦为“圈牢之养物”[①]的摧折，悲愤难消，长歌当哭，才催化了其文学创作的辉煌，这也生动地诠释了文学创作“穷而后工”[②]的普遍规律。毫无疑问，曹植没有成为政治家，也没有成为杰出的学问家[③]、理论家和思想家。不过通过对《辨道论》的研究可以发现，曹植不仅具有突出的文学才华，同时也具有很强的政治才能和卓越的见识，他积极回应当时思想界的主流话题，后代有关他与佛教联系的传说以及《辨道论》被视作批判道教不死之说的资料被收入佛教典籍，都显示出曹植在思想史、文化史上的地位与影响。总之，《辨道论》是包含众多历史文化信息的“大篇章”，发掘、还原这篇文献的政治、文化背景与曹植的经历等“隐情”，对于重新认识曹植乃至建安政局和建安“文场”都有重要意义。

（原载《社会科学战线》2021年第6期）

① 曹植《求自试表》，赵幼文《曹植集校注》，人民文学出版社1984年版，第370页。

② 欧阳修《梅圣俞诗集序》，李逸安点校《欧阳修全集》，中华书局2001年版，第612页。

③ 有所作为的政治领袖尽管身处乱世，但也很关注学问，曹操著《孙子注》显然与其军事目的有关。建安文人中，王粲、徐幹学问优长，据唐晏《两汉三国学案》，建安文人对经学亦有研究，而据汤用彤研究，王粲在汉末经学向魏晋玄学转变的过程中还发挥了一定的中介作用。参见汤用彤《汤用彤学术论文集》，中华书局1983年版，第264—266页。

主要研究论著论文目录

论　著

1.徐嘉瑞《中古文学概论》，上海亚东图书馆1924年版

2.古直《曹子建诗笺》，中华书局1928年版

3.沈达材《曹植与洛神赋传说》，上海华通书局1933年版

4.黄节《曹子建诗注》，人民文学出版社1957年版

5.余冠英《三曹诗选》，人民文学出版社1979年版

6.河北师范学院中文系古典文学教研组：《三曹资料汇编》，中华书局1980年版

7.张可礼《三曹年谱》，齐鲁书社1983年版

8.《艺谭》编辑部《建安文学研究文集》，黄山书社1984年版

9.赵幼文《曹植集校注》，人民文学出版社1984年版

10.钟优民《曹植新探》，黄山书社1984年版

11.张可礼《建安文学论稿》，山东教育出版社1986年版

12.郑孟彤《建安风流人物》，山西人民出版社1989年版

13.王巍《建安文学概论》，辽宁教育出版社1991年版

14.钱志熙《魏晋诗歌艺术原论》，北京大学出版社1993年版

15.王巍《三曹评传》，辽宁古籍出版社1995年版

16.傅亚庶《三曹诗文全集译注》，吉林文史出版社1997年版

17.徐公持《魏晋文学史》，人民文学出版社1999年版

18.孙明君《三曹与中国诗史》，清华大学出版社1999年版

19.顾农《建安文学史》，湖南教育出版社2000年版

20.崔积宝《曹植研究》，黑龙江教育出版社2003年版

21.王玫《建安文学接受史论》，上海古籍出版社2005年版

22.木斋《古诗十九首与建安诗歌研究》，人民出版社2009年版

23.张明华、李洪亮、郑虹霓等《曹氏文学家族研究》，安徽教育出版社2009年版

24.魏宏灿《逞才任情的乐章——曹操父子与建安文学》，安徽大学出版社2010年版

25.吴怀东《三曹与魏晋文学研究》，安徽文艺出版社2011年版

26.吴怀东《曹氏家族与汉晋社会文化变迁》，安徽大学出版社2013年版

27.夏传才、王巍《曹植集校注》，河北教育出版社2013年版

28.徐公持《曹植年谱考证》，社会科学文献出版社2016年版

29.于国华《曹植诗赋缘情研究》，社会科学文献出版社2020年版

30.戴燕《〈洛神赋〉九章》，商务印书馆2021年版

论　文

1.李开先《论曹子建诗》，《文艺旬刊》1923年第3、4期

2.刘信芳《陈思王》，《清华周刊》1927年第14期

3.钱振东《曹子建的文学研究》，《新晨报·副刊》1927年7月17日

4.半千《曹子建及其人生》，《金陵周刊》1928年第7期、8期

5.张为琪《〈七步诗〉质疑》，《国学日报》1929年第2卷第1期

6.萧涤非《读曹子建诗札记》，《学衡》1929年

7.朱兆新《曹植送应氏诗中“我”字的商榷——和储皖峰先生讨论》，《飞虹半月刊》1929年创刊号

8.范义田《曹子建》，《昆华读书杂志》1933第1期

9.［日］古直公愚《曹子建诗说》，《国立中山大学文学院专刊》1933年第1期

10.苏蓬仙《曹子建年谱》，《泊声》1933年第2期

11.李孟符《曹子建之研究：十九年春季国文论文比赛》，《燕大月刊》1933年第1期

12.沈忱农《曹植年谱》，《先导月刊》（南京）1934年第1期

13.闵孝吉《曹子建年谱》，《新民月刊》1936年第2卷第4号

14.梁廷灿《曹子建年谱》，《北平图书馆月刊》1937年7—11月第三卷第一至五号。

15.韩芳林《〈洛神赋〉传说的探讨》，《期刊》（天津）1934年第2期

16.傅南鹃《曹子建的诗情》，《福建文化半月刊》1935年第6期

17.谭正璧《曹子建痛赋感甄文》，《青年界》1935年第8卷第2期

18.谭庆传《〈洛神赋〉本事辨》，《励学》1935年第3期

19.沈达材《曹植辞赋论》，《海滨》1936年第9至10期

20.杨树芳《曹植诗研究》，《协大艺文》1937年第5卷

21.谭雯《〈洛神赋〉主角恋爱事迹考》，《万象》1943年第8期

22.詹锳《曹植〈洛神赋〉本事说》，《东方杂志》1943年第16期

23.郭沫若《论曹植》，《中原》1944年第1卷第3期，修订后收入《历史人物》，新文艺出版社1951年版，后收入《郭沫若全

集·历史编》第4卷，人民出版社1982年版

24.许世瑛《写在洛神赋之后》，《艺文杂志》1944年第2卷第6期

25.张志岳《曹丕曹植争储考实》，《东方杂志》1946年第42卷第17期

26.缪钺《〈文选〉赋笺》，《中国文化研究汇刊》1947年第7卷

27.缪钺《曹植与五言诗体》，《文学杂志》1948年第2卷第12期

28.许世瑛《论曹丕曹植的文章》，《读书通讯》1948年第159期

29.逯钦立《〈洛神赋〉与〈闲情赋〉》，《学原》1948年第2卷第8期

30.贾斯荣《关于〈论曹植〉》，《文史哲》1955年第1期

31.程毅中《略谈曹植作品的评价问题》，《文学遗产》1957年第2期

32.张德钧《关于曹植的评价问题》，《历史研究》1957年第2期

33.廖仲安《关于曹植的几个问题》，《文学遗产》增刊第7辑

34.徐公持《曹植生平八考》，《文史》第十辑，中华书局1960年版

35.卢善焕《曹植墓砖铭释读浅议》，《文物》1979年第5期

36.赵福坦《略论曹氏父子和他们的诗》，《广州师院学报》1981年第1期

37.李南岗《试谈三曹诗歌的审美特征》，《东北师大学报（哲学社会科学版）》1983年第2期

38.陈飞之《应该正确评价曹植的游仙诗》，《文学评论》1983年第1期

39.徐公持《关于曹植的评价问题》，《文学遗产》1983年第1期

40.徐公持《曹植为曹操第几子》，《文学评论》1983年第5期

41.黄昌年《曹植是建安时期最杰出的代表诗人吗》，《荆州师专学报（社会科学版）》1983年第3期

42.陈祖美《〈洛神赋〉主旨寻绎——为“感甄”说一辩兼驳“寄心君王”说》，《北方论丛》1983年第6期

43.徐公持《略论曹植及其创作的特点》，《中国古典文学论丛》，人民文学出版社1984年第1辑

44.王昌猷《论三曹诗主“气”及其风格差异》，《安徽师大学报（哲学社会科学版）》1984年第2期

45.俞绍初《关于曹植初次就国问题》，《郑州大学学报（哲学社会科学版）》1984年第3期

46.张亚新《“友于之痛”与曹植的诗歌创作》，《青海社会科学》1984年第3期

47.曹道衡《从魏国政权看曹丕曹植之争》，《辽宁大学学报》1984年第3期

48.周勋初《魏氏“三世立贱”的分析》，《南京大学学报（哲学社会科学版）》1985年第1期

49.顾农《曹丕曹植文艺思想比较观》，《许昌师专学报（社会科学版）》1985年第1期

50.张亚新《曹植文学思想概说》，《安徽师大学报（哲学社会科学版）》1985年第4期

51.杨栩生《曹植事迹举疑》，《许昌师专学报（社会科学版）》1986年第1期

52.王雁冰《试论曹植诗的“骨气”》，《北方论丛》1986年第4期

53.王宽行《从曹植赠送诗看其前期的政治处境与思想》，《郑

州大学学报（哲学社会科学版）》1986年第1期

54.陈飞之《曹植诗歌的体类及影响》，《中州学刊》1986年第3期

55.张士聪《关于游仙诗的渊源及其他》，《文学评论》1987年第6期

56.张平《有关曹植游仙诗的几个问题——与陈飞之同志商榷》，《文学评论》1987年第6期

57.陈飞之《论曹植的诗学思想》，《文学评论》1988年第3期

58.王绍良《曹植二题》，《北方论丛》1988年第3期

59.虞德懋《曹植诗歌艺术影响摭论》，《扬州师院学报（人文社会科学版）》1989年第4期

60.周建忠《曹植对屈赋继承与创新的动态过程》，《江西社会科学》1989年第4期

61.吴光兴《神女归来——一个原型和〈洛神赋〉》，《文学评论》1989年第3期

62.虞德懋《曹植与阮籍诗歌意蕴比较》，《扬州师院学报（人文社会科学版）》，1990年第4期

63.裴登峰《曹植诗歌的阴柔之美》，《西北民族学院学报（哲学社会科学版）》1991年第1期

64.李洲良《三曹诗歌的意象与风格》，《北方论丛》1991年第4期

65.陈飞之《再论曹植的游仙诗》，《广西师范大学学报（哲学社会科学版）》1991年第2期

66.［美］高德耀《司马门事件及其他——论曹植对继承权及文学声誉的追求》，《社会科学战线》1991年第2期

67.孙明君《曹植与陶潜诗歌渊涵比较》，《扬州师院学报（人文社会科学版）》1991年第4期

68.李伯齐、王琳《曹植赋简论》，《建安文学新论：全国第

三次建安文学学术讨论会论文选编》，中州古籍出版社1992年版

69.裴登峰《曹植诗歌的阳刚之美》，《西北民族学院学报（哲学社会科学版）》1992年第2期

70.顾农《曹植生平中的三个问题》，《扬州师院学报（人文社会科学版）》1993年第1期

71.傅正义《三曹诗歌异同论》，《重庆师院学报（哲社版）》1993年第2期

72.裴登峰《曹植诗歌意境美探析》，《西北师大学报（社会科学版）》1993年第4期

73.张晶《论曹植诗歌的抒情性》，《辽宁师范大学学报（社科版）》1993年第5期

74.胡明《关于三曹的评价问题》，《文学评论》1993年第5期

75.顾易生《英雄割据虽已矣文采风流今尚存——曹操文学批评与曹丕、曹植文论中若干问题新探》，《文史知识》1993年第10期

76.陈良运《三曹三辨》，《南昌大学学报（社会科学版）》1994年第1期

77.裴登峰、张廷银《略说曹植的文艺观》，《青海师大学报（社会科学版）》1994年第1期

78.跃进《从〈洛神赋〉李善注看尤刻〈文选〉的版本系统》，《文学遗产》1994年第3期

79.徐天祥《论曹植的政治悲剧及其对创作的影响》，《江淮论坛》1994年第3期

80.黄季耕《曹植赋略论》，《安徽教育学院学报》1994年第3期

81.裴登峰、张音《曹植作品中女性美的象征意义》，《青海民族学院学报（社会科学版）》1994年第4期

82.徐志啸《曹植的生平、政治主张及文学成就》，《中国典

籍与文化》1995年第2期

83.邹树德《汉赋对曹植诗歌创作的影响》，《求索》1995年第3期

84.顾农《从游侠到游仙——曹植创作中的两大热点》，《东北师大学报（哲学社会科学版）》1995年第3期

85.孙明君《走向儒道互补——对曹植人格建构的动态考察》，《清华大学学报（哲学社会科学版）》1995年第4期

86.江艳华《三曹诗歌中生命主题》，《云南师范大学哲学社会科学学报》1996年第1期

87.孙明君《建国以来曹植研究综述》，《许昌师专学报（社会科学版）》1996年第4期

88.封如楼《曹植妇女题材诗歌评析》，《苏州大学学报（哲学社会科学版）》1996年第4期

89.杨万仁、杨明珍《曹植五言诗之通变》，《宁夏大学学报（哲学社会科学版）》1998年第3期

90.汤力伟《曹植女性题材作品前后期之比较》，《湘潭师范学院学报》1998年第2期

91.吴相洲《陈思情采源于骚——论曹植在实现汉乐府向文人抒情五言诗转化过程中对屈赋的继承》，《首都师范大学学报（社会科学版）》1998年第4期

92.吴怀东《论曹植与中古诗歌创作范式的确立》，《吉首大学学报（社会科学版）》2001年第3期

93.常为群《失志以后的歌哭——曹植、阮籍诗歌比较》，《南京师大学报（社会科学版）》2001第4期

94.傅正义《三曹诗歌艺术比较论》，《求索》2002年第6期

95.施建军《曹植游仙诗新论》，《郑州大学学报（哲学社会科学版）》2002年第1期

96.崔积宝《论曹植的表》，《学习与探索》2002年第4期

97.张应斌《建安之啸与建安文坛》，《中南民族大学学报（人文社会科学版）》2002年第4期

98.张可礼《曹植诗文蕴涵的道德内容》，《齐鲁学刊》2002年第5期

99.傅正义《“一代诗宗”曹植——论曹植对中国诗史的独特贡献》，《西南民族大学学报（人文社科版）》2003年第11期

100.蔡振雄《论曹植对诗歌文人化的贡献》，《求索》2003年第1期

101.董家平《曹植章表“独冠群才”的精彩与悲哀》，《青海师范大学学报（哲学社会科学版）》2003年第1期

102.王玫《“抑丕扬植”倾向的形成与演变》，《厦门大学学报（哲学社会科学版）》2003年第4期

103.傅正义《“三曹”诗义比较论》，《求索》2003年第4期

104.李健《“神思”概念为曹植首次提出》，《学术研究》2003年第10期

105.崔积宝《曹植〈与杨德祖书〉新评》，《北方论丛》2004年第4期

106.商原、李刚《曹植与张载的实学比较——兼论“实学”之“实”的相对性》，《社会科学辑刊》2004年第5期

107.陈恩维《论曹植的拟赋及其创作历程》，《苏州大学学报（哲学社会科学版）》2004年第6期

108.傅正义《三曹游仙诗比较论》，《求索》2004年第5期

109.吴思增《三曹对文人乐府诗的发展》，《前沿》2004年第4期

110.王玫《曹植及其作品的效果史研究》，《齐鲁学刊》2005年第1期

111.王巍《论曹植的文艺思想》，《清华大学学报（哲学社会科学版）》2005年第5期

112.黄萍《曹植低就称服于曹丕父子的原因解析——兼论曹植儒学人格构建》，《西南民族大学学报（人文社科版）》2005年第1期

113.徐柏青《论建安诗歌在创作上的特点》，《湖北师范学院学报（哲学社会科学版）》2005年第6期

114.黄昌年《“建安之杰”辨》，《学术交流》2005年第12期

115.木斋《论建安游宴诗的兴起——兼论〈今日良宴会〉的作者》，《山西大学学报（哲学社会科学版）》2006年第1期

116.贾立国《曹植咏侠诗与侠文学的传承》，《北方论丛》2006年第2期

117.张朝富《“辞赋小道”：关于曹植的一个重大误读》，《江淮论坛》2006年第4期

118.王吉鹏、杜亮梅《鲁迅与曹植》，《浙江学刊》2006年第4期

119.王启才《“抱利器而无所施”——曹植后期表文指瑕》，《江淮论坛》2006年第5期

120.刘群栋、屠青《读曹植作品序文发疑》，《贵州社会科学》2006年第6期

121.梁祖萍《“思捷而才俊诗丽而表逸”——论刘勰〈文心雕龙〉对曹植的评述》，《名作欣赏》2006年第10期

122.陶春林、马晶《曹植〈白马篇〉对魏晋南北朝游侠及游侠诗的导向作用》，《江淮论坛》2007年第4期

123.贾立国《论游侠传统与曹植游侠精神气质的形成》，《扬州大学学报（人文社会科学版）》2007年第2期

124.向回《曹植乐府不入乐说质疑》，《暨南学报（哲学社会科学版）》2008年第1期

125.贾立国《曹植〈白马篇〉的侠文化解读》，《广西社会科学》2008年第1期

126.唐萍《曹植儒道兼具的独特人格魅力》，《甘肃社会科学》2008年第3期

127.张振龙、张晓庆《从用典看曹植对〈诗经〉的接受及其文艺思想》，《求索》2008年第5期

128.赵沛霖《关于曹植诗歌创作的两个问题》，《齐鲁学刊》2008年第4期

129.李焕有《儒家“成人之道”在曹植后期辞赋中的彰显》，《郑州大学学报（哲学社会科学版）》2008年第4期

130.曾伟《杜甫对曹植诗歌艺术的继承与创新》，《山西师大学报（社会科学版）》2008年第4期

131.曲景毅《文学史的错位与复位——对“建安之杰”“太康之英”“元嘉之雄”说法的再认识》，《安徽师范大学学报（人文社会科学版）》2008年第5期

132.张运全、周志田《试论曹植辞赋作品中体现的伦理和谐》，《广西民族大学学报（哲学社会科学版）》2008年S2期

133.木斋《从语汇语句角度考量古诗十九首与建安诗歌》，《山西大学学报（哲学社会科学版）》2009年第1期

134.李光哲《谢灵运诗“源出于陈思，杂有景阳之体”考论》，《四川师范大学学报（社会科学版）》2009年第2期

135.俞必睿《曹植诗、赋双音语词声纽考析》，《湖北社会科学》2009年第5期

136.木斋《论〈古诗十九首〉与曹植的关系——兼论〈涉江采芙蓉〉为曹植建安十七年作》，《社会科学研究》2009年第4期

137.李焕有《〈洛神赋〉的矩阵解读》，《河南大学学报（社会科学版）》2009年第6期

138.宋战利《〈七步诗〉托名曹植考》，《河南大学学报（社会科学版）》2009年第6期

139.蒋寅《主题史和心态史上的曹植》，《西北大学学报（哲

学社会科学版）》2010年第1期

140.木斋《论〈洛神赋〉为曹植辩诬之作》，《山西大学学报（哲学社会科学版）》2010年第1期

141.王书才《魏晋三良诗系列作品新论》，《广西社会科学》2010年第1期

142.刘跃进《文学史研究的多种可能性——从木斋〈古诗十九首与建安诗歌研究〉说起》，《社会科学研究》2010年第2期

143.傅刚《曹植与甄妃的学术公案——〈文选·洛神赋〉李善注辨析》，《中国典籍与文化》2010年第1期

144.李焕有《曹植和他的〈洛神赋〉》，《河北师范大学学报（哲学社会科学版）》2010年第2期

145.于浴贤《论曹植对屈骚的接受传播》，《文史哲》2010年第4期

146.邢培顺《曹植与吴质交恶考辨——以对曹植〈与吴季重书〉的解读为中心》，《山东大学学报（哲学社会科学版）》2010年第4期

147.黄燕平《王粲"为两公子楼护"质疑——王粲和曹丕、曹植关系论》，《兰州学刊》2010年第8期

148.杨贵环《魏晋六朝时期对曹植诗文的批评》，《求是学刊》2010年第6期

149.王双《生命的欢娱与悲忧——曹植骚体赋简论》，《名作欣赏》2010年第11期

150.韩丹《曹植〈名都篇〉同马球毫无关系考述》，《山东体育学院学报》2010年第9期

151.吴冠文《论宓妃形象在中国古代文学史上的演变——兼论由此反映的中国文学发展的趋势》，《复旦学报（社会科学版）》2011年第1期

152.曹瑞锋《才情隐显与政治对话——曹丕曹植同题赋同题史

论比较》，《暨南学报（哲学社会科学版）》2011年第2期

153.王学军、贺威丽《曹植〈洛神赋〉意旨蠡测》，《贵州文史丛刊》2011年第3期

154.木斋《采遗芙蓉：曹植诗文中的爱情意象——兼论建安十六年对曹植的意义》，《山西大学学报（哲学社会科学版）》2011年第5期

155.范子烨《鱼山声明与佛经转读——中古时代善声沙门的喉音咏唱艺术》，《中国文化》2011年总第三十三期

156.杨朝蕾《三国论体文由建安向正始转变的文化观照》，《西南交通大学学报（社会科学版）》2012年第1期

157.范子烨《惊鸿瞥过游龙去，虚恼陈王一事无——“感甄故事”与“感甄说”证伪》，《文艺研究》2012年第3期

158.周玉华《论李商隐对曹植的心灵共鸣》，《求索》2012年第3期

159.李焕有《自我实现与环境缺失视域下的曹植生存文化》，《学术交流》2012年第5期

160.木斋、李恒《论建安二十二年：曹植的人生转折——兼析〈美女篇〉〈蝉赋〉〈节游赋〉》，《河北师范大学学报（哲学社会科学版）》2012年第3期

161.韦运韬《曹植动物赋艺术探论》，《西北民族大学学报（哲学社会科学版）》2012年第3期

162.邢培顺《论曹植的四言诗》，《河南师范大学学报（哲学社会科学版）》2012年第5期

163.王津《阮籍诗歌与曹植〈杂诗〉六首》，《山西财经大学学报》2012年S3期

164.王齐洲、李平《曹植诵俳优小说发覆》，《学术研究》2013年第5期

165.邢培顺《曹植〈求祭先王表〉考》，《古籍整理研究学

刊》2013年第3期

166.杨贵环《清人对曹植诗文的批评》，《兰州学刊》2013年第7期

167.木斋《论苏李诗应主要为曹植甄后送行别离之作》，《郑州大学学报（哲学社会科学版）》2013年第5期

168.李丽《曹植的音乐造诣与才华》，《兰台世界》2013年第27期

169.孙明君《〈青青陵上柏〉的作者与作年辨》，《陕西师范大学学报（哲学社会科学版）》，2014年第1期

170.郭晨光《篇：文人拟乐府的标志？——以曹植文人乐府歌辞为中心考察》，《人文杂志》2014年第2期

171.王津《曹植之于屈子精神的承继与新变》，《湖南社会科学》2014年第2期

172.刁生虎、王晓萌《钟嵘〈诗品〉“魏陈思王植”条疏证——兼论钟嵘的诗学理论》，《理论月刊》2014年第5期

173.刘坤、李剑锋《从曹丕对曹植的优待再审其兄弟关系》，《甘肃社会科学》2014年第4期

174.郭晨光《有关谢灵运〈拟魏太子邺中集诗〉的几个问题》，《福建论坛（人文社会科学版）》2014年第8期

175.王津、李剑锋《〈拟邺中集诗〉对曹植诗文的接受与解构》，《江西社会科学》2014年第9期

176.木斋《“双阙”为曹魏洛阳宫城建筑的铁证——略复孙明君先生》，《陕西师范大学学报（哲学社会科学版）》2014年第5期

177.李定广《“情兼雅怨”的内涵与曹植诗的“集大成”地位》，《上海师范大学学报（哲学社会科学版）》2014年第6期

178.芦春艳《曹植诗文中的问答形式》，《南京师范大学文学院学报》2014年第4期

179.胡晓杰《从诗歌作品探视曹植政治思想的蜕变》，《兰台世界》2014年第12期

180.郎瑞萍、叶会昌《慷慨悲凉——曹植早期人生辨析》，《兰台世界》2014年第22期

181.范子烨《无食的春蚕：陶渊明〈拟古〉其九对曹植人生命运的叙写》，《广西师范大学学报（哲学社会科学版）》2014年第4期

182.刘志伟、刘峰《〈文选〉李善注引唐前别集述论》，《中州学刊》2014年第8期

183.芦春艳《曹植以赋体为中介的诗文互参》，《安徽大学学报（哲学社会科学版）》2015年第1期

184.孔德明《论曹植以小说入诗的方式与意义》，《南京大学学报（哲学·人文科学·社会科学）》2015年第4期

185.董宏钰《〈昭明文选〉所收曹植五言诗与〈古诗十九首〉韵律对比——对木斋先生关于〈古诗十九首〉作者问题的音韵学考证》，《江西师范大学学报（哲学社会科学版）》2015年第5期

186.徐公持《转益多师：杜甫与汉魏六朝诗人》，《文学遗产》2016年第4期

187.力之《〈赠白马王彪〉之题非萧统编纂〈文选〉时所改》，《文学遗产》2016年第5期

188.王津《曹植作品"矛盾"后的自我概念、人格及其阐释接受》，《湖北社会科学》2016年第10期

189.吴大顺《曹植拟乐府的创作模式及其诗歌史意义——汉魏六朝诗歌传播研究之六》，《中南大学学报（社会科学版）》2017年第5期

190.崔炼：《曹植私制鱼山梵呗如何成为中国佛乐的标本》，《西南民族大学学报（人文社会科学版）》2017年第3期

191.张家国、何新文《曹植的经典意识与辞赋创作》，《湖南

科技大学学报（社会科学版）》2018年第1期

192.孙明君《〈洛神赋〉：幻觉体验与赴水隐喻》，《北京大学学报（哲学社会科学版）》2018年第3期

193.王京州《曹植〈白马篇〉本事新说》，《文献》2018年第5期

194.张振龙《佛道关系背景下曹植“鱼山梵呗”传说的再审视》，《世界宗教研究》2019年第4期

195.吴怀东《文学创作与学术研究的界限在哪里———评木斋教授新著〈曹植甄后传——汉魏古诗写作史〉》，《哈尔滨师范大学社会科学学报》2019年第5期

196.詹福瑞《魏晋诗文的忧生之嗟》，《文学评论》2020年第4期

197.徐艳《曹植五言诗经典化重塑之反省》，《文学遗产》2020年第6期

198.周兴陆《从萧齐宗室之争考察刘勰之丕植优劣论》，《安徽师范大学学报（人文社会科学版）》2020年第6期

199.吴怀东《论曹植〈辨道论〉的思想立场与现实指向》，《社会科学战线》2021年第6期

200.翟风俭《曹植与梵呗〈睽颂〉关系辨析——兼与田青先生商榷》，《中国音乐学》2021年第3期

201.张振龙《曹植创制“鱼山梵呗”传说的地域因素》，《世界宗教研究》2021年第4期

202.王京州《易代之际的曹植心迹论——以〈三国志·苏则传〉“发服悲哭”为中心》，《学术研究》2021年第11期

203.袁济喜《曹植之“愁”与意象创变》，《河北大学学报（哲学社会科学版）》2022年第4期